中国古代名著全本译注丛书

传习录

译注

［明］王阳明　著

黎业明　译注

图书在版编目(CIP)数据

传习录译注／(明)王阳明著;黎业明译注. —上海:上海古籍出版社,2021.11
(中国古代名著全本译注丛书)
ISBN 978-7-5732-0098-3

Ⅰ.①传… Ⅱ.①王… ②黎… Ⅲ.①心学—中国—明代 ②《传习录》—译文 ③《传习录》—注释 Ⅳ.①B248.25

中国版本图书馆 CIP 数据核字(2021)第 224024 号

中国古代名著全本译注丛书

传习录译注

[明] 王阳明 著

黎业明 译注

上海古籍出版社出版发行

(上海市闵行区号景路 159 弄 A 座 5F 邮政编码 201101)

(1)网址:www.guji.com.cn
(2)E-mail:guji1@guji.com.cn
(3)易文网网址:www.ewen.co

江阴市机关印刷服务有限公司印刷

开本 890×1240 1/32 印张 13.875 插页 5 字数 266,000
2021 年 11 月第 1 版 2021 年 11 月第 1 次印刷
印数:1—3,100
ISBN 978-7-5732-0098-3
B·1231 定价:68.00 元

如有质量问题,请与承印公司联系

前　言

　　王守仁（1472—1529），字伯安，浙江余姚人，因其曾经筑室并讲学于阳明洞，学者称阳明先生。王阳明是一代大儒，用现在的眼光看，也是著名的思想家、教育家、政治家、军事家，心学和宋明理学的重要代表人物。

一

　　明成化八年（1472）九月三十日，王阳明出生于浙江余姚，当时"祖母岑梦神人衣绯玉云中鼓吹，送儿授岑，岑惊寤，已闻啼声。祖竹轩公异之，即以云名。乡人传其梦，指所生楼曰'瑞云楼'"。成化十二年（1476），王阳明五岁，但他还不会说话，"一日与群儿嬉，有神僧过之，曰：'好个孩儿，可惜道破。'竹轩公悟，更今名，即能言"。之后，王阳明就显示出与众不同。成化十八年（1482），阳明十一岁，跟随其祖父竹轩翁（王纶，字天叙，号竹轩）前往京师，过金山寺时，竹轩翁与客酒酣，拟赋诗而未成。阳明从旁赋曰："金山一点大如拳，打破维扬水底天。醉倚妙高台上月，玉箫吹彻洞龙眠。"客大惊异。于是，又命阳明赋蔽月山房诗。阳明随口应曰："山近月远觉月小，便道此山大于月。若人有眼大如天，还见山小月更阔。"第二年，阳明跟随私塾老师读书。据说有一天，阳明问私塾老师说："何为第一等事？"私塾老师回答说："惟读书登第耳。"阳明怀疑说："登第恐未为第一等事，或读书学圣贤耳。"其父亲龙山公（王华，1446—1522，字德辉，号实庵，晚号海日翁）听说之后，笑道："汝欲做圣贤耶？"① 可见，阳明年少之时其人是何等的伶俐、其志向是何等的远大。

也许，正是由于王阳明与众不同，才会发生格竹事件。《传习录》记载王阳明晚年回忆云：

> 先生曰："众人只说'格物'要依晦翁，何曾把他的说去用？我着实曾用来。初年与钱友同论做圣贤要格天下之物，如今安得这等大的力量？因指亭前竹子令去格看。钱子早夜去穷格竹子的道理，竭其心思，至于三日，便致劳神成疾。当初说他这是精力不足，某因自去穷格，早夜不得其理，到七日，亦以劳思致疾。遂相与叹圣贤是做不得的，无他大力量去格物了。及在夷中三年，颇见得此意思，乃知天下之物本无可格者。其格物之功，只在身心上做，决然以圣人为人人可到，便自有担当了。这里意思，却要说与诸公知道。"

钱德洪《阳明先生年谱》将格竹事件系于弘治五年（1492），当时王阳明二十一岁。钱德洪的记载可能是不准确的。曾才汉校辑《阳明先生遗言录》记载：

> 先生云："某十五六岁时，便有志圣人之道，但于先儒格致之说若无所入，一向姑放下了。一日寓书斋，对数茎竹，要去格他理之所以然，茫然无所得。遂深思数日，卒遇危疾，几至不起，乃疑圣人之道恐非吾分所及，且随时去学科举之业；既后心不自已，略要起思，旧病又发，于是又放情去学二氏，觉得二氏之学比之吾儒反觉径捷，遂欣然去究竟其说。后至龙场，又觉二氏之学

---

① 此段论述，据钱德洪《阳明先生年谱》。

未尽。履险处危，困心衡虑，又豁然见出这头脑来，真
是痛快，不知手舞足蹈。此学数千百年，想是天机到此，
也该发明出来了，此必非某之思虑所能及也。"

根据《阳明先生遗言录》，阳明格竹事件乃发生于其十五六岁之时，
即成化二十二、二十三年（1486、1487）。对于王阳明格竹事件，
历来议论纷纷，批评声音不断。这些批评、议论，都强调阳明格竹
事件乃是对朱子格物学说的误解。虽然阳明格竹事件，有可能是出
于其对朱子格物学说的误解，但是格竹事件说明，阳明很早就对于
朱子的格物致知学说感到困惑与怀疑，很早就开始了对于心理合一
问题的探寻。

弘治五年（1492）秋，王阳明参加浙江乡试，得中举人；随
后他两次参加会试，均名落孙山。弘治十二年（1499）春，阳明
第三次参加会试，得中进士。先后观政工部、授官刑部云南清吏
司主事、改任兵部武选清吏司主事。正德元年丙寅（1506），王阳
明与湛若水（1466—1560，字元明，号甘泉，广东增城人）在北
京一见定交①，"共以昌明圣学为事"。同年十月，南京给事中戴
铣、御史薄彦徽与蒋钦等上疏，要求留用被迫去职的刘健等官员，
弹劾太监高凤从子得林冒升锦衣卫指挥佥事，兼言晏朝废学游宴
驱驰射猎非体，忤旨。朝廷将戴铣等三十人全部逮捕入京。十一
月，阳明上疏救戴铣等，要求正德皇帝"宥言官以章圣德"，忤
旨，因下诏狱，杖三十。随后，谪官贵州龙场驿驿丞。

正德二年（1507）闰正月，王阳明离开京师，起程前往龙场
驿。暮春，阳明赴谪行至钱塘（杭州）。随后，阳明在杭州一直

---

① 关于王阳明与湛若水定交时间，有两种说法：一是湛若水本人的说法，自称两
人定交之时间在"正德丙寅"；二是《阳明先生年谱》、黄绾《阳明先生行状》的说法，
以为定交时间在"弘治乙丑"。兹采湛若水"正德丙寅"定交说。相关考证，参黎业明
《湛若水年谱》，上海：上海古籍出版社，2016 年，第 32—34 页。

逗留到正德二年年底或三年正月初①，之后前往贵州龙场驿。阳明途经的地方有浙江的严州、衢州、草坪驿，江西的玉山、广信、分宜、宜春、萍乡，湖南的醴陵、长沙、沅江、罗旧驿、沅水驿，贵州的平溪、思州、镇远、兴隆卫、清平卫、贵阳等。正德三年（1508）春夏间，王阳明到达贵州龙场驿。

龙场驿位于贵阳西北的修文县，规模很小，据说当时仅有"驿丞一名，吏一名，马二十三匹，铺陈二十三付"（《贵州通志·建置志》），而且生活环境十分恶劣。正是在这样恶劣的环境当中，阳明思想经历了一次重大觉悟。对于这次觉悟，阳明《朱子晚年定论序》云：

> 守仁早岁业举，溺志词章之习，既乃稍知从事正学，而苦于众说之纷挠疲苶，茫无可入，因求诸老释，欣然有会于心，以为圣人之学在此矣。然于孔子之教间相出入，而措之日用，往往缺漏无归，依违往返，且信且疑。其后谪官龙场，居夷处困，动心忍性之余，恍若有悟，体念探求，再更寒暑，证诸五经、四子，沛然若决江河而放诸海也。然后叹圣人之道坦如大路，而世之儒者妄开窦径，蹈荆棘、堕坑堑，究其为说，反出二氏之下。宜乎世之高明之士厌此而趋彼也！此岂二氏之罪哉？

阳明所谓"谪官龙场，居夷处困，动心忍性之余，恍若有悟，体念探求，再更寒暑，证诸五经、四子，沛然若决江河而放诸海也"云云，就是指龙场悟道，说得比较朴实。对于龙场悟道，《阳明先生年谱》记载云：

---

① 根据《阳明先生年谱》，阳明在杭州期间，有所谓至浙沅江、至闽始起、潜入武夷之说。其实，这些颇具传奇色彩的说法，正如湛若水所说，乃"佯狂避世也"。（湛若水《阳明先生墓志铭》）

> 龙场在贵州西北万山丛棘中，蛇虺魍魉，蛊毒瘴疠。与居夷人，鴃舌难语，可通语者皆中土亡命。旧无居，始教之范土架木以居。时瑾憾未已，自计得失荣辱皆能超脱，惟生死一念尚觉未化，乃为石墩，自誓曰："吾惟俟命而已！"日夜端居澄默，以求静一；久之，胸中洒洒。而从者皆病，自析薪取水作糜饲之；又恐其怀抑郁，则与歌诗；又不悦，复调越曲，杂以诙笑，始能忘其为疾病夷狄患难也。因念："圣人处此，更有何道？"忽中夜大悟格物致知之旨，寐寐中若有人语之者，不觉呼跃，从者皆惊。始知圣人之道，吾性自足；向之求理于事物者，误也。乃以默记《五经》之言证之，莫不吻合，因著《五经臆说》。

黄绾《阳明先生行状》亦有类似记载。相对于阳明的自述，《年谱》、《行状》的记载较为夸张。根据《年谱》，阳明龙场所悟乃"始知圣人之道，吾性自足；向之求理于事物者，误也"。这就是说，阳明的龙场悟道，一方面是觉悟"向之求理于事物者误也"，这是对朱子的格物穷理学说的反动；另一方面是觉悟"圣人之道，吾性自足"，这是对人的反省，是阳明心即理、心外无事、心外无理学说的确立。对于阳明的龙场悟道，岛田虔次先生称之为中国精神史上"划时代的事件"①。毫无疑问，龙场悟道是阳明对于朱子格物致知学说的觉悟，是阳明心学主张的初步形成。

正德四年（1509）冬，王阳明由贵州龙场驿丞升任江西庐陵县知县，离开贵州。正德五年（1510）三月十八日，阳明抵达庐陵。在知县任上，阳明"为政不事威刑，惟以开导人心为本。……在县七阅月，遗告示十有六，大抵谆谆慰父老，使教子

---

① 岛田虔次《中国近代思维的挫折》（甘万萍译），南京：江苏人民出版社，2005年，第10页。

弟，毋令荡僻。城中失火……因使城中辟火巷，定水次兑运，绝镇守横征，杜神会之借办，立保甲以弭盗，清驿递以延宾旅"①。同年八月，太监刘瑾伏诛。十月，王阳明升南京刑部清吏司主事，随后朝觐入京。抵达北京之后，阳明与湛若水比邻而居，当时黄绾（1480—1554，字宗贤，号石龙、久庵，浙江黄岩人）亦在北京，三人遂相与订终身共学之盟。正德六年（1511）正月，阳明由南京刑部四川清吏司主事改任北京吏部验封司主事。十月，阳明升任吏部文选清吏司员外郎。正德七年（1512）三月，升任考功清吏司郎中。这次，阳明在北京任职的时间有两年左右。

阳明在北京期间的一个重要学术事件，是讨论朱陆同异问题。当时，王阳明的朋友徐成之与王舆庵争论朱陆同异问题，王舆庵主张陆学，徐成之主张朱学，两人谁也说服不了谁，于是徐成之写信给阳明，向阳明请教并要求评判。正德七年壬申，阳明有《答徐成之》书信两封。在《答徐成之》第一封信中，正如徐成之所说，阳明是"漫为含糊两解之说，而细绎辞旨，若有以阴助舆庵而为之地者"。但是，在《答徐成之》第二信当中，阳明就已经不再是"漫为含糊两解之说，若有以阴助舆庵而为之地"，而是犹恨舆庵是陆之说"有未尽也"，因此他要"冒天下之讥，以为象山一暴其说，虽以此得罪，无恨"。如果说正德四年秋，席书（1461—1527，字文同，四川遂宁人）在贵阳向阳明请教朱陆同异之辨时，阳明"不语朱陆之学，而告之以其所悟"，还不愿表露其对待朱陆的态度与倾向；那么，两三年之后的正德六、七年，阳明偏重于陆九渊思想的态度与倾向，就在其《答徐成之》信中表露无遗了。

正德七年十二月，阳明升任南京太仆寺少卿，顺道回浙江省亲。刚好，其妹婿兼弟子徐爱（1487—1517，字曰仁，号横山，

---

① 钱德洪《阳明先生年谱》。

余姚人）"是年以祁州知州考满进京，升南京工部员外郎。与先生同舟归越，论《大学》宗旨。……今之《传习录》所载首卷是也"①。正德八年（1513）十月，阳明来到滁州，负责管理马政。在滁州，阳明主要教人静坐。正德九年（1514）四月，王阳明转任南京鸿胪寺卿。此后的两年多时间，阳明主要在南京。

在南京期间，阳明门人大增。除了处理政务以及与门人论学外，阳明所做的一件重要事情就是选辑《朱子晚年定论》。《朱子晚年定论》完成于正德十年乙亥（1515）冬十一月，刊刻于正德十三年戊寅（1518）七月。据阳明《朱子晚年定论序》云，其选辑《朱子晚年定论》的起因，是阳明当时在南京将其在龙场之所悟向门人弟子传授。由于阳明的观点与当时在官方意识形态上占有主导地位的朱子思想不同，所以引起了人们的广泛批评，认为阳明的说法是"立异好奇"。阳明通过反省，认为自己的说法并没有什么问题，是完全正确的。但是，自己的说法，又确实与朱子的观点相抵牾、相对立。这使得阳明内心深感不安。然而阳明又不相信像朱子这样聪明的人，怎么会不知道"圣人之道吾性自足"、怎么会主张"求理于事物"呢？为此，阳明重读了朱子的著作，发现朱子"晚岁固已大悟旧说之非"。于是阳明选辑《朱子晚年定论》一书。《朱子晚年定论》的基本观点是，朱子与陆象山的思想早异晚同。阳明希望借此说明，自己的观点虽然偏向陆象山，但这与朱子晚年觉悟之后的思想是一致的。阳明显然是要用《朱子晚年定论》来为自己的思想主张辩护、为自己偏向陆象山的思想辩护。对此，阳明并不讳言，正德十三年七月《朱子晚年定论》刊行之后，他在《与安之》信中说："留都时偶因饶舌，遂致多口，攻之者环四面。取朱子晚年悔悟之说，集为定论，聊借以解纷耳。门人辈近刻之雩都，初闻甚不喜；然士夫见之，

———————————

① 钱德洪《阳明先生年谱》。

乃往往遂有开发者，无意中得此一助，亦颇省颊舌之劳。近年篁
墩诸公尝有《道一》等编，见者先怀党同伐异之念，故卒不能有
入，反激而怒。今但取朱子所自言者表章之，不加一辞，虽有偏
心，将无所施其怒矣。"阳明甚至认为，自己选辑的《朱子晚年
定论》，比之前程敏政编辑的《道一编》更为高明。

阳明选辑的《朱子晚年定论》，只选录了朱子书信中的三十
四个段落。此书刊行不久，便引起批评与争议。最早对《朱子晚
年定论》加以批评的是罗钦顺、顾东桥。后来，陈建、孙承泽先
后撰《学蔀通辨》、《考正晚年定论》，对阳明的《朱子晚年定论》
进行全面的批评与抨击。其中，陈建批评说："程篁墩《道一编》
谓'朱子晚年，深悔其支离之失，而有味于陆子之言'；王阳明
《定论序》谓'朱子晚岁，大悟旧说之非，痛悔极艾，至以为自
诳诳人之罪不可胜赎'。此等议论，皆是矫假推援、阴谋取胜；皆
是借朱子之言，以形朱子平日之非、以著象山之是、以显后学之
当从。阳虽取朱子之言，而实则主象山之说也；阳若取朱子，而
实抑朱子也。其意盖以朱子初年不悟而疑象山，晚年乃悔而从象
山，则朱子不如象山，明也；则后学不可不早从象山，明也。此
其为谋甚工，为说甚巧，一则即朱子以攻朱子，一则借朱子以誉
象山，一则挟朱子以令后学也。正朱子所谓'离合出入之际，务
在愚一世之耳目，而使之恬不觉悟以入于禅也'。"① 对于阳明
《朱子晚年定论》，陈荣捷先生亦批评说，"其最大缺点在断章取
义、独提所好。其摘朱子之语以为定论，亦如早年摘取《五经》
之语以为吻合也。所采三十四书，实只代表二十三人。朱子与通
讯者，所知者约四百三十人，今所取几不及二十分之一。即此可
见其所谓晚年定论，分毫无代表性。朱子致书所存者约一千六百

余通，以朱子思想之渊博，若谓选三数十书便可断其定论，则任何言说，均可谓为定论矣"①。陈建、陈荣捷先生所言不虚。

在正德七年到正德十年冬的朱陆异同问题争论中，如果说阳明的《答徐成之》书，是其要"冒天下之讥，以为象山一暴其说"，那么阳明选编的《朱子晚年定论》，则是阳明"阳虽取朱子之言，而实则主象山之说"，形式虽然有所不同，但都是阳明对朱子学说的反对、对自己观点的宣扬。

正德十一年（1516）九月，经由兵部尚书王琼的推举，王阳明升任都察院左佥都御史，巡抚南、赣、汀、漳（南安、赣州、汀州、漳州）等处。次年正月，阳明到达赣州。为平定南、赣、汀、漳等地的叛乱，阳明做了多方面的准备，例如，在城中实行十家牌法，清除贼寇耳目；选拣民兵，招募骁勇绝群、胆力出众者严加训练，建立自己的精锐军事力量；设立兵符，凡遇征调兵力，皆发符比号而行，以防奸伪；奏请疏通盐法，保证在清剿贼寇时有足够的军饷等；加上阳明奖罚严明、用兵如神，且获朝廷授权，许以"便宜行事"，在正德十二年（1517）正月到正德十三年（1518）三月短短的一年多时间，或用重兵围剿，或用谋略智取，先后平定了漳州詹师富、温火烧，招安了龙川卢珂，清剿了横水谢志珊、桶冈蓝天凤、浰头池仲容等多处贼寇。

正德十三年四月，阳明在清剿贼寇的战事告一段落之后，便转向安抚教化百姓的工作。在阳明看来，社会之所以变乱，是因为民风不善；民风之所以不善，是由于教化未明。其《仰南安赣州印行告谕牌》云，"照得有司之政，风俗为首，习俗侈靡，乱是用生。本院近因地方多盗，民遭荼毒，驱驰兵革，朝夕不遑，所谓救死不赡，奚暇责民以礼义哉？今幸盗贼稍平，民困渐息，

---

① 陈荣捷《从〈朱子晚年定论〉看阳明之于朱子》，《王阳明传习录详注集评》，台北：学生书局，2006年，第445页。

一应移风易俗之事，虽亦未能尽举，姑先就其浅近易行者开道训诲"。于是，阳明乃立社学以教育子弟，举乡约以移易风俗。立社学之要旨，在教育子弟懂得"孝弟忠信、礼义廉耻"；举乡约之目的，在希望百姓"务为良善之民，共成仁厚之俗"。正如邓艾民先生所说，由于阳明推行的立社学、举乡约工作，"赣南长期存在的混乱局面得以清除，一直到明朝末期的一百余年，再也没有发生大规模的农民起义"①。六月，由于清剿横水、桶冈、浰头贼寇之功，阳明升任为都察院右副都御史。七月，在赣州先后刊刻《古本大学》（即《古本大学旁释》）、《朱子晚年定论》。八月，门人薛侃刊刻《传习录》。

正德十四年（1519）正月，阳明因其祖母病重，上疏请求致仕，没有得到朝廷批准。六月，阳明奉命前往福建调查处理"叛军"（福州三卫军人进贵等胁众谋叛）事件。十五日，当他到达丰城时，丰城知县顾佖出迎，告知宁王朱宸濠谋反。阳明得知消息，立刻潜回吉安，于十九日、二十一日上奏朝廷《飞报宁王谋反疏》、《再报谋反疏》告变。与此同时，阳明督率吉安知府伍文定等，"调集军民兵快，召募四方报效义勇之士，会计一应解留钱粮，支给粮赏，造作军器战船"；约会吉安府的在任或致仕官员，"相与激发忠义，譬谕祸福，移檄远近，布朝廷之深仁，暴宁王之罪恶"。于是，"豪杰响应，人始思奋，旬日之间，官兵四集"。同时，阳明利用计谋，使得朱宸濠不敢立刻出兵南京。七月三日，朱宸濠发现中计，留下兵力万余守卫南昌，随即带兵六万向南京进发，中途被阻于安庆。阳明乘南昌守军力量单薄，于七月十三日带领义兵从吉安出发，迅速攻占南昌。朱宸濠听说南昌失守，带兵回来救援。阳明则带领军队迎战于鄱阳湖，于七月二十六日

---

① 邓艾民《朱熹王守仁哲学研究》，上海：华东师范大学出版社，1989年，第97页。

在樵舍活捉朱宸濠。正如冯梦龙《王阳明出身靖乱录》说，"宸濠自六月十四日举逆，至七月［二］十六日被获，前后共四十二日。先生自七月十三日于吉安起马，至二十六日成功，才十有四日耳。自古勘定祸乱，未有如此之神速者。［人］但见成功之易，不知先生擘画之妙也"。

表面上看，阳明平定宁王朱宸濠的谋反事件，似乎易如反掌。实际上，阳明在平定宁王朱宸濠谋反的过程中，若稍有差错，不仅自己性命难保，而且有灭族之祸。要知道，朱宸濠谋反并不是一时兴起，而是做了长时间准备的。用萧淮的话说就是，"宁王不遵祖训，包藏祸心，多杀无辜，横夺民产，虐害忠良，招纳亡命，私造兵器，潜谋不轨，交通官校有年"①。而且，历代涉及帝王的政争事件，结果基本上都是成者为王败者为寇，明代的"靖难之役"在当时人们心中应该还记忆犹新②。在这样的背景下，阳明仓促之间，不顾身家性命、生死存亡，毅然倡义起兵平叛。御史黎龙说："平藩事，不难于成功，而难于倡义。盖以逆濠之反，实有内应，人怀观望，而一时勤王诸臣，皆捐躯亡家，以赴国难。其后，忌者构为飞语，欲甘心之，人心何由服乎？后有事变，谁复肯任之者？"③ 黎龙之言，并非虚语。

在平定朱宸濠谋反之后，阳明所得到的不是奖赏，而是张忠、许泰等人的谗毁、谤议以及诬陷。他们或"竞为蜚语，谓守仁先与通谋，虑事不成，乃起兵"，或"扬言于帝前曰，'守仁必反，

① 钱德洪《阳明先生年谱》。
② 所谓"靖难之役"，指明朝燕王朱棣推翻明惠帝自立为皇帝事。明太祖朱元璋为加强皇权，分封诸子为王，北边各王手握兵权，势力强大。明太祖卒，其孙朱允炆即位，是为惠帝。惠帝因担心尾大不掉，根据齐泰、黄子澄的建议，先后废除周、齐、湘、代、岷五王。建文元年（1399），燕王朱棣起兵北平，以讨伐齐、黄为名，号称"靖难"。建文四年（1402），朱棣的靖难兵攻入京师（南京），惠帝死于宫中（一说逃亡）。朱棣即位，是为成祖。
③ 钱德洪《阳明先生年谱》。

试召之，必不至'"①。要知道，张忠、许泰等都是正德皇帝的近幸，都是深得正德皇帝信赖的人。无论是与朱宸濠通谋，还是谋反，在当时都是死罪、都是灭族之祸。如果不是阳明自己处置得当、谨慎应对，同时得到太监张永的保护，其后果可想而知。是故，钱德洪所谓"平藩事不难于倡义，而难于处忠、泰之变。盖忠、泰挟天子以偕乱，莫敢谁何。豹房之谋，无日不在。畏即据上游不敢骋，卒能保乘舆还宫，以起世宗之正始"②，实属有感而发。

正是在这样险恶的社会政治环境之下，王阳明确立了作为其为学宗旨的"致良知"之教。《阳明先生年谱》记载：

> 自经宸濠、忠、泰之变，益信良知真足以忘患难、出生死，所谓考三王、建天地、质鬼神、俟后圣，无弗同者，乃遗书守益曰："近来信得致良知三字，真圣门正法眼藏。往年尚疑未尽，今自多事以来，只此良知无不具足。譬之操舟得舵，平澜浅濑，无不如意，虽遇颠风逆浪，舵柄在手，可免没溺之患矣。"一日，先生喟然发叹。九川问曰："先生何叹也？"曰："此理简易明白若此，乃一经沉埋数百年。"九川曰："亦为宋儒从知解上入，认识神为性体，故闻见日益，障道日深耳。今先生拈出良知二字，此古今人人真面目，更复奚疑？"先生曰："然。譬之人有冒别姓坟墓为祖墓者，何以为辨？只得开圹将子孙滴血，真伪无可逃矣。我此良知二字，实千古圣圣相传一点滴骨血也。"又曰："某于此良知之说，从百死千难中得来，不得已与人一口说尽。只恐学者得之容易，把作一种光景玩弄，不实落用功，负此知

---

① 张廷玉《明史》，北京：中华书局，2003 年，第十七册，第 5164—5165 页。
② 钱德洪《阳明先生年谱》。

耳。"……今经变后，始有良知之说。

的确，阳明的致良知学说，乃"从百死千难中得来"。根据《阳明先生年谱》，阳明"始揭致良知之教"，是在正德十六年（1521）。然而，阳明有时又说，"吾良知二字，自龙场以后，便已不出此意，只是点此二字不出。与学者言，费却多少辞说。今幸见出此，一语之下，洞见全体，真是痛快，不觉手舞足蹈，学者闻之，亦省却多少寻讨工夫。学问头脑，至此已是说得十分下落，但恐学者不肯直下承当耳"。也许，阳明很早就有了关于良知、致良知的想法，然而，阳明确立以"致良知"作为其学术宗旨，则始于正德十六年。

正德十六年三月，明武宗朱厚照驾崩。四月，朱厚照的堂弟朱厚熜以"兄终弟及"的名义继位（朱厚熜即明世宗）。六月，阳明升任南京兵部尚书，参赞机务；十二月，封新建伯。阳明一再疏辞封爵。嘉靖元年（1522）二月，阳明的父亲王华病逝，享年七十七岁。阳明丁忧家居。此后五、六年，阳明均在浙江。嘉靖三年（1524）十月，其弟子绍兴知府南大吉续刻《传习录》。

嘉靖六年（1527）五月，王阳明得旨起复，出任都察院左都御史，总督两广及江西、湖广军务，前往广西思恩、田州，征讨土酋卢苏、王受等人的叛乱。九月，离开浙江前往广西。出发之前，阳明与弟子钱德洪、王畿讨论"无善无恶心之体，有善有恶意之动，知善知恶是良知，为善去恶是格物"四句教。嘉靖七年（1528）二月，阳明平定思恩、田州叛乱；夏，袭平八寨、断藤峡盗寇。七月初十日，阳明上《八寨断藤峡捷音疏》，同时上《乞恩暂容回籍就医养病疏》。九月初，阳明抵达广州。在广州，阳明病中依然不忘讲学。十月，阳明前往增城祭祀其祖先（王纲）之庙，顺便到访朋友湛若水的家乡，既题甘泉居，又书泉翁壁。由于病情危重，阳明不待报而起行返乡。十一月二十九日，阳明在返乡途中，病逝于江西南安青龙铺，享年五十七岁。

综观王阳明的一生，可以看出，其思想的发展与其生平所经历的重要事件息息相关。格竹事件，是阳明对朱子格物致知学说的困惑与怀疑，是阳明对于心理合一问题的艰难探寻；龙场悟道，是阳明对于朱子格物致知学说的觉悟，是阳明心学主张的初步形成；朱陆异同，阳明"阳虽取朱子之言，而实则主象山之说"，是阳明对朱子学说的反对、对自己观点的宣扬；江西平叛，阳明在经历宸濠、忠泰之变以后，更加相信"良知真足以忘患难、出生死"，于是最终确立其作为为学宗旨的"致良知"之教。这就是说，阳明的整个思想学说，是在其对于朱子学说的疑惑、觉悟、反对过程中，逐渐形成、发展、成熟与确立的。

二

在王阳明的著作中，影响最大的应属《传习录》。1967年，钱穆先生在题为《复兴中华文化人人必读的几部书》的演讲中，列举国人必读的经典，有《论语》、《孟子》、《大学》、《中庸》、《老子》、《庄子》、《六祖坛经》、《近思录》、《传习录》。其中，《传习录》是距离当今最近的一部哲学经典。我们现在所看到的收入《王文成公全书》的《传习录》（此为通行本，简称全书本《传习录》），共有三卷。其中，上卷收录徐爱、陆澄、薛侃记录的阳明先生问答语130条；中卷收录阳明书信8封、短文2篇；下卷收录陈九川、黄直、黄修易、黄省曾等记录阳明先生问答语143条。然而，阳明《传习录》的内容，并不是始终如一的，而是在不同时期的编辑、刊刻过程中，经过多次的增订删减之后，最后由钱德洪编定的。

阳明《传习录》的第一个刊刻本，是正德十三年（1518）八月薛侃在虔州（今江西赣州）刊刻的。钱德洪《阳明先生年谱》云，薛侃"得徐爱所遗《传习录》一卷，序二篇，与陆澄各录一卷，刻于虔"。薛侃初刻本《传习录》可能已经失传。据后来一些收录有相关内容比较接近初刻《传习录》的版本（例如，明嘉靖三十年孙应奎重刊本《传习录》、嘉靖三十三年水西精舍刊本《传习录》、嘉靖年间闾东刊本《阳明先生文集》所附《传习录》等）所收录的相关内容，可知初刻《传习录》共收录徐爱、陆澄、薛侃记录阳明先生问答语131条，分为三卷。其中徐爱所记录阳明先生问答语14条、陆澄所记录81条、薛侃所记录36条。虽然徐爱所记录的阳明问答语只存留14条，但这14条语录却是十分重要的，其中多涉及阳明的核心思想观念，如"心即理"、"格物致知"、"知行合一"等范畴与命题。钱德洪《阳明先生年谱》记载正德四年（1509）阳明在贵阳与席书等讨论"知行合一"问题时，引证的就是徐爱所记其与阳明先生关于"知行合一"问题的问答语。吴震先生说，徐爱所记录阳明问答语"甚至被后人视为《传习录》中的'经典'部分"。[1] 初刻《传习录》三卷与全书本《传习录》上卷相比较，两者所收录的阳明问答语之数目、内容大体相同。

阳明《传习录》的第二个刊刻本，由南大吉、南逢吉兄弟于嘉靖三年（1524）十月在绍兴刊刻。南大吉续刻《传习录》分为上下两册，上册为语录，下册为书信及短文。由于南大吉续刻《传习录》原刻本之完整版本可能已经失传，因此人们对南大吉续刻《传习录》原刻本的内容、尤其是下册的内容议论纷纷。一般认为，南大吉续刻《传习录》原刻本上册所收录的内容，就是薛侃在赣州初刻《传习录》三卷徐爱、陆澄、薛侃所记阳明先生语131条，这可以从南大吉续刻《传习录》的一些重刻本（例

---

[1]　吴震《〈传习录〉精读》，上海：复旦大学出版社，2011年，第27—28页。

如，明嘉靖二十九年王畿刊刻《阳明先生文集》所附重刻本《传习录》、嘉靖三十年孙应奎重刊本《传习录》等）得到证实。但是，对于南大吉续刻《传习录》原刻本下册所收录的内容，学术界则议论纷纷，而且多根据南大吉续刻《传习录》的重刻本来推断。

其实，南大吉续刻《传习录》下册似尚残存世间，这就是台湾图书馆藏明刊本《传习录》。台湾图书馆藏明刊本《传习录》，现存下册四卷（分别题为"传习录下卷一"、"传习录下卷二"、"传习录下卷三"、"传习录下卷四"），其卷一为《答徐成之书》（二首，附南逢吉跋语）、《答罗整庵少宰书》；卷二为《答人论学书》（即《答顾东桥书》）；卷三为《答周道通书》、《答陆原静书》（二首）；卷四为《示弟立志说》、《训蒙大意示教读刘伯颂等》、《教约》。

后来南大吉续刻《传习录》曾有过多次重刊，如嘉靖二十三年（1544）德安府重刊《传习录》（日本东京都立日比谷图书馆藏）、嘉靖二十九年（1550）王畿重刊本《传习录》（中国国家图书馆藏）、嘉靖三十三年钱㙫重刊《传习录》（温州图书馆藏）等，其中对于阳明先生书信与短文的收录颇有出入。为免繁琐，兹将从南大吉续刻《传习录》下册到全书本《传习录》中卷内容的变迁，择要列表如下：

附：从南大吉续刻《传习录》下册到全书本《传习录》中卷内容变迁表

篇　　名	南大吉续刻本	德安府重刊本	王畿重刊本	钱㙫重刻本	胡宗宪刊刻本	王文成公全书
《答徐成之书》（二首）	√	√	√	√		
《答罗整庵少宰书》	√	√	√	√	√	√

续　表

篇　　名	南大吉续刻本	德安府重刊本	王畿重刊本	钱镗重刻本	胡宗宪刊刻本	王文成公全书
《答人论学书》（即《答顾东桥书》）	√	√	√	√	√	√
《答周道通书》（或《启问道通书》）	√	√	√	√	√	√
《答陆原静书》（二首）	√	√	√	√	√	√
《答欧阳崇一》		√	√	√	√	√
《答聂文蔚》（一）		√	√	√	√	√
《答聂文蔚》（二）		√				√
《答储柴墟书》（二首）		√				
《答何子元书》		√				
《示弟立志说》	√	√	√	√	√	
《训蒙大意示教读刘伯颂等》	√	√	√	√		√
《教约》	√	√	√	√		√
《修道说》				√		
《亲民说》（《亲民堂记》之节略）				√		

　　由上可见，从南大吉续刻《传习录》下册到全书本《传习录》中卷，其收录的阳明书信及短文数目，前后经历过多次的增订或删减。除嘉靖三十年孙应奎衡湘书院重刊本《传习录》之外，对于南大吉续刻《传习录》的每一次重刻，都有所增订。

　　阳明《传习录》的第三个重要刊刻本，是嘉靖三十三年水西精舍刊本《传习录》。水西精舍刊本《传习录》分为"传习录"、"传习续录"两部分，两部分均为阳明先生问答语，没有收录阳明先生的书信及短文。水西精舍刊本《传习录》之"传习录"部分三卷，其卷一收录徐爱所记阳明先生问答语 14 条，卷二收录陆澄所记 81 条，卷三收录薛侃所记 36 条。其"传习录"部分的内容，与薛侃初刻本《传习录》内容相同。

比较复杂的，是水西精舍刊本《传习录》之"传习续录"部分。"传习续录"部分两卷（题为"传习续录卷上"、"传习续录卷下"），卷首有钱德洪《续刻传习录序》。"传习续录卷上"，署名为"门人陈九川录"，共收入阳明先生问答语 60 条（其第一条为"正德乙亥，九川初见先生于龙江"条，其最后一条为"问孔子曰回也非助我者也"条），其中陈九川所录 21 条，王以方所录 13 条（案："王以方"，水西精舍刊本《传习录》原文如此，应作"黄以方"。黄直，字以方，号卓峰，江西金溪人），黄勉叔所录 13 条，黄勉之所录 13 条。"传习续录卷下"，署名为"门人钱德洪、王畿录"，共收入阳明先生问答语 58 条（其第一条为"何廷仁、黄正之、李侯璧、汝中、德洪侍坐"条；最后一条为"南逢吉曰：吉尝以《答徐成之书》请问"条，且标明"此本在《答徐成之书》下，今录于此"），当中没有"传习续录卷上"所出现的"已下×××录"字样，则这 58 条阳明先生答问语，均为钱德洪、王畿所录。而且，在这 58 条阳明先生答问语中，出现钱德洪、王畿名字时，钱德洪多称其名"德洪"而不是其字"洪甫"，王畿则多称其字"汝中"，可见这部分阳明先生问答语，多为钱德洪所录。既然这 58 条语录为钱德洪、王畿所记录，那么黄宗羲根据"先生曰：苏秦、张仪之智，也是圣人之资"等语录，说"《传习后录》有先生（指黄省曾）所记数十条，当是采之《问道录》中，往往失阳明之意"①，可谓错误之极，亦可谓为对黄省曾

---

① 参黄宗羲《明儒学案》（沈芝盈点校），北京：中华书局，2008 年，上册，第 581—582 页。

的一大冤枉。

水西精舍刊本《传习录》之"传习续录"部分，与全书本《传习录》下卷的相关部分比照，彼此差异颇多。从水西精舍刊本《传习录》之"传习续录"部分与全书本《传习录》下卷相关部分的差异看，钱德洪在编定全书本《传习录》下卷时，对于阳明先生问答语颇有增订、删减、移易，这些对于阳明先生问答语的增订、删减、移易，所体现的是钱德洪对于阳明思想的理解，是钱德洪对于编辑刊刻阳明文献的观点与态度。

在水西精舍刊本《传习录》之后，还有嘉靖三十五年（1556）崇正书院刊刻本《传习录》，这是阳明《传习录》的第四个重要刊刻本。崇正书院刊本《传习录》是否存留世间，有待考证。目前，在我们有幸见到的各种版本《传习录》中，嘉靖三十七年（1558）胡宗宪刊本《传习录》的内容，既可能是比较接近崇正书院刊本《传习录》①，又是最接近全书本《传习录》的版本。胡宗宪刊本《传习录》分为上中下三部分，每个部分又分为若干卷。其"传习录上"分为三卷，内容与全书本《传习录》上相同；其"传习录中"分为五卷，除在《训蒙大意示教读刘伯颂等》前面多收录《示弟立志说》一文外，内容及编排次序与全书本《传习录》相同；其"传习录下"分为三卷，其内容大部分与全书本《传习录》下相同，但是也有一些语录是全书本《传习录》下所没有的（也有若干条语录是重复的）。其实，全书本《传习录》主要就是根据胡宗宪刊本《传习录》加以删减与增订而成。

目前存留世间的《王文成公全书》，有两种不同的版本，一

---

① 由于崇正书院刊本《传习录》是否存世尚待考证，因此，我们无从比较胡宗宪刊本《传习录》与崇正书院刊本《传习录》的异同。我们之所以说胡宗宪刊本《传习录》有可能是比较接近崇正书院刊本《传习录》的版本，是从其刊刻时间十分接近、相距不到两年而作出的推测。

是隆庆二年（1568）郭朝宾等杭州刊本《王文成公全书》，一是隆庆六年（1572）谢廷杰等刊本《王文成公全书》。随着谢廷杰刊本《王文成公全书》的梓行，其中所收录的《传习录》，这部王阳明著作中最重要、最有影响的著作，其内容就确定下来了。

三

黄绾在其《明是非定赏罚疏》中，认为阳明之学，其要有三：其一曰"致良知"，其二曰"亲民"，其三曰"知行合一"①。在介绍过王阳明的生平学行、《传习录》的版本情况之后，按理应当对阳明的思想、尤其是《传习录》中的主要思想略加介绍。但是，考虑到在注释当中，我们已经对阳明"心即理"、"知行合一"、"致良知"、"万物一体"等命题，作过比较详细的解释（参第三、五、一百三十六、一百四十三条），为免重复，在此就不再论述了。在这里，我们只对本书的撰作情况，略作说明如下：

一、本书以商务印书馆"四部丛刊"初编缩印明隆庆六年谢廷杰刊本《王文成公全书》所收录之《传习录》为底本。

二、本书以台湾图书馆藏明刊本《传习录》（疑即南大吉嘉靖三年十月序刊本。简称"台北藏明刊本"）、嘉靖三十年孙应奎衡湘书院重刊本《传习录》（简称"孙应奎本"）、《孔子文化大全》影印嘉靖三十三年水西精舍刻本《传习录》（简称"水西精舍本"）、嘉靖三十六年胡宗宪刊本《阳明先生文录》所附《传习录》（简称"胡宗宪本"）、台湾图书馆藏明隆庆二年郭朝宾

① 黄绾《黄绾集》（张宏敏编校），上海：上海古籍出版社，2015年，第626—627页。又参王守仁《王阳明全集（新编本）》，第四册，第1338—1339页。

等杭州刊本《王文成公全书》（简称"郭朝宾本"）为对校本。

三、本书以嘉靖二十九年王畿等刊刻本《阳明先生文录》所附之《传习录》（简称"王畿本"）、嘉靖三十三年钱镗刊刻本《传习录》（简称"钱镗本"）、闾东刊刻《阳明先生文录》所附之《传习录》（简称"闾东本"）、施邦曜辑评《阳明先生集要》（简称"施邦曜本"）、陈龙正辑评《阳明先生要书》（简称"陈龙正本"）、俞嶙辑《王阳明先生全集》（简称"俞嶙本"）、张问达辑刊《王阳明先生文钞》（简称"张问达本"）、文渊阁四库全书本《王文成全书》（简称"四库全书本"）、三轮希贤《标注传习录》（简称"三轮执斋本"）、佐藤坦《传习录栏外书》（简称"佐藤一斋本"）、叶绍钧注释《传习录》（简称"叶绍钧本"）、许舜屏《评注王阳明先生全集》（简称"许舜屏本"）、陈荣捷《王阳明传习录详注集评》（简称"陈荣捷本"）以及邓艾民《传习录注疏》（简称"邓艾民本"）为参校本。

四、本书亦仿陈荣捷《王阳明传习录详注集评》、邓艾民《传习录注疏》之例，为语录添加序号。然而，其编号与陈氏、邓氏之书不尽相同。

五、为醒目计，本书将注释与翻译分列。其中注释部分以"【注释】〔1〕、〔2〕、〔3〕……"之方式排列，翻译部分则以"【今译】"之方式标示。

六、除底本、对校本、参校本之外，注释中凡引用古代作者之文献，均在引文之前标明作者及其作品名；凡引用现代作者之著作，均于引文之后标明作者、书名、页码，以示不敢掠人之美。相关书籍之出版地点、出版机构、出版年代则在征引与参考书目中标明。

七、书中所涉及之人名，凡可考证者皆略加注释。其较为常见者，注释或稍为简略；其较为罕见者，注释则稍为详细。然而，其人非以注释文字之多寡为重轻也。

八、书中翻译文字，以直译为主，力求信实可靠。其中需说明者，《传习录》原文所引述之经典文字不译，以保持相关文字原有之韵味。若其所引述之经典文字较难理解，则在注释中略为解释或翻译其大意。

限于见闻，陋于学识，书中之校勘、注释、翻译，错漏舛误在所难免，尚祈博雅君子教而正之。

黎业明

2020 年 4 月于深圳

目　　录

前言 ·· 1

传习录序 ····································· 1

传习录上 ····································· 4
  徐爱录 ······································ 4
  陆澄录 ····································· 41
  薛侃录 ···································· 101

传习录中 ·································· 148
  答顾东桥书 ······························· 151
  答周道通书 ······························· 196
  答陆原静书 ······························· 208
  又 ·· 212
  答欧阳崇一 ······························· 235
  答罗整庵少宰书 ··························· 246
  答聂文蔚 ································· 257
  二 ·· 267
  训蒙大意，示教读刘伯颂等 ··············· 283
  教约 ····································· 286

传习录下 ·· 290

陈九川录 ·· 290

黄直录 ··· 311

黄修易录 ·· 323

黄省曾录 ·· 334

黄以方录 ·· 393

传习录序

　　门人有私录阳明先生之言者，先生闻之，谓之曰："圣贤教人，如医用药，皆因病立方，酌其虚实、温凉、阴阳、内外而时时加减之，要在去病，初无定说，若拘执一方，鲜不杀人矣。今某与诸君，不过各就偏蔽箴切砥砺，但能改化，即吾言已为赘疣。若遂守为成训，他日误己误人，某之罪过可复追赎乎？"爱[1]既备录先生之教，同门之友有以是相规者，爱因谓之曰："如子之言，即又拘执一方，复失先生之意矣。孔子谓子贡尝曰'予欲无言'[2]，他日则曰'吾与回言终日'[3]，又何言之不一邪？盖子贡专求圣人于言语之间，故孔子以无言警之，使之实体诸心以求自得；颜子于孔子之言默识心通，无不在己，故与之言终日，若决江河而之海也。故孔子于子贡之无言不为少，于颜子之终日言不为多，各当其可而已。今备录先生之语，固非先生之所欲，使吾侪[4]常在先生之门，亦何事于此？惟或有时而去侧，同门之友又皆离群索居，当是之时，仪刑既远而规切无闻。如爱之驽劣，非得先生之言时时对越[5]警发之，其不摧堕靡废者，几希矣。吾侪于先生之言，苟徒入耳出口，不体诸身，则爱之录此，实先生之罪人矣。使能得之言意之表而诚诸践履之实，则斯录也，固先生终日言之之心也，可少乎哉！"录成，因复识此于篇首[6]以告同志。门人徐爱序。

【注释】

　〔1〕徐爱，字曰仁，号横山，浙江余姚人。生于成化二十三年（1487）春，卒于正德十二年（1517）五月，享年三十一岁。正德三年（1508）进士，阳明之妹夫与门人。

　〔2〕"予欲无言"，意为：我打算不再多说了。语见《论语·阳货》。

　〔3〕"吾与回言终日"，意为：我和颜回讲论了一整天。语见《论语·为政》。

　〔4〕吾侪，我们。侪（chái），同辈。

　〔5〕对越，即对答称扬，在此为教导之意。

　〔6〕篇首，原作"首篇"，据孙应奎本、钱锷本、水西精舍本、胡宗宪本、白鹿洞本改。

【今译】

　门人中有人私下记录阳明先生的言论，先生听说这件事之后，对他说："圣贤教人，就好比医生用药，都是根据病情开药方，要斟酌病人的虚实、温凉、阴阳、内外是否平衡而随时加减药味，关键在于除去疾病，原本并没有不变的定说，如果拘执于一条药方，那么很少不因此而成庸医杀人的。如今我与诸君，不过各就你们的偏颇蔽塞之处略加规谏、磨砺，只要能够有所改变，则我的言论就已经成为多余的了。如果因此而保守为不变的教条，他日误己误人，我的罪过还可以追悔救赎吗？"我既详备记录先生的教诲之言，同门学友中有人以先生的这个说法相规阻，我于是对他说："像你这样的说法，则又是'拘执一方'，又误解先生的意思了。孔子曾经对子贡说'予欲无言'，他日却又说'吾与回言终日'，孔子的说法又何其前后不一呢？盖因子贡从言语之间去理解孔子的教导，所以孔子以'无言'来警戒他，目的是要使他切实体认于心以寻求自得；而颜子对于孔子的教诲则默识心通、没有不是自己去体会的，所以孔子与他'言终日'，犹如挖开江河的决口而将其引入大海那样滔滔不绝。所以孔子对子贡什么都不说也不算少，对颜子整天说个没完也不为多，不过是各当其可而已。我如今详备记录先生的言论，固然不是先生所希望的，假使我们能常在先生的门下，又何必从事于此呢？只是有时或不免离开先生身边，同门学友又都离群索居，在这个时候，远离先生而无法聆听他的规戒。像我这样才能低下的人，如果得不到先生言语的时刻教导与警醒，而又不会感到挫败懈怠、萎靡颓废，那应当是很少有的了。我们对于先生的言论，假如只是入耳出口，而不是亲身体认，那么我还记录这些言论，我就确实成为先生的罪人了。假使我们能把握先生言语的意义，而又能实实在在地付诸行动，那么这本语录，原本就是先生'终日言之'的用心，怎么可以少得了呢！"语录编辑完成，于是在语录的前面记下这段文字来告诉同志学友。门人徐爱谨序。

传习录上

徐 爱 录

先生于《大学》"格物"诸说，悉以旧本为正，盖先儒所谓"误本"者也[1]。爱始闻而骇，既而疑，已而殚精竭思、参互错纵以质于先生，然后知先生之说若水之寒、若火之热，断断乎"百世以俟圣人而不惑"[2]者也。先生明睿天授，然和乐坦易、不事边幅。人见其少时豪迈不羁，又尝泛滥于词章、出入二氏之学，骤闻是说，皆目以为立异好奇，漫不省究。不知先生居夷三载[3]，处困养静，精一[4]之功固已超入圣域，粹然大中至正之归矣。爱朝夕炙门下，但见先生之道，即之若易，而仰之愈高；见之若粗，而探之愈精；就之若近，而造之愈益无穷。十余年来，竟未能窥其藩篱[5]。世之君子，或与先生仅交一面，或犹未闻其謦欬[6]，或先怀忽易愤激之心，而遽欲于立谈之间、传闻之说臆断悬度，如之何其可得也？从游之士，闻先生之教，往往得一而遗二、见其牝牡骊黄而弃其所谓千里者[7]。故爱备录平日之所闻，私以示夫同志，相与考而正之，庶无负先生之教云。门人徐爱书。

【注释】

〔1〕此所谓《大学》旧本，指《礼记》第四十二篇。程颢、程颐、朱熹对《大学》均极为重视。朱熹将《大学》加以改易、补正与注解，题为《大学章句》，分为经一章、传十章。朱熹等以为"旧本颇有错简"，故称其为"误本"。后人则将朱熹改易、补正本《大学》称为"新本"。 程颢，字伯淳，世称明道先生。程颐，字正叔，世称伊川先生，程颢之弟。程颢、程颐均为北宋著名理学家，后人尊称二程子。朱熹，字元晦，一字仲晦，号晦庵、晦翁等。卒谥"文"，世称朱文公。宋代理学之集大成者，著作宏富，后人尊称朱子。

〔2〕"百世以俟圣人而不惑"，语见《中庸》。意为：百世之后，圣人复起，也不会对这种学说表示疑惑。

〔3〕居夷三载，指阳明贬谪贵州龙场事。据《阳明先生年谱》记载，正德元年（1506）冬，南京科道戴铣、薄彦徽等以谏忤旨，逮系诏狱。阳明于是抗疏救之。疏入，亦下诏狱，廷杖四十。不久，贬谪贵州龙场驿（在今贵州修文）驿丞。

〔4〕精一，即"惟精惟一"，语出《尚书·大禹谟》"人心惟危，道心惟微；惟精惟一，允执其中"。

〔5〕藩篱，原指以竹木编成的篱笆，为房屋的外蔽。此指门户，比喻某种造诣、境界。

〔6〕謦欬（qǐng kài），原指咳嗽，借指谈笑。此指言谈、教诲。

〔7〕见其牝牡骊黄而弃其所谓千里者，意为：只见到马的雌雄黑黄而见不到其能驰骋千里的特质。比喻只看到事物的外表而看不到其本质。典出《淮南子·道应训》。

【今译】

阳明先生对于《大学》"格物"等学说，完全以"旧本"为正本，也就是先儒所谓的"误本"。我刚听说的时候十分惊骇，不久又感到疑惑，继而殚精竭虑、互相比照、错综往复，并向阳明先生请教，然后才知道先生的学说犹如水之寒、火之热那样分明，确确实实属于"百世以俟圣人而不惑"的了。阳明先生的聪明睿智生来就有，然而其为人平和快乐、坦率易近、不修边幅。有人见他年少的时候豪迈不羁，又曾经沉迷于词章、出入于佛道二教之学，骤然听到这样的学说，都把他看成是立异好奇，因而等闲视之，不加省察探究。他们不知道阳明先生谪居蛮夷之地三年，处困养静，其"惟精惟一"的功夫固然已经超越凡俗进入圣域，完全达到大中至正的境界了。我时时在阳明先生门下得到教诲，只见先生的学说，要靠近它似乎容易，而仰望它则越见高远；初见到它似乎粗浅，而探究它则越见精深；要接近它似乎不远，而要达到它则更加觉得没有尽头。十多年来，竟然未能窥见他的造诣。世间的君子，有的与阳明先生只有一面之交，有的还未听过他的言谈，有的则先抱有轻视、简慢、愤怒、偏激之心，而仓猝地希望在立谈之间、据传闻之说加以臆断揣度，又怎么可能得知其造诣呢？从游阳明先生的人，虽然得以聆听先生的教诲，又往往得到其一而遗漏其二，只见到其外表而见不到其本质，犹如秦穆公只见到马的雌雄黑黄而见不到其能驰骋千里的特质。所以我详备地记录平日所聆听到的先生教诲之言，私下拿来给同志学友看，相互考究订正它，希望不至于辜负先生的教诲。门人徐爱谨书。

1. 爱问："'在亲民'，朱子谓当作'新民'[1]，后章'作新民'之文，似亦有据。先生以为宜从旧本作'亲民'，亦有所据否？"

先生曰："'作新民'之'新'，是自新之民，与'在新民'之'新'不同，此岂足为据？'作'字却与'亲'字相对，然非'新'字义[2]。下面'治国平天下'处，皆于'新'字无发明。如云'君子贤其贤而亲其亲，小人乐其乐而利其利'、'如保赤子'、'民之所好好之，民之所恶恶之，此之谓民之父母'之类[3]，皆是'亲'字意。'亲民'犹孟子'亲亲仁民'[4]之谓，亲之即仁之也。百姓不亲，舜使契为司徒，'敬敷五教'[5]，所以亲之也。《尧典》'克明峻德'，便是'明明德'；'以亲九族'至'平章'、'协和'[6]，便是

'亲民'，便是'明明德于天下'。又如孔子言'修己以安百姓'[7]，'修己'便是'明明德'，'安百姓'便是'亲民'。说'亲民'，便兼教养意[8]；说'新民'，便觉偏了。"

【注释】

〔1〕所谓"'在亲民'，朱子谓当作'新民'"，语本朱熹《大学章句》。"在亲民"，语见《大学》首章"大学之道，在明明德，在亲民，在止于至善"。意为：大学的原则，在于彰显人的完美德性，在于爱护百姓，在于达到至善的境界。

〔2〕然非"新"字义："新"，原作"亲"，据德安府重刊本、王畿本、孙应奎本、钱錞本、水西精舍本等版本改。

〔3〕"君子贤其贤而亲其亲，小人乐其乐而利其利"、"如保赤子"、"民之所好好之，民之所恶恶之，此之谓民之父母"云云，语见《大学》。"君子贤其贤而亲其亲，小人乐其乐而利其利"两句，意为：使君子既尊重圣王所任用的贤人又能亲爱自己的亲人，使民众既享受圣王所带来的安乐而又能保有自己的利益。

〔4〕"亲亲仁民"，意为：君子亲爱自己的亲人，又对百姓仁慈。语出《孟子·尽心上》。

〔5〕"舜使契为司徒，'敬敷五教'"，意为：舜于是指派契作司徒之官，敬布五常之教。司徒，古代官名，主管教育、教化。其语本《尚书·舜典》。五教，即《孟子·滕文公上》所谓"父子有亲，君臣有义，夫妇有别，长幼有序，朋友有信"。

〔6〕此处引述《尧典》之言，乃本《尚书·尧典》"克明俊德，以亲九族；九族既睦，平章百姓；百姓昭明，协和万邦，黎民于变时雍"。意为：尧能明其大德，用以亲睦九族；九族得以亲睦之后，则去辨明百官；百官得以辨明之后，又去调和天下万邦，天下民众也因此都变得和睦。

〔7〕"修己以安百姓"，意为：修养自己来使天下百姓都得到安乐。语见《论语·宪问》："子路问君子。子曰：'修己以敬。'曰：'如斯而已乎？'曰：'修己以安人。'曰：'如斯而已乎？'曰：'修己以安百姓。修己以安百姓，尧舜其犹病诸！'"

〔8〕便兼教养意，原作"便是兼教养意"，据孙应奎本、水西精舍

本、胡宗宪本、郭朝宾本等版本改。

【今译】

　　徐爱问："《大学》'在亲民'一句，朱子说应当作'新民'，后面章节'作新民'的说法，似乎也说明其有所依据。先生您以为应该遵从旧本作'亲民'，也有所依据吗？"

　　阳明先生说："'作新民'的'新'字，是自新之民的意思，与'在新民'的'新'字不同，这哪里足以为依据呢？'作'字却与'亲'字相对，然而并不是'新'字的涵义。下面说的'治国平天下'，都没有对于'新'字加以阐发。如说'君子贤其贤而亲其亲，小人乐其乐而利其利'、'如保赤子'、'民之所好好之，民之所恶恶之，此之谓民之父母'之类，都是'亲'字的意思。'亲民'犹如孟子所说的'亲亲而仁民'，'亲之'就是对他们仁爱。正由于百姓不能相亲相爱，于是舜指派契为司徒，'敬敷五教'，目的就是要使百姓相亲相爱。《尧典》所说的'克明峻德'，便是'明明德'；所说的'以亲九族'以至'平章百姓'、'协和万邦'，便是'亲民'，便是'明明德于天下'。又如孔子说'修己以安百姓'，'修己'便是'明明德'，'安百姓'便是'亲民'。说'亲民'，便兼有教养的意思；说'新民'，便觉得有偏差了。"

　　2. 爱问："'知止而后有定'〔1〕，朱子以为'事事物物皆有定理'，似与先生之说相戾。"

　　先生曰："于事事物物上求至善，却是义外〔2〕也。至善是心之本体〔3〕，只是明明德到至精至一处便是，然亦未尝离却事物，本注所谓'尽夫天理之极，而无一毫人欲之私'〔4〕者，得之。"

【注释】

　　〔1〕"知止而后有定"，意为：懂得止于至善，而后志有定向。语见《大学》。"事事物物皆有定理"，语见朱熹《大学或问》"能知所止，则

方寸之间，事事物物皆有定理矣"。

〔2〕义外，意为：义是外在的（而不是发自内心的）。这是告子（告不害，战国时人）的主张。语见《孟子·告子上》："告子曰：'食色，性也。仁，内也，非外也；义，外也，非内也。'"

〔3〕本体，在现代汉语中，一般情况下是指事物的本质；但在古代汉语中，也常用来指事物的本来状态。在阳明《传习录》中，"本体"这个概念，很多时候都是指事物的本来状态，而不是指事物的本质。在翻译当中，我们对作为事物的本质的"本体"概念不加翻译。

〔4〕"尽夫天理之极，而无一毫人欲之私"，语见朱熹《大学章句》。意为：达到天理的极致，而没有一丝一毫的人欲之私心杂念。

【今译】

徐爱问："《大学》'知止而后有定'一句，朱子《大学或问》认为是'事事物物皆有定理'的意思，这似乎与先生您的说法相冲突。"

阳明先生说："从事事物物上寻求至善，这却是像告子那样以义为外在了。至善是心的本来状态，只是明明德达到至精至一的境地便是，然而这也未曾脱离事物，朱子《大学章句》中所说的'尽夫天理之极，而无一毫人欲之私'，这才是得其正解。"

3. 爱问："至善只求诸心，恐于天下事理有不能尽。"

先生曰："心即理也〔1〕。天下又有心外之事、心外之理乎？"

爱曰："如事父之孝、事君之忠、交友之信、治民之仁，其间有许多理在，恐亦不可不察。"

先生叹曰："此说之蔽久矣，岂一语所能悟！今姑就所问者言之。且如事父，不成〔2〕去父上求个孝的理？事君，不成去君上求个忠的理？交友、治民，不成去友上、民上求个信与仁的理？都只在此心。心即理也。此心无私欲之蔽，即是天理，不须外面添一分。以此纯乎天理之心，发之事父便是孝，发之事君便是忠，发之交友、治民便是信与仁。只在此心去人欲、存天理[3]上用功便是。"

爱曰："闻先生如此说，爱已觉有省悟处。但旧说缠于胸中，尚有未脱然者。如事父一事，其间温清定省[4]之类，有许多节目，不[知]亦须讲求否？"[5]

先生曰："如何不讲求？只是有个头脑，只是就此心去人欲、存天理上讲求。就如讲求冬温，也只是要尽此心之孝，恐怕有一毫人欲间杂；讲求夏清，也只是要尽此心之孝，恐怕有一毫人欲间杂。只是讲求得此心。此心若无人欲，纯是天理，是个诚于孝亲的心，冬时自然思量父母的寒，便自要去求个温的道理；夏时自然思量父[母]的热[6]，便自要去求个清的道理。这都是那诚孝的心发出来的条件。却是须有这诚孝的心，然后有这条件发出来。譬之树木，这诚孝的心便是根，许多条件便是枝叶。须先有根，然后有枝叶。不是先寻了枝叶，然后去种根。《礼记》言：'孝子之有深爱者，必有和气；有和气者，必有愉色；有愉色者，必有婉容。'[7]须是有个深爱做根，便自然如此。"

【注释】

〔1〕心即理，与此相近之说法，最初见于《大乘开心显性顿悟真空论》"问曰：'云何是道？云何是理？云何是心？'答曰：'心是道，心是理，则是心。心外无理，理外无心。心能平等，名之为理；理照能明，

名之〔为〕心'"。其作为宋明心学之命题，南宋时由陆象山（陆九渊，字子静，江西金溪人，居贵溪之象山讲学，学者称象山先生）倡导，其言曰，"盖心，一心也；理，一理也，至当归一，精义无二，此心此理，实不容有二。故夫子曰'吾道一以贯之'、孟子曰'夫道一而已矣'"；"四端者，即此心也；天之所以与我者，即此心也。人皆有是心，心皆具是理，心即理也，故曰'理义之悦我心，犹刍豢之悦我口'"。（陆九渊《陆九渊集》）明代时由王阳明继承与发扬，《传习录》记载云，"心一而已，以其全体恻怛而言谓之仁，以其得宜而言谓之义，以其条理而言谓之理。不可外心以求仁，不可外心以求义，独可外心以求理乎？外心以求理，此知行之所以二也"。其《与王纯甫（二）》云，"夫在物为理，处物为义，在性为善，因所指而异其名，实皆吾之心也。心外无物，心外无事，心外无理，心外无义，心外无善。吾心之处事物，纯乎理而无人伪之杂谓之善，非在事物有定所之可求也。处物为义，是吾心之得其宜也，义非在外可袭而取也"。无论是陆九渊还是王阳明，其所谓心，乃指人们可做道德判断之本心；其所谓理，乃指应当遵循之道德准则。所谓心即理，作为道德论命题，乃指能知是知非的道德本心，其本身就是道德准则的来源与依据，所强调者为道德自觉。然而，陆象山、王阳明均将此命题延伸到认识论甚至本体论领域。

〔2〕不成，加强反问语气词，犹言难道。

〔3〕去人欲、存天理，这是宋明理学之共同主张，无论是程朱理学还是陆王心学都认同。所谓天理人欲，原出《礼记·乐记》"夫物之感人无穷，而人之好恶无节，则是物至而人化物也。人化物也者，灭天理而穷人欲者也"。虽然宋明理学家对天理人欲之理解彼此有所不同，但是他们多将仁义礼智视为天理，将人的过分欲望看作人欲，并将两者加以对立，因而主张存天理、灭人欲。如朱子说，"圣贤千言万语，只是教人明天理灭人欲"。（黎靖德编《朱子语类》）阳明亦说，"学者学圣人，不过是去人欲而存天理耳"，"吾辈用功，只求日减，不求日增。减得一分人欲，便是复得一分天理"。（《传习录》上）

〔4〕温清定省，语出《礼记·曲礼上》"凡为人子之礼，冬温而夏清，昏定而晨省"。清（qìng），清凉；冰冷。意为：凡是作为儿女的礼节，冬天要使父母温暖，夏天要使父母清凉；傍晚要为父母铺好枕席，早晨要向父母请安。

〔5〕不知亦须讲求否："知"字原缺，据王畿本、孙应奎本、水西精舍本、胡宗宪本、郭朝宾本等版本补。

〔6〕夏时自然思量父母的热："母"字原缺，据王畿本、孙应奎本、

水西精舍本、胡宗宪本、郭朝宾本等版本补。

〔7〕"孝子之有深爱者，必有和气；有和气者，必有愉色；有愉色者，必有婉容"，语见《礼记·祭义》。这几句意为：对父母有着深深爱意的孝子，一定会有温和的态度；对父母有温和态度的人，一定会有愉悦的神情；对父母有愉悦神情的人，一定会有和顺的容色。

【今译】

徐爱问："只在心上求至善，恐怕不能穷尽天下事理。"

阳明先生说："心即理。天下哪里又有心外之事、心外之理呢？"

徐爱说："譬如事父之孝、事君之忠、交友之信、治民之仁，其间有许多的道理在，恐怕也不能不加以省察吧。"

阳明先生叹息说："这种说法蒙蔽世人已经很久了，哪里可以用一句话就能使人醒悟！如今姑且根据你所问的问题来说一说。譬如事父，难道要去父亲身上寻求个孝顺的理？事君，难道要去君王身上寻求个忠诚的理？交友、治民，难道要去朋友身上、民众身上寻求个信任与仁爱的理？其实都只在此心。心即理。此心没有私欲的蒙蔽，就是天理，不必从外面增添一分。把这个纯粹是天理的心，表现在侍奉父亲就是孝，表现在服从君王就是忠，表现在结交朋友、治理民众就是信与仁。只需要在此心去人欲、存天理上面用功就行了。"

徐爱说："听先生您如此说，我已经觉得有所省悟了。只是旧说依然缠绕在胸中，还有一些未能脱然无疑的问题。譬如侍奉父亲一事，当中像要使父亲冬天温暖夏天清凉，像晚上要使其安枕、早上要向其请安之类，有许多的细节，不知道是否也需要讲求？"

阳明先生说："怎么能不讲求？只是要有个头绪，只是要在此心去人欲、存天理上面讲求。就如讲求冬天温暖，也只是要尽此心的孝道，恐怕有一丝一毫的人欲夹杂；讲求夏天清凉，也只是要尽此心的孝道，恐怕有一丝一毫的人欲夹杂。只是要讲求得此心。此心如果没有人欲，纯粹是天理，是个真正孝顺父母的心，冬天的时候自然会考虑到父母的寒冷，便自会去寻求一个使其温暖的办法；夏天的时候自然会考虑到父母的炎热，便自会去寻求一个使其清凉的办法。这都是那个真正孝顺的心生发出来的各种具体事情。只是必须有这个真正孝顺的心，然后才有这些具体事情生发出来。如果把它譬喻为树木，这个真正孝顺的心便是根，许多的具体事情便是枝叶。必须先有根，然后才能有枝叶。不是先寻找了一些枝叶，然后去种根。《礼记》说："孝子之有深爱者，必有和气；有和气者，必有愉色；有愉色者，必有婉容。'须是有个深爱做根本，便自然能够如此。"

4. 郑朝朔[1]问："至善亦须有从事物上求者？"

先生曰："至善只是此心纯乎天理之极便是，更于事物上怎生求？且试说几件看。"

朝朔曰："且如事亲，如何而为温清之节，如何而为奉养之宜[2]，须求个是当，方是至善。所以有学问思辩[3]之功。"

先生曰："若只是温清之节、奉养之宜，可一日二日讲之而尽，用得甚学问思辩？惟于温清时，也只要此心纯乎天理之极；奉养时，也只要此心纯乎天理之极，此则非有学问思辩之功，将不免于毫厘千里之缪[4]。所以虽在圣人，犹加'精一'之训。若只是那些仪节求得是当，便谓至善，即如今扮戏子，扮得许多温清奉养的仪节是当，亦可谓之至善矣。"

爱于是日又有省。

【注释】

〔1〕郑一初，字朝朔，号紫坡子，广东揭阳人。弘治十八年（1505）进士，当时刘瑾专权，因此他没有参加选授官职，而是居家以耕读教育子弟为务。刘瑾被诛杀，他才赴北京，获授云南道监察御史。

正德六年（1511）冬，师事阳明于京师。后以病告归，正德九年（1514）卒于杭州，享年三十八岁。

〔2〕"如何而为温清之节，如何而为奉养之宜"，语本朱熹《大学或问》所引述程子之言。程子曰："如欲为孝，则当知所以为孝之道，如何而为奉养之宜，如何而为温清之节，莫不穷究而后能之，非独守夫孝之一字而可得也。"

〔3〕"学问思辩"，辩通"辨"。语出《中庸》"博学之，审问之，慎思之，明辨之，笃行之"。大意为：广博地学习，详细地问难，慎重地思考，明确地辨别，笃实地履行。

〔4〕"毫厘千里之缪"，典出《礼记·经解》"《易》曰：君子慎始。差若毫厘，缪以千里"。缪，与"谬"通。

【今译】

郑朝朔问："至善也应当有从事物上寻求的吧？"

阳明先生说："至善只是使此心完全达到天理的极致就是了，又怎么从事物上去寻求呢？你姑且尝试说几件看看。"

朝朔说："譬如事亲，怎样才属于温暖清凉的适度，怎样才属于侍奉赡养的合宜，必须讲求个妥当无误，才是至善。所以要有学问思辨的功夫。"

阳明先生说："如果只是要讲求怎样才属于温暖清凉的适度、怎样才属于侍奉赡养的合宜，这一日两日就可以讲完，用得着什么学问思辨？只是在讲求温清时，也只是要使此心完全达到天理的极致；在讲求奉养时，也只是要使此心完全达到天理的极致，这如果没有学问思辨的功夫，则将不免于毫厘之差千里之谬了。所以即使是圣人，尚且要施行'惟精惟一'的成训。如果只是将那些仪式礼节讲求得妥当无误，便可以把它称为至善，那么如今演戏的人，把许多温清奉养的仪式礼节都扮演得妥当无误，也可以把它称为至善了。"

徐爱在这一日又有所省悟。

5. 爱因未会先生"知行合一"〔1〕之训，与宗贤、惟贤〔2〕往复辩论，未能决，以问于先生。

先生曰：“试举看。”

爱曰：“如今人尽有知得父当孝、兄当弟者，却不能孝、不能弟[3]，便是知与行分明是两件。”

先生曰：“此已被私欲隔断，不是知行的本体了。未有知而不行者，知而不行，只是未知。圣贤教人知行，正是要复那本体，不是着你只恁的便罢。故《大学》指个真知行与人看，说‘如好好色，如恶恶臭’[4]。见好色属知，好好色属行，只见那好色时已自好了，不是见了后又立个心去好；闻恶臭属知，恶恶臭属行，只闻那恶臭时已自恶了，不是闻了后别立个心去恶。如鼻塞人虽见恶臭在前，鼻中不曾闻得，便亦不甚恶，亦只是不曾知臭。就如称某人知孝、某人知弟，必是其人已曾行孝行弟，方可称他知孝知弟。不成只是晓得说些孝弟的话，便可称为知孝弟？又如知痛，必已自痛了，方知痛；知寒，必已自寒了；知饥，必已自饥了。知行如何分得开？此便是知行的本体，不曾有私意隔断的。圣人教人，必要是如此，方可谓之知；不然，只是不曾知。此却是何等紧切着实的工夫！如今苦苦定要说知行做两个，是甚么意？某要说做一个，是甚么意？若不知立言宗旨，只管说一个、两个，亦有甚用？”

爱曰：“古人说知行做两个，亦是要人见个分晓，一行做知的功夫，一行做行的功夫，即功夫始有下落。”

先生曰：“此却失了古人宗旨也。某尝说知是行的主意，行是知的功夫；知是行之始，行是知之成。若会得时，只说一个知，已自有行在；只说一个行，已自有知在。古人所以既说一个知又说一个行者，只为世间有一种人，懵懵懂懂的任意去做，全不解思惟省察，也只是个冥行妄作，所以必说个知，方才行得是；又有一种人，茫茫荡荡悬空去思索，全不肯着实躬行，也只是个揣摸影响，所以必说一个行，方才知得真。此是古人不得已补偏救弊的说话，若见得这个意时，即一言而足。今人却就将知行分作两件去做，以为必先知了然后能行，我如今且去讲习讨论做知的工夫，待知得真了，方去做行的工夫，故遂终身不行，亦遂终身不知。此不是小病痛，其来已非一日矣。某今说个知行合一，正是对病的药，又不是某凿空杜撰，知行本体原是如此。今若知得宗旨时，即说两个亦不妨，亦只是一个；若不会宗旨，便说一个，亦济得甚事？只是闲说话。"

【注释】

〔1〕知行合一，王阳明重要学说之一。王阳明认为，知行没有先后之别，而是合一并进的。《阳明先生年谱》记载，正德四年（1509）阳明在被贬谪贵州期间，已经开始讲论知行合一学说。对于知行合一，阳明说，"知是行的主意，行是知的功夫；知是行之始，行是知之成"；又说，"知之真切笃实处即是行，行之明觉精察处即是知，知行工夫本不可离。只为后世学者分作两截用功，失却知行本体，故有合一并进之说"。为说明知行合一学说之含义，阳明还引用《大学》"如恶恶臭，如好好色"之言加以解释，说"《大学》指个真知行与人看，说'如好好色，如恶恶臭'。见好色属知，好好色属行，只见那好色时已自好了，不是见了后又立个心去好；闻恶臭属知，恶恶臭属行，只闻那恶臭时已自恶了，不是闻了后别立个心去恶"。（《传习录》上）阳明的知行合一，强调知行不可分离、知行没有先后，同时存在、同时出现。阳明之所以主张知行合一，除了要反对朱子"知先行后"之主张（朱子说，"知行常相须，如目无足不行，足无目不见。论先后，知为先；论轻重，行为

重"。见黎靖德编《朱子语类》)、要补救当时知行分离的弊病（如"知而不行"、"冥行妄作"），也是为了存天理、去人欲，阳明说，"必欲此心纯乎天理，而无一毫人欲之私，非防于未萌之先而克于方萌之际不能也"。因此，当门人向他请教知行合一时，阳明说，"此须识我立言宗旨。今人学问，只因知行分作两件，故有一念发动，虽是不善，然却未曾行，便不去禁止。我今说个知行合一，正要人晓得一念发动处，便即是行了；发动处有不善，就将这不善的念克倒了。须要彻根彻底，不使那一念不善潜伏在胸中。此是我立言宗旨"。（《传习录》中、下）然而，阳明之知行合一学说，将"一念发动处"视为行，难免有流于"以知为行"、"销行以归知"之嫌。

〔2〕黄绾，字宗贤，号久庵，浙江黄岩人。生于成化十六年（1480）二月，卒于嘉靖三十三年（1554）九月，享年七十五岁。以祖荫入官，累官至礼部尚书。初与王阳明、湛甘泉（若水）为友，后为阳明门人。著作有《明道编》、《石龙集》等。　顾应祥，字惟贤，号箬溪，浙江长兴人。生于成化十九年（1483），卒于嘉靖四十四年（1565），享年八十三岁。弘治十八年（1505）进士，累官至刑部尚书。少受业于阳明。阳明殁后，见《传习续录》门人问答多有未当于心者，作《传习录疑》以辨之。

〔3〕此句两"弟"字，音 tì，敬爱兄长。同"孝悌"之"悌"。

〔4〕"如好好色，如恶恶臭"，语本《大学》"所谓诚其意者，毋自欺也，如恶恶臭，如好好色，此之谓自谦"。恶恶臭（wù è xiù），讨厌难闻的气味。好好色（hào hǎo sè），喜欢漂亮的女色。自谦，同"自慊"，自己的快意满足。

【今译】

徐爱因未能领会阳明先生"知行合一"的教诲，与黄宗贤、顾惟贤反复辩论，仍然未能作出判断，因而向阳明先生请教。

阳明先生说："试举个例子看看。"

徐爱说："譬如现在人们尽管都知道对父母应当孝顺、对兄长应当敬爱，实际上却不能孝顺、不能敬爱，这便说明知与行分明是两件事。"

阳明先生说："这已经是被私欲隔断，不是知行的本来状态了。没有知而不行的，知而不行，只是未知。圣贤教人知行，正是要恢复它的本来状态，不是叫你只如此便罢休。所以《大学》

指出一个真的知行给人看，说'如好好色，如恶恶臭'。见到美色属知，喜欢美色属行，只见到那美色时就已经喜欢了，不是见了之后又另外立个心去喜欢；闻到腐臭属知，讨厌腐臭属行，只闻到那腐臭时就已经讨厌了，不是闻了之后又另外立个心去讨厌。假如是鼻塞的人，即使见到腐臭在前，鼻子没有闻到，便也不会很讨厌，这也只是不曾知道腐臭。这就好比称说某人知道孝顺父母、某人知道敬爱兄长，那一定是他已经做到孝顺父母、做到敬爱兄长，才可以称说他知道孝顺父母、知道敬爱兄长。难道只是晓得说些孝悌的话，便可称为知道孝悌？又好比说知道疼痛，那一定是已经经历过疼痛了，才可以说知道疼痛；知道寒冷，那一定是已经经历过寒冷了；知道饥饿，那一定是已经经历过饥饿了。知行怎么能分得开？这便是知行的本来状态，是还没有被私意隔断的。圣人教人，一定是这样，才能称之为知；不然，只是还不曾知。这是多么紧切着实的工夫！如今苦心竭力一定要把知行说成是两个，这是什么意图？我要把它说成是一个，又是什么意图？如果不能明白我的立言宗旨，只管说成一个、两个，又有什么用？"

徐爱说："古人把知行说成两个，也只是要使人知道有个分晓，一边做知的功夫，一边做行的功夫，这样功夫才有着落。"

阳明先生说："这却是误解古人的宗旨了。我曾经说'知是行的主意，行是知的功夫；知是行的开始，行是知的完成'。如果能领会到这一点，只说一个知，就已经有行了；只说一个行，就已经有知了。古人所以既说一个知又说一个行，只是因为世间有一种人，懵懵懂懂地随意去做，完全不懂得思考省察，这也只是冥行妄作，所以必说一个知，方才行得正确；又有一种人，茫茫荡荡地凭空去思索，完全不愿意着实躬行，这也只是揣摸猜测，所以必说一个行，方才知得真切。这是古人不得已补偏救弊的说话，如果能看出这个意图，则一句话就足够了。现在的人却将知行分作两件事去做，认为一定要先知了然后才能行，我如今姑且先去讲习讨论、先去做知的工夫，等到知得真了，再去做行的工夫，因此终身不能行，亦因此而终身不能知。这不是小小的病痛，其由来也已经不是一日两日了。我现在说个知行合一，正是对症而下的药，又不是我凿空杜撰出来的，知行的本来状态原本就是这样。如今若能知道我的宗旨，即使说两个亦不妨，其实也只是一个；若不能领会我的宗旨，哪怕只说一个，又济得什么事？也只是闲说话而已。"

6. 爱问："昨闻先生'止至善'之教，已觉功夫有用力处。但与朱子格物之训[1]，思之终不能合。"

先生曰："格物是止至善之功。既知至善，即知格物矣。"

爱曰："昨以先生之教推之，格物之说似亦见得大略。但朱子之训，其于《书》之'精一'、《论语》之'博约'[2]、《孟子》之'尽心知性'[3]，皆有所证据，以是未能释然。"

先生曰："'子夏笃信圣人，曾子反求诸己'[4]。笃信固亦是，然不如反求之切。今既不得于心，安可狃[5]于旧闻、不求是当？就如朱子亦尊信程子，至其不得于心处，亦何尝苟从？'精一'、'博约'、'尽心'，本自与吾说吻合，但未之思耳。朱子格物之训，未免牵合附会，非其本旨。精是一之功，博是约之功。曰仁既明知行合一之说，此可一言而喻。'尽心、知性、知天'，是'生知安行'事；'存心、养性、事天'，是'学知利行'事；'夭寿不贰，修身以俟'，是'困知勉行'事[6]。朱子错训格物，只为倒看了此意，以'尽心知性'为物格知至，要初学便去做'生知安行'事[7]，如何做得？"

爱问："'尽心知性',何以为'生知安行'?"

先生曰："性是心之体,天是性之原。尽心即是尽性。惟天下至诚,为能尽其性,知天地之化育[8]。存心者,心有未尽也。'知天',如知州、知县之知,是自己分上事,已与天为一;'事天',如子之事父、臣之事君,须是恭敬奉承,然后能无失,尚与天为二。此便是圣、贤之别。至于夭寿不贰其心,乃是教学者一心为善,不可以穷通夭寿之故,便把为善的心变动了。只去修身以俟命,见得穷通寿夭有个命在,我亦不必以此动心。'事天'虽与天为二,已自见得个天在面前;'俟命'便是未曾见面,在此等候相似,此便是初学立心之始,有个困勉的意在。今却倒做了,所以使学者无下手处。"

爱曰："昨闻先生之教,亦影影见得功夫须是如此。今闻此说,益无可疑。爱昨晚思格物的'物'字[9],即是'事'字,皆从心上说。"

先生曰："然。身之主宰便是心,心之所发便是意,意之本体便是知,意之所在便是物。如意在于事亲,即事亲便是一物;意在于事君,即事君便是一物;意在于仁民爱物,即仁民爱物便是一物;意在于视听言动,即视听言动便是一物。所以某说无心外之理、无心外之物;《中庸》言'不诚无物'[10]。《大学》'明明德'之功,只是个诚意;诚意之功,只是个格物。"

【注释】

〔1〕朱子格物之训,指朱熹《大学章句》对格物之解释。朱子解释

"致知在格物"云，"致，推极也；知，犹识也。推极吾之知识，欲其所知无不尽也。格，至也；物，犹事也。穷至事物之理，欲其极处无不到也"。在朱子看来，格物就是探究事物的原理，用其《大学章句》"格物补传"的话说就是，"即物而穷其理也"。

〔2〕"博约"，语出《论语·雍也》："子曰：'君子博学于文，约之以礼，亦可以弗畔矣夫。'"意为：孔子说："君子广博地学习文献，用礼节来约束持守，也就不会离经叛道了。"（《传习录》第九条，阳明对《论语》此章有诠释，见下）

〔3〕"尽心知性"及下文"尽心、知性、知天"云云，语出《孟子·尽心上》："孟子曰：'尽其心者，知其性也。知其性，则知天矣。存其心，养其性，所以事天也。夭寿不贰，修身以俟之，所以立命也。'"意为：孟子说："能充分扩充自己善良的本心，就能懂得人的本性；能懂得人的本性，就能懂得天命。保存自己的本心，涵养自己的本性，就是侍奉上天的方式。不论短命还是长寿，我都没有二心、不生疑心，只是修养身心以等待死亡的到来，就是立命的方式。"

〔4〕"子夏笃信圣人，曾子反求诸己"，语出朱熹《孟子集注》。子夏，姓卜，名商；曾子，名参，字子舆。均为孔子弟子。

〔5〕狃（niǔ），习惯、习以为常；拘泥。

〔6〕"生知安行"、"学知利行"、"困知勉行"，语出《中庸》。

〔7〕阳明此所谓"朱子错训格物，只为倒看了此意，以'尽心知性'为物格知至，要初学便去做'生知安行'事"，语本朱熹注释《孟子·尽心上》"尽其心者，知其性也。知其性，则知天矣"之言。对于孟子之尽心知性知天，朱子以《大学》之言将其诠释为物格知至，阳明则以《中庸》之语将其理解为生知安行。邓艾民说，阳明批评朱子"要初学便去做'生知安行'事，如何做得"，与朱子之思想并不相应。

〔8〕"惟天下至诚，为能尽其性，知天地之化育"，语本《中庸》。

〔9〕爱昨晚思格物的"物"字："昨晚"，原作"昨晓"，据德安府重刊本、王畿本、孙应奎本、水西精舍本、胡宗宪本、郭朝宾本等版本改。

〔10〕"不诚无物"，语见《中庸》"诚者物之终始，不诚无物。是故君子诚之为贵"。

【今译】

徐爱问："昨天听了先生您关于'止至善'的教诲，我已经觉得功夫有用力的地方了。只是与朱子关于格物的成训，思来想去始终觉得不能契合。"

阳明先生说："格物就是止至善的功夫。你既然已经知道至善，就能知道格物了。"

徐爱说："我昨天以先生的教诲来推究，对于格物之说似乎也能了解它的大概。只是朱子的成训，其对于《尚书》的'惟精惟一'、《论语》的'博文约礼'、《孟子》的'尽心知性'，都有证有据，因此未能释然无疑。"

阳明先生说："朱子曾说'子夏笃信圣人，曾子反求诸己'。笃信固然也是对的，然而不如反求于心那样切实。你如今既然不能自得于心，怎么可以拘泥于旧闻、不讲求个妥当无误呢？就如朱子，他也尊敬崇信程子，然而遇到他不能自得于心的地方，又何曾苟且盲从呢？'惟精惟一'、'博文约礼'、'尽心知性'，本来就与我的说法吻合，只是你没有深思而已。朱子关于格物的成训，未免牵强附会，不是它的本来意旨。惟精是惟一的功夫，博文是约礼的功夫。曰仁你既然已经明白知行合一的学说，这可以一言而喻。'尽心、知性、知天'，是'生知安行'的事；'存心、养性、事天'，是'学知利行'的事；'夭寿不贰，修身以俟'，是'困知勉行'的事。朱子之所以错误地解释格物，只是因为他颠倒地看待这当中的含意了，把'尽心知性'误解为物格知至，要求初学者去做那'生知安行'的人所做事，怎么能够做得到呢？"

徐爱又问："'尽心知性'，为什么是'生知安行'的事？"

阳明先生说："性是心的本体，天是性的来源。尽心就是尽性。只有天下最真诚的人，才可以穷尽自己的本性，才可以知道天地的化育。存心的人，其心还有所未尽。'知天'，犹如知州、知县之知，是自己分内的事情，已经与天合而为一；'事天'，犹如儿子侍奉父母、臣下服侍君王，必须恭敬奉承，然后才能没有过失，可见尚且与天分而为二。这就是圣人、贤者的区别。至于夭寿不贰其心，乃是教导学者要一心为善，不能因为穷通夭寿的缘故，就把为善的心改变了。只应该去修身来等待天命，知道穷通寿夭都有个天命在，我也不应当因此而动心。'事天'虽然与天分而为二，但已经见得有个天在面前；'俟命'便是还未曾见面，与在此等候别人相似，这就是初学立心的开始，有个困知勉行的含意在里面。如今朱子却颠倒做了，所以使得学者没有下手的地方。"

徐爱说："我昨天听了先生您的教诲，也模模糊糊知道功夫必须这样做。如今听了您的这个说法，更加没有什么可疑的。我昨晚思考格物的'物'字，就是'事'字，都是从心上说。"

阳明先生说："没错。身的主宰就是心，心的显发就是意，意的本体就是知，意的所在就是物。譬如意在于侍奉父母，则侍奉父母就是一物；意在于服侍君王，则服侍君王就是一物；意在于仁民爱物，则仁民爱物就是一物；意在于视听言动，则视听言动就是一物。所以我说无心外之理、无心外之物；《中庸》说'不诚无物'。《大学》'明明德'的功夫，只是个诚意；诚意的功夫，只是个格物。"

7. 先生又曰："格物，如《孟子》'大人格君心'[1]之'格'，是去其心之不正以全其本体之正。但意念所在，即要去其不正以全其正，即无时无处不是存天理，即是穷理。天理即是'明德'，穷理即是'明明德'[2]。"

【注释】

〔1〕"大人格君心"，语本《孟子·离娄上》"惟大人为能格君心之非"。意为：只有君子才能纠正君王思想的错误。

〔2〕"明明德"，语见《大学》首章"大学之道，在明明德，在亲民，在止于至善"。

【今译】

阳明先生又说："格物，犹如《孟子》所说的'大人格君心'之'格'，是去除其心中的不正，来保全其本来状态的正。只是意念所在之处，就要去除其中的不正，来保全其中的正，即无时无处不是存天理，这就是穷理。天理就是'明德'，穷理就是'明明德'。"

8. 又曰："知是心之本体，心自然会知。见父自然知孝，见兄自然知弟[1]，见孺子入井自然知恻隐[2]，此便是良知，不假外求。若良知之发，更无私意障碍，即所谓'充其恻隐之心，而仁不可胜用矣'[3]。然在常人不能无私意障碍，所以须用致知格物之功，胜私复理，即心之良知更无障碍，得以充塞流行，便是致其知[4]。知致则意诚。"

【注释】

〔1〕见父自然知孝，见兄自然知弟，语本《孟子·尽心上》"人之所不学而能者，其良能也；所不虑而知者，其良知也。孩提之童，无不知爱其亲者；及其长也，无不知敬其兄也"。

〔2〕见孺子入井自然知恻隐，语本《孟子·公孙丑上》"所以谓人皆有不忍人之心者，今人乍见孺子将入于井，皆有怵惕恻隐之心，非所以内交于孺子之父母也，非所以要誉于乡党朋友也，非恶其声而然也"。恻隐（cè yǐn），忧伤、同情；怜悯、不忍。

〔3〕"充其恻隐之心，而仁不可胜用矣"，意为：人们如果能扩充其怜悯之心，则其仁德就用不完。语本《孟子·尽心下》"人皆有所不忍，达之于其所忍，仁也；人皆有所不为，达之于其所为，义也。人能充无欲害人之心，而仁不可胜用也；人能充无穿踰之心，而义不可胜用也"。

〔4〕黄宗羲《明儒学案》"郎中徐横山先生爱"传云，"阳明自龙场以后，其教再变。南中之时，大率以收敛为主，发散是不得已，故以默坐澄心为学的。江右以后，则专提'致良知'三字。先生（徐爱）记《传习》初卷，皆是南中所闻，其于'致良知'之说，固未之知也。然《录》中有云：'知是心之本体，心自然会知。见父自然知孝，见兄自然知弟，见孺子入井自然知恻隐，此便是良知。使此心之良知充塞流行，便是致其知。'则三字之提，不始于江右，明矣。但江右以后，以此为

宗旨耳。是故阳明之学，先生为得其真"。

【今译】

阳明先生又说："知是心的本来状态，心自然会知。人们见到父母自然会知道孝顺，见到兄长自然会知道敬爱，见到小孩坠入井中自然会感到心痛、知道同情，这就是良知，不必借助于向外寻求。如果良知的显发，完全没有私意的障碍，就是孟子所说的'充其恻隐之心，而仁不可胜用矣'。然而平常人不能做到没有私意的障碍，所以必须用致知格物的功夫，战胜私欲恢复天理，则心中的良知就完全没有障碍，就能够充塞流行，这就是致其良知。知致就能够意诚。"

9. 爱问："先生以'博文'为'约礼'功夫，深思之未能得，略请开示。"

先生曰："'礼'字即是'理'字。理之发见可见者谓之文，文之隐微不可见者谓之理，只是一物。'约礼'只是要此心纯是一个天理。要此心纯是天理，须就理之发见处用功。如发见于事亲时，就在事亲上学存此天理；发见于事君时，就在事君上学存此天理；发见于处富贵贫贱时，就在处富贵贫贱上学存此天理；发见于处患难夷狄时，就在处患难夷狄上学存此天理[1]。至于作止语默，无处不然，随他发见处，即就那上面学个存天理。这便是博学之于文，便是约礼的功夫。'博文'即是'惟精'，'约礼'即是'惟一'。"

【注释】

〔1〕富贵贫贱、患难夷狄，语本《中庸》"君子素其位而行，不愿乎其外。素富贵，行乎富贵；素贫贱，行乎贫贱；素夷狄，行乎夷狄；

素患难，行乎患难，君子无入而不自得焉"。素，现在。夷狄，古代泛称我国东方各族为夷，北方各族为狄。后多用夷狄来泛称异族人。意为：君子只是在其现在的位置上做其应该做的事，而没有慕外之心。现在身处富贵，就做身处富贵时应做的事；现在身处贫贱，就做身处贫贱时应做的事；现在身处异族，就做身处异族时应做的事；现在身处患难，就做身处患难时应做的事。因此君子无往而不自得。

【今译】

徐爱问："先生您把'博文'作为'约礼'的功夫，我对此深思仍然未能把握，请您略为开示。"

阳明先生说："'礼'字就是'理'字。理的显现可见部分称之为文，文的隐微不可见部分称之为理，只是同一件物事。'约礼'只是要此心纯粹是一个天理。要此心纯粹是天理，必须从理的显现之处用功。譬如显现于侍奉父母时，就在侍奉父母上面学存此天理；显现于服侍君王时，就在服侍君王上面学存此天理；显现于身处富贵贫贱时，就在身处富贵贫贱上面学存此天理；显现于遭遇患难夷狄时，就在遭遇患难夷狄上面学存此天理。至于或作或止、或语或默，无时无处不是如此，随着显现的地方，就在那上面去学习存天理。这便是博学之于文，这便是约礼的功夫。'博文'就是'惟精'，'约礼'就是'惟一'。"

10. 爱问："'道心常为一身之主，而人心每听命'[1]，以先生精一之训推之，此语似有弊。"

先生曰："然。心一也，未杂于人谓之道心，杂以人伪谓之人心。人心之得其正者即道心，道心之失其正者即人心，初非有二心也。程子谓'人心即人欲，道心即天理'[2]，语若分析，而意实得之。今曰'道心为主而人心听命'，是二心也。天理人欲不并立，安有天理为主、人欲又从而听命者？"

【注释】

〔1〕"道心常为一身之主，而人心每听命"，语出朱熹《中庸章句序》。

〔2〕"程子谓'人心即人欲，道心即天理'"，阳明所引程子之言，语本《河南程氏遗书》"'人心惟危'，人欲也；'道心惟微'，天理也"，为明道先生语。

【今译】

徐爱问："朱子说'道心常为一身之主，而人心每听命'，以先生您关于精一的教诲推究，这个说法似乎有弊病。"

阳明先生说："没错。心只是一个，尚未夹杂人欲称之为道心，以人为的事情夹杂其中则称之为人心。人心得其中正即是道心，道心失其中正即是人心，原本就没有两个心。程子说'人心即人欲，道心即天理'，言词上似乎将心区分为二，而语意上实则颇为得当。如今说'道心为主而人心听命'，就是有两个心了。天理人欲不两立，哪里有天理为主、人欲又从而听命于它的呢？"

11. 爱问文中子、韩退之〔1〕。

先生曰："退之，文人之雄耳；文中子，贤儒也。后人徒以文词之故推尊退之，其实退之去文中子远甚。"

爱问："何以有拟经〔2〕之失？"

先生曰："拟经恐未可尽非。且说后世儒者著述之意，与拟经如何？"

爱曰："世儒著述，近名之意不无，然期以明道；拟经纯若为名。"

先生曰："著述以明道，亦何所效法？"

曰："孔子删述六经以明道也。"

先生曰："然则拟经独非效法孔子乎？"

爱曰："著述即于道有所发明。拟经似徒拟其迹，恐于道无补。"

先生曰："子以明道者使其反朴还淳而见诸行事之实乎？抑将美其言辞而徒以诶诶[3]于世也？天下之大乱，由虚文胜而实行衰也。使道明于天下，则六经不必述。删述六经，孔子不得已也。自伏羲画卦，至于文王、周公，其间言《易》，如《连山》、《归藏》之属[4]，纷纷籍籍，不知其几，《易》道大乱。孔子以天下好文之风日盛，知其说之将无纪极，于是取文王、周公之说而赞之，以为惟此为得其宗。于是纷纷之说尽废，而天下之言《易》者始一。《书》、《诗》、《礼》、《乐》、《春秋》皆然。《书》自'典'、'谟'以后，《诗》自二'南'以降，如《九丘》、《八索》[5]，一切淫哇逸荡之词，盖不知其几千百篇；《礼》、《乐》之名物度数，至是亦不可胜穷。孔子皆删削而述正之，然后其说始废。如《书》、《诗》、《礼》、《乐》中，孔子何尝加一语？今之《礼记》诸说，皆后儒附会而成，已非孔子之旧。至于《春秋》，虽称孔子作之[6]，其实皆鲁史旧文。所谓笔者，笔其旧；所谓削者，削其繁，是有减无增[7]。孔子述六经，惧繁文之乱天下，惟简之而不得，使天下务去其文以求其实，非以文教之也。春秋以后，繁文益盛，天下益乱。始皇焚书得罪，是出于私意，又不合焚六经，若当时志在明道，其诸反经叛理之说，悉取而焚之，亦正暗合删述之意。自秦汉以降，文又日盛，若欲尽去之，断不能去；只宜取法孔子，录其近是者而表章之，则其诸怪悖之说亦宜渐渐自废。不知文中子当时拟经之意如何。某切深有取于其事，以为圣人复起，不能易也。天下所以不治，只因文盛实衰，人出己见，新奇相高以眩俗取誉，徒以乱天下之聪明、涂天下之耳目，使天下靡然争务修饰文词，以求知于世，而不复知有敦本尚实、反朴还淳之行。是皆著述者有以启之。"

爱曰："著述亦有不可缺者。如《春秋》一经，若无《左传》[8]，恐亦难晓。"

先生曰："《春秋》必待传而后明，是歇后谜语矣。圣人何苦为此艰深隐晦之词？《左传》多是鲁史旧文，若《春秋》须此而后明，孔子何必削之？"

爱曰："伊川亦云：'传是案，经是断。'[9]如书'弑某君'、'伐某国'，若不明其事，恐亦难断。"

先生曰："伊川此言，恐亦是相沿世儒之说，未得圣人作经之意。如书'弑君'，即弑君便是罪，何必更问其弑君之详？征伐当自天子出，书'伐国'，即伐国便是罪，何必更问其伐国之详？圣人述六经，只是要正人心，只是要存天理、去人欲，于存天理、去人欲之事，则尝言之；或因人请问，各随分量而说，亦不肯多道，恐人专求之言语，故曰'予欲无言'。若是一切纵人欲、灭天理的事，又安肯详以示人？是长乱导奸也。故孟子云：'仲尼之门，无道桓、文之事者，是以后世无传焉。'[10]此便是孔门家法。世儒只讲得一个伯者的学问，所以要知得许多阴谋诡计，纯是一片功利的心，与圣人作经的意思正相反，如何思量得通？”因叹曰："此非达天德者未易与言此也。"〔11〕又曰："孔子云'吾犹及史之阙文也'〔12〕，孟子云'尽信《书》，不如无《书》。吾于《武成》，取二三策而已'〔13〕。孔子删《书》，于唐、虞、夏四五百年间，不过数篇，岂更无一事？而所述止此，圣人之意可知矣。圣人只是要删去繁文，后儒却只要添上。"

爱曰："圣人作经，只是要去人欲、存天理。如五伯〔14〕以下事，圣人不欲详以示人，则诚然矣。至如尧舜以前事，如何略不少见？"

先生曰："羲、黄之世，其事阔疏，传之者鲜矣。此亦可以想见。其时全是淳庞朴素、略无文采的气象。此便是太古之治，非后世可及。"

爱曰："如《三坟》〔15〕之类，亦有传者，孔子何以删之？"

先生曰："纵有传者，亦于世变渐非所宜。风气益开，文采日胜。至于周末，虽欲变以夏、商之俗，已不可挽，况唐、虞乎？又况羲、黄之世乎？然其治不同，其道则一。孔子于尧舜则祖述之，于文武则宪章之〔16〕。文武之法，即是尧舜之道。但因时致治，其设施政令已自不同。即夏、商事业，施之于周，已有不合。故'周公思兼三王，其有不合，仰而思之，夜以继日'〔17〕。况太古之治，岂复能行？斯固圣人之所可略也。"又曰："专事无为，不能如三王之因时致治，而必欲行以太古之俗，即是佛、老的学术；因时致治，不能如三王之一本于道，而以功利之心行之，即是伯者以下事业。后世儒者许多讲来讲去，只是讲得个伯术。"

【注释】

〔1〕王通，字仲淹，隋朝著名思想家、儒者。卒后，门人私谥文中子。有《中说》一书传世。 韩愈，字退之，唐代著名文学家、古文运动领袖、推崇儒家思想，被视为宋明理学的先导。

〔2〕所谓经，指《易》、《诗》、《书》、《礼》、《乐》、《春秋》六经。根据传统说法，六经都是孔子撰作或整理、编定的。拟经，指王通续经事。王通《中说》记载，"程元问六经之致，子曰：'吾续《书》以存汉晋之实，续《诗》以辩六代之俗，修《元经》以断南北之疑，赞《易》道以申先师之旨，正《礼》、《乐》以旌后王之失，如斯而已矣。'"司马光《文中子补传》云，"文中子王通，字仲淹，河东龙门人。……著《礼论》二十五篇，《乐论》二十篇，《续书》百有五十篇，《续诗》三百六十篇，《元经》五十篇，《赞易》七十篇，谓之'王氏六经'。"

〔3〕诮诮（náo náo），喧嚷争辩之声。此有夸耀之意。

〔4〕自伏羲画卦，至于文王、周公，其间言《易》，如《连山》、《归藏》之属："自伏羲画卦，至于文王、周公"云云，是讨论《易经》的历史演变。按传统说法，《易经》的八卦由伏羲所作，卦辞由周文王所作，爻辞由周公所作。"其间言《易》，如《连山》、《归藏》之属"云云，是讨论《周易》以外的易学著作。《周礼·春官》云，太卜"掌三《易》之法，一曰《连山》，二曰《归藏》，三曰《周易》"。郑玄《易赞》、《易论》云，夏曰《连山》，殷曰《归藏》，与《周易》总为三代之《易》。

〔5〕典谟、二南、《九丘》、《八索》：邓艾民曰："典谟，指《书经》首数篇之《尧典》、《舜典》、《大禹谟》、《皋陶谟》等；二南，为《诗经》首二辑之《周南》、《召南》；九丘、八索，传说古书名，《左传》云，'楚左史倚相能读《三坟》、《五典》、《九丘》、《八索》'。"

〔6〕孔子作《春秋》，其说见《孟子》。《孟子·滕文公下》云，"世衰道微，邪说暴行有作，臣弑其君者有之，子弑其父者有之。孔子惧，作《春秋》。"

〔7〕笔削，指修改文字。语出《史记·孔子世家》"孔子在位听讼，文辞有可与人共者，弗独有也。至于为《春秋》，笔则笔，削则削，子

夏之徒不能赞一辞”。

〔8〕《左传》，也称《春秋左氏传》或《左氏春秋》，相传为春秋时期鲁国左丘明撰，是一部编年体春秋史，记载鲁隐公元年（公元前722）至鲁悼公四年（公元前463）间二百六十年的历史，比《春秋》多十七年。《春秋》与《左传》原分为两书，西晋杜预撰《春秋左氏经传集解》，乃将《左传》按年附于《春秋》之后。由于《春秋》叙事极为简单，而《左传》叙事相当详细，因此《左传》对于理解《春秋》所记载的历史有重要价值。

〔9〕“传是案，经是断”，语本《河南程氏遗书》。案，指审理案件之证言，犹言案卷；断，指裁定案件之结论，犹言判词。

〔10〕“仲尼之门，无道桓、文之事者，是以后世无传焉”，意为：仲尼的门下，没有谈及齐桓公、晋文公事迹的，所以后世没有流传。（齐桓公、晋文公都属于春秋五霸。）语见《孟子·梁惠王上》。

〔11〕“此非达天德者未易与言此也”，语本《中庸》“苟不固聪明圣知达天德者，其孰能知之”。意为：假如不是本来就有聪明圣智、能够通达天德的人，谁能够理解这些呢？

〔12〕“吾犹及史之阙文也”，语见《论语·卫灵公》。阙文，指阙疑不书之文。对孔子此语之解释，历来争议颇多。其大意为：孔子说，我还有幸能见到史书的阙文。

〔13〕“尽信《书》，不如无《书》。吾于《武成》，取二三策而已”，语见《孟子·尽心下》。策，书写所用之木简或竹简。

〔14〕五伯，即五霸，指齐桓公、晋文公、秦穆公、宋襄公、楚庄王。

〔15〕《三坟》，传说为中国最古老之书籍。《尚书序》云：“伏羲、神农、黄帝之书谓之《三坟》，言大道也；少昊、颛顼、高辛、唐、虞之书谓之《五典》，言常道也。”

〔16〕孔子于尧舜则祖述之，于文武则宪章之，语本《中庸》“仲尼祖述尧舜，宪章文武”。朱熹注云，“祖述者，远宗其道；宪章者，近守其法”。

〔17〕“周公思兼三王”云云，语见《孟子·离娄下》“周公思兼三王，以施四事。其有不合者，仰而思之，夜以继日；幸而得之，坐以待旦”。意为：周公想要兼学夏商周三代的君王，以施行禹汤文武的事业。其中有不合时势的，则仰头思考，夜以继日；有幸思考明白，则坐等天亮，立刻实施。

【今译】

徐爱问对于文中子、韩退之的评价。

阳明先生说:"韩退之,不过是文人当中的特出者;文中子,则是贤能的儒者。后人只凭文词的缘故推尊韩退之,其实韩退之与文中子相距甚远。"

徐爱问:"文中子为什么会有仿造经书的过失?"

阳明先生说:"仿造经书恐怕不可完全否定。你且说说,后世儒者著述的意图,与文中子仿造经书相比,有什么不同?"

徐爱说:"后世儒者的著述,追求名声的意图不是没有,然而都以阐明大道为期望;仿造经书则完全像是追求名声。"

阳明先生说:"以著述来阐明大道,又是效法何人呢?"

徐爱说:"效法孔子删述六经来阐明大道。"

阳明先生曰:"既然这样,仿造经书难道不是效法孔子吗?"

徐爱说:"著述是对于大道有所发明。仿造经书似乎只是模仿其形迹,恐怕对于大道的发明没有补益。"

阳明先生说:"你认为阐明大道,是要使人反朴还淳而且体现于行事之中呢?还是要使人言辞华美而且仅仅用来夸耀于世呢?天下大乱,就是由于虚文空言过多而实际行动太少。假使大道昌明于天下,则六经不必删述。删述六经,是孔子不得已而为之。自从伏羲画八卦,至于文王、周公,这中间讲论《易》学的著作,例如《连山》、《归藏》之类,十分繁多而杂乱,不知其有多少,《易》道因此大乱。孔子因为看到天下喜好虚文空言的风气一天天盛行,知道那些《易》说的蔓延将没有任何限度,于是拿文王、周公的学说来对《易》道加以阐明,认为只有这才把握了《易》学的宗旨。于是那些纷繁杂乱的《易》说才完全被废除,而天下讲论《易》学才归于一致。《尚书》、《诗经》、《礼经》、《乐经》以及《春秋》都是如此。《尚书》自'尧典'、'舜典'、'大禹谟'、'皋陶谟'以后,《诗经》自'周南'、'召南'以下,譬如《九丘》、《八索》等,所有淫邪的歌曲、放荡的诗词,不知道有几千几百篇;《礼经》、《乐经》中的名物制度,沿至此时也无法穷尽。孔子把它们都加以删削、阐述与改正,然后其中的错误说法才被废除。例如在《尚书》、《诗经》、《礼经》、《乐经》之中,孔子何曾添加过一言一语?如今《礼记》中的各种说法,都是后世儒者附会而成，已经不是孔子的旧物。至于《春秋》，虽然号称是孔子所创作，其实都是鲁史的旧文。所谓笔，是笔录其旧文；所谓削，是削除其繁杂，都是有减无增。孔子阐述六经的时候，惧怕繁文祸乱天下，由于不能将六经再加删简，他只好让天下人都致力于去除虚文而追求实行，而不是要以虚文来教人。春秋以后，繁文越来越盛，天下越来越乱。秦始皇焚书得罪天下，是因为出于私意，又不应该焚毁六经；如果他当时是志在阐明大道，把其中各种反经叛理的学说，全部拿过来焚毁，亦正好暗合孔子删述六经的意图。自秦汉以来，繁文又一天天盛行，如果要完全去除，断然不能做到；只应当取法孔子，笔录其中接近于正确的加以表彰，那么其他各种怪诞悖逆的学说也就会渐渐地自行废除。我们不知道文中子当时仿造经书的意图如何。我是真切深挚地赞同他的做法，认为即使圣人再生，也不能改易。天下所以不治，只是因为虚文繁盛而实行衰亡，人们自出己见，以新奇的学说互相比较高低，目的是在俗人之前炫耀以博取自己的声誉，如此则只不过扰乱天下人的聪明、堵塞天下人的耳目，使天下人靡然争相从事于修饰文词，以追求知名于世，而不再知道有敦本尚实、反朴还淳的修行了。这都是主张著述的人启发他们的。"

徐爱说："著述也有不可缺少的。譬如《春秋》这部经书，如果没有《左传》，恐怕也很难读懂。"

阳明先生说："如果《春秋》必须等待有《左传》而后才能明白，就是歇后谜语了。圣人何苦撰写这样艰深隐晦的文词？其实《左传》也多是鲁史的旧文，如果《春秋》必须有这些旧文而后才能明白，孔子又何必把它们删削掉？"

徐爱说："程伊川也说：'传是案，经是断。'譬如《春秋》书'弑某君'、'伐某国'，如果不明白其事情的细节，恐怕也难以判断。"

阳明先生说："伊川的这种言论，恐怕也是沿袭世间儒者的说法，并没有把握圣人创作经书的意图。譬如书'弑君'，则弑杀君王便是罪过，何必又追问其弑杀君王的详情？征伐的命令应当由天子发出，书'伐国'，则诸侯讨伐其他诸侯国便是罪过，何必又追问其讨伐其他诸侯国的详情？圣人删述六经，只是要正人心，只是要存天理、去人欲，对于存天理、去人欲方面的事，则曾经论说过；有时因为别人请教，则根据他们各自的理解程度而加以论说，然而也不肯多说，担心人们专从言语上寻求，所以说'予欲无言'。像这所有放纵人欲、泯灭天理的事情，圣人又怎么肯详尽地展示给人看？展示给人看，这就是助长叛乱引导奸邪。所以孟子说：'仲尼之门，无道桓、文之事者，是以后世无传焉。'这便是孔门家法。世间儒者只讲得一个霸者的学问，所以要知道许多阴谋诡计，纯粹是一片功利的心，与圣人创作经书的意图正好相反，又怎么能考虑得通呢？"阳明先生因而慨叹道："如果不是通达天德的人，还真不容易与他讲论这些事情。"又说："孔子说'吾犹及史之阙文也'，孟子说'尽信《书》，不如无《书》。吾于《武成》，取二三策而已'。孔子删述《尚书》，唐、虞、夏四五百年间的文字，不过保留数篇，难道再没有一事可以保留？然而所传述的只有这些，那么圣人的意图就可以知道了。圣人只是要删去繁文，后儒却只是要添上。"

徐爱说："圣人创作经书，只是要去人欲、存天理。像五霸以下的事情，圣人不希望详尽地展示给人看，则确实如此。至于像尧舜以前的事情，为什么也如此简略而不稍微给人看看？"

阳明先生说："伏羲、黄帝的时代，其事迹稀阙、疏略，流传下来的很少。这也可以推想而知。当时全是淳厚朴素、颇无文饰的景况。这便是太古时代的治世，不是后世可以比得上的。"

徐爱说："像《三坟》之类的书籍，也有流传的，孔子为什么删除它呢？"

阳明先生说："纵然有流传，时代变迁，也渐渐地不合宜了。后来风气越来越开放，文饰一天天胜过从前。到了周朝末年，即使希望以夏朝、商朝的风俗来改变，也已经不能做到了，何况是唐尧、虞舜的风俗呢？又何况是伏羲、黄帝时的做法呢？然而其治法虽不同，但其治道则一样。孔子对于尧、舜则远宗其道，对于文、武则近守其法。文、武之法，就是尧、舜之道。只是因顺时代变迁来实行治理，其间的设施政令已经各自不同。即使是夏朝、商朝的事业，拿到周朝来施行，就已经有些不合时宜了。所以'周公思兼三王，其有不合，仰而思之，夜以继日'。何况太古的治法，哪里还能再次施行呢？这本来就是圣人可以忽略的。"
又说："专门从事无为而治，却不能像三王那样因顺时代变迁来实
行治理，而一定要施行太古时代的风俗，就是佛、老的学术；能
因顺时代变迁来实行治理，却不能像三王那样完全依据于道，而
是以功利之心来实行，就是霸者以下的事业。后世儒者中的许多
人讲来讲去，只是讲得个霸术。"

12. 又曰："唐、虞以上之治，后世不可复也，略
之可也；三代以下之治，后世不可法也，削之可也。惟
三代之治可行。然而世之论三代者，不明其本而徒事其
末，则亦不可复矣。"

【今译】

阳明先生又说："唐尧、虞舜以上的治道，后世不能复行，忽
略它就是了；三代以下的治法，后世不可师法，削除它就是了。
惟有三代的治法可以施行。然而世间议论三代的人，如果不明白
其根本而只从事于其枝末，那么也不可复行了。"

13. 爱曰："先儒论六经，以《春秋》为史。史专
记事，恐与五经事体终或稍异。"

先生曰："以事言，谓之史；以道言，谓之经。事
即道，道即事。《春秋》亦经，五经亦史。《易》是包
牺氏[1]之史，《书》是尧舜以下史，《诗》、《礼》、
《乐》是三代史[2]。其事同，其道同，安有所谓异？"

【注释】

〔1〕包牺氏，即伏羲。相传伏羲画八卦。
〔2〕《诗》、《礼》、《乐》是三代史："诗"字原缺，据德安府重刊

本、王畿本、孙应奎本、水西精舍本、胡宗宪本、郭朝宾本等版本补。

【今译】

徐爱说："先儒论述六经，把《春秋》当作史书。史书是专门记事的，恐怕与五经的体例终究稍有差异。"

阳明先生说："从事的角度说，称之为史；从道的角度说，称之为经。事即是道，道即是事。《春秋》也是经书，五经也是史书。《易经》是伏羲的史书，《书经》是尧舜及其后的史书，《诗经》、《礼经》、《乐经》是三代的史书。其事相同，其道也就相同，哪里有所谓的差异？"

14. 又曰："五经亦只是史。史以明善恶、示训戒。善可为训者，特存其迹以示法[1]；恶可为戒者，存其戒而削其事以杜奸。"

爱曰："存其迹以示法，亦是存天理之本然；削其事以杜奸，亦是遏人欲于将萌否？"

先生曰："圣人作经，固无非是此意，然又不必泥着文句。"

爱又问："恶可为戒者，存其戒而削其事以杜奸，何独于《诗》而不删郑、卫？先儒谓'恶者可以惩创人之逸志'[2]，然否？"

先生曰："《诗》非孔门之旧本矣。孔子云'放郑声，郑声淫'[3]；又曰'恶郑声之乱雅乐也'[4]、'郑卫之音，亡国之音也'[5]。此是孔门家法。孔子所定三百篇，皆所谓雅乐，皆可奏之郊庙、奏之乡党，皆所以宣畅和平、涵泳德性、移风易俗，安得有此？是长淫导奸矣。此必秦火之后，世儒附会以足三百篇之数。盖淫泆之词，世俗多所喜传，如今闾巷皆然。'恶者可以惩创人之逸志'，是求其说而不得，从而为之辞。"[6]

【注释】

〔1〕特存其迹以示法："特"，德安府重刊本、王畿本、孙应奎本、钱铸本、水西精舍本、胡宗宪本、郭朝宾本等版本作"时"。未知孰是。若作"时"，翻译中的"特意"，则应改译为"时常"。

〔2〕"恶者可以惩创人之逸志"，朱熹语，见《论语集注》"凡《诗》之言，善者可以感发人之善心，恶者可以惩创人之逸志，其用归于使人得其情性之正而已"。逸志，放纵的念头。全句意为：凡是《诗经》中的诗文，好的可以用来感发人的善心，不好的则可以用来惩戒人的逸志，其功用是要使人保持自己的性情之正而已。

〔3〕"放郑声，郑声淫"，语本《论语·卫灵公》"放郑声，远佞人；郑声淫，佞人殆"。意为：要禁绝郑国音乐，要远离奸佞之人；因为郑国音乐淫秽，奸佞之人危险。

〔4〕"恶郑声之乱雅乐也"，语见《论语·阳货》："子曰：'恶紫之夺朱也，恶郑声之乱雅乐也，恶利口之覆邦家者。'"意为：孔子说：我讨厌紫色夺走朱色作为正色的地位，讨厌郑国的音乐扰乱典雅的音乐，讨厌强嘴利舌颠覆邦国世家的人。

〔5〕"郑卫之音，亡国之音也"，意为：郑国、卫国的音乐，乃是亡国的音乐。语本《礼记·乐记》"郑卫之音，乱世之音也，比于慢矣。桑间、濮上之音，亡国之音也，其政散、其民流，诬上行私而不可止也"。

〔6〕从而为之辞，语本《孟子·公孙丑下》"且古之君子，过则改之；今之君子，过则顺之。古之君子，其过也，如日月之食，民皆见之；及其更也，民皆仰之。今之君子，岂徒顺之，又从为之辞"。

【今译】

阳明先生又说："五经也只是史书。史书的目的是辨明善恶、昭示训戒。善之可以作为成训的，则特意保存其事迹来昭示法度；恶之可以作为警戒的，则保存其警戒而削去其事迹以杜绝奸邪。"

徐爱说："保存其事迹来昭示法度，也就是要保存天理的本来样子；削去其事迹以杜绝奸邪，是不是要在人欲将萌发时就将其遏绝？"

阳明先生说："圣人创作经书，本来无非就是这个意图，然而又不应当拘泥执着于文句。"

徐爱又问："恶之可以作为警戒的，则保存其警戒而削去其事迹以杜绝奸邪，孔子为什么唯独在《诗经》中不删除'郑风'、'卫风'？先儒朱子说，这是因为'恶者可以惩创人之逸志'，对不对？"

阳明先生说："《诗经》已经不是孔门原先流传的版本了。孔子说'放郑声，郑声淫'；又说'恶郑声之乱雅乐也'、'郑卫之音，亡国之音也'。这才是孔门家法。孔子所删定的三百篇，都是所谓雅乐，都是可以演奏于祭祀天地祖先之时、演奏于乡邻闾里之间的，都是用来宣畅和平、涵泳德性、移风易俗的，哪里会有'郑风'、'卫风'这些诗歌呢？有'郑风'、'卫风'这些诗歌，就是助长淫乱引导奸邪了。这一定是秦始皇焚书之后，世间儒者拿这些诗歌牵强凑合以补足三百篇之数。凡是淫逸放荡的词调，世俗之人多喜欢传诵，如今村间街巷也都是这样。所谓'恶者可以惩创人之逸志'，这是欲寻求其说而不得正解，从而为此编造出来的说辞。"

爱因旧说汩没，始闻先生之教，实是骇愕不定，无入头处。其后闻之既久，渐知反身实践，然后始信先生之学为孔门嫡传，舍是皆傍蹊小径、断港绝河[1]矣。如说格物是诚意的工夫，明善是诚身的工夫[2]，穷理是尽性的工夫，道问学是尊德性的工夫，博文是约礼的工夫，惟精是惟一的工夫，诸如此类，始皆落落难合，其后思之既久，不觉手舞足蹈。

（右曰仁所录）

【注释】

〔1〕"断港绝河",犹言"断港绝潢",指行不通的断头路。典出韩愈《送王秀才序》,其文略云"学者必慎其所道,道于杨墨老庄佛之学,而欲之圣人之道,犹航断港绝潢以望之于海也。故求观圣人之道,必自孟子始"。

〔2〕明善是诚身的工夫,语本《中庸》"诚身有道:不明乎善,不诚乎身矣"。

【今译】

徐爱因为被旧说所埋没,刚听到阳明先生的教诲时,实在是骇愕不定,感到没有着手的地方。其后聆听的时间已经比较长久,渐渐知道反求诸身、着实践行,然后才相信阳明先生的学说真正是孔门嫡传,除此之外都是傍蹊小径、断港绝河,都是行不通的。例如阳明先生说格物是诚意的工夫,明善是诚身的工夫,穷理是尽性的工夫,道问学是尊德性的工夫,博文是约礼的工夫,惟精是惟一的工夫,诸如此类,开始都觉得高超不凡难以契合,其后思考它们的时间比较长久了,不知不觉之间就会高兴得手舞足蹈。

(以上徐曰仁所录)

陆 澄 录

15. 陆澄[1]问："主一之功，如读书则一心在读书上，接客则一心在接客上，可以为主一乎？"[2]

先生曰："好色则一心在好色上，好货则一心在好货上，可以为主一乎？是所谓逐物，非主一也。主一，是专主一个天理。"

【注释】

〔1〕陆澄，字原静，又字清伯，湖州归安（今浙江吴兴）人。生卒年不详。阳明门人。

〔2〕陆澄所问"主一之功"云云，语本《朱子语类》："问'主一无适'。'只是莫走作。且如读书时只读书，着衣时只着衣，理会一事时只理会一事，了此一件又做一件。此主一无适之义。'"

【今译】

陆澄问："主一的功夫，譬如读书则一心放在读书上，接待客人则一心放在接待客人上，可以称为主一吗？"

阳明先生说："喜欢美色则一心放在喜欢美色上，贪图财货则一心放在贪图财货上，可以称为主一吗？这是所谓的追逐外物，而不是主一。主一，是专主一个天理。"

16. 问立志。先生曰："只念念要存天理，即是立志。能不忘乎此，久则自然心中凝聚，犹道家所谓'结圣胎'[1]也。此天理之念常存，驯至于美、大、圣、神[2]，亦只从此一念存养扩充去耳。"

【注释】

〔1〕"结圣胎"，道教炼丹名词。内丹家以母体结胎比喻凝聚精、气、神三者炼成之丹。圣胎，金丹之别名。

〔2〕美、大、圣、神，语本《孟子·尽心下》"充实之谓美，充实而有光辉之谓大，大而化之之谓圣，圣而不可知之之谓神"。

【今译】

问立志。阳明先生说："只是念念不忘要存天理，就是立志。如果能够不忘记这一点，时间长了就自然能够在心中凝聚，犹如道教所说的'结圣胎'。这个存天理的念头常存不去，逐渐达到美、大、圣、神的境界，也只是从这一个念头加以存养并扩充开去。"

17. 日间工夫，觉纷扰则静坐，觉懒看书则且看书，是亦因病而药。

【今译】

日常工夫，如果觉得纷扰就去静坐，觉得懒看书就姑且去看书，这也是根据病情而下药。

18. 处朋友，务相下则得益，相上则损。[1]

【注释】

〔1〕佐藤一斋曰："'相下'，谓以谦虚之怀相承；'相上'，谓以骄慢之气相加。"

【今译】

与朋友相处，致力于以谦虚之怀相容就能得益，如果以骄傲之气相凌就会有损。

19. 孟源[1]有自是、好名之病，先生屡责之。一日，警责方已，一友自陈日来工夫请正，源从傍曰："此方是寻着源旧时家当[2]。"

先生曰："尔病又发。"

源色变，议拟欲有所辨。

先生曰："尔病又发。"因喻之曰："此是汝一生大病根。譬如方丈地内，种此一大树，雨露之滋，土脉之力，只滋养得这个大根，四傍纵要种些嘉谷，上面被此树叶遮覆，下面被此树根盘结，如何生长得成？须用伐去此树，纤根勿留，方可种植嘉种。不然，任汝耕耘培壅，只是滋养得此根。"[3]

【注释】

〔1〕孟源，字伯生，安徽滁州人。阳明弟子。

〔2〕家当，原指家产、家业。此指学识、修养。

〔3〕此条，德安府重刊本、王畿本、孙应奎本、钱锌本、水西精舍本、胡宗宪本等版本不载于陆澄所录，而载于薛侃所录之末。

【今译】

孟源有自以为是、爱慕名声的毛病，阳明先生屡次责备他。一日，警戒责备刚刚结束，有一位学友自己讲述近日工夫，请求先生教正，孟源从旁说道："你这正好达到了我以前的学识水准。"

阳明先生说："你的毛病又发了。"

孟源的面色都变了，打算着要有所辩解。

阳明先生说："你的毛病又发了。"因此训喻他说："这是你一生的大病根。譬如方圆一丈之地，种着这样一棵大树，雨露的滋润，土壤的肥力，只能够滋养得这个大树根，四周纵然要种植一些五谷，但上面被这大树的枝叶遮盖，下面被这大树的树根盘结，怎么能生长得成？必须砍伐除去这棵大树，连纤细的根须都不能留下，才可以种植五谷。不然，任凭你怎么耕耘培壅，也只是滋养到这个树根。"

20．问："后世著述之多，恐亦有乱正学。"

先生曰："人心天理浑然，圣贤笔之书，如写真传神，不过示人以形状大略，使之因此而讨求其真耳；其精神、意气、言笑、动止，固有所不能传也。后世著述，是又将圣人所画摹仿誊写，而妄自分析加增以逞其技，其失真愈远矣。"

【今译】

问："后世著述如此繁多，恐怕也有扰乱正学的。"

阳明先生说："人心天理浑然不分，圣贤把它记录在书上，犹如摹画肖像，不过是把其形貌的大体情况展示给人看，让人据此而讨求真容；而其精神、意气、言笑、动止，本来就是有所不能摹画的。后世著述，只是又将圣人所画的肖像加以摹仿誊写，而且妄自加以分析增添来展露其技能，其有失真容的程度就越来越大了。"

21．问："圣人应变不穷，莫亦是预先讲求否？"

先生曰："如何讲求得许多？圣人之心如明镜，只是一个明，则随感而应，无物不照。未有已往之形尚在，未照之形先具者。若后世所讲，却是如此，是以与圣人之学大背。周公制礼作乐以文[1]天下，皆圣人所能为，尧舜何不尽为之，而待于周公？孔子删述六经以诏万世，亦圣人所能为，周公何不先为之，而有待于孔子？是知圣人遇此时，方有此事。只怕镜不明，不怕物来不能照。讲求事变，亦是照时事，然学者却须先有个明的工夫。学者惟患此心之未能明，不患事变之不能尽。"

曰："然则所谓'冲漠无朕，而万象森然已具'[2]者，其言如何？"

曰："是说本自好，只不善看，亦便有病痛。"

【注释】

〔1〕文，饰。修饰、装饰。引申为教化。

〔2〕"冲漠无朕，而万象森然已具"，语见《河南程氏遗书》，为程颐之言。意为：当事物还是隐微虚寂、没有征兆的时候，事物之理就已经森然具备。

【今译】

问："圣人能够应变不穷，莫非都是预先讲求过的？"

阳明先生说："怎么能讲求得这么多？圣人的心犹如明镜，只是一个明亮，就能随感而应，无物不照。没有已往映照过的形影还存在着，而尚未映照的形影就预先具备的。像后世所讲求的，却正是如此，所以与圣人的学说大相违背。周公制礼作乐以教化天下，都是圣人所能做的，尧舜为什么不全部做好了，而要等待周公？孔子删述六经以教导万世，亦是圣人所能够做的，周公为什么不预先做好了，而要等待孔子？由此可知圣人遇上这样的时代，才有这样的事业。只怕镜子不够明亮，不怕事物来了不能映照。讲求事物的变化，也只是映照之时的事情，然而学者却应当先有个明亮的工夫。学者只应该忧虑此心不能明亮，而不应该忧虑事物的变化不能完全应对。"

又问："既然这样，那么程伊川所说的'冲漠无朕，而万象森然已具'，他的这个言论怎么样？"

阳明先生说："这个说法本来挺好，只是如果不善于理解，也便会有病痛。"

22. "义理无定在、无穷尽。吾与子言，不可以少有所得而遂谓止此也。再言之十年、二十年、五十年，未有止也。"他日又曰："圣如尧舜，然尧舜之上，善无尽；恶如桀纣，然桀纣之下，恶无尽。使桀纣未死，恶宁止此乎？使善有尽时，文王何以'望道而未之见'[1]？"

【注释】

〔1〕文王"望道而未之见"，大意为：周文王追求圣贤之道犹如尚未见到一样，毫不自满。语本《孟子·离娄下》。

【今译】

"义理没有固定的所在、没有穷尽的时候。我与你讲论，不可以稍有所得就说只有这些罢了。即使再与你讲论十年、二十年、五十年，也还没有止境。"他日，阳明先生又说："圣如尧舜，然而在尧舜之上，善行无穷无尽；恶如桀纣，然而在桀纣之下，恶行没完没了。假使桀纣还没死亡，其恶行难道只有这些吗？假使善行终究有穷尽的时候，文王怎么会'望道而未之见'？"

23. 问："静时亦觉意思好，才遇事便不同，如何？"

先生曰："是徒知养静而不用克己工夫也。如此，临事便要倾倒。人须在事上磨，方立得住，方能'静亦定、动亦定'[1]。"

【注释】

〔1〕"静亦定、动亦定"，语见程颢《答横渠张子厚先生书》。

【今译】

问："平静的时候也觉得这心思挺好，可是一遇到事情就不同了，为什么？"

阳明先生说："这是因为你只知道养静而不用克己的工夫。像这样，一遇到事情便会支持不住。人必须在事上磨炼，才能够立得住，才能够做到'静亦定、动亦定'。"

24. 问上达工夫。先生曰："后儒教人，才涉精微，便谓上达未当学，且说下学。是分下学、上达为二也[1]。夫目可得见、耳可得闻、口可得言、心可得思者，皆下学也；目不可得见、耳不可得闻、口不可得言、心不可得思者，上达也。如木之栽培灌溉，是下学也；至于日夜之所息，条达畅茂，乃是上达。人安能预其力哉？故凡可用功、可告语者，皆下学，上达只在下学里。凡圣人所说，虽极精微，俱是下学。学者只从下学里用功，自然上达去，不必别寻个上达的工夫。"

【注释】

〔1〕下学、上达，语本《论语·宪问》："子曰：'不怨天，不尤人，下学而上达。知我者其天乎！'"意为：孔子说："我既不怨恨天，又不责备人，下学人事而上达天命。了解我的，大概只有天吧！"

【今译】

问上达工夫。阳明先生说："后世儒者教人，才涉及精微，便说是上达，还不应当学，姑且去谈论下学。这是分下学、上达为二了。那些眼睛可以看得见、耳朵可以听得见、嘴巴可以说得出、内心可以想得到的，都是下学；眼睛不能看得见、耳朵不能听得见、嘴巴不能说得出、内心不能想得到的，都是上达。譬如树木的栽培灌溉，这是下学；至于树木日夜之所生长，枝杈条达、树叶畅茂，才是上达。人哪里能够用力呢？所以凡是可以用功、可以言传的，都是下学，上达只存在下学里面。凡是圣人所说的，即使极其精微，全部都是下学。学者只要从下学里面用功，自然能够做到上达，不必另外寻求一个上达的工夫。”

25. 持志如心痛。一心在痛上，岂有工夫说闲话、管闲事？

【今译】

持志犹如心痛。所有的心思都放在痛上面了，哪里还有工夫说闲话、管闲事？

26. 问：“惟精、惟一，是如何用功？”

先生曰：“惟一是惟精主意，惟精是惟一功夫，非惟精之外复有惟一也。‘精’字从‘米’，姑以米譬之：要得此米纯然洁白，便是惟一意，然非加春簸筛拣惟精之工，则不能纯然洁白也；春簸筛拣，是惟精之功，然亦不过要此米到纯然洁白而已。博学、审问、慎思、明辨、笃行者，皆所以为惟精而求惟一也。他如博文者即约礼之功，格物致知者即诚意之功，道问学即尊德性之功，明善即诚身之功，无二说也。”

【今译】

问：“惟精、惟一，是怎样用功？”

阳明先生说：“惟一是惟精的主意，惟精是惟一的功夫，并不是在惟精之外又有惟一。'精'字的部首为'米',我姑且以米来比喻:要使得这米纯然洁白,就是惟一的意思,然而如果没有施加春簸筛拣这些惟精的功夫,就不能使这些米纯然洁白;春簸筛拣,就是惟精的功夫,然而也不过是要使这些米达到纯然洁白而已。博学、审问、慎思、明辨、笃行,都是用作惟精的功夫以便寻求惟一。其他像博文即是约礼的功夫,格物致知即是诚意的功夫,道问学即是尊德性的功夫,明善即是诚身的功夫,都是一个意思,并非不同的说法。"

27. 知者行之始,行者知之成。圣学只一个功夫,知行不可分作两事。

【今译】

知是行的开始,行是知的完成。圣学只是一个功夫,知行不能分作两件事。

28. 漆雕开曰"吾斯之未能信",夫子说之[1];"子路使子羔为费宰,子曰'贼夫人之子'"[2];曾点言志,夫子许之[3]。圣人之意可见矣。

【注释】

〔1〕"漆雕开曰'吾斯之未能信',夫子说之",语本《论语·公冶长》"子使漆雕开仕。对曰:'吾斯之未能信。'子说"。漆雕开,字子若,孔子弟子。意为:孔子叫漆雕开去做官,漆雕开回答说:"我对于做官还没有信心。"孔子听了很高兴。

〔2〕"子路使子羔为费宰,子曰'贼夫人之子'",语见《论语·先进》。仲由,字子路;高柴,字子羔。均为孔子弟子。意为:子路叫子羔去当费地的官员,孔子说:"你这是害了别人的儿子。"

〔3〕"曾点言志,夫子许之",语本《论语·先进》:"子路、曾皙、冉有、公西华侍坐"章。其文云,子路、冉有、公西华各言其志之后,

孔子问曾皙，"'点！尔何如?'鼓瑟希，铿尔，舍瑟而作，对曰：'异乎三子者之撰。'子曰：'何伤乎? 亦各言其志也。'曰：'莫春者，春服既成。冠者五六人，童子六七人，浴乎沂，风乎舞雩，咏而归。'夫子喟然叹曰：'吾与点也！'"曾点，即曾皙，曾参之父。孔子弟子。

【今译】

　　漆雕开说"吾斯之未能信"，孔夫子为他感到喜悦；"子路使子羔为费宰，子曰'贼夫人之子'"；曾点讲述自己的志向，孔夫子对他表示称许。圣人的微意由此可见。

29. 问："宁静存心时，可为'未发之中'[1]否?"

　　先生曰："今人存心，只定得气。当其宁静时，亦只是气宁静，不可以为'未发之中'。"

　　曰："未便是中，莫亦是求中功夫?"

　　曰："只要去人欲、存天理，方是功夫。静时念念去人欲、存天理，动时念念去人欲、存天理，不管宁静不宁静。若靠那宁静，不惟渐有喜静厌动之弊，中间许多病痛只是潜伏在，终不能绝去，遇事依旧滋长。以循理为主，何尝不宁静? 以宁静为主，未必能循理。"

【注释】

　　[1]"未发之中"，语本《中庸》"喜怒哀乐之未发，谓之中；发而皆中节，谓之和"。大意为：喜怒哀乐还没有显现出来，就称之为中；已经显现出来而又都符合节度，就称之为和。

【今译】

　　问："宁静存心的时候，可不可以称为'未发之中'?"

　　阳明先生说："如今的人存养心性，只是安定得气。当他宁静的时候，也只是他的气宁静，还不可以称为'未发之中'。"

又问："即使还不能便说是中，不也已经是求中的功夫？"

阳明先生说："只有去人欲、存天理，才是功夫。宁静的时候念念不忘去人欲、存天理，活动的时候念念不忘去人欲、存天理，不管是宁静还是不宁静。如果只依靠那宁静，不单渐渐地会有喜欢宁静厌恶活动的弊病，中间的许多病痛也只是潜伏着，终究不能根除，遇到事情时依旧会滋长。如果以遵循天理为主，何曾会不宁静？如果以宁静为主，则未必能遵循天理。"

30. 问："孔门言志，由、求任政事，公西赤任礼乐，多少实用！及曾皙说来却似耍的事，圣人却许他，是意何如？"[1]

曰："三子是有意必[2]，有意必，便偏着一边，能此未必能彼。曾点这意思却无意必，便是'素其位而行，不愿乎其外'、'素夷狄，行乎夷狄；素患难，行乎患难'[3]，无入而不自得矣。三子所谓'汝器也'，曾点便有'不器'意[4]。然三子之才，各卓然成章[5]，非若世之空言无实者，故夫子亦皆许之。"

【注释】

〔1〕"孔门言志"事，见《论语·先进》"子路、曾皙、冉有、公西华侍坐"章。

〔2〕意必，语出《论语·子罕》"子绝四：毋意，毋必，毋固，毋我"。意为：孔子禁绝四种毛病，能做到：不主观、不武断、不固执、不自是。

〔3〕"素其位而行"云云，语见《中庸》，参第九条注释一。

〔4〕"汝器也"，语本《论语·公冶长》："子贡问曰：'赐也何如？'子曰：'女器也。'曰：'何器也？'曰：'瑚琏也。'""不器"，语本《论语·为政》："子曰：'君子不器。'"器，指具有特定用途之器皿。

器，多局限于特定用途，故各适其用而不能相通；不器，则不局限于特定用途，故其用无所不可。

〔5〕卓然，特异、卓越。成章，完整演奏乐曲一章，称为成章。后说事物发展到一定阶段或具有一定规模，亦称为成章。卓然成章，此指取得卓越的成就。

【今译】

问："孔门弟子谈论志向，仲由、冉求以政事自任，公西赤以礼乐自任，这是多么的实用！等到曾皙说来却像是玩耍的事情，圣人却称许他，这其中的含意如何？"

阳明先生说："仲由、冉求、公西赤三人都是有些主观武断，有主观武断，便会偏执一边，能做这件事就未必能做那件事。曾点的这个心思却没有主观武断，这便是'素其位而行，不愿乎其外'、'素夷狄，行乎夷狄；素患难，行乎患难'，便能无入而不自得了。三子是孔子所说的'汝器也'，曾点便有'不器'的意味。然而三子的才华，都能各自取得卓越的成就，不像世间那些空言无实的人，所以孔夫子也都称许他们。"

31. 问："知识不长进，如何？"

先生曰："为学须有本原，须从本原上用力，渐渐盈科而进〔1〕。仙家说婴儿，亦善譬。婴儿在母腹时，只是纯气，有何知识？出胎后方始能啼，既而后能笑，又既而后能识认其父母兄弟，又既而后能立能行、能持能负，卒乃天下之事无不可能。皆是精气日足，则筋力日强、聪明日开，不是出胎日便讲求推寻得来。故须有个本原。圣人到'位天地、育万物'〔2〕，也只从'喜怒哀乐未发之中'上养来。后儒不明格物之说，见圣人无不知、无不能，便欲于初下手时讲求得尽，岂有此理？"

又曰："立志用功，如种树然。方其根芽，犹未有干；

及其有干，尚未有枝；枝而后叶，叶而后花实。初种根时，只管栽培灌溉，勿作枝想，勿作叶想，勿作花想，勿作实想。悬想何益？但不忘栽培之功，怕没有枝叶花实？"

【注释】

〔1〕盈科而进，意为：水注满低洼之处而后继续向前奔流。科，坎也。语出《孟子·离娄下》："孟子曰：'原泉混混，不舍昼夜，盈科而后进，放乎四海。有本者如是，是之取尔。苟为无本，七八月之间雨集，沟浍皆盈；其涸也，可立而待也。'"

〔2〕"位天地、育万物"，语本《中庸》"致中和，天地位焉，万物育焉"。意为：能达到中和的境界，则天地得以安其所位，万物得以遂其化育。

【今译】

问："知识不长进怎么办？"

阳明先生说："为学必须有个本原，必须从本原上用力，渐渐地充实自己、循序前进，犹如水要先注满低洼之处而后继续向前流淌一样。仙家所说的婴儿，也是很好的比喻。婴儿在其母亲腹中的时候，只是一团纯气，有什么知识？出得母胎之后才开始会啼哭，不久而后会欢笑，又不久而后能认识其父母兄弟，又不久而后能站立能行走、能持物能负重，最后则天下的事情没有什么是不可能做的。这都是由于精气一天天充足，而筋力一天天强健、聪明一天天开发，不是出胎之日便能讲求推寻得来的。所以必须有个本原。圣人能达到'位天地、育万物'的境界，也只是从'喜怒哀乐未发之中'上面涵养得来。后世儒者不明白格物的学说，见到圣人无所不知、无所不能，便希望在初下手的时候就将所有的知识都讲求得很完备，哪有这样的道理？"又说："立志用功，犹如种树一样。当它刚生根发芽时，还没有树干；等到它有了树干，还没有枝杈；有了枝杈而后有树叶，有了树叶而后有花朵果实。你初种根苗的时候，只管栽培灌溉，不要作有枝杈的想法，不要作有树叶的想法，不要作有花朵的想法，不要作有果实的想法。空想有什么益处？只要不忘记栽培的功夫，还怕它没有枝杈树叶、花朵果实？"

32. 问："看书不能明，如何？"

先生曰："此只是在文义上穿求[1]，故不明。如此，又不如为旧时学问，他到看得多、解得去[2]。只是他为学虽极解得明晓，亦终身无得。须于心体上用功。凡明不得、行不去，须反在自心上体当，即可通。盖四书、五经，不过说这心体。这心体即所谓道。心体明即是道明，更无二。此是为学头脑处。"

【注释】

〔1〕穿求，指于理不可通者，强求其通，犹"穿凿"。

〔2〕他到看得多、解得去："到"，德安府重刊本、王畿本、孙应奎本、钱镗本、水西精舍本、施邦曜本等版本作"倒"。案：到，读为"倒"，与"倒"通。

【今译】

问："看书不能明白，怎么办？"

阳明先生说："这只是在文义上穿凿强求，所以不能明白。像这样，还不如作旧时的学问，他倒是看得多、解得去。只是他为学虽然解释得极其明白，也终身没有得益。必须在心体上用功。凡是不能明白、不能实行的，必须回到自己身心上体认领会；能在自己身心上体认领会，就可以通晓。四书、五经，不过就是论说这个心体的。这个心体就是所谓的道。心体明就是道明，并非二事。这是为学的头绪所在。"

33. 虚灵不昧，众理具而万事出[1]。心外无理，心外无事。

【注释】

〔1〕虚灵不昧，众理具而万事出，语本朱熹《大学章句》"明德者，人之所得乎天，而虚灵不昧，以具众理而应万事者也"。

【今译】

朱子所谓"虚灵不昧，众理具而万事出"，说的就是心外无理、心外无事。

34. 或问："晦庵先生曰：'人之所以为学者，心与理而已。'〔1〕此语如何？"

曰："心即性，性即理，下一'与'字，恐未免为二。此在学者善观之。"

【注释】

〔1〕"人之所以为学者，心与理而已"，语见朱熹《大学或问》。

【今译】

有人问："晦庵先生说：'人之所以为学者，心与理而已。'这个说法怎么样？"

阳明先生说："心即是性，性即是理，其间加一个'与'字，恐怕不免会将心、理分而为二。这在学者要善于体会。"

35. 或曰："人皆有是心，心即理，何以有为善、有为不善？"

先生曰："恶人之心失其本体。"

【今译】

有人问："人人都有此心，心即理，为什么有人为善、有人为不善？"

阳明先生说："恶人的心失去了其本来状态。"

36. 问："'析之有以极其精而不乱，然后合之有以尽其大而无余'[1]，此言如何？"

先生曰："恐亦未尽。此理岂容分析、又何须凑合得？圣人说精一，自是尽。"

【注释】

[1]"析之有以极其精而不乱，然后合之有以尽其大而无余"，语出朱熹《大学或问》。两句大意为：《大学》首段，对它分析，则能极其精细而不至纷乱；然后对它综合，又能尽其广大而没有遗漏。

【今译】

问："朱子说'析之有以极其精而不乱，然后合之有以尽其大而无余'，这个说法怎么样？"

阳明先生说："恐怕也还不够完备。这个道理哪里容得分析、又何必凑合？圣人所说的惟精惟一，本来就是完备的。"

37. 省察是有事时存养，存养是无事时省察。

【今译】

省察是有事时的存养，存养是无事时的省察。

38. 澄尝问象山在人情事变上做工夫之说[1]。

先生曰："除了人情事变，则无事矣。喜怒哀乐，非人情乎？自视听言动以至富贵贫贱、患难死生，皆事变也。事变亦只在人情里。其要只在'致中和'[2]，'致中和'只在'谨独'[3]。"

【注释】

〔1〕陆澄所问象山之说，语本《象山语录》"复斋家兄一日见问云：'吾弟今在何处做工夫？'某答云：'在人情、事势、物理上做些工夫。'复斋应而已。若知物价之低昂与夫辨物之美恶真伪，则吾不可不谓之能。然吾之所谓做工夫，非此之谓也"。 陆九渊，字子静，江西金溪人。生于宋高宗绍兴九年（1139）二月，卒于宋光宗绍熙三年（1192）十二月，享年五十四岁。官至知荆门军。后还乡，居贵溪之象山讲学，学者称象山先生。其学术主张"心即理"，为南宋心学之宗师。

〔2〕"致中和"，语见《中庸》"喜怒哀乐之未发，谓之中；发而皆中节，谓之和。中也者，天下之大本也；和也者，天下之达道也。致中和，天地位焉，万物育焉"。

〔3〕"谨独"，即"慎独"，指独处时能谨慎不苟。语出《大学》"小人闲居为不善，无所不至；见君子而后厌然，掩其不善，而着其善。人之视己，如见其肺肝然，则何益矣？此谓诚于中，形于外。故君子必慎其独也"；《中庸》"是故君子戒慎乎其所不睹，恐惧乎其所不闻。莫见乎隐，莫显乎微，故君子慎其独也"。

【今译】

陆澄曾经请教关于陆象山在人情事变上做工夫的说法。

阳明先生说："除了人情事变，就没有什么事情了。喜怒哀乐，不就是人情吗？从视听言动以至富贵贫贱、患难死生，都是事变。事变也只在人情里面。其要旨只在于'致中和'，'致中和'的要旨只在于'谨独'。"

39. 澄问："仁义礼智之名，因已发而有？"

曰："然。"

他日，澄曰："恻隐、羞恶、辞让、是非[1]，是性之表德〔2〕邪?"

曰:"仁义礼智也是表德。性一而已,自其形体也,谓之天;主宰也,谓之帝;流行也,谓之命;赋于人也,谓之性;主于身也,谓之心;心之发也,遇父便谓之孝,遇君便谓之忠。自此以往,名至于无穷,只一性而已。犹人一而已,对父谓之子,对子谓之父。自此以往,至于无穷,只一人而已。人只要在性上用功,看得一性字分明,即万理灿然。"

【注释】

〔1〕恻隐、羞恶、辞让、是非,语本《孟子·公孙丑上》"恻隐之心,仁之端也;羞恶之心,义之端也;辞让之心,礼之端也;是非之心,智之端也。人之有是四端也,犹其有四体也"。

〔2〕表德,语见颜之推《颜氏家训·风操》"古者名以正体,字以表德"。此处表德即表字,指根据本名涵义而另立之别名。

【今译】

陆澄问:"仁义礼智的名称,是根据'已发'而有的吗?"

阳明先生说:"没错。"

他日,陆澄又问:"恻隐、羞恶、辞让、是非,是性的表德吗?"

阳明先生说:"仁义礼智也是表德。性只是一个而已,从其形体的角度,称之为天;从主宰的角度,称之为帝;从流行的角度,称之为命;从赋于人的角度,称之为性;从主于身的角度,称之为心;心的显现,遇到父母便称之为孝,遇到君王便称之为忠。自此以往,名称可以至于无穷,也只是一个性而已。犹如人只是一个人而已,对于父亲称之为子,对于儿子称之为父。自此以往,名称可以至于无穷,也只是一个人而已。人只要在性上用功,看得一个性字分明,那么许许多多的道理就都可以粲然明白了。"

40. 一日，论为学工夫。先生曰："教人为学，不可执一偏。初学时，心猿意马[1]，拴缚不定，其所思虑多是人欲一边，故且教之静坐息思虑；久之，俟其心意稍定，只悬空静守，如槁木死灰[2]，亦无用，须教他省察克治。省察克治之功，则无时而可间，如去盗贼，须有个扫除廓清之意。无事时，将好色、好货、好名等私，逐一追究搜寻出来，定要拔去病根，永不复起，方始为快。常如猫之捕鼠[3]，一眼看着，一耳听着，才有一念萌动，即与克去；斩钉截铁[4]，不可姑容与他方便、不可窝藏、不可放他出路，方是真实用功，方能扫除廓清。到得无私可克，自有端拱[5]时在。虽曰'何思何虑'[6]非初学时事，初学必须思省察克治，即是思诚；只思一个天理，到得天理纯全，便是'何思何虑'矣。"

【注释】

〔1〕心猿意马，谓心神不定。

〔2〕槁木死灰，典出《庄子·齐物论》"形固可使如槁木，而心固可使如死灰乎"。

〔3〕如猫之捕鼠，语出黄龙祖心禅师。普济《五灯会元》记载，清善禅师见黄龙禅师，请求开示，"龙曰：'子见猫儿捕鼠乎？目睛不瞬，四足踞地，诸根顺向，首尾一直，拟无不中。子诚能如是，心无异缘，六根自净，默然而究，万无失一也。'师从是屏去闲缘，岁余，豁然契悟"。

〔4〕斩钉截铁，语出道原《景德传灯录》："洪州云居道膺禅师，幽州玉田人也……谓众曰：'学佛法底人，如斩钉截铁始得。'"

〔5〕端拱，端身拱手，犹垂拱无为之义。

〔6〕"何思何虑"，语见《周易·系辞下传》："子曰：'天下何思何虑？天下同归而殊途，一致而百虑，天下何思何虑？'"

【今译】

一日，讨论为学的工夫。阳明先生说："教人为学，不可以执着于一个片面。初学的时候，心猿意马，拴缚不住，其所思所虑的多是人欲一边，所以姑且教他静坐平息思虑；时间长了，等到他心意稍为安定，如果只是没有着落地静守，如同槁木死灰，也没有任何用处，这时就应当教他省察克治。省察克治的功夫，则时刻都不可以间断，犹如驱除盗贼，必须有一个扫除廓清的意图。在没事的时候，把喜欢美色、贪图财货、爱慕名声等私心，逐一追究搜寻出来，一定要拔去病根，使它永远不能再起，方才感到愉快。常常如同猫捉老鼠，眼睛看着，耳朵听着，才有一个念头萌动，即把它克治去除；要斩钉截铁，不可以姑容与它方便、不可以窝藏、不可以放它出路，这才是真实用功，才能扫除廓清。等到了没有私心可以克治，自然就会有端身拱手、清静无为的时候了。虽说'何思何虑'并不是初学之时的事情，但是初学必须思虑如何省察克治，这就是思诚；思诚只是思虑一个天理，到得天理纯粹完全的境界，便是'何思何虑'了。"

41. 澄问："有人夜怕鬼者，奈何？"

先生曰："只是平日不能'集义'[1]，而心有所慊，故怕。若素行合于神明，何怕之有？"

子莘曰[2]："正直之鬼不须怕；恐邪鬼不管人善恶，故未免怕。"

先生曰："岂有邪鬼能迷正人乎？只此一怕，即是心邪，故有迷之者，非鬼迷也，心自迷耳。如人好色，即是色鬼迷；好货，即是货鬼迷；怒所不当怒，是怒鬼迷；惧所不当惧，是惧鬼迷也。"

【注释】

〔1〕"集义"，指主动地、不断地去做符合道义的事。语本《孟子·

公孙丑上》"其为气也，配义与道；无是，馁也。是集义所生者，非义袭而取之也"。朱熹注释"集义"云，"集义，犹言积善，盖欲事事皆合于义也"。

〔2〕马明衡，字子莘，福建莆田人。阳明弟子。著作有《尚书疑义》。

【今译】

陆澄问："有人夜里怕鬼，怎么办？"

阳明先生说："这只是由于平日不能够'集义'，因而心中有所愧疚，所以害怕。如果平时所作所为都合于神明，又有什么可害怕的呢？"

马子莘说："正直的鬼不必害怕，恐怕邪恶的鬼不管人的善恶，所以不免害怕。"

阳明先生说："哪里有邪恶的鬼能够迷惑正直之人的呢？只这一害怕，就是心邪不正，所以才有能够迷惑他的。这不是鬼迷惑他，而是他的心自己迷惑自己。譬如，一个人喜欢美色，就是被色鬼所迷惑；一个人贪图财货，就是被货鬼所迷惑；一个人对他不应当发怒的事情发怒，就是被怒鬼所迷惑；一个人对他不应当惧怕的事情感到惧怕，就是被惧鬼所迷惑。"

42. 定者，心之本体，天理也；动静，所遇之时也。

【今译】

安定，是心的本来状态，也是天理的特性；动静，是所遇到的不同时间状态的内心感受。

43. 澄问《学》、《庸》同异。先生曰："子思括《大学》一书之义为《中庸》首章。"

【今译】

陆澄问《大学》、《中庸》的异同。阳明先生说:"子思概括《大学》一书的思想要旨,作为《中庸》的第一章。"

44. 问:"孔子正名[1],先儒说'上告天子,下告方伯,废辄立郢'[2]。此意如何?"

先生曰:"恐难如此。岂有一人致敬尽礼、待我而为政,我就先去废他?岂人情天理?孔子既肯与辄为政,必已是他能倾心委国而听。圣人盛德至诚,必已感化卫辄,使知无父之不可以为人,必将痛哭奔走,往迎其父。父子之爱本于天性,辄能悔痛真切如此,蒯聩岂不感动底豫[3]?蒯聩既还,辄乃致国请戮,聩已见化于子,又有夫子至诚调和其间,当亦决不肯受,仍以命辄。群臣百姓又必欲得辄为君。辄乃自暴其罪恶,请于天子,告于方伯诸侯,而必欲致国于父。聩与群臣百姓,亦皆表辄悔悟仁孝之美,请于天子,告于方伯诸侯,必欲得辄而为之君。于是集命[4]于辄,使之复君卫国。辄不得已,乃如后世上皇故事,率群臣百姓尊聩为太公,备物致养,而始退复其位焉。则'君君、臣臣、父父、子子'[5],名正言顺,一举而可为政于天下矣。孔子正名,或是如此。"

【注释】

〔1〕"孔子正名",语出《论语·子路》:"子路曰:'卫君待子而为政,子将奚先?'子曰:'必也正名乎!'子路曰:'有是哉,子之迂也!奚其正?'子曰:'野哉由也!君子于其所不知,盖阙如也。名不正,则言不顺;言不顺,则事不成;事不成,则礼乐不兴;礼乐不兴,则刑罚

不中；刑罚不中，则民无所措手足。故君子名之必可言也，言之必可行也。君子于其言，无所苟而已矣。'"

〔2〕"先儒说"云云，语见朱熹《论语集注》引胡氏云，"卫世子蒯聩耻其母南子之淫乱，欲杀之，不果而出奔。灵公欲立公子郢，郢辞。公卒，夫人立之，又辞。乃立蒯聩之子辄，以拒蒯聩。夫蒯聩欲杀母，得罪于父，而辄据国以拒父，皆无父之人也，其不可有国也明矣。夫子为政，而以正名为先，必将具其事之本末，告诸天王，请于方伯，命公子郢而立之，则人伦正，天理得，名正言顺而事成矣"。

〔3〕底豫（zhǐ yù），同"厎豫"，变得快乐、变得高兴。

〔4〕集命，意谓集王命于其身。语出《尚书·太甲上》："天监厥德，用集大命，抚绥万方。"

〔5〕"君君、臣臣、父父、子子"，语见《论语·颜渊》："齐景公问政于孔子。孔子对曰：'君君，臣臣，父父，子子。'"

【今译】

问："对于孔子的正名，先儒说'上告天子，下告方伯，废辄立郢'。这个看法怎么样？"

阳明先生说："恐怕很难这样说。哪里有一个君王致敬尽礼、厚待于我而且让我主持政务，我就先去废黜他的呢？哪里有这样的人情天理？孔子既然愿意帮助卫辄主持政务，一定已经是卫辄能够倾心委托国政而听从孔子。圣人的盛德至诚，一定已经感化卫辄，让他知道不把父亲当作父亲就不可以为人，卫辄一定会痛哭奔走，亲身前往迎请其父亲。父子之间的爱出于天性，卫辄能够悔悟痛改，真切如此，蒯聩怎么会不感动而变得快乐呢？蒯聩既然已经回来，卫辄于是归还国政、请求杀头谢罪；蒯聩已经被儿子感化，又有孔夫子真诚地在其中间调和，应当也是坚决不肯接受，仍然把王命归于卫辄。群臣百姓又坚决要求卫辄担任君王。卫辄于是自己公开自己的罪恶，请示于天子，昭告于方伯诸侯，而坚决要求把国政归还于父亲。蒯聩与群臣百姓，也都表彰卫辄悔悟仁孝的美德，请示于天子，昭告于方伯诸侯，坚决要求卫辄担任他们的君王。于是集王命于卫辄，让他重新担任卫国的君王。卫辄不得已，于是犹如后世太上皇的事例，率领群臣百姓尊称蒯聩为太公，备办财物加以供养，而后才回去复其君位。于是君是君、臣是臣、父是父、子是子，名正而言顺，就可以一举而为政于天下了。孔子的正名，或许是这样。"

45. 澄在鸿胪寺仓居[1]。忽家信至，言儿病危，澄心甚忧闷不能堪。先生曰："此时正宜用功。若此时放过，闲时讲学何用？人正要在此等时磨炼。父之爱子，自是至情。然天理亦自有个中和处，过即是私意。人于此处多认做天理当忧，则一向忧苦，不知已是'有所忧患，不得其正'[2]。大抵七情[3]所感，多只是过，少不及者。才过便非心之本体，必须调停适中始得。就如父母之丧，人子岂不欲一哭便死，方快于心，然却曰'毁不灭性'[4]。非圣人强制之也，天理本体自有分限，不可过也。人但要识得心体，自然增减分毫不得。"

【注释】

〔1〕以往学者解释仓居，多解释为"暂时寓居"、"暂时所居"、"衙舍暂住"，恐不确。阳明《赠陆清伯归省序》云："或曰：'清伯始见夫子，一月一至；既而旬一至；又既而五六日三四日而一至；又既而迁居于夫子之傍；后乃请于夫子，扫庾下之室而旦暮侍焉。'"庾，指仓库。仓居，居于庾下之室之意，即在仓库居住。

〔2〕"有所忧患，不得其正"，语见《大学》。意为：人如果有所忧患，则心不得其正。

〔3〕七情，语出《礼记·礼运》"何谓人情？喜、怒、哀、惧、爱、恶、欲，七者弗学而能"。

〔4〕"毁不灭性"，语见《孝经·丧亲章》"三日而食，教民无以死伤生也。毁不灭性，此圣人之政也"。意为：父母死后三天，孝子就应当开始吃饭，这是教导百姓不要因哀悼死者而损害生者的健康。尽管哀伤，但是绝不能危及性命，这就是圣人的政教。

【今译】

　　陆澄在南京鸿胪寺的仓库居住。忽然收到家信，说儿子病危，陆澄心里非常担忧烦闷，不能忍受。阳明先生说："这个时刻正适宜用功。如果将这个时刻放过了，闲时的讲学又有什么用处？人正是要在这样的时候磨炼。父亲对儿子的爱，自然是至情。然而天理也自然有个中和之处，过分了就是私意。人们在这些事情上多认为按照天理应当担忧，于是一味地担忧苦闷，不知道这已经是'有所忧患，不得其正'。大抵七情的感受，大多只是过分，很少有不及的。才过分便不是心的本来状态了，必须调停适中才行。就比如父母的丧事，作为子女的难道不想一下子哭死，才能快意于心，然而儒家经典却说'毁不灭性'。这不是圣人强制他，而是天理本身，自然有它的分寸限度，不可以过分。人们只要能够认识心体，自然增减分毫不得。"

　　46. 不可谓"未发之中"常人俱有。盖"体用一源"[1]，有是体即有是用；有"未发之中"，即有"发而皆中节之和"[2]。今人未能有"发而皆中节之和"，须知是他"未发之中"亦未能全得。

【注释】

　　[1]"体用一源"，语见程颐《易传序》"至微者理也，至著者象也。体用一源，显微无间"。意为：最为隐微的是理，最为显著的是象。本体与现象同出一源，显著与隐微密不可分。
　　[2]"未发之中"、"发而皆中节之和"，语本《中庸》"喜怒哀乐之未发，谓之中；发而皆中节，谓之和"。

【今译】

　　不能说"未发之中"是常人都有的。所谓"体用一源"，是说有这样的本体，就有这样的现象；有"未发之中"，就有"发而皆中节之和"。如今的人所以不能有"发而皆中节之和"，应当知道这是因为他的"未发之中"也还不能完全做得到。

47.《易》之辞，是"初九潜龙勿用"[1]六字；《易》之象，是初画；《易》之变，是值其画；《易》之占，是用其辞。

【注释】

〔1〕"初九潜龙勿用"，《周易·乾卦》爻辞。初九，此指乾卦第一爻。李鼎祚《周易集解》引崔憬云，"潜，隐也。龙下隐地，潜德不彰，是以君子韬光待时，未成其行，故曰勿用"。大意为：初九，巨龙尚在潜伏之中，君子暂时不要施展才用，而应该韬光待时。

【今译】

《易经》的爻辞，只是"初九潜龙勿用"六字；《易经》的爻象，只是初爻之画；《易经》的爻变，只是遇到其爻画；《易经》的占卜，只是用其爻辞。

48."夜气"是就常人说。学者能用功，则日间有事无事，皆是此气翕聚发生处。圣人则不消说"夜气"[1]。

【注释】

〔1〕"夜气"，指夜间养成的清明之气，比喻清明纯净的心境。语出《孟子·告子上》。

【今译】

"夜气"是针对平常人而说的。学者如果能用功，那么白天无论是有事还是无事，都是这夜气翕聚发生的地方。圣人则不需要说"夜气"。

49. 澄问"操存舍亡"章[1]。曰:"'出入无时,莫知其乡',此虽就常人心说,学者亦须是知得心之本体亦元是如此,则操存功夫始没病痛。不可便谓出为亡、入为存。若论本体,元是无出无入的。若论出入,则其思虑运用是出。然主宰常昭昭在此,何出之有?既无所出,何入之有?程子所谓'腔子'[2],亦只是天理而已。虽终日应酬而不出天理,即是在腔子里;若出天理,斯谓之放,斯谓之亡。"又曰:"出入亦只是动静。动静无端,岂有'乡'邪?"

【注释】

〔1〕"操存舍亡"章,即《孟子·告子上》:"孔子曰:'操则存,舍则亡;出入无时,莫知其乡。'惟心之谓与?"意为:孔子说:"操持则能保存,舍弃则会放失;出入没有定时,没人知其居所。"这说的是人心吧?

〔2〕"腔子",原指躯壳,此处指心。语本《河南程氏遗书》"满腔子是恻隐之心"、"心要在腔子里"。

【今译】

陆澄问《孟子》"操存舍亡"章。阳明先生说:"'出入无时,莫知其乡',这虽然是针对平常人的心而言,但是学者也须知道心的本来状态原本就是如此,这样'操则存'的功夫才没有病痛。不能因此就说出就是亡、入就是存。如果要论心的本来状态,原本是没有所谓出、没有所谓入的。如果要论出入,那么它的思虑运用就是出。然而主宰总是明明白白地在这里,哪里有所谓出?既然没有出,又哪里有所谓的入?程子所说的'腔子',也只是天理而已。虽然终日应酬而没有离开天理,就是在腔子里;如果离开天理,这就称之为放,这就称之为亡。"又说:"出入也只是动静。动静既没有起点又没有尽头,哪里有所谓的'居所'呢?"

50. 王嘉秀[1]问："佛以出离生死诱人入道，仙以长生久视诱人入道，其心亦不是要人做不好，究其极至，亦是见得圣人上一截，然非入道正路。如今仕者，有由科、有由贡、有由传奉，一般做到大官，毕竟非入仕正路，君子不由也[2]。仙佛到极处，与儒者略同，但有了上一截，遗了下一截，终不似圣人之全。然其上一截同者，不可诬也。后世儒者，又只得圣人下一截，分裂失真，流而为记诵、词章、功利、训诂，亦卒不免为异端。是四家者，终身劳苦，于身心无分毫益。视彼仙佛之徒，清心寡欲，超然于世累之外者，反若有所不及矣。今学者不必先排仙佛，且当笃志为圣人之学。圣人之学明，则仙佛自泯。不然，则此之所学，恐彼或有不屑，而反欲其俯就，不亦难乎？鄙见如此。先生以为何如？"

先生曰："所论大略亦是。但谓上一截、下一截，亦是人见偏了如此。若论圣人大中至正之道，彻上彻下，只是一贯，更有甚上一截、下一截？'一阴一阳之谓道'，但'仁者见之便谓之仁，知者见之便谓之智，百姓又日用而不知。故君子之道鲜矣'[3]。仁智岂可不谓之道？但见得偏了，便有弊病。"

【注释】
〔1〕王嘉秀，字实夫，湖广辰阳（今湖南沅陵）人，阳明弟子，颇好谈论仙佛。
〔2〕佐藤一斋曰："铨选不由吏部，夤缘内臣受官，谓之传奉。唐宋谓之内降书。由科、由贡，是入仕正路；由传奉，非入仕正路。"

〔3〕"一阴一阳之谓道"、"仁者见之便谓之仁"云云，语见《周易·系辞上传》。

【今译】

王嘉秀问："佛教以出离生死来引诱人入道，道教以长生久视来引诱人入道，他们的本意也不是要人做不好的事情，推究其极至，也不过是他们只见到圣人上一截，然而这并不是入道的正路。犹如现在入仕做官的人，有的经由科举、有的经由推荐、有的经由传奉。经由传奉，一样能做到大官，但毕竟不是入仕的正路，所以君子不会经由这个途径。道教、佛教达到极至之处，与儒家大略相同，只是有了上一截，没了下一截，终究不似圣人那样的全面。然而其上一截相同，则是不可以抹杀的。后世儒者，又只得到圣人的下一截，结果是分裂失真，其流变而成为记诵、词章、功利、训诂之学，亦最终不免成为异端。这四家，终身劳苦，但是对于身心没有分毫的益处。对照那些道教、佛教之徒，清心寡欲，能够超然于世间俗累之外，反而像是有所不及了。现在学者不应当先去排斥道教、佛教，而是应当笃志讲求圣人之学。如果圣人之学昌明，则道教、佛教自然会泯灭。不然，则我们所学习的，恐怕他们或许还有所不屑，而我们反而希望他们俯就，不是太困难了吗？我的见解如此。先生您认为怎样？"

阳明先生说："你所论述的，大体上也是对的。只是所谓上一截、下一截，也是人们认识不够全面才会如此。如果论及圣人的大中至正之道，彻上彻下，只是一以贯之，哪里又有什么上一截、下一截呢？'一阴一阳之谓道'，但'仁者见之便谓之仁，知者见之便谓之智，百姓又日用而不知。故君子之道鲜矣'。仁智怎么可以不称之为道呢？只是认识不够全面，就会有弊病。"

51. 蓍[1]固是《易》，龟亦是《易》。

【注释】

〔1〕蓍（shī），草名，多年生草本植物，可入药。古代用它的茎来

起卦占筮。邓艾民曰："蓍，用蓍草筮吉凶，重在数；龟，用龟甲裂纹卜吉凶，重在象。"

【今译】

蓍固然是《易》理之所在，龟也是《易》理之所在。

52. 问："孔子谓武王未尽善[1]，恐亦有不满意。"

先生曰："在武王自合如此。"

曰："使文王未没，毕竟如何？"

曰："文王在时，天下三分已有其二[2]。若到武王伐商之时，文王若在，或者不致兴兵，必然这一分亦来归了。文王只善处纣，使不得纵恶而已。"

【注释】

〔1〕孔子谓武王未尽善，语本《论语·八佾》："子谓《韶》：尽美矣，又尽善也；谓《武》：尽美矣，未尽善也。"

〔2〕天下三分已有其二，语本《论语·泰伯》："舜有臣五人而天下治。武王曰：'予有乱臣十人。'孔子曰：'才难，不其然乎？唐虞之际，于斯为盛。有妇人焉，九人而已。三分天下有其二，以服事殷。周之德，其可谓至德也已矣。'"

【今译】

问："孔子说周武王未尽善，恐怕也是有不满的意思。"

阳明先生说："对于周武王，自然应当如此。"

又问："假使周文王还没有去世，究竟又会怎样？"

阳明先生说："周文王在世时，天下三分已经有其二。如果到周武王征伐商纣王的时候，周文王假如还在世，或者不致发动战争，必然连这一分也来归顺了。周文王大概只需善待商纣王，使他不能放纵作恶罢了。"

53. 问："孟子言'执中无权犹执一'[1]。"

先生曰："中只是天理、只是易，随时变易，如何执得？须是因时制宜，难预先定一个规矩在。如后世儒者要将道理一一说得无罅漏，立定个格式，此正是执一。"

【注释】

〔1〕"执中无权犹执一"，意为只知执持中道而不知权衡变通，就如同偏执一边。语见《孟子·尽心上》"孟子曰：'杨子取为我，拔一毛而利天下，不为也。墨子兼爱，摩顶放踵利天下，为之。子莫执中，执中为近之。执中无权，犹执一也。所恶执一者，为其贼道也，举一而废百也'"。

【今译】

问："孟子说'执中无权犹执一'。"

阳明先生说："中只是天理、只是易道，随时变易，怎么能够执着呢？必须因时制宜，难以预先设定一个规矩。像后世儒者那样要将道理一一说得没有罅漏，立定一个格式，这正是孟子所说的执一。"

54. 唐诩[1]问："立志是常存个善念、要为善去恶否？"

曰："善念存时，即是天理。此念即善，更思何善？此念非恶，更去何恶？此念如树之根芽，立志者长立此善念而已。'从心所欲不踰矩'[2]，只是志到熟处。"

【注释】

〔1〕唐诩，生平履历不详。毛奇龄等认为他是江西新淦人。

〔2〕"从心所欲不踰矩",意为孔子七十岁时,能够随心所欲而不逾越法度。语见《论语·为政》:"子曰:'吾十有五而志于学,三十而立,四十而不惑,五十而知天命,六十而耳顺,七十而从心所欲不踰矩。'"

【今译】

唐诩问:"立志是不是常常要存着一个善念、要为善去恶?"

阳明先生说:"善念存在的时候,就是天理。这个念头就是善,又思什么善?这个念头并不是恶,又去什么恶?这个念头犹如树木的根芽,立志就是长期确立这个善念而已。孔子所达到的'从心所欲不踰矩',只是立志已到纯熟的地步。"

55. 精神、道德、言动,大率收敛为主,发散是不得已。天地人物皆然。

【今译】

精神、道德、言动,大体上以收敛为主,发散是不得已。天地人物都是这样。

56. 问:"文中子是如何人?"

先生曰:"文中子庶几'具体而微'〔1〕,惜其蚤死。"

问:"如何却有续经之非?"

曰:"续经亦未可尽非。"

请问。

良久,曰:"'更觉良工心独苦。'"〔2〕

【注释】

〔1〕"具体而微",语出《孟子·公孙丑上》,公孙丑曰,"昔者窃闻

之：子夏、子游、子张皆有圣人之一体，冉牛、闵子、颜渊则具体而微。敢问所安"。朱熹《孟子集注》云，"一体，犹一肢也。具体而微，谓有其全体，但未广大耳"。

〔2〕"更觉良工心独苦"，语出杜甫《题李尊师松树障子歌》："老夫生平好奇古，对此兴与精灵聚。已知仙客意相亲，更觉良工心独苦。"

【今译】

问："文中子是一个怎样的人？"

阳明先生说："文中子差不多是'具体而微'的圣贤，可惜他去世太早了。"

问："为什么却有续经这样的过失？"

阳明先生说："续经也不能完全否定。"

请问为什么。

过了很久，阳明先生说："'更觉良工心独苦。'"

57. 许鲁斋谓儒者"以治生为先"之说[1]，亦误人。

【注释】

〔1〕许衡，字仲平，元代河内（今河南沁阳）人。生于宋宁宗嘉定二年（1209），卒于元世祖至元十八年（1281），享年七十三岁。元世祖时官国子监祭酒。学者称鲁斋先生。 所谓儒者"以治生为先"之说，语本许衡曰："为学者，治生最为先务。苟生理不足，则于为学之道有所妨。彼旁求妄进及作官嗜利者，殆亦窘于生理之所致也。士君子当以务农为生。商贾虽为逐末，亦有可为者，果处之不失义理，或以姑济一时，亦无不可。若以教学与作官规图生计，恐非古人之意也。"（《许衡集》）

【今译】

许鲁斋所谓儒者"以治生为先"的说法，也是误导别人。

58. 问仙家元气、元神、元精[1]。先生曰："只是一件。流行为气，凝聚为精，妙用为神。"

【注释】

〔1〕陈荣捷曰："道家炼丹工夫以人未有此身，先有三元。一气之妙用为元神，一气之流行为元气，一气之凝聚为元精。所谓气，非呼吸之气；精，非交感之精；神，非思虑之神，而乃元始要素，谓之三元，亦称三华。连元性、元情，谓之五元。"

【今译】

问道教所说的元气、元神、元精。阳明先生说："只是一件事情。从流行角度言称为气，从凝聚角度言称为精，从妙用角度言称为神。"

59. 喜怒哀乐本体自是中和的[1]。才自家着些意思，便过、不及[2]，便是私。

【注释】

〔1〕喜怒哀乐本体自是中和的，语本《中庸》"喜怒哀乐之未发，谓之中；发而皆中节，谓之和"。

〔2〕过，过分，指超过中道、中庸的境界；不及，没有达到中道、中庸境界。

【今译】

喜怒哀乐的本来状态自然是中和的。才自己附着少许意念思虑，便是过分、便是不及，便是私心。

60. 问"哭则不歌"[1]。先生曰："圣人心体自然如此。"

【注释】

〔1〕"哭则不歌"，语见《论语·述而》"子食于有丧者之侧，未尝饱也。子于是日哭，则不歌"。

【今译】

问"哭则不歌"。阳明先生说："圣人的心体自然就是如此。"

61. 克己须要扫除廓清、一毫不存方是。有一毫在，则众恶相引而来。

【今译】

克己应当是要将人欲扫除廓清、一丝一毫都不留存才是。有一丝一毫人欲存在，则各种恶行就会互相牵引而来。

62. 问《律吕新书》[1]。先生曰："学者当务为急。算得此数熟，亦恐未有用，必须心中先具礼乐之本方可。且如其书说'多用管以候气'[2]，然至冬至那一刻时，管灰之飞，或有先后，须臾之间，焉知那管正值冬至之刻？须自心中先晓得冬至之刻始得。此便有不通处。学者须先从礼乐本原上用功。"

【注释】

〔1〕《律吕新书》，蔡元定撰。书分二卷，卷一为"律吕本源"，凡十三篇；卷二为"律吕证辨"，凡十篇。朱熹称"其律书法度甚精，近世诸儒皆莫能及"。四库馆臣以为，"盖是书实朱、蔡师弟子相与共成之者，故独见许如此"。（永瑢《四库全书总目》）蔡元定，字季通，宋代福建建阳人。生于宋高宗绍兴五年（1135），卒于宋宁宗庆元四年（1198），享年六十四岁。朱熹弟子。

〔2〕三轮执斋曰："蔡元定以管候气之法：埋十二管于密室，上与地

平，实以葭灰，覆以缇素，以候十有二月之中气。冬至气至，则黄钟之管飞灰冲素。大寒以下，各以其月，随而应焉，而时序正矣。其管则黄钟，长九寸，空围九分，以秬粒定之也。余十一律，由是而损益焉。"

【今译】

问《律吕新书》。阳明先生说："学者以应该致力去做的事情为最急切。不然，即使计算得这个律吕之数再纯熟，恐怕也没有用处，必须在心中先具有礼乐之根本才可。且如其书上说'多用管以候气'，然而到了冬至那一刻的时候，管中葭灰的飞出，或许有先有后，片刻之间，怎么知道哪根管子正值冬至到来的那一刻？应当在自己心中先晓得冬至到来的那一刻才行。这便有说不通的地方。学者应当先在礼乐的本原上用功。"

63. 曰仁云："心犹镜也。圣人心如明镜，常人心如昏镜。近世格物之说[1]，如以镜照物，照上用功，不知镜尚昏在，何能照？先生之格物，如磨镜而使之明，磨上用功，明了后亦未尝废照。"

【注释】

〔1〕近世格物之说，指朱子格物之说，参第六条注释一。

【今译】

徐曰仁说："心犹如镜子。圣人的心犹如明镜，常人的心犹如昏镜。近世儒者关于格物的学说，犹如以镜来映照事物，是在映照上用功，不知镜还是昏蒙的，怎么能映照？阳明先生的格物学说，犹如打磨镜子而使它明亮，是在打磨上用功，镜子明亮之后也未曾耽误映照事物。"

64. 问道之精粗。先生曰："道无精粗，人之所见有精粗。如这一间房，人初进来，只见一个大规模如此；处久，便柱壁之类，一一看得明白；再久，如柱上有些文藻，细细都看出来。然只是一间房。"

【今译】

问道的精粗。阳明先生说："道本身没有精粗，人对道的见识有精粗。譬如这一间房屋，人刚刚搬进来的时候，只见得一个大的规模是如此这般；居住的时间长了，便对柱子墙壁之类，一一都看得明明白白；时间再长久一些，像柱子上有些纹饰，仔仔细细都能看出来。然而只是这一间房屋。"

65. 先生曰："诸公近见时少疑问，何也？人不用功，莫不自以为已知为学，只循而行之是矣。殊不知私欲日生，如地上尘，一日不扫，便又有一层。着实用功，便见道无终穷，愈探愈深，必使精白无一毫不彻方可。"

【今译】

阳明先生说："诸位近来见面的时候很少有疑问，为什么？人之所以不用功，无不自以为已经知道为学，只要循例而行就是了。殊不知私欲一天天萌生，犹如地上的灰尘，一日不扫，便又有一层。如果着实用功，便会发现道不仅没有止境，而且是越探究越深奥，必须使得它精粹纯净没有一丝一毫不透彻才行。"

66. 问："知至然后可以言诚意[1]。今天理人欲知之未尽，如何用得克己工夫？"

先生曰："人若真实切己用功不已，则于此心天理之精微，日见一日；私欲之细微，亦日见一日。若不用克己工夫，终日只是说话而已，天理终不自见，私欲亦终不自见。如人走路一般，走得一段，方认得一段；走到岐路处，有疑便问，问了又走，方渐能到得欲到之处。今人于已知之天理不肯存、已知之人欲不肯去，且只管愁不能尽知、只管闲讲，何益之有？且待克得自己无私可克，方愁不能尽知亦未迟在。"

【注释】

〔1〕知至然后可以言诚意："诚意"，黄宗羲《明儒学案·姚江学案》所录此段语录，作"意诚"。案：《大学》原文有"知至而后意诚"之说，作"意诚"，于义为长。译文据"意诚"翻译。

【今译】

问："知至然后才可以说意诚。如今对天理人欲还不能完全知道，怎么用得上克己的工夫？"

阳明先生说："人们如果能真实切己用功而不停止，那么对于此心天理的精微之妙，就会一天比一天见得透彻；对于此心私欲的细微之处，也会一天比一天看得清楚。如果不能用克己工夫，整天只是说空话而已，那么天理终究不会自己显现，私欲也终究不会自己显现。犹如人们走路一样，走得一段，才能认识一段；走到有歧路的地方，有疑惑就问人，问了又走，才渐渐能够到达其想要到达的地方。如今的人对于已经知道的天理不肯保存、对于已经知道的人欲不肯除去，而是只管忧愁不能完全知道、只管闲谈，又有什么益处呢？你姑且先克到自己没有私欲可克，再去忧愁不能完全知道也还不算迟吧。"

67. 问："道一而已〔1〕。古人论道往往不同，求之亦有要乎？"

先生曰："道无方体，不可执着。却拘滞于文义上求道，远矣。如今人只说天，其实何尝见天？谓日月风雷即天，不可；谓人物草木不是天，亦不可。道即是天。若识得时，何莫而非道？人但各以其一隅之见认定，以为道止如此，所以不同。若解向里寻求，见得自己心体，即无时无处不是此道。亘古亘今，无终无始，更有甚同异？心即道，道即天，知心则知道、知天。"又曰："诸君要实见此道，须从自己心上体认、不假外求始得。"

【注释】
〔1〕道一而已，语本《孟子·滕文公上》"夫道，一而已矣"。

【今译】
问："道只是一个而已。古人论述道的时候却往往不同，求道也有要领吗？"

阳明先生说："道没有方位、没有形体，不可以执着。人们却拘泥执滞于从文义上求道，离道就更远了。犹如现今人们只是说天，其实何曾见识得天？说日月风雷就是天，不可；说人物草木不是天，也不可。道即是天。如果识得的时候，又有什么不是道呢？人们只是各以其一隅之见来认定，以为道只是如此，所以看法各不相同。如果懂得向心里寻求，见识到自己的心体，就无时无处不是这一个道。亘古亘今，无终无始，又有什么同异呢？心即是道，道即是天，懂得心就能够懂得道、懂得天。"又说："诸君如果要切实见识到此道，就必须从自己的心上体认、而不是借助向外寻求，才能做到。"

68. 问："名物度数亦须先讲求否？"

先生曰："人只要成就自家心体，则用在其中。如养得心体果有未发之中，自然有发而中节之和，自然无施不可。苟无是心，虽预先讲得世上许多名物度数，与己原不相干，只是装缀，临时自行不去；亦不是将名物度数全然不理，只要知所先后，则近道[1]。"又曰："人要随才成就。才是其所能为，如夔之乐、稷之种[2]，是他资性合下便如此。成就之者，亦只是要他心体纯乎天理。其运用处，皆从天理上发来，然后谓之才。到得纯乎天理处，亦能'不器'，使夔、稷易艺而为，当亦能之。"又曰："如'素富贵行乎富贵，素患难行乎患难'[3]，皆是'不器'。此惟养得心体正者能之。"

【注释】

〔1〕知所先后，则近道，语本《大学》"物有本末，事有终始，知所先后，则近道矣"。

〔2〕夔之乐、稷之种，典出《尚书·舜典》"帝曰：'弃，黎民阻饥，汝后稷播时百谷'"；"帝曰：'夔，命汝典乐，教胄子'"。夔（kuí），舜时期的乐官。稷（jì），即后稷，相传其母亲曾打算把他弃之不养，故名弃，为舜时期的农官。封于邰，号后稷，别姓姬氏，为周朝先祖。

〔3〕素富贵行乎富贵，素患难行乎患难，语见《中庸》。

【今译】

问："名物制度是否也应当预先讲求？"

阳明先生说："人只要成就自己的心体，则其运用也就存在其中了。如果能涵养得心体真的有'未发之中'，自然就会有'发而中节之和'，自然就没有什么施行是不可以的。假如没有这个心体，即使预先讲求得世上的许多名物制度，与自己原本并不相干，只是一些装饰点缀，到时自然推行不开去；当然也不是要将名物制度全然不理，只要知道其先后顺序，就能接近于道了。"又说："人要根据其才能来成就。所谓才能，就是他所能作为的，比如夔之善于音乐、稷之长于种植，都是他们的天资禀性当初就这样。所谓成就他，也只是要他的心体纯粹是天理。其运用的地方，都是从天理上显发出来，然后称之为才能。到了纯粹天理的境界，也就能够'不器'，假使让夔、稷交换他们的技艺来做，应当也能够做好。"又说："如果能做到'素富贵行乎富贵，素患难行乎患难'，就都是'不器'。这只有涵养得心体中正的人，才能够做到。"

69. "与其为数顷无源之塘水，不若为数尺有源之井水，生意不穷。"时先生在塘边坐，傍有井，故以之喻学云。

【今译】

"与其成为数顷没有源头的塘水，不如成为数尺有源头的井水，其生机不会穷尽。"当时阳明先生在水塘边闲坐，近旁有一口水井，所以拿它来比喻为学。

70. 问："世道日降。太古时气象，如何复见得？"

先生曰："一日便是一元[1]。人平旦时起坐，未与物接，此心清明景象，便如在伏羲时游一般。"

【注释】

〔1〕元、会、运、世、年，古人用以纪年之语。据邵雍《观物内篇》，一元为十二会，一会为三十运，一运为十二世，一世为三十年。故十二万九千六百年为一元。

【今译】

问:"如今世道一日不如一日。太古时代的景况,怎样才能再次见得到?"

阳明先生说:"一日就是一元。人在清晨的时候起来坐着,还没有与外物相接触,这心清明的景象,就如同在伏羲的时代游历一样。"

71. 问:"心要逐物,如何则可?"

先生曰:"人君端拱清穆,六卿[1]分职,天下乃治。心统五官[2],亦要如此。今眼要视时,心便逐在色上;耳要听时,心便逐在声上。如人君要选官时,便自去坐在吏部;要调军时,便自去坐在兵部。如此,岂惟失却君体,六卿亦皆不得其职。"

【注释】

〔1〕六卿,此指吏部、户部、礼部、兵部、刑部、工部六部尚书。

〔2〕心统五官,语本《荀子·天论》:"耳目鼻口形能,各有接而不相能也,夫是之谓天官。心居中虚,以治五官,夫是之谓天君。"

【今译】

问:"心要追逐外物,怎么办才行?"

阳明先生说:"君主端身拱手清静肃穆,六卿分掌各自的职务,天下才能治理。人心统摄五官,也要如此。现在眼睛要看的时候,心便追逐在美色上面;耳朵要听的时候,心便追逐在美声上面。犹如君主要选拔官员的时候,就自己去坐在吏部;要调动军队的时候,就自己去坐在兵部。像这样,何止有失君主体统,六卿也都不能各尽其职。"

72. 善念发而知之、而充之,恶念发而知之、而遏之。知与充与遏者，志也，天聪明也。圣人只有此，学者当存此。[1]

【注释】

〔1〕佐藤一斋曰："'天聪明'，即良知也。圣人自然，故曰'有'；学者用功，故曰'存'。"

【今译】

善念一萌发就能知道它、就去扩充它，恶念一萌发就能知道它、就去遏止它。知道与扩充与遏止，这就是心志，这就是天聪明。圣人只有这一点，学者则应当保存这一点。

73. 澄曰："好色、好利、好名等心，固是私欲。如闲思杂虑，如何亦谓之私欲？"

先生曰："毕竟从好色、好利、好名等根上起，自寻其根便见。如汝心中决知是无有做劫盗的思虑，何也？以汝元无是心也。汝若于货色名利等心，一切皆如不做劫盗之心一般，都消灭了，光光只是心之本体，看有甚闲思虑？此便是'寂然不动'，便是'未发之中'，便是'廓然大公'，自然'感而遂通'，自然'发而中节'，自然'物来顺应'。"[1]

【注释】

〔1〕"寂然不动"、"感而遂通"，语本《周易·系辞上传》"《易》无思也，无为也，寂然不动，感而遂通天下之故"。故，事也。这几句意为：《易》虽然既无所思，亦无所为，寂然不动，但是根据阴阳的感应，就能会通天下万事。 "未发之中"、"发而中节"，语本《中庸》"喜怒哀乐之未发，谓之中；发而皆中节，谓之和"。 "廓然大公"、

"物来顺应"，语本程颢《答横渠张子厚先生书》"故君子之学，莫若廓然而大公、物来而顺应"。

【今译】

　　陆澄说："喜欢美色、贪图财货、爱慕名声等心思，固然是私欲。像闲思杂虑等等，为什么也称之为私欲？"

　　阳明先生说："闲思杂虑等毕竟是从喜欢美色、贪图财货、爱慕名声等根源上引起，你自己追寻其根源就会见到。例如你心中一定知道自己没有做劫盗的考虑，为什么呢？因为你原本就没有这个心思。你如果对于财货美色、名声功利等心思，全部都像不做劫盗的心思一样，都消灭了，纯粹只是心的本体，看看还有什么闲思杂虑？这便是'寂然不动'，这便是'未发之中'，这便是'廓然大公'，自然能'感而遂通'，自然能'发而中节'，自然能'物来顺应'。"

　　74. 问志至气次[1]。先生曰："'志之所至，气亦至焉'之谓，非'极至'、'次贰'[2]之谓。'持其志'，则养气在其中；'无暴其气'，则亦持其志矣。孟子救告子之偏，故如此夹持说。"

【注释】

　　[1]"志至气次"云云，语本《孟子·公孙丑上》"夫志，气之帅也；气，体之充也。夫志至焉，气次焉。故曰'持其志，无暴其气'"。志，指心志；气，指意气；次，止、停留。这几句意为：志是气的主帅，气是身上所充满的力量。志之所至，气亦随之而止。所以说："要持守其志，而不要自暴其气。"

　　[2]"极至"、"次贰"，语本朱熹《孟子集注》"若论其极，则志固心之所之，而为气之将帅；然气亦人之所以充满于身，而为志之卒徒者也。故志固为至极，而气即次之"。

【今译】

问志至气次。阳明先生说:"这说的是'志之所至,气亦至焉'的意思,而不是'极至'、'次贰'的意思。能'持其志',则养气也包括在其中;能'无暴其气',也就是'持其志'。孟子为了救正告子的偏见,所以如此夹持而说。"

75. 问:"先儒曰'圣人之道,必降而自卑;贤人之言,则引而自高'[1],如何?"

先生曰:"不然。如此却乃伪也。圣人如天,无往而非天。三光之上,天也;九地之下,亦天也[2]。天何尝有降而自卑?此所谓大而化之也。贤人如山岳,守其高而已。然百仞者不能引而为千仞,千仞者不能引而为万仞[3]。是贤人未尝引而自高也,引而自高则伪矣。"

【注释】

〔1〕"先儒曰"云云,语见朱熹《论语集注》引程子曰"圣人之道,必降而自卑,不如此则人不亲;贤人之言,则引而自高,不如此则道不尊。观于孔子、孟子,则可见矣"。

〔2〕三光,指日、月、星;九地,指地下最深处。

〔3〕仞,长度单位,七尺为一仞。

【今译】

问:"先儒程子说'圣人之道,必降而自卑;贤人之言,则引而自高',怎么样?"

阳明先生说:"不对。果真如此,就是作伪了。圣人如同天,无往而不是天。三光之上,是天;九地之下,也是天。天何曾有降低而自以为卑的呢?这就是孟子所说的'大而化之'。贤人如同山岳,只是保守其本身的高度而已。然而,百仞的不能引申为千仞,千仞的不能引申为万仞。这说明贤人未曾引申而自以为高,引申而自以为高则是作伪。"

76. 问："伊川谓不当于喜怒哀乐未发之前求中〔1〕，延平却教学者看未发之前气象〔2〕，何如？"

先生曰："皆是也。伊川恐人于未发前讨个中、把中做一物看，如吾向所谓'认气定时做中'，故令只于涵养省察上用功；延平恐人未便有下手处，故令人时时刻刻求未发前气象，使之正目而视惟此、倾耳而听惟此〔3〕，即是'戒慎不睹、恐惧不闻'〔4〕的工夫。皆古人不得已诱人之言也。"

【注释】

〔1〕伊川谓不当于喜怒哀乐未发之前求中，语本《河南程氏遗书》。

〔2〕延平却教学者看未发之前气象，语本《延平答问》"罗先生令静中看喜怒哀乐未发之谓中，未发时作何气象"。李侗，字愿中，宋代南剑（今福建南平）人，学者称延平先生。生于宋哲宗元佑八年（1093），卒于宋孝宗隆兴元年（1163），享年七十一岁。二程二传弟子罗从彦之徒、朱熹之师。

〔3〕使之正目而视惟此、倾耳而听惟此："使之"，原作"使人"，据王畿本、孙应奎本、水西精舍本、胡宗宪本、郭朝宾本等版本改。

〔4〕"戒慎不睹、恐惧不闻"，语本《中庸》"道也者，不可须臾离也，可离非道也。是故君子戒慎乎其所不睹，恐惧乎其所不闻"。

【今译】

问："程伊川说不应当在喜怒哀乐未发之前寻求中，李延平却教导学者观察喜怒哀乐未发之前的气象，这两种说法怎么样？"

阳明先生说："都是对的。伊川担心人们在喜怒哀乐未发之前讨求一个中、把中当作一个东西来看待，犹如我旧时所说的'误把气静定的时候认作未发之中'，所以让人只在涵养省察上用功；

延平则担心人们未能有下手的地方，所以让人时时刻刻寻求喜怒哀乐未发之前的气象，使他正目而视时只有这个气象、倾耳而听时也只有这个气象，这就是'戒慎不睹、恐惧不闻'的工夫。两种都是古人不得已提出来的诱导人的说法。"

77. 澄问："喜怒哀乐之中和，其全体常人固不能有。如一件小事当喜怒者，平时无有喜怒之心，至其临时，亦能中节，亦可谓之中和乎？"

先生曰："在一时一事，固亦可谓之中和，然未可谓之'大本'、'达道'〔1〕。人性皆善，中和是人人原有的，岂可谓无？但常人之心既有所昏蔽，则其本体虽亦时时发见，终是暂明暂灭，非其全体大用矣。无所不中，然后谓之'大本'；无所不和，然后谓之'达道'。惟天下之至诚，然后能立天下之大本。"〔2〕

曰："澄于中字之义尚未明。"

曰："此须自心体认出来，非言语所能喻。中只是天理。"

曰："何者为天理？"

曰："去得人欲，便识天理。"

曰："天理何以谓之中？"

曰："无所偏倚。"

曰："无所偏倚是何等气象？"

曰："如明镜然，全体莹彻，略无纤尘染着。"

曰："偏倚是有所染着。如着在好色、好利、好名等项上，方见得偏倚；若未发时，美色名利皆未相着，何以便知其有所偏倚？”

曰：“虽未相着，然平日好色、好利、好名之心，原未尝无；既未尝无，即谓之有；既谓之有，则亦不可谓无偏倚。譬之病疟之人，虽有时不发，而病根原不曾除，则亦不得谓之无病之人矣。须是平日好色、好利、好名等项一应私心，扫除荡涤，无复纤毫留滞，而此心全体廓然，纯是天理，方可谓之喜怒哀乐未发之中，方是天下之大本。”

【注释】

〔1〕“中和”、“大本”、“达道”，语本《中庸》“喜怒哀乐之未发，谓之中；发而皆中节，谓之和。中也者，天下之大本也；和也者，天下之达道也”。

〔2〕惟天下之至诚，然后能立天下之大本，语本《中庸》“唯天下至诚，为能经纶天下之大经，立天下之大本，知天地之化育”。

【今译】

陆澄问：“喜怒哀乐的中、和境界，论其全体，平常人固然不能都有。但是，比如一件小事应当喜怒的，平时虽然没有喜怒的心思，到它来临的时候，也能够发而中节，这也可以称之为中、和吗？”

阳明先生说：“在一时一事，固然也可以称之为中、和，然而还不能称为‘大本’、‘达道’。人性都是善的，中、和是人人原本就具有的，怎么可以说没有？只是平常人的心已经有所昏蔽，它的本来状态虽然也时时显现，但终究是一时明一时灭，已经不是它的全体大用了。只有无所不中，然后才能称之为‘大本’；只有无所不和，然后才能称之为‘达道’。只有天下之至诚，然后才能立天下之大本。”

陆澄说：“我对于中字的含义还不能明白。”

阳明先生说：“这应当在自己心中体认出来，不是靠言语所能够说明白的。中只是天理。"

陆澄说:"什么是天理?"

阳明先生说:"去得人欲,便识得天理。"

陆澄说:"天理为什么称之为中?"

阳明先生说:"因为它无所偏倚。"

陆澄说:"无所偏倚是怎么样的景况?"

阳明先生说:"犹如明镜一样,全体晶莹明澈,没有一丁点的灰尘染着。"

陆澄说:"偏倚就是有所染着。例如染着在喜欢美色、贪图财货、爱慕名声等事项上面,才见得是偏倚;如果还没有显露的时候,美色、名利都还没有染着,凭什么便知道它有所偏倚?"

阳明先生说:"即使还没有染着,然而平日喜欢美色、贪图财货、爱慕名声的心思,原本就未曾无;既然未曾无,即可称之为有;既然可称之为有,就不能说没有偏倚。譬如患上疟疾的人,即使有时没有发病,然而其病根原本不曾清除,也就不能称之为没病的人。必须把平日喜欢美色、贪图财货、爱慕名声等所有私心,都扫除荡涤,不再有一丝一毫留滞,而后此心的全体廓然清净,纯粹是天理,这才可以称之为喜怒哀乐未发之中,这才是天下之大本。"

78. 问:"'颜子没而圣学亡'[1],此语不能无疑。"

先生曰:"见圣道之全者惟颜子,观喟然一叹可见。其谓'夫子循循然善诱人,博我以文,约我以礼'[2],是见破后如此说。博文约礼,如何是善诱人?学者须思之。道之全体,圣人亦难以语人,须是学者自修自悟。颜子'虽欲从之,末由也已',即文王'望道未见'[3]意。望道未见,乃是真见。颜子没,而圣学之正派遂不尽传矣。"

【注释】

〔1〕"颜子没而圣学亡",语本阳明《别湛甘泉序》:"颜子没而圣人之学亡。曾子唯一贯之旨,传之孟轲终,又二千余年而周、程续。"

〔2〕"夫子循循然善诱人"云云,语见《论语·子罕》:"颜渊喟然叹曰:'仰之弥高,钻之弥坚;瞻之在前,忽焉在后。夫子循循然善诱人,博我以文,约我以礼。欲罢不能,既竭吾才,如有所立卓尔,虽欲从之,末由也已。'"

〔3〕"望道未见",语本《孟子·离娄下》:"文王视民如伤,望道而未之见。"

【今译】

问:"先生您说'颜子没而圣学亡',我对这个说法不能没有疑虑。"

阳明先生说:"能够见识到圣道之全体的只有颜子,看他'喟然一叹'就可以知道了。颜子所说的'夫子循循然善诱人,博我以文,约我以礼',见识透彻之后才会这样说。博文约礼,为什么是善诱人?学者应当深思。道之全体,圣人也难以告诉别人,必须靠学者自修自悟。颜子说的'虽欲从之,末由也已',就是文王'望道而未之见'的意思。'望道而未之见',才是真正的识见。颜子死后,圣学的正派就没有完整传下了。"

79. 问:"身之主为心,心之灵明是知,知之发动是意,意之所着为物,是如此否?"

先生曰:"亦是。"

【今译】

问:"身的主宰是心,心的灵明是知,知的发动是意,意之所涉着是物,是这样不是?"

阳明先生说:"也对。"

80. 只存得此心常见在，便是学。过去未来事，思之何益？徒放心耳。

【今译】
　　只要保存得此心常常现在，便是学问。过去、未来的事情，思量它有什么益处？徒然放失此心罢了。

81. 言语无序，亦足以见心之不存。

【今译】
　　言语没有伦次，也足以看出其心已经放失不存。

82. 尚谦问孟子之"不动心"与告子异[1]。先生曰："告子是硬把捉着此心，要他不动。孟子却是集义到自然不动。"又曰："心之本体原自不动。心之本体即是性，性即是理。性元不动，理元不动。集义是复其心之本体。"

【注释】
　　[1] 薛侃，字尚谦，号中离，广东揭阳人。生于成化二十二年（1486）六月，卒于嘉靖二十四年（1545）十二月，享年六十岁。正德十二年（1517）进士。阳明弟子，阳明后学代表人物之一，传阳明学于岭南，著有《研几录》。　薛侃所问，见《孟子·公孙丑上》："曰：'敢问夫子之不动心，与告子之不动心，可得闻与？''告子曰："不得于言，勿求于心；不得于心，勿求于气。"不得于心，勿求于气，可；不得于言，勿求于心，不可。夫志，气之帅也；气，体之充也。夫志至焉，气次焉。故曰：持其志，无暴其气。''既曰"志至焉，气次焉"，又曰"持其志无暴其气"者，何也？'曰：'志壹则动气，气壹则动志也。今夫蹶者趋者，是气也，而反动其心。'"

【今译】

薛尚谦问孟子的"不动心"与告子的"不动心"之间的差异。阳明先生说:"告子的'不动心'是硬把捉着此心,要强制使它不动。孟子的'不动心'却是通过集义,直到它自然不动。"又说:"心的本来状态原本就不动。心的本体就是性,性就是理。性原本就不动,理原本就不动。集义就是要恢复心的本来状态。"

83. 万象森然时,亦冲漠无朕;冲漠无朕,即万象森然[1]。冲漠无朕者,"一"之父;万象森然者,"精"之母。"一"中有"精","精"中有"一"。[2]

【注释】

〔1〕冲漠无朕、万象森然,语出《河南程氏遗书》"冲漠无朕,而万象森然已具",为程颐之言。其意为:当事物还是隐微虚寂、没有征兆的时候,事物之理就已经森然具备。

〔2〕此所谓"精"、"一",语出《尚书·大禹谟》"人心惟危,道心惟微;惟精惟一,允执其中"。

【今译】

万象森然的同时,就是冲漠无朕;冲漠无朕的同时,就是万象森然。冲漠无朕,乃是"惟一"的根本;万象森然,乃是"惟精"的源泉。"惟一"之中有"惟精","惟精"之中有"惟一"。

84. 心外无物。如吾心发一念孝亲,即孝亲便是物。

【今译】

心外无物。譬如我心中萌发一个念头要孝顺父母,则孝顺父母便是物。

85. 先生曰："今为吾所谓格物之学者，尚多流于口耳。况为口耳之学者，能反于此乎？天理人欲，其精微必时时用力省察克治，方日渐有见。如今一说话之间，虽口讲天理[1]，不知心中倏忽之间已有多少私欲。盖有窃发而不知者，虽用力察之，尚不易见，况徒口讲而可得尽知乎？今只管讲天理来顿放着不循，讲人欲来顿放着不去，岂格物致知之学？后世之学，其极至只做得个'义袭而取'[2]的工夫。"

【注释】

〔1〕虽口讲天理："口讲"，原作"只讲"，据水西精舍本、闾东本、三轮执斋本、佐藤一斋本改。案："口讲"与"心中"相对，且后文有"况徒口讲而可得尽知乎"之说，作"口讲"于义为长。

〔2〕"义袭而取"，意为偶行一义而从外取得，语出《孟子·公孙丑上》"其为气也，配义与道；无是，馁也。是集义所生者，非义袭而取之也"。朱熹注释"非义袭而取之也"云，"非由只行一事偶合于义，便可掩袭于外而得之也"。

【今译】

阳明先生说："当今从事我所谓格物之学的人，还多流于口说耳闻。何况从事口耳之学的人，还能返回到格物之学吗？天理人欲，其精微之处应当时时用力省察克治，才能日渐有所见识。如今一说话之间，即使嘴上讲着天理，不知心中倏忽之间已经有了多少私欲。有些暗中偷偷萌发而不为人知的私欲，即使用力省察，尚且不容易见出，何况只是嘴上讲讲，怎么能够全都知道呢？现在只管讲天理、放在那而不遵循，讲人欲、放在那而不除去，哪里是格物致知之学呢？后世的学问，其极至也只做得一个'义袭而取'的工夫。"

86. 问格物。先生曰："格者，正也，正其不正以归于正也。"

【今译】

问格物。阳明先生说："所谓格，就是纠正的意思，就是把那些不正的加以纠正以回归于正。"

87. 问："知止者，知至善只在吾心、元不在外也，而后志定。"

曰："然。"

【今译】

问："所谓知止，就是知道至善只在我们的心内、原本就不在心外，而后才能志有定向。是不是？"

阳明先生说："是。"

88. 问："格物于动处用功否？"

先生曰："格物无间动静，静亦物也。孟子谓'必有事焉'[1]，是动静皆'有事'。"

【注释】

[1]"必有事焉"，语出《孟子·公孙丑上》"必有事焉而勿正，心勿忘，勿助长也"。孟子所言，是养气的方法。意为：养气时，一定要有所事（有所作为），但又不能预期其功效；心中不能将其忘怀，但又不能人为地助长。

【今译】

问："格物是从动的方面用功不是？"

阳明先生说："格物不分动静，静也是事物。孟子说'必有事焉'，动静都属于'有事'。"

89. 工夫难处，全在格物致知上，此即诚意之事。意既诚，大段心亦自正、身亦自修。但正心修身工夫，亦各有用力处。修身是"已发"边，正心是"未发"边。心正则"中"，身修则"和"。[1]

【注释】

〔1〕"格物"、"致知"、"诚意"、"正心"、"修身"，语见《大学》。"已发"、"未发"、"中"、"和"，语出《中庸》。在此条语录中，阳明似以《中庸》解释《大学》。《传习录》第四十三条云："澄问《学》、《庸》同异。先生曰：'子思括《大学》一书之义为《中庸》首章。'"可以对照阅读。

【今译】

工夫最难的地方，全部都在格物致知上面，这是诚意的事情。意既然能诚，大体上其心也就自然能正、其身也就自然能修。只是正心修身的工夫，也各有其用力的地方。修身属于"已发"一边，正心属于"未发"一边。心正则是"未发之中"，身修则是"已发之和"。

90. 自"格物致知"至"平天下"，只是一个"明明德"。虽"亲民"，亦"明德"事也[1]。"明德"是此心之德，即是仁。"仁者以天地万物为一体"[2]，使有一物失所，便是吾仁有未尽处。

【注释】

〔1〕"自'格物致知'至'平天下'"云云，所论乃《大学》首章之言。

〔2〕"仁者以天地万物为一体"，程明道之言，见《河南程氏遗书》"医书言手足痿痹为不仁，此言最善名状。仁者，以天地万物为一体，莫非己也。认得为己，何所不至？若不有诸己，自不与己相干。如手足不仁，气已不贯，皆不属己"。

【今译】

从"格物致知"到"平天下"，只是一个"明明德"。即使"亲民"，也是"明德"的事。"明德"是此心之德，也就是仁。"仁者以天地万物为一体"，假使有一物不得其位，就是我的仁德还有未能完全的地方。

91. 只说"明明德"而不说"亲民"，便似老、佛。

【今译】

如果只说"明明德"而不说"亲民"，便近似于道教、佛教。

92. 至善者，性也。性元无一毫之恶，故曰至善。止之，是复其本然而已。

【今译】

至善，就是人的本性。性原本就没有一丝一毫的恶，所以说是至善。所谓止于至善，就是恢复性的本来样子而已。

93. 问："知至善即吾性，吾性具吾心，吾心乃至善所止之地，则不为向时之纷然外求而志定矣。定则不扰扰

而静，静而不妄动则安，安则一心一意只在此处，千思万想，务求必得此至善，是能虑而得矣。如此说，是否？"[1]

先生曰："大略亦是。"

【注释】

〔1〕陆澄所问，乃自述其对于《大学》"知止而后有定，定而后能静，静而后能安，安而后能虑，虑而后能得"数语之理解。

【今译】

问："如果知道至善就是我们的本性，我们的本性就存在于我们的心中，我们的心就是至善所居止之地，就不会像往时那样纷纷然向外寻求，而心志就能有定向了。有定向就会不纷乱而能平静，平静就会不妄动而能安宁，安宁就能一心一意只在这个地方，千思万想，致力寻求，一定要得到这个至善，这就是能虑而得了。像这样解说，对还是不对？"

阳明先生说："大体上也不错。"

94. 问："程子云'仁者以天地万物为一体'，何墨氏'兼爱'反不得谓之仁？"[1]

先生曰："此亦甚难言，须是诸君自体认出来始得。仁是造化生生不息之理，虽弥漫周遍，无处不是，然其流行发生，亦只有个渐，所以生生不息。如冬至一阳生，必自一阳生，而后渐渐至于六阳，若无一阳之生，岂有六阳？阴亦然[2]。惟其渐，所以便有个发端处；惟其有个发端处，所以生；惟其生，所以不息。譬之木，其始抽芽，便是木之生意发端处；抽芽然后发干，发干然后生枝生叶，然后是生生不息。若无芽，何以有干有枝叶？能抽芽，必是下面有个根在。有根方生，无根便死。无根何从抽芽？父子兄弟之爱，便是人心生意发端处，如木之抽芽。自此而仁民、而爱物，便是发干生枝生叶。墨氏兼爱无差等，将自家父子兄弟与途人一般看，便自没了发端处。不抽芽，便知得他无根，便不是生生不息，安得谓之仁？孝弟为仁之本[3]，却是仁理从里面发生出来。"

【注释】

〔1〕在《墨子》书中，有题为"兼爱"之文三篇。此所谓"墨氏'兼爱'反不得谓之仁"，似本《孟子·滕文公下》"杨朱、墨翟之言盈天下。天下之言，不归杨，则归墨。杨氏为我，是无君也；墨氏兼爱，是无父也。无父无君，是禽兽也"。

〔2〕阳明所谓"如冬至一阳生"云云，乃借汉代易学所谓十二辟卦之阴阳消息来述说渐变。十二辟卦，乃取《周易》六十四卦中较为特殊

附图：十二辟卦方位图

之复、临、泰、大壮、夬、乾、姤、遯、否、观、剥、坤等十二卦,以配合一年十二月之月候,指示天下万物之阴阳消息,故又称月卦、候卦、消息卦。阳盈为息,阴虚为消。自复卦至乾卦为息卦,如复一阳生,临二阳生,泰三阳生,大壮四阳生,夬五阳生,至乾则六阳生;自姤卦至坤卦为消卦,如姤一阴消,遯二阴消,否三阴消,观四阴消,剥五阴消,至坤则六阴消。乾坤两卦乃为消息之母。(参黄寿祺、张善文《周易译注》,卷首第56—57页)

〔3〕"孝弟为仁之本",孝弟,即孝悌。语本《论语·学而》:"有子曰:'其为人也孝弟,而好犯上者,鲜矣;不好犯上,而好作乱者,未之有也。君子务本,本立而道生。孝弟也者,其为仁之本与!'"

【今译】

问:"程子说'仁者以天地万物为一体',为什么墨子的'兼爱'反而不能够称之为仁?"

阳明先生说:"这也相当难说,必须诸君自己体认出来才行。仁是造化生生不息的天理,虽然弥漫周遍,无处不是,然而它的流行发生,也只因有一个渐变,所以才能生生不息。譬如冬至一阳产生,必须是从一阳产生,而后渐渐达到六阳,如果没有一阳的产生,怎么能有六阳呢?阴也一样。正因有一个渐变,所以便有一个发端的地方;正因有一个发端的地方,所以能生;正因能生,所以不息。譬如树木,其开始抽芽,便是树木的生意发端之处;抽芽然后长出树干,长出树干然后生枝生叶,然后是生生不息。如果没有芽,怎么会有树干有枝叶?能够抽芽,一定是它下面有个根在。有根才能生,无根便会死。没有树根从什么地方抽芽?父子兄弟之间的爱,便是人心的生意发端处,犹如树木的抽芽。自此而仁民、而爱物,便是发干生枝生叶。墨子主张兼爱无差等,将自家的父子兄弟与途人一样看待,便自然没有了发端的地方。不能抽芽,便知道它没有根,便不是生生不息,怎么能够称之为仁?孝悌是仁的根本,这却是说仁理就是从孝悌里面发生出来的。"

95. 问:"延平云'当理而无私心'〔1〕,当理与无

私心，如何分别？"

先生曰："心即理也。无私心，即是当理；未当理，便是私心。若析心与理言之，恐亦未善。"

又问："释氏于世间一切情欲之私都不染着，似无私心。但外弃人伦，却似未当理。"

曰："亦只是一统事，都只是成就他一个私己的心。"

（右门人陆澄录）

【注释】

〔1〕"当理而无私心"，语出《延平答问》"仁只是理，初无彼此之辨。当理而无私心，即仁矣"。

【今译】

问："李延平说'当理而无私心'，当理与无私心，怎么分别？"

阳明先生说："心即理。没有私心，即是当理；尚未当理，便是私心。如果把心与理分开来说，恐怕也还不够妥善。"

又问："释氏对于世间所有的情欲之私都不染着，似乎没有私心。只是他们外弃人伦，却又似乎尚未当理。"

阳明先生说："也只是一回事，都只是成就他一个私己的心。"

（以上门人陆澄所录）

薛 侃 录

96. 侃问"持志如心痛，一心在痛上，安有工夫说闲语、管闲事"。[1]

先生曰："初学工夫如此用亦好。但要使知'出入无时，莫知其乡'[2]，心之神明原是如此，工夫方有着落。若只死死守着，恐于工夫上又发病。"

【注释】

[1] 薛侃所问"持志如心痛，一心在痛上，安有工夫说闲语、管闲事"，见《传习录》第二十五条。

[2]"出入无时，莫知其乡"，语见《孟子·告子上》："孔子曰：'操则存，舍则亡；出入无时，莫知其乡。'惟心之谓与?"参第四十九条注释一。

【今译】

薛侃请教"持志如心痛，一心在痛上，安有工夫说闲语、管闲事"的说法。

阳明先生说："初学者这样用工夫也挺好。只是要让他知道'出入无时，莫知其乡'，知道心之神明原本就是这样的，工夫才有着落。如果只是死死地持守着志，恐怕在工夫上又会引发病痛。"

97. 侃问："专涵养而不务讲求，将认欲作理，则如之何?"

先生曰："人须是知学，讲求亦只是涵养，不讲求只是涵养之志不切。"

曰："何谓知学?"

曰："且道为何而学? 学个甚?"

曰："尝闻先生教,学是学存天理。心之本体,即是天理。体认天理,只要自心地无私意。"

曰："如此则只须克去私意便是,又愁甚理欲不明?"

曰："正恐这些私意认不真。"

曰："总是志未切。志切,目视耳听皆在此,安有认不真的道理? 是非之心,人皆有之,不假外求。讲求亦只是体当自心所见,不成去心外别有个见?"

【今译】

薛侃问:"专注于涵养而不致力于讲求,或许会把人欲认作天理,则怎么办?"

阳明先生说:"人需要知学,讲求也只是涵养,不讲求只是涵养的志向不真切。"

又问:"什么叫做知学?"

阳明先生说:"你姑且说说为了什么而学? 学个什么?"

薛侃说:"我曾经听到先生您的教诲,学就是学习存天理。心的本体,就是天理。体认天理,只是要自己心里没有私意。"

阳明先生说:"如此则只须克去私意就是了,又愁什么天理人欲不明?"

薛侃说:"正担心对这些私意的认识不够真确。"

阳明先生说:"总是志向还不够真切。如果志向真切,眼看耳听都在这上面,哪里会有认识不真确的道理? 是非之心,人皆有之,不必向外寻求。所谓讲求,也只是体认领会自己心中所见识到的,难道要去心外另外持有一个见识?"

98. 先生问在坐之友："比来工夫何似?"

一友举虚明[1]意思。先生曰："此是说光景。"

一友叙今昔异同。先生曰："此是说效验。"

二友惘然，请是。先生曰："吾辈今日用功，只是要为善之心真切。此心真切，见善即迁，有过即改[2]，方是真切工夫。如此则人欲日消，天理日明。若只管求光景、说效验，却是助长、外驰病痛，不是工夫。"

【注释】

〔1〕虚明，指心境之虚灵、明净。

〔2〕见善即迁，有过即改，语本《周易·益卦·象传》"风雷，益。君子以见善则迁，有过则改"。风雷，指益卦的卦象，上巽为风，下震为雷。意为：风雷交助，益。君子因此见到善行就往而从之，有了过错就改而正之。

【今译】

阳明先生问在座的学友："近来工夫怎么样?"

有一位学友列举虚明的意味。阳明先生说："这是说光景。"

另一位学友叙述今昔的异同。阳明先生说："这是说效验。"

两位学友感到惘然不解，请求先生指正。阳明先生说："我们今日用功，只是要为善的心志真切。这个心志真切，见到善行就往而从之，有了过失就改而正之，才是真切工夫。如此则人欲一天天消减，天理一天天彰显。如果只管寻求光景、讲说效验，这却是人为助长、向外驰骋的病痛，而不是工夫。"

99. 朋友观书，多有摘议晦庵者。先生曰："是有心求异即不是。吾说与晦庵时有不同者，为入门下手处有毫厘千里之分，不得不辩，然吾之心与晦庵之心未尝异也。若其余文义解得明当处，如何动得一字？"

【今译】

　　朋友看书，多有指摘非议朱子之处。阳明先生说："如果是有心于寻求不同，就不对了。我的说法与朱子时常有所不同，是因为入门下手的地方有着差之毫厘谬以千里的分别，不得不加以明辨，然而我的心与朱子的心未曾有不同。像朱子其余的将文义解释得明白妥当的地方，我怎么能改动哪怕一个字呢？"

　　100. 希渊[1]问："圣人可学而至[2]。然伯夷、伊尹于孔子，才力终不同，其同谓之圣者安在？"[3]

　　先生曰："圣人之所以为圣，只是其心纯乎天理而无人欲之杂，犹精金之所以为精，但以其成色足而无铜铅之杂也。人到纯乎天理方是圣，金到足色方是精。然圣人之才力，亦有大小不同，犹金之分两有轻重。尧、舜犹万镒，文王、孔子犹九千镒，禹、汤、武王犹七八千镒，伯夷、伊尹犹四五千镒。才力不同，而纯乎天理则同，皆可谓之圣人，犹分两虽不同，而足色则同，皆可谓之精金。以五千镒者而入于万镒之中，其足色同也；以夷、尹而厕之尧、孔之间，其纯乎天理同也。盖所以为精金者，在足色而不在分两；所以为圣者，在纯乎天理而不在才力也。故虽凡人而肯为学，使此心纯乎天理，则亦可为圣人，犹一两之金，比之万镒，分两虽悬绝，而其到足色处可以无愧。故曰'人皆可以为尧舜'[4]者，以此。学者学圣人，不过是去人欲而存天理耳[5]，犹炼金而求其足色。金之成色所争不多，则煅炼之工省而功易成。成色愈下，则煅炼愈难。人之气质，清浊粹驳，有中人以上、中人以下；其于道，有生知安行、学知利行。其下者必须人一己百、人十己千，及其成功则一〔6〕。后世不知作圣之本是纯乎天理，却专去知识才能上求圣人，以为圣人无所不知、无所不能，我须是将圣人许多知识才能逐一理会始得。故不务去天理上着工夫，徒弊精竭力从册子上钻研、名物上考索、形迹上比拟，知识愈广而人欲愈滋，才力愈多而天理愈蔽。正如见人有万镒精金，不务煅炼成色、求无愧于彼之精纯，而乃妄希分两，务同彼之万镒，锡铅铜铁，杂然而投，分两愈增，而成色愈下，既其梢末，无复有金矣。"

时曰仁在傍，曰："先生此喻，足以破世儒支离之惑，大有功于后学。"

先生又曰："吾辈用功，只求日减，不求日增。减得一分人欲，便是复得一分天理，何等轻快脱洒！何等简易！"

【注释】

〔1〕蔡宗衮，字希渊，号我斋，浙江山阴人。正德十二年（1517）进士。阳明弟子。

〔2〕圣人可学而至，语本程颐《颜子所好何学论》："圣人之门，其徒三千，独称颜子为好学。夫《诗》、《书》、六艺，三千子非不习而通也。然则，颜子所独好者何学也？学以至圣人之道也。'圣人可学而至欤？'曰：'然。'"

〔3〕伯夷、伊尹同谓之圣，语本《孟子·万章下》："孟子曰：'伯夷，圣之清者也；伊尹，圣之任者也；柳下惠，圣之和者也；孔子，圣之时者也。'"

〔4〕"人皆可以为尧舜"，语见《孟子·告子下》："曹交问曰：'人

皆可以为尧舜,有诸?'孟子曰:'然。'"

〔5〕学者学圣人,不过是去人欲而存天理耳:"天理",原作"大理",据德安府重刊本、王畿本、孙应奎本、水西精舍本、胡宗宪本、郭朝宾本等版本改。

〔6〕"生知安行、学知利行"云云,语本《中庸》。

【今译】

蔡希渊问:"圣人可以通过学习而达到。然而伯夷、伊尹之与孔子相比,才华能力终究不同,但是他们同样被称为圣人,原因在哪里?"

阳明先生说:"圣人之所以为圣人,只是由于他们的心纯然是天理而没有人欲的掺杂,犹如精金之所以为精金,只是凭其成色足够而没有铜铅的掺杂。人只有达到纯然天理才是圣人,金只有达到足够的成色才是精金。然而圣人的才华能力,也有大小的不同,犹如金之分两有轻重的差别。尧、舜好比万镒,文王、孔子好比九千镒,禹、汤、武王好比七八千镒,伯夷、伊尹好比四五千镒。才华能力虽然不同,然而其纯然天理则相同,都可以把他们称为圣人,犹如分两虽然不同,然而其成色足够则相同,都可以把它们称为精金。把五千镒的精金放入万镒之中,成色足够是相同的;将伯夷、伊尹置于唐尧、孔子之间,纯然天理是相同的。因为精金之所以为精金,在于足够的成色而不在分两;圣人之所以为圣人,在于纯然天理而不在才华能力。所以即使是凡人,只要愿意为学,使得此心纯然天理,那么也可以成为圣人,犹如一两之金,与万镒之金相比,其分两虽然悬殊,然而其在达到足够成色方面则可以无愧。所以说'人皆可以为尧舜',原因就在这里。学者要学习成为圣人,不过就是去除人欲而保存天理,犹如炼金而求成色足够。金的成色如果与精金相差不多,则煅炼的工夫简省而功效易于达成。成色越低下,则煅炼越艰难。人的气质,有轻清有重浊、有纯粹有驳杂,才力有在中人以上、有在中人以下;其对于道的认识,有人属于生知安行、有人属于学知利行。气质才力低下的人,必须做到若别人只须一分努力则自己付出百倍努力、做到若别人只须十分努力则自己付出千倍努力,然而若取得成功，则是相同的。后世儒者不知道成为圣人的根本是纯然天理，却专门去从知识才能上寻求成为圣人，以为圣人无所不知、无所不能，我必须将圣人的许多知识才能逐一加以理会才行。所以他不是致力去天理上下工夫，而是徒然殚精竭力去书本上钻研、名物上考索、形迹上比拟，知识学问越广博而人欲越滋长，才华能力越多样而天理越掩蔽。正如有人见到别人有万镒精金，自己不是致力于煅炼成色、寻求无愧于它的精纯，而是妄想在分两上，致力于同样拥有别人的万镒，于是将锡铅铜铁，胡乱地投入熔炉，结果分两越是增加，成色越是下降，到最后，就不再有金了。"

当时，徐爱在旁边，说："先生的这个比喻，足以破除世间儒者支离的毛病，真正有功于后学。"

阳明先生又说："我们用功，只追求一天天减少，不追求一天天增多。减少得一分人欲，便是恢复得一分天理，这是多么轻快洒脱！这是多么简单易行！"

101. 士德[1]问曰："格物之说，如先生所教，明白简易，人人见得。文公聪明绝世，于此反有未审，何也？"

先生曰："文公精神气魄大，是他早年合下便要继往开来，故一向只就考索著述上用功。若先切己自修，自然不暇及此。到得德盛后，果忧道之不明，如孔子退修六籍，删繁就简，开示来学，亦大段不费甚考索。文公早岁便著许多书，晚年方悔是倒做了。"

士德曰："晚年之悔，如谓'向来定本之误'[2]，又谓'虽读得书，何益于吾事'[3]，又谓'此与守书籍、泥言语全无交涉'[4]，是他到此方悔从前用功之错，方去切己自修矣。"

曰："然。此是文公不可及处。他力量大，一悔便转，可惜不久即去世，平日许多错处皆不及改正。"

【注释】

〔1〕杨骥，字仕德，号毅斋，广东饶平人，世居凤城。阳明弟子。

〔2〕"向来定本之误"，"误"，原作"悟"，据德安府重刊本、王畿本、孙应奎本、水西精舍本、胡宗宪本、郭朝宾本等版本改。语本朱熹《答黄直卿书》"此是向来定本之误"。

〔3〕"虽读得书，何益于吾事"，语见朱熹《答吕子约》。

〔4〕"此与守书籍、泥言语全无交涉"，语见朱熹《答何京叔》。"书籍"，朱子原文作"书册"。

【今译】

杨士德问道："格物的学说，如先生您所教诲的，确实明白简易，人人都能见识得到。朱文公聪明绝世，对此反而有不明白之处，为什么呢？"

阳明先生说："朱文公的精神气魄很大，他早年的时候便要继往开来，所以一味地只从考索、著述上用功。他如果先拿切合自己身心的事情来自我修养，自然没有闲暇顾及这些。等到他道德隆盛之后，果真担忧圣贤之道不昌明，像孔子那样退而修订六籍，删繁就简，开示来学，也大体上不必费心于什么考索。朱文公早年便写了许多书，晚年才悔悟这是颠倒着做了。"

杨士德说："朱子晚年的悔悟，譬如说'向来定本之误'，又说'虽读得书，何益于吾事'，又说'此与守书籍、泥言语全无交涉'，都是他到此时才后悔从前用功的错误，才去拿切合自己身心的事情来自我修养。"

阳明先生说："对。这正是朱文公高不可及的地方。他的力量大，一旦悔悟便能转变，可惜不久就去世了，平日许多错误的地方都来不及改正。"

102. 侃去花间草，因曰："天地间何善难培、恶难去？"

先生曰："未培、未去耳。"少间，曰："此等看善恶，皆从躯壳起念，便会错。"

侃未达。

曰："天地生意，花草一般，何曾有善恶之分？子欲观花，则以花为善、以草为恶；如欲用草时，复以草为善矣。此等善恶，皆由汝心好恶所生，故知是错。"

曰："然则无善无恶乎？"

曰："无善无恶者，理之静；有善有恶者，气之动。不动于气，即无善无恶，是谓至善。"

曰："佛氏亦无善无恶，何以异？"

曰："佛氏着在无善无恶上，便一切都不管，不可以治天下。圣人无善无恶，只是'无有作好'、'无有作恶'，不动于气；然'遵王之道'、'会其有极'[1]，便自一循天理，便有个'裁成'、'辅相'。[2]"

曰："草既非恶，即草不宜去矣？"

曰："如此却是佛老意见。草若有碍，何妨汝去？"

曰："如此又是'作好作恶'。"

曰："不作好恶，非是全无好恶，却是无知觉的人。谓之不作者，只是好恶一循于理，不去又着一分意思。如此即是不曾好恶一般。"

曰："去草如何是一循于理、不着意思？"

曰："草有妨碍，理亦宜去，去之而已。偶未即去，亦不累心。若着了一分意思，即心体便有贻累，便有许多动气处。"

曰："然则善恶全不在物？"

曰："只在汝心。循理便是善，动气便是恶。"

曰："毕竟物无善恶?"

曰："在心如此，在物亦然。世儒惟不知此，舍心逐物，将格物之学错看了，终日驰求于外，只做得个'义袭而取'，终身'行不著、习不察'[3]。"

曰："'如好好色，如恶恶臭'[4]，则如何?"

曰："此正是一循于理，是天理合如此，本无私意作好作恶。"

曰："'如好好色，如恶恶臭'，安得非意?"

曰："却是诚意，不是私意。诚意只是循天理。虽是循天理，亦着不得一分意，故有所忿懥好乐，则不得其正[5]；须是廓然大公，方是心之本体。知此即知'未发之中'。"

伯生[6]曰："先生云'草有妨碍，理亦宜去'，缘何又是躯壳起念?"

曰："此须汝心自体当。汝要去草，是甚么心? 周茂叔窗前草不除，是甚么心?"[7]

【注释】

〔1〕"无有作好"云云，语出《尚书·洪范》"无偏无陂，遵王之义；无有作好，遵王之道；无有作恶，遵王之路；无偏无党，王道荡荡；无党无偏，王道平平；无反无侧，王道正直。会其有极，归其有极"。偏，不中；陂（bì），不平。好（hào），偏好；恶（wù），厌恶。党，阿党、不公。荡荡，广大、广远；平平（pián pián），治理有序。极，中正、中道。

〔2〕"裁成"、"辅相"，语本《周易·泰卦·象传》"天地交，泰。后以财成天地之道、辅相天地之宜，以左右民"。天地交，指泰卦的卦

象，下乾为天，上坤为地。"财成"，与"裁成"通。意为：天地交合，泰。君王因此裁节成就天地之道，辅助赞勉天地所生之宜，以保佑天下百姓。

〔3〕"行不著、习不察"，语本《孟子·尽心上》："孟子曰：'行之而不著焉，习矣而不察焉，终身由之而不知其道者，众也。'"朱熹注云，"著者，知之明；察者，识之精。言方行之而不能明其所当然，既习矣而犹不识其所以然，所以终身由之而不知其道者多也"。

〔4〕"如恶恶臭"，"如"，原误作"好"，据德安府重刊本、王畿本、孙应奎本、水西精舍本胡宗宪本、郭朝宾本等版本改。

〔5〕有所忿懥好乐，则不得其正，语本《大学》"所谓修身在正其心者，身有所忿懥，则不得其正；有所恐惧，则不得其正；有所好乐，则不得其正；有所忧患，则不得其正"。忿懥（zhì），愤怒。好乐（hào yào），喜好、喜爱。

〔6〕伯生，孟源字。

〔7〕周敦颐，字茂叔，北宋道州（今湖南道县）营道人。原名敦实，避宋英宗旧讳改。学者称濂溪先生。生于宋真宗天禧元年（1017），卒于宋神宗熙宁六年（1073），享年五十七岁。著名道学家，著作有《太极图说》、《通书》等。"周茂叔窗前草不除"，语出《河南程氏遗书》："周茂叔窗前草不除去，问之，云：'与自家意思一般。'"

【今译】

薛侃要除去花木之间的杂草，因而说道："天地间为什么善难以培养、恶难以去除？"

阳明先生说："只是没有培养、没有去除罢了。"过了一会，又说："这样看待善恶，都是从躯壳上起念头，便会有错误。"

薛侃没有理解。

阳明先生说："天地万物的生机，花与草都是一样的，何曾有善恶的分别？你要看花，就以花为善、以草为恶；如果要用草的时候，又以草为善了。这样的善恶，都是由你心的好恶所产生，所以知道这是错误的。"

薛侃说："既然这样，那么就是无善无恶的了？"

阳明先生说："无善无恶，是理的平静状态；有善有恶，是气的活动状态。不动于气，就是无善无恶，就称之为至善。"

薛侃说:"佛教也说无善无恶,怎么区别?"

阳明先生说:"佛教是执着在无善无恶上,便一切都不管,不可以用来治理天下。圣人所说的无善无恶,只是'无有作好'、'无有作恶',不动于气;然而能'遵王之道'、'会其有极',便自然能完全遵循天理,便能有一个'裁成天地之道、辅相万物之宜'的境界。"

薛侃说:"草既然不是恶的,那么草也就不应该除去了?"

阳明先生说:"像这样却是佛教道教的见解。草如果有妨碍,你把它除去又有何妨?"

薛侃说:"像这样又是'作好作恶'了。"

阳明先生说:"不作好恶,并不是完全没有好恶。完全没有好恶,却是没有知觉的人。称之为不作,只是好恶完全遵循于天理,不去又染着一分一毫的私意。像这样就是不曾好恶一样了。"

薛侃说:"除去杂草怎么就是完全遵循于天理、不染着私意?"

阳明先生说:"草如果有妨碍,按理也应该除去,除去它就是了。偶尔未能立即除去,也不会牵累你的心体。如果染着了一分私意,则心体便有牵累,便有许多动气的地方。"

薛侃说:"既然这样,那么善恶完全不在物上?"

阳明先生说:"只在你的心中。遵循天理便是善,轻动意气便是恶。"

薛侃说:"究竟说来,物是没有善恶的了?"

阳明先生说:"在心中是如此,在物上也一样。世间儒者只由于不知道这一点,舍弃本心逐求外物,将格物的学说看错了,终日驰骋寻求于外,所以只做得一个'义袭而取',一生都是'行之而不著、习矣而不察'。"

薛侃说:"'如好好色,如恶恶臭',则怎么样?"

阳明先生说:"这正是完全遵循于天理,是天理应当如此,本来没有私意作好作恶。"

薛侃说:"'如好好色,如恶恶臭',怎么能够说不是意?"

阳明先生说:"这却是诚意,不是私意。诚意只是遵循天理。即使是遵循天理,也染着不得一分一毫的私意,所以说有所忿懥、有所好乐,则不得其正;必须廓然大公,才是心的本体。知道这一点就能知道什么是'未发之中'。"

孟伯生说："先生您说'草有妨碍，理亦宜去'，为什么又是从躯壳起念？"

阳明先生说："这必须你在心中自己体认领会。你要除草，是什么心？周茂叔窗前草不除，又是什么心？"

103. 先生谓学者曰："为学须得个头脑，工夫方有着落。纵未能无间，如舟之有舵，一提便醒。不然，虽从事于学，只做个'义袭而取'，只是'行不著、习不察'，非大本、达道也。"又曰："见得时，横说竖说皆是。若于此处通、彼处不通，只是未见得。"

【今译】

阳明先生对从学者说："为学必须有个头绪，工夫才有着落。纵然不能做到没有间断，也应该像船之有舵，一提便能醒悟。不然，即使从事于为学，也只能做到一个'义袭而取'，也只是'行之而不著、习矣而不察'，而不是大本、达道。"又说："如果见识到这一点，横说竖说都行。如果于此处能通晓、于彼处不能通晓，只是还没有见识得到。"

104. 或问："为学以亲故，不免业举之累。"

先生曰："以亲之故而业举为累于学，则治田以养其亲者亦有累于学乎？先正云'惟患夺志'〔1〕，但恐为学之志不真切耳。"

【注释】

〔1〕"惟患夺志"，意为：只担心改变志向。语出《河南程氏外书》"或谓科举事业夺人之功，是不然。且一月之中，以十日为举业，余日

足可为学。然人不志此，必志于彼。故科举之事，不患妨功，惟患夺志"。

【今译】

有人问："为学时由于父母的缘故，不免要受到参加科举考试的拖累。"

阳明先生说："如果由于父母的缘故而参加科举考试，会成为对为学的拖累，那么种田以赡养父母，也会对为学有拖累吗？前贤程子说'惟患夺志'，你只应当担心为学的志向不够真切而已。"

105. 崇一[1]问："寻常意思多忙，有事固忙，无事亦忙，何也？"

先生曰："天地气机[2]元无一息之停。然有个主宰，故不先不后，不急不缓；虽千变万化，而主宰常定。人得此而生。若主宰定时，与天运一般不息，虽酬酢万变，常是从容自在，所谓'天君泰然，百体从令'[3]。若无主宰，便只是这气奔放，如何不忙？"

【注释】

〔1〕欧阳德，字崇一，号南野，江西泰和人。生于弘治九年（1496）五月，卒于嘉靖三十三年（1554）三月，享年五十九岁。嘉靖二年（1523）进士。累官至礼部尚书。阳明弟子。《阳明先生年谱》云，"德初见先生于虔，最年少，时已领乡荐。先生恒以'小秀才'呼之。故遣服役，德欣欣恭命，虽劳不息。先生深器之"。

〔2〕天地气机，指天地之气运行的机能。

〔3〕"天君泰然，百体从令"，范浚《心箴》之言。意为：天君安详闲适、泰然无事，四肢百体都会听从命令。案：天君，指心。《荀子·天论》云："心居中虚，以治五官，夫是之谓天君。"

【今译】

欧阳崇一问："平日里心思常常忙乱，有事时固然忙乱，无事时也忙乱，为什么？"

阳明先生说："天地之气运行的机能，原本就没有一瞬间的停止。然而由于它有一个主宰，所以能不先不后、不急不缓；即使千变万化，而主宰却常常是安定的。人得此主宰而生。假若主宰安定时，就能与天地的运行一样不息，即使酬酢万变，也常常是从容自在的，这就是范浚所说的'天君泰然，百体从令'。如果没有主宰，便只是这气奔放不停，怎么会不忙乱？"

106. 先生曰："为学大病在好名。"

侃曰："从前岁自谓此病已轻，比来精察，乃知全未。岂必务外为人？只闻誉而喜、闻毁而闷，即是此病发来。"

曰："最是。名与实对，务实之心重一分，则务名之心轻一分；全是务实之心，即全无务名之心。若务实之心，如饥之求食、渴之求饮，安得更有工夫好名？"又曰："'疾没世而名不称'，'称'字去声读[1]，亦'声闻过情，君子耻之'之意[2]。实不称名，生犹可补，没则无及矣。'四十五十而无闻'[3]，是不闻道，非无声闻也。孔子云'是闻也，非达也'[4]，安肯以此望人？"

【注释】

〔1〕"疾没世而名不称"，语出《论语·卫灵公》："子曰：'君子疾没世而名不称。'"寻常解为：孔子说："君子所痛恨的是，直到去世，名声也得不到别人称述。"但阳明以为，"称"应读 chèn。根据阳明，《论语》此章之意应为：孔子说："君子所痛恨的是，直到去世依然名与

实不相称。"

〔2〕"声闻过情，君子耻之"，意为：名声荣誉超过了实际的，君子对此感到羞耻。语见《孟子·离娄下》。

〔3〕"四十五十而无闻"，语本《论语·子罕》："子曰：'后生可畏，焉知来者之不如今也？四十、五十而无闻焉，斯亦不足畏也已。'"

〔4〕"是闻也，非达也"，语本《论语·颜渊》："子张问：'士何如斯可谓之达矣？'子曰：'何哉，尔所谓达者？'子张对曰：'在邦必闻，在家必闻。'子曰：'是闻也，非达也。夫达也者，质直而好义，察言而观色，虑以下人。在邦必达，在家必达。夫闻也者，色取仁而行违，居之不疑。在邦必闻，在家必闻。'"朱熹解释闻、达二字云，"闻，名誉著闻也"；"达，德孚于人而行无不得之谓"。

【今译】

阳明先生说："为学的大毛病在于好名。"

薛侃说："从前年起我自认为这个毛病已经减轻，近来精细地省察，才知道完全没有减轻。何必致力于外表以炫耀于人才属于好名？只要是听到别人称誉而欢喜、听到别人毁谤而郁闷，就是这个毛病显露了。"

阳明先生说："十分正确。名与实相对，务实的心加重一分，则务名的心减轻一分；完全是务实的心，就完全没有务名的心。如果务实的心，如同饥饿而求食物、干渴而求饮水，哪里还有工夫去好名？"又说："孔子说'君子疾没世而名不称'，'称'字应作去声读，也就是'声闻过情，君子耻之'的意思。实与名不相称，活着的时候还可以弥补，死了就来不及了。孔子说'四十五十而无闻'，是指不闻道，而不是指没有声名传闻于世。孔子说'是闻也，非达也'，他哪里肯以声名传闻于世来指望人？"

107. 侃多悔。先生曰："悔悟是去病之药，然以改之为贵。若留滞于中，则又因药发病〔1〕。"

【注释】

〔1〕"因药发病"，典出《大智度论》，其文略云："又如服药，药能破病，病已得破，药亦应出。若药不出，则复是病。"

【今译】

薛侃经常后悔。阳明先生说："悔悟是除去疾病的药，然而以能够改正为贵。如果留滞在心中，则又可能因为药而引发疾病。"

108. 德章[1]曰："闻先生以精金喻圣，以分两喻圣人之分量，以锻炼喻学者之工夫，最为深切。惟谓尧舜为万镒、孔子为九千镒，疑未安。"

先生曰："此又是躯壳上起念，故替圣人争分两。若不从躯壳上起念，即尧舜万镒不为多，孔子九千镒不为少。尧舜万镒只是孔子的，孔子九千镒只是尧舜的，原无彼我。所以谓之圣，只论精一，不论多寡。只要此心纯乎天理处同，便同谓之圣。若是力量气魄，如何尽同得？后儒只在分两上较量，所以流入功利。若除去了比较分两的心，各人尽着自己力量精神，只在此心纯天理上用功，即人人自有、个个圆成[2]，便能大以成大、小以成小，不假外慕，无不具足。此便是实实落落明善诚身的事。后儒不明圣学，不知就自己心地良知良能上体认扩充，却去求知其所不知、求能其所不能，一味只是希高慕大，不知自己是桀纣心地，动辄要做尧舜事业，如何做得？终年碌碌，至于老死，竟不知成就了个甚么，可哀也已。"

【注释】

〔1〕谢旻、陶成修纂《江西通志》云，"袁庆麟，字德彰，雩都人。初矻矻攻举子业，已而幡然有觉，尽弃旧习。师王文成，锐志圣贤之学"。德章，即德彰。

〔2〕"人人自有、个个圆成"，语本圆悟克勤《碧岩录》"乾坤之内，宇宙之间，中有一宝，秘在形山，大意明人人具足、个个圆成"。

【今译】

袁德章说："听说先生您以精金比喻圣人，以分两比喻圣人的分量，以锻炼比喻学者的工夫，最为深切。只是您说尧舜为万镒、孔子为九千镒，我怀疑不够妥当。"

阳明先生说："这又是在躯壳上起念头，所以替圣人去争分两。如果不是从躯壳上起念头，则尧舜的万镒不为多，孔子的九千镒不算少。尧舜的万镒也只是孔子的，孔子的九千镒也只是尧舜的，原本不分你我。所以称之为圣，只论其能否惟精惟一，而不论其分量是多是寡。只要此心纯粹天理相同，便都称之为圣。如果是力量气魄，怎么可能完全相同呢？后世儒者只在分两上计较衡量，所以流入于功利。如果除去了比较分两的心，各人尽着自己的力量精神，只在此心纯粹天理上用功，就能够人人自有、个个圆成，就能够大以成大、小以成小，不必向外贪慕，就能够无不具足。这就是实实在在明善诚身的事。后世儒者不明白圣学，不懂得在自己心地的良知良能上面加以体认扩充，却要去寻求知道其所不知道的、寻求能做到其所不能做到的，一味只是希图高深贪慕远大，不知自己只是桀纣的心地，动辄就要去做尧舜的事业，怎么能够做得到呢？结果终身碌碌无为，以至于老死，竟然不知道成就得一个什么，实在是太可哀了。"

109. 侃问："先儒以心之静为体、心之动为用，如何？"〔1〕

先生曰："心不可以动静为体用。动静，时也。即体而言用在体，即用而言体在用，是谓'体用一源'。

若说静可以见其体、动可以见其用，却不妨。"

【注释】

〔1〕薛侃所问之言，语本程颐《与吕大临论中书》"心一也，有指体而言者，（原注：'寂然不动'是也。）有指用而言者，（原注：'感而遂通天下之故'是也。）惟观其所见如何耳"。

【今译】

薛侃问："先儒以心的平静作为本体、以心的活动作为发用，怎么样？"

阳明先生说："心不能够以动静来区分本体、发用。动静，是不同时间状态的内心感受。从本体的角度言，发用离不开本体；从发用的角度言，本体就在发用之中，这就称之为'体用一源'。如果说静可以表现其本体、动可以表现其发用，却不妨。"

110. 问："上智下愚，如何不可移？"〔1〕
先生曰："不是不可移，只是不肯移。"

【注释】

〔1〕所问"上智下愚"云云，语本《论语·阳货》："子曰：'唯上知与下愚不移。'"上智，即上智之人，聪明的人。下愚，即下愚之人，愚笨的人。移，移易、改变。

【今译】

问："上智下愚，为什么不可移易？"
阳明先生说："不是不可移易，只是他们不肯移易。"

111. 问"子夏门人问交"章〔1〕。先生曰："子夏是言小子之交，子张是言成人之交。若善用之，亦俱是。"

【注释】

〔1〕所问"子夏门人问交"章，即《论语·子张》："子夏之门人问交于子张。子张曰：'子夏云何？'对曰：'子夏曰：可者与之，其不可者拒之。'子张曰：'异乎吾所闻：君子尊贤而容众，嘉善而矜不能。我之大贤与，于人何所不容？我之不贤与，人将拒我，如之何其拒人也？'"

【今译】

问《论语》"子夏门人问交"一章。阳明先生说："子夏是说年轻人的交友原则，子张是说成人的交友原则。如果能够善于运用，也就都是对的。"

112. 子仁[1]问："'学而时习之，不亦说乎'，先儒以学为'效先觉之所为'，如何？"[2]

先生曰："学是学去人欲、存天理。从事于去人欲、存天理，则自正诸先觉、考诸古训，自下许多问辨思索存省克治工夫，然不过欲去此心之人欲、存吾心之天理耳。若曰'效先觉之所为'，则只说得学中一件事，亦似专求诸外了。'时习者，坐如尸'，非专习坐也，坐时习此心也；'立如斋'，非专习立也，立时习此心也[3]。'说'是'理义之说我心'之'说'[4]，人心本自说理义，如目本说色，耳本说声。惟为人欲所蔽、所累，始有不说。今人欲日去，则理义日浃洽[5]，安得不说？"

【注释】

〔1〕徐象梅《两浙名贤录》云，"栾惠，字子仁，西安人。师事王文成，潜心理学。事父母曲尽孝道。……深居寡出，而四方学者云集，无虑数百人。以寿卒于家"。西安，今浙江衢州市。

〔2〕子仁所问，语见《论语·学而》："子曰：'学而时习之，不亦说乎？有朋自远方来，不亦乐乎？人不知而不愠，不亦君子乎？'"朱熹注"学之为言效也。人性本善，而觉有先后，后觉者必效先觉之所为，乃可以明善而复其初也"。

〔3〕阳明所谓"时习者，坐如尸"、"立如斋"云云，语出朱熹《论语集注》引述谢良佐曰："时习者，无时而不习。坐如尸，坐时习也；立如齐，立时习也。"而"坐如尸"、"立如斋"之言，语见《礼记·曲礼》"若夫坐如尸，立如齐，礼从宜，使从俗"。尸，古代祭祀时，代死者受祭、象征死者灵魂之人，多以死者晚辈充任。齐，通"斋"。

〔4〕"理义之说我心"，"说"与"悦"通。意为：义理能使我心中喜悦。语出《孟子·告子上》"口之于味也，有同耆焉；耳之于声也，有同听焉；目之于色也，有同美焉。至于心，独无所同然乎？心之所同然者何也？谓理也、义也。圣人先得我心之所同然耳。故理义之悦我心，犹刍豢之悦我口"。

〔5〕则理义日浃洽："浃洽"，原作"洽浃"，据孙应奎本、张问达本改。浃洽，意为贯通。

【今译】

栾子仁问："'学而时习之，不亦说乎'，先儒把学字解释为'效先觉之所为'，怎么样？"

阳明先生说："学是学习去人欲、存天理。从事于去人欲、存天理，则自然要求正于先知先觉、考验于古代成训，自然要下许多问辨、思索、存省、克治工夫，然而也不过是要除去此心的人欲、保存我们心中的天理而已。如果说是'效先觉之所为'，则只说到为学当中的一件事，也似乎是专门向外寻求了。所谓'时习者，坐如尸'，并不是专门修习端坐，而是端坐时修习此心；'立如斋'，并不是专门修习站立，而是站立时修习此心。'说'就是《孟子》'理义之说我心'之'说'，人心原本就喜悦理义，犹如眼睛原本就喜悦美色，耳朵原本就喜悦美声。只是被人欲所蒙蔽、所拖累了，才有不悦。现在人欲一天天除去，则理义一天天贯通，怎么会不喜悦？"

113. 国英[1]问："曾子三省虽切[2]，恐是未闻一贯时工夫。"[3]

先生曰："一贯是夫子见曾子未得用功之要，故告之。学者果能忠恕上用功，岂不是一贯？'一'如树之根本，'贯'如树之枝叶。未种根，何枝叶之可得？体用一源，体未立，用安从生？谓'曾子于其用处，盖已随事精察而力行之，但未知其体之一'[4]，此恐未尽。"

【注释】

〔1〕陈傑，字国英，号方岩，福建莆田人。正德三年（1508）进士，授景宁县知县。正德九年（1514），升南京湖广道监察御史。当时阳明讲学南都，陈傑乃从之游。

〔2〕"曾子三省"，即《论语·学而》："曾子曰：'吾日三省吾身：为人谋而不忠乎？与朋友交而不信乎？传不习乎？'"

〔3〕"一贯"，语本《论语·里仁》："子曰：'参乎！吾道一以贯之。'曾子曰：'唯。'子出。门人问曰：'何谓也？'曾子曰：'夫子之道，忠恕而已矣。'"

〔4〕"曾子于其用处，盖已随事精察而力行之，但未知其体之一"，语见朱熹《论语集注》。意为：曾子对于其现象层面，大概已经能随事精细地加以体察而且力行，只是还没有明白其本体的浑一而已。

【今译】

陈国英问："曾子的'吾日三省吾身'虽然真切，恐怕还是未闻孔子'吾道一以贯之'时的工夫。"

阳明先生说："'吾道一以贯之'是孔夫子见曾子未能把握用功的要领，所以这样告诉他。学者果真能在忠恕上用功，难道不是'一以贯之'？'一'犹如树木的根本，'贯'犹如树木的枝叶。

还未种根，怎么能有枝叶之可得呢？体用一源，本体还未确立，发用何自而生？朱子说'曾子于其用处，盖已随事精察而力行之，但未知其体之一'，这说法恐怕不够全面。"

114. 黄诚甫[1]问"汝与回也孰愈"章。先生曰："子贡多学而识、在闻见上用功，颜子在心地上用功，故圣人问以启之。而子贡所对又只在知见上，故圣人叹惜之，非许之也。"

【注释】

〔1〕黄宗明，字诚甫，号致斋，浙江鄞县人。生年不详，卒于嘉靖十五年（1536）十一月。正德九年（1514）进士。历官南京兵部员外郎、礼部侍郎。阳明弟子。 所问"汝与回也孰愈"章，即《论语·公冶长》"子谓子贡曰：'女与回也孰愈？'对曰：'赐也何敢望回。回也闻一以知十，赐也闻一以知二。'子曰：'弗如也！吾与女弗如也。'"

【今译】

黄诚甫问《论语》"汝与回也孰愈"一章。阳明先生说："子贡博学而强记，在多闻多见上用功；颜子则在心地上用功，所以圣人问子贡这样一个问题来启发他。然而子贡所回答的又只局限在知识见闻上，所以圣人是对他表示叹惜，而不是对他表示称许。"

115. 颜子"不迁怒、不贰过"[1]，亦是有"未发之中"始能。

【注释】

〔1〕"不迁怒、不贰过"，意为：不拿别人出气，不犯同样的过失。语见《论语·雍也》："哀公问：'弟子孰为好学？'孔子对曰：'有颜回

者好学，不迁怒，不贰过。不幸短命死矣！今也则亡，未闻好学
者也。'"

【今译】

颜子"不迁怒、不贰过"，也是有"未发之中"的涵养才能
做到。

116. "种树者必培其根，种德者必养其心。欲树之
长，必于始生时删其繁枝；欲德之盛，必于始学时去夫
外好。如外好诗文，则精神日渐漏泄在诗文上去。凡百
外好皆然。"又曰："我此论学，是无中生有的工夫，
诸公须要信得及，只是立志。学者一念为善之志，如树
之种，但勿助勿忘[1]，只管培植将去，自然日夜滋长，
生气日完，枝叶日茂。树初生时，便抽繁枝，亦须刊
落，然后根干能大；初学时亦然，故立志贵专一。"

【注释】

〔1〕勿助勿忘，语出《孟子·公孙丑上》"必有事焉而勿正，心勿
忘，勿助长也"。

【今译】

阳明先生说："种树必须培育其根，立德必须涵养其心。要树
木生长，必须在其开始生长时剪掉多余的枝杈；要德行盛美，必
须在开始学习时去除对外物的喜好。譬如外好诗文，则精神一天
天逐渐沉迷在诗文上去。所有的对外物的喜好都是这样。"又说：
"我这里论学，是一种无中生有的工夫，诸君须要信得及，只去做
立志工夫。学者一念为善的志向，犹如树木的种植，只是要'勿
助勿忘'，只管培植开去，自然日夜不断地滋长，生命力一天天完
备，枝叶一天天茂盛。树木开始生长的时候，便会长出多余的枝

权，也必须剪除，然后其根干才能长得粗大；初学的时候也一样，所以立志贵在专一。"

117. 因论先生之门某人在涵养上用功、某人在识见上用功，先生曰："专涵养者，日见其不足；专识见者，日见其有余。日不足者，日有余矣；日有余者，日不足矣。"

【今译】

由于论及先生的门下某人在涵养上用功、某人在识见上用功，阳明先生说："专注涵养的人，日渐见到自己的不足；专注识见的人，日渐见到自己的有余。日渐见到不足的人，就能日渐有余；日渐见到有余的人，则会日渐不足。"

118. 梁日孚[1]问："居敬、穷理是两事，先生以为一事，何如？"

先生曰："天地间只有此一事，安有两事？若论万殊，礼仪三百，威仪三千[2]，又何止两？公且道居敬是如何？穷理是如何？"

曰："居敬是存养工夫，穷理是穷事物之理。"

曰："存养个甚？"

曰："是存养此心之天理。"

曰："如此亦只是穷理矣。"曰："且道如何穷事物之理？"

曰："如事亲，便要穷孝之理；事君，便要穷忠之理。"

曰："忠与孝之理，在君亲身上？在自己心上？若在自己心上，亦只是穷此心之理矣。且道如何是敬？"

曰："只是主一。"

"如何是主一？"

曰："如读书便一心在读书上，接事便一心在接事上。"

曰："如此则饮酒便一心在饮酒上，好色便一心在好色上，却是逐物，成甚居敬功夫？"

日孚请问。

曰："一者，天理。主一是一心在天理上。若只知主一，不知一即是理，有事时便是逐物，无事时便是着空。惟其有事无事，一心皆在天理上用功，所以居敬亦即是穷理。就穷理专一处说，便谓之居敬；就居敬精密处说，便谓之穷理。却不是居敬了别有个心穷理，穷理时别有个心居敬。名虽不同，功夫只是一事。就如《易》言'敬以直内，义以方外'[3]，敬即是无事时义，义即是有事时敬，两句合说一件。如孔子言'修己以敬'[4]，即不须言义；孟子言'集义'，即不须言敬。会得时，横说竖说，工夫总是一般。若泥文逐句、不识本领，即支离决裂，工夫都无下落。"

问："穷理何以即是尽性？"

曰："心之体，性也；性即理也。穷仁之理，真要仁极仁；穷义之理，真要义极义。仁义只是吾性，故穷理即是尽性。如孟子说充其恻隐之心，至仁不可胜用[5]，这便是穷理工夫。"

日孚曰："先儒谓'一草一木亦皆有理，不可不察'[6]，如何？"

先生曰："'夫我则不暇。'[7]公且先去理会自己性情，须能尽人之性，然后能尽物之性。"[8]

日孚悚然有悟。

【注释】

〔1〕梁焯，字日孚，广东南海人。正德九年（1514）进士。日孚尝过赣，从阳明先生学，辨问居敬穷理，悚然有悟。参见黄宗羲《明儒学案·粤闽王门学案》。

〔2〕"礼仪三百，威仪三千"，语见《中庸》。

〔3〕"敬以直内，义以方外"，语见《周易·文言》"直其正也，方其义也，君子敬以直内，义以方外"。意为：直，指的是品性正直；方，说的是行为适宜。君子恭敬不苟，以使其内心正直；行为适宜，以使其外表端庄。

〔4〕"修己以敬"，语见《论语·宪问》："子路问君子。子曰：'修己以敬。'曰：'如斯而已乎？'曰：'修己以安人。'曰：'如斯而已乎？'曰：'修己以安百姓。修己以安百姓，尧舜其犹病诸！'"

〔5〕充其恻隐之心，至仁不可胜用，语本《孟子·尽心下》"人皆有所不忍，达之于其所忍，仁也；人皆有所不为，达之于其所为，义也。人能充无欲害人之心，而仁不可胜用也；人能充无穿踰之心，而义不可胜用也"。

〔6〕"一草一木亦皆有理，不可不察"，语本《河南程氏遗书》："又问：'致知，先求之四端，如何？'曰：'求之性情，固是切于身，然一草一木皆有理，须是察。'"

〔7〕"夫我则不暇"，语出《论语·宪问》。

〔8〕尽人之性、尽物之性，语本《中庸》"唯天下至诚，为能尽其性；能尽其性，则能尽人之性；能尽人之性，则能尽物之性；能尽物之性，则可以赞天地之化育；可以赞天地之化育，则可以与天地参矣"。

【今译】

梁日孚问："居敬、穷理是两件事，先生您以为只是一件事，为什么？"

阳明先生说："天地间只有这一件事，哪里有两件事？如果要论万殊，那么礼仪三百、威仪三千，又何止两件事？你且说说居敬是什么？穷理是什么？"

梁日孚说："居敬是存养工夫，穷理是穷究事物之理。"

阳明先生说："存养个什么？"

梁日孚说："是存养这心中的天理。"

阳明先生说："如此也只是穷理。"又说："你且说说怎么穷究事物之理？"

梁日孚说："譬如侍奉父母，便要穷究孝的理；服侍君王，便要穷究忠的理。"

阳明先生说："忠与孝的理，是在君王身上、父母身上？还是在自己心上？如果是在自己心上，也只是穷究这心中的天理。你且说说什么是敬？"

梁日孚说："只是主一。"

阳明先生说："什么是主一？"

梁日孚说："例如读书便一心放在读书上，接事便一心放在接事上。"

阳明先生说："如果是这样，则饮酒便一心放在饮酒上，好色便一心放在好色上，这却是追逐外物，能成什么居敬功夫？"

梁日孚请问。

阳明先生说："所谓一，就是天理。主一就是一心放在天理上。如果只知道主一，而不知道一就是天理，那么有事时便是追逐外物，无事时便是执着空寂。只有无论有事无事，一心都放在天理上用功，所以居敬也就是穷理。从穷理的专一角度说，便称之为居敬；从居敬的精密角度说，便称之为穷理。而不是居敬之后另外有个心去穷理，穷理之时另外有个心去居敬。名称虽然不同，功夫只是一回事。就如《易经》所说'敬以直内，义以方外'，敬就是无事时的义，义就是有事时的敬，两句话同说一件事。又如孔子说'修己以敬'，就不须说义；孟子说'集义'，就不须说敬。能领会到这些，横说竖说，工夫总是一样的。如果拘泥文义逐句注解、不能认识其根本要领，结果就是支离破碎，工夫都没有下落。"

梁日孚问："穷理为什么就是尽性呢?"

阳明先生说："心的本体，就是性；性即理。穷究仁的理，真要使仁成为极致的仁；穷究义的理，真要使义成为极致的义。仁义只是我们的本性，所以穷理就是尽性。犹如孟子说扩充其恻隐之心，以至于仁不可胜用，这便是穷理的工夫。"

梁日孚说："先儒程子说'一草一木亦皆有理，不可不察'，怎么样?"

阳明先生说："'我则没有这样的闲暇。'你且先去理会自己的性情，必须能够尽人之性，然后才能尽物之性。"

梁日孚悚然有所醒悟。

119. 惟乾[1]问："知如何是心之本体?"

先生曰："知是理之灵处。就其主宰处说，便谓之心；就其禀赋处说，便谓之性。孩提之童，无不知爱其亲、无不知敬其兄[2]，只是这个灵能不为私欲遮隔，充拓得尽，便完完[3]是他本体，便'与天地合德'[4]。自圣人以下，不能无蔽，故须格物以致其知。"

【注释】

〔1〕冀元亨，字惟乾，号暗斋，楚之武陵（今湖南常德）人。正德十一年（1516）举人，阳明弟子。主讲濂溪书院。宁王朱宸濠寄信向阳明问学，阳明使元亨前往答复。当时宸濠有叛逆意，以言语暗示，元亨佯装不知，独与论学。及宸濠败，张忠、许泰欲诬阳明与通，捕元亨。世宗初，元亨得昭雪，出狱五日而卒。

〔2〕"孩提之童"云云，语本《孟子·尽心上》。

〔3〕完完，完整无缺貌。

〔4〕"与天地合德"，语出《周易·文言》"夫大人者，与天地合其德，与日月合其明，与四时合其序，与鬼神合其吉凶"。合，犹言同。

【今译】

　　冀惟乾问："为什么说知是心的本来状态？"

　　阳明先生说："知是天理最灵明的地方。从其主宰的角度说，便称之为心；从其禀赋的角度说，便称之为性。二三岁的小孩，没有不知道敬爱其父母、没有不知道尊重其兄长的，只要这个灵明能够不被私欲所遮隔，扩充开拓到极限，便完整无缺地是它的本来状态，便能够'与天地合其德'。自圣人以下，人的灵明不能没有蒙蔽，所以应当格物以致其知。"

　　120. 守衡[1]问："《大学》工夫只是诚意，诚意工夫只是格物。修齐治平，只诚意尽矣。又有正心之功，'有所忿懥好乐则不得其正'[2]，何也？"

　　先生曰："此要自思得之，知此则知'未发之中'矣。"

　　守衡再三请。

　　曰："为学工夫有浅深。初时若不着实用意去好善恶恶，如何能为善去恶？这着实用意便是诚意。然不知心之本体原无一物，一向着意去好善恶恶，便又多了这分意思，便不是廓然大公。《书》所谓'无有作好、作恶'[3]，方是本体。所以说'有所忿懥好乐则不得其正'。正心只是诚意工夫里面体当自家心体，常要鉴空衡平[4]，这便是'未发之中'。"

【注释】

　　[1]邹守益《明故南京刑部右侍郎浅斋郭公墓志铭》云，郭持平，字守衡，"［正德十二年］丁丑，成进士，需次归省。阳明先生倡道虔台，与四方豪杰进问退辨，遂闻格致之学。己卯，宸濠构乱，赴义师。时万安王令冕谙军事，授以备轻舸、储火具之策，竟赖以俘濠"。

〔2〕"有所忿懥好乐则不得其正",语见《大学》。

〔3〕"无有作好、作恶",语本《尚书·洪范》"无有作好,遵王之道;无有作恶,遵王之路"。

〔4〕"鉴空衡平",语出朱熹《大学或问》:"人之一心,湛然虚明,如鉴之空、如衡之平。"鉴,明镜;衡,杆秤。

【今译】

郭守衡问:"《大学》的工夫只是诚意,诚意的工夫只是格物。修身齐家治国平天下的工夫,只诚意就能穷尽了。而又有正心的功夫,说是'有所忿懥好乐则不得其正',为什么?"

阳明先生说:"这要自己深思才能把握,懂得这个就能懂得'未发之中'了。"

守衡再三请求。

阳明先生说:"为学的工夫有浅有深。开始时如果不能着实用意去好善恶恶,怎么能为善去恶?这着实用意就是诚意。然而如果不知道心的本来状态原本就没有一物,只是一味地着意去好善恶恶,便又多了这份心思,便不是廓然大公了。《尚书》所说的'无有作好、无有作恶',这才是心的本来状态。所以说'有所忿懥好乐则不得其正'。正心只是在诚意工夫里面体认领会自己的心体,常要如明镜一样空灵、如杆秤一样公平,这便是'未发之中'。"

121. 正之〔1〕问:"戒惧是己所不知时工夫,慎独是己所独知时工夫,此说如何?"

先生曰:"只是一个工夫,无事时固是独知,有事时亦是独知。人若不知于此独知之地用力,只在人所共知处用功,便是作伪,便是'见君子而后厌然'〔2〕。此独知处便是诚的萌芽,此处不论善念恶念,更无虚假,一是百是,一错百错,正是王霸义利、诚伪善恶界头。于此一立立定,便是端本澄源,便是立诚。古人许多诚身的工夫，精神命脉全体只在此处，真是莫见莫显[3]。无时无处，无终无始，只是此个工夫。今若又分戒惧为己所不知，即工夫便支离，亦有间断。既戒惧，即是知；己若不知，是谁戒惧？如此见解，便要流入断灭禅定[4]。"

曰："不论善念恶念，更无虚假，则独知之地更无无念时邪？"

曰："戒惧亦是念。戒惧之念，无时可息。若戒惧之心稍有不存，不是昏愦，便已流入恶念。自朝至暮，自少至老，若要无念，即是己不知，此除是昏睡、除是槁木死灰。"

【注释】

〔1〕黄弘纲，字正之，号洛村，江西雩都人，生于弘治五年（1492），卒于嘉靖四十年（1561），享年七十岁。正德十一年（1516）乡试中举。官至刑部主事。阳明弟子。 正之所问，其语疑本《朱子语类》，朱子曰："'不睹不闻'是提其大纲说，'谨独'乃审其微细。方不闻不睹之时，不惟人所不知，自家亦未有所知。若所谓'独'，即人所不知而己所独知，极是要戒惧。自来人说'不睹不闻'与'谨独'只是一意，无分别，便不是。"

〔2〕"见君子而后厌然"，语见《大学》"小人闲居为不善，无所不至，见君子而后厌然，掩其不善，而著其善"。厌然，消沮闭藏之貌。意为：小人独处时作不好的事情，无所不为。他见到君子之后则躲躲闪闪，掩饰其不好的事情，炫耀其似乎好的事情。

〔3〕莫见莫显，典出《中庸》"莫见乎隐，莫显乎微"。

〔4〕断灭禅定，阎韬说："否定本心常住的禅定，佛家认为是一种错误的修养方式。"（王阳明著、阎韬注评《传习录》，第110页）

【今译】

黄正之问："戒惧是自己所不知时的工夫，慎独是自己所独知时的工夫，这个说法怎样？"

阳明先生说："只是一个工夫，无事时固然是独知，有事时也是独知。人如果不知道在这个独知的地方用力，只是在人所共知的方面用功，便是作伪，便是'见君子而后厌然'。这个独知的地方就是诚的萌芽，这里不论是善念还是恶念，都再没有虚假，一是百是，一错百错，正是王霸义利、诚伪善恶的分界点。在这里能够一立就立定志向，就是端正根本澄清源头，就是立诚。古人许多诚身的工夫，其精神命脉全部都只在这里，真是没有比这更昭著、没有比这更明显的了。无论何时无论何处，无论终点无论开端，都只是这个工夫。现在如果又分戒惧为自己所不知，则工夫便会支离，也会有间断。既然戒惧，就是知；自己如果不知，那么是谁戒惧呢？像'戒惧为自己所不知'这样的见解，便要流入断灭禅定。"

黄正之说："不论善念恶念，再没有虚假，那么独知之地就没有无念的时候了吗？"

阳明先生说："戒惧也是念。戒惧之念，无时可以止息。如果戒惧的心稍有不存，不是昏聩，就是已经流入恶念。自早至晚，自少至老，如果要无念，就是要自己什么也不知道，这除非是昏睡、除非是槁木死灰。"

122. 志道[1]问："荀子云'养心莫善于诚'[2]，先儒非之[3]，何也？"

先生曰："此亦未可便以为非。'诚'字有以工夫说者。诚是心之本体，求复其本体，便是思诚的工夫。明道说'以诚敬存之'，亦是此意。《大学》'欲正其心，先诚其意'[4]。荀子之言固多病，然不可一例吹毛求疵。大凡看人言语，若先有个意见，便有过当处。'为富不仁'之言，孟子有取于阳虎[5]，此便见圣贤大公之心。"

【注释】

〔1〕林达，字志道，号愧吾，福建莆田人。林俊之子。阳明门人。《明史·林俊传》云，林达"正德九年进士，官至南京吏部郎中，工篆籀，能古文"。

〔2〕"养心莫善于诚"，语见《荀子·不苟篇》。

〔3〕所谓"先儒非之"，指程子。《河南程氏遗书》云，"孟子言'养心莫善于寡欲'，欲寡则心自诚。荀子言'养心莫善于诚'，既诚矣，又何养？此已不识诚，又不知所以养"。

〔4〕明道说"以诚敬存之"，亦是此意。《大学》"欲正其心，先诚其意"：此数语，疑有错简。据文意，似应作"《大学》'欲正其心，先诚其意'、明道说'以诚敬存之'，亦是此意"。译文据此翻译。

〔5〕"'为富不仁'之言，孟子有取于阳虎"，语本《孟子·滕文公上》。孟子引述阳虎曰："为富不仁矣，为仁不富矣。"阳虎，即阳货，春秋后期鲁国人，季氏家臣，曾囚季桓子而专国政。

【今译】

林志道问："荀子说'养心莫善于诚'，先儒却认为他不对，为什么呢？"

阳明先生说："这也不能就认为荀子的说法不对。'诚'字有从工夫的角度说的。诚是心的本体，寻求复归其本体，就是思诚的工夫。《大学》'欲正其心，先诚其意'、明道说'以诚敬存之'，也是这个意思。荀子的言论固然多有毛病，然而不可以一概地吹毛求疵。大抵理解别人的言论，如果先有一个主观偏见，就会有失当的地方。'为富不仁'的说法，孟子就有所取于阳虎，这便见出圣贤的廓然大公之心。"

123. 萧惠〔1〕问："己私难克，奈何？"

先生曰："将汝己私来，替汝克。"〔2〕先生曰："人须有为己之心，方能克己；能克己，方能成己。"

萧惠曰："惠亦颇有为己之心，不知缘何不能克己？"

先生曰："且说汝有为己之心是如何？"

惠良久曰："惠亦一心要做好人，便自谓颇有为己之心。今思之，看来亦只是为得个躯壳的己，不曾为个真己。"

先生曰："真己何曾离着躯壳？恐汝连那躯壳的己也不曾为。且道汝所谓躯壳的己，岂不是耳目口鼻四肢？"

惠曰："正是。为此，目便要色，耳便要声，口便要味，四肢便要逸乐，所以不能克。"

先生曰："'美色令人目盲，美声令人耳聋，美味令人口爽，驰骋田猎令人发狂'[3]，这都是害汝耳目口鼻四肢的，岂得是为汝耳目口鼻四肢？若为着耳目口鼻四肢时，便须思量耳如何听、目如何视、口如何言、四肢如何动。必须非礼勿视听言动[4]，方才成得个耳目口鼻四肢，这个才是为着耳目口鼻四肢。汝今终日向外驰求，为名为利，这都是为着躯壳外面的物事。汝若为着耳目口鼻四肢，要非礼勿视听言动时，岂是汝之耳目口鼻四肢自能勿视听言动？须由汝心。这视听言动，皆是汝心。汝心之视，发窍[5]于目；汝心之听，发窍于耳；汝心之言，发窍于口；汝心之动，发窍于四肢。若无汝心，便无耳目口鼻。所谓汝心，亦不专是那一团血肉。若是那一团血肉，如今已死的人，那一团血肉还在，缘何不能视听言动？所谓汝心，却是那能视听言动的，这个便是性，便是天理。有这个性，才能生。这性之生理，便谓之仁。这性之生理，发在目便会视，发在耳便会听，发在口便会言，发在四肢便会动，都只是那天理发生，以其主宰一身，故谓之心。这心之本体，原只是个天理，原无非礼。这个便是汝之真己。这个真己，是躯壳的主宰。若无真己，便无躯壳。真是有之即生，无之即死。汝若真为那个躯壳的己，必须用着这个真己，便须常常保守着这个真己的本体。'戒慎不睹，恐惧不闻'，惟恐亏损了他一些。才有一毫非礼萌动，便如刀割、如针刺，忍耐不过，必须去了刀、拔了针，这才是有为己之心，方能克己。汝今正是'认贼作子'〔6〕，缘何却说有为己之心、不能克己？"

【注释】

〔1〕《万历滁阳志》云，"萧惠，庠生，从阳明先生游。甘贫嗜学，笃于伦理，素厌尘俗。时诣栢子潭楼趺坐。一日，衣冠而逝，立于水上，人皆异之"。可见，萧惠乃滁阳人。又，萧惠好谈仙佛，故阳明的回应也杂有道家与佛家之言。

〔2〕阳明此所谓"将汝己私来替汝克"之言，当为套用禅师之语。道原《景德传灯录》记载慧可（光）与达磨（师）的对话："光曰：'我心未宁，乞师与安。'师曰：'将心来与汝安。'曰：'觅心了不可得。'师曰：'我与汝安心竟。'"

〔3〕"美色令人目盲"云云，语本《老子》。

〔4〕非礼勿视听言动，意为：不符合礼制的，都不要去看、去听、去说、去动。语本《论语·颜渊》。

〔5〕发窍：窍，指耳目口鼻等器官之孔。发窍，指打开耳目口鼻等器官之孔，引申为显露、显现。

〔6〕"认贼作子"，典出《楞严经》。

【今译】

萧惠问："己私难以克制，怎么办？"

阳明先生说："把你的己私拿来，我替你克。"阳明先生又说："人应当有为己的心，才能克己；能克己，才能成己。"

萧惠说："我也颇有为己的心，不知由于什么原因却不能克己？"

阳明先生说："且说你有为己的心是怎样的？"

萧惠过了很久，说："我也一心要做好人，便自认为颇有为己的心。现在深思细想，看来也只是为得一个躯壳的己，不曾为得一个真己。"

阳明先生说："真己何曾离开过躯壳？恐怕你连那躯壳的己也不曾为得。且说说你所谓的躯壳的己，难道不就是耳目口鼻四肢？"

萧惠说："正是。为此，眼睛便要看美色，耳朵便要听美声，嘴巴便要尝美味，四肢便要有逸乐，所以不能克制。"

阳明先生说："《老子》说'美色令人目盲，美声令人耳聋，美味令人口爽，驰骋田猎令人发狂'，这些都是要害你耳目口鼻四肢的，哪里是为着你的耳目口鼻四肢呢？如果为着耳目口鼻四肢，便应当思考耳朵怎么聆听、眼睛怎么观看、嘴巴怎么言说、四肢怎么运动。必须做到不符合礼制的就不看不听不言不动，这才能成得耳目口鼻四肢，这才是为着耳目口鼻四肢。你如今终日向外驰骋追求，为声名为利禄，这些都是为着躯壳外面的事情。你如果为着耳目口鼻四肢，要做到不符合礼制的就不看不听不言不动，难道是你的耳目口鼻四肢自己就能勿视听言动？必须凭借你的心。这视听言动，都是你的心。虽然你心的观看，要显现于目；你心的聆听，要显现于耳；你心的言说，要显现于口；你心的运动，要显现于四肢。如果没有你的心，便没有耳目口鼻。所谓你的心，也不专门是指那一团血肉。如果是指那一团血肉，如今已经死去的人，他的那一团血肉还在，为什么却不能视听言动？所谓你的心，就是指那能够视听言动的，这个便是性，便是天理。有了这个性，才能生。这性的生生之理，便称之为仁。这性的生生之理，显现在眼睛便会观看，显现在耳朵便会聆听，显现在嘴巴便会言说，显现在四肢便会运动，都只是那天理的发生，由于它主宰一身，所以称之为心。这心的本体，原本只是一个天理，原本没有不符合礼的。这个便是你的真己。这个真己，就是躯壳的主宰。

如果没有真己，便没有躯壳。真是有之即生，无之即死。你如果真切为着那个躯壳的己，就必须用着这个真己，就必须常常保守着这个真己的本来状态。《中庸》说'戒慎不睹，恐惧不闻'，就是惟恐亏损了他一丁点。才有一丝一毫不符合礼的念头萌动，便如刀割、如针刺，忍耐不了，必须取去了刀、拔出了针，这才是有为己的心，才能克己。你现在正是'认贼作子'，为什么却说有为己的心、不能克己？"

124. 有一学者病目，戚戚甚忧。先生曰："尔乃贵目贱心。"

【今译】

有一位从学者眼睛有病，戚戚然十分忧虑。阳明先生说："你这是重视眼睛而轻视本心。"

125. 萧惠好仙、释，先生警之曰："吾亦自幼笃志二氏，自谓既有所得，谓儒者为不足学。其后居夷三载，见得圣人之学若是其简易广大，始自叹悔错用了三十年气力。大抵二氏之学，其妙与圣人只有毫厘之间。汝今所学，乃其土苴[1]，辄自信自好若此，真鸱鸮窃腐鼠[2]耳。"

惠请问二氏之妙。先生曰："向汝说圣人之学简易广大，汝却不问我悟的，只问我悔的。"

惠惭谢，请问圣人之学。先生曰："汝今只是了人事问[3]。待汝办个真要求为圣人的心来与汝说。"

惠再三请。先生曰："已与汝一句道尽，汝尚自不会。"

【注释】

〔1〕土苴（jū）：泥土与枯草，比喻微贱之物，义同"土芥"。

〔2〕鸱鸮窃腐鼠，典出《庄子·秋水》，略云："惠子相梁，庄子往见之。或谓惠子曰：'庄子来，欲代子相。'于是惠子恐，搜于国中三日三夜。庄子往见之，曰：'南方有鸟，其名为鹓雏，子知之乎？夫鹓雏，发于南海而飞于北海，非梧桐不止，非练实不食，非醴泉不饮。于是鸱得腐鼠，鹓雏过之，仰而视之曰："吓！"今子欲以子之梁国而吓我耶？'"

〔3〕佐藤一斋曰："'人事问'，谓应酬常语。张淏《云谷杂记》云：'今人以物相遗，谓之人事。'"

【今译】

萧惠喜好道教、佛教，阳明先生告诫他说："我也是自幼就笃志佛道二教，自认为已经有所收获，说儒家的学问不值得学习。其后谪居蛮夷之地三年，才见识到圣人的学问是如此的简易广大，才自叹自悔错用了三十年的气力。大抵佛道二教的学说，其奥妙之处与圣人只有毫厘之别。你现在所学习的，乃是他们无足轻重的东西，而你动不动就自信自好到这个地步，真像是猫头鹰得到一只死老鼠。"

萧惠于是请问佛道二教的奥妙。阳明先生说："刚对你说圣人的学问简易广大，你却不问我觉悟的，只问我后悔的。"

萧惠惭愧地道歉，请教圣人的学问。阳明先生说："你如今只是要了结人情应酬而请问。等你备办得一个真的要追求成为圣人的心来，我再与你说。"

萧惠再三请求。阳明先生说："我已经对你一句说尽，你还依然不能领会。"

126. 刘观时[1]问："'未发之中'是如何？"

先生曰："汝但戒慎不睹、恐惧不闻，养得此心纯是天理，便自然见。"

观时请略示气象。先生曰："哑子吃苦瓜[2]，与你说不得。你要知此苦，还须你自吃。"

时曰仁在傍，曰："如此才是真知，即是行矣。"

一时在座诸友皆有省。

【注释】

〔1〕刘观时，字易仲，湖广辰州（今湖南沅陵）人。阳明弟子。蒋道林《明贡士刘沙溪先生墓志铭》云，"先生讳观时，易仲其字，沙溪其别号，生弘治己酉月日，卒嘉靖己亥月日，以十一月三日葬沙溪渔山"。

〔2〕"哑子吃苦瓜"，典出普济《五灯会元》卷十四："瑞州洞山微禅师，上堂：'日暖风和柳眼青，冰消鱼跃浪花生。当锋妙得空王印，半夜昆仑戴雪行。'僧问：'如何是默默相应底事？'师曰：'哑子吃苦瓜。'"

【今译】

刘观时问："'未发之中'是怎样的？"

阳明先生说："你只要'戒慎不睹、恐惧不闻'，涵养得此心纯粹是天理，便自然能见到。"

刘观时请求约略提示一下其气象。阳明先生说："哑子吃苦瓜，与你说不得。你要知此苦，还须你自吃。"

当时徐曰仁在旁边，说道："像这样才是真正的知，也就是行了。"

一时间，在座的各位学友都有省悟。

127. 萧惠问"死生之道"。

先生曰："知昼夜，即知死生。"〔1〕

问昼夜之道。

曰："知昼则知夜。"

曰："昼亦有所不知乎？"

先生曰："汝能知昼！懵懵而兴、蠢蠢而食，'行不著、习不察'，终日昏昏，只是梦昼。惟'息有养、瞬有存'〔2〕，此心惺惺明明，天理无一息间断，才是能知昼。这便是天德，便是'通乎昼夜之道而知'〔3〕，更有甚么死生？"

【注释】

〔1〕萧惠所问，语本《论语·先进》："季路问事鬼神。子曰：'未能事人，焉能事鬼？''敢问死。'曰：'未知生，焉知死？'"阳明所答，语本《河南程氏遗书》程颐曰："'通乎昼夜之道而知'，昼夜，死生之道也。知生之道，则知死之道；尽事人之道，则尽事鬼之道。死生人鬼，一而二、二而一者也。"

〔2〕"息有养、瞬有存"，意为瞬息皆有存养，语见张载《正蒙·有德篇》"言有教，动有法；昼有为，宵有得；息有养，瞬有存"。

〔3〕"通乎昼夜之道而知"，意为通晓昼夜幽明的规律而无所不知，语见《周易·系辞上传》"范围天地之化而不过，曲成万物而不遗，通乎昼夜之道而知，故神无方而易无体"。

【今译】

萧惠问"死生之道"。

阳明先生说："能知道昼夜，就能知道死生。"

萧惠又问昼夜之道。

阳明先生说："能知道昼就能知道夜。"

萧惠说："昼也有所不能知道的吗？"

阳明先生说："你能够知道昼！你每天懵懵懂懂地起床、蠢蠢笨笨地吃饭，'行之而不著、习矣而不察'，整天昏昏沉沉，这只是梦昼。只有做到'息有养、瞬有存'，使此心惺惺明明，天理没有一息的间断，这才是能够知昼。这便是天德，便是'通乎昼夜之道而知'，还有什么死生？"

128. 马子莘问:"修道之教,旧说谓'圣人品节吾性之固有,以为法于天下,若礼乐刑政之属'。此意如何?"[1]

先生曰:"道即性即命,本是完完全全、增减不得、不假修饰的,何须要圣人品节?却是不完全的物件。礼乐刑政,是治天下之法,固亦可谓之教,但不是子思本旨。若如先儒之说,下面由教入道的,缘何舍了圣人礼乐刑政之教,别说出一段戒慎恐惧工夫?却是圣人之教为虚设矣。"

子莘请问。

先生曰:"子思性、道、教,皆从本原上说。天命于人,则命便谓之性;率性而行,则性便谓之道;修道而学,则道便谓之教。率性是诚者事,所谓'自诚明谓之性'也;修道是诚之者事,所谓'自明诚谓之教'也[2]。圣人率性而行,即是道;圣人以下,未能率性于道,未免有过不及,故须修道。修道,则贤知者不得而过,愚不肖者不得而不及,都要循着这个道,则道便是个教。此'教'字与'天道至教'[3]、'风雨霜露,无非教也'[4]之'教'同;'修道'字与'修道以仁'[5]同。人能修道,然后能不违于道以复其性之本体,则亦是圣人率性之道矣。下面'戒慎恐惧'便是修道的工夫,'中和'便是复其性之本体,如《易》所谓'穷理尽性以至于命'[6],中和位育[7]便是尽性至命。"

【注释】

〔1〕马子莘所问,语本《中庸》"天命之谓性,率性之谓道,修道

之谓教"以及朱熹《中庸章句》"性道虽同，而气禀或异，故不能无过不及之差，圣人因人物之所当行者而品节之，以为法于天下，则谓之教，若礼、乐、刑、政之属是也"。

〔2〕所谓"自诚明谓之性"也："谓之性"之"谓"，原作"道"，据德安府重刊本、王畿本、孙应奎本、水西精舍本、胡宗宪本、郭朝宾本等版本改。 所谓"诚者"、"诚之者"、"自诚明谓之性"、"自明诚谓之教"云云，语见《中庸》。"自诚明谓之性，自明诚谓之教"，意为：由诚而明理，称之为率性；由明理而诚，称之为教化。

〔3〕"天道至教"，语见《礼记·礼器》。

〔4〕"风雨霜露，无非教也"，语见《礼记·孔子闲居》。

〔5〕"修道以仁"，语见《中庸》"故为政在人，取人以身，修身以道，修道以仁"。

〔6〕"穷理尽性以至于命"，语见《周易·说卦传》。

〔7〕中和位育，语出《中庸》"致中和，天地位焉，万物育焉"。

【今译】

马子莘问："关于'修道之谓教'，朱子的旧说认为是'圣人品节吾性之固有，以为法于天下，若礼乐刑政之属'。这个见解怎么样？"

阳明先生说："道即是性即是命，本就是完完全全、增减不得、不假修饰的，哪里需要圣人品节？需要圣人品节，则道就是不完全之物了。礼乐刑政，是治理天下的法则，固然也可以称之为教，但这不是子思的本意。如果像先儒的说法，下面由教入道的，为什么要舍弃圣人的礼乐刑政之教，另外说出一段戒慎恐惧的工夫？如此，则是圣人的教诲成为虚设了。"

马子莘请问。

阳明先生说："子思的性、道、教，都是从本原上说。天命于人，那么命便称之为性；率性而行，那么性便称之为道；修道而学，那么道便称之为教。率性是'诚者'的事，这就是《中庸》所说的'自诚明谓之性'；修道是'诚之者'的事，这就是《中庸》所说的'自明诚谓之教'。圣人能率性而行，就是道；圣人以下，则未能率性于道，未免有过、有不及，所以需要修道。修道，则贤者智者不会过分，愚者不肖者不会不及，都要遵循着这个道，那么道便是个教。这个'教'字，与'天道至教'、'风雨霜露，无非教也'的'教'字相同；'修道'二字，与'修道以仁'的'修道'二字相同。人能够修道，然后才能不违背于道以恢复其性的本来状态，那也就是圣人的率性之道了。下面所说的'戒慎恐惧'便是修道的工夫，'中和'便是恢复其性的本来状态，这犹如《易传》所说的'穷理尽性以至于命'，中和位育就是尽性至命。"

129. 黄诚甫问："先儒以孔子告颜渊为邦之问，是'立万世常行之道'，如何？"[1]

先生曰："颜子具体圣人[2]，其于为邦的大本大原，都已完备。夫子平日知之已深，到此都不必言，只就制度文为上说此等处亦不可忽略，须要是如此方尽善；又不可因自己本领是当了，便于防范上疏阔，须是要'放郑声，远佞人'。盖颜子是个克己向里、德上用心的人，孔子恐其外面末节或有疏略，故就他不足处帮补说。若在他人，须告以'为政在人，取人以身，修身以道，修道以仁'、'达道'、'九经'及'诚身'许多工夫[3]，方始做得，这个方是万世常行之道。不然，只去行了夏时、乘了殷辂、服了周冕、作了韶舞，天下便治得？后人但见颜子是孔门第一人，又问个为邦，便把做天大事看了。"

【注释】

〔1〕《论语·卫灵公》："颜渊问为邦。子曰：'行夏之时，乘殷之辂，服周之冕，乐则韶舞。放郑声，远佞人。郑声淫，佞人殆。'"朱熹《论语集注》认为孔子的回答是"斟酌先王之礼，立万世常行之道，

发此以为之兆"。

〔2〕具体，即具体而微。颜子具体圣人，典出《孟子·公孙丑上》。公孙丑曰："昔者窃闻之：子夏、子游、子张皆有圣人之一体，冉牛、闵子、颜渊则具体而微。敢问所安？"朱熹注云，"一体，犹一肢也。具体而微，谓有其全体，但未广大耳"。

〔3〕"为政在人"云云，语本《中庸》："故为政在人，取人以身，修身以道，修道以仁……天下之达道五，所以行之者三：曰君臣也，父子也，夫妇也，昆弟也，朋友之交也……凡为天下国家有九经，曰：修身也，尊贤也，亲亲也，敬大臣也，体群臣也，子庶民也，来百工也，柔远人也，怀诸侯也……诚身有道：不明乎善，不诚乎身矣。"

【今译】

黄诚甫问："先儒认为孔子回答颜渊关于治理邦国方面的问题，是'立万世常行之道'，怎么样？"

阳明先生说："颜子是具体而微的圣人，他对于治理邦国的大本大原，都已经完备。孔夫子平日对他了解已经很深，到此都不必再说，只就制度、典章上说这些方面也不可忽略，须是如此这般才能尽善；又不可因为自己的本领已经妥当无误了，便在防范上疏阔，须是要'放郑声，远佞人'。颜子是一个克己向里、在德行上用心的人，孔子担心他外面的细枝末节或有疏略，所以从他的不足之处帮补着说。如果是他人，孔子一定会把诸如'为政在人，取人以身，修身以道，修道以仁'、'达道'、'九经'以及'诚身'的许多工夫一一告诉他们，才能够做得，这个才是万世常行之道。不然，只是去实行了夏朝的历法、乘坐了商朝的车舆、穿戴了周朝的冠冕、制作了帝舜的韶舞，天下便能够治理得了吗？后人只见颜子是孔门的第一人，又问了个治理邦国的问题，便当作天大的事看了。"

130. 蔡希渊问："文公《大学》新本，先格致而后诚意工夫，似与首章次第相合。若如先生从旧本之说，即诚意反在格致之前，于此尚未释然。"

先生曰："《大学》工夫即是明明德，明明德只是个诚意，诚意的工夫只是格物致知。若以诚意为主去用格物致知的工夫，即工夫始有下落，即为善去恶无非是诚意的事。如新本先去穷格事物之理，即茫茫荡荡都无着落处，须用添个'敬'字[1]，方才牵扯得向身心上来。然终是没根源。若须用添个'敬'字，缘何孔门倒将一个最紧要的字落了，直待千余年后要人来补出？正谓以诚意为主，即不须添'敬'字，所以提出个诚意来说，正是学问的大头脑处。于此不察，真所谓毫厘之差，千里之缪。大抵《中庸》工夫只是诚身，诚身之极便是至诚；《大学》工夫只是诚意，诚意之极便是至善，工夫总是一般。今说这里补个'敬'字、那里补个'诚'字，未免画蛇添足。[2]"

（右门人薛侃录）

【注释】

〔1〕三轮执斋曰："'添个"敬"字'，朱子《大学或问》所说是此意。"案：若三轮执斋所言无误，阳明似乎对朱子《大学或问》论"敬"之言有所误解。朱子在《大学或问》中主张"'敬'之一字，圣学所以成始而成终者也"。

〔2〕"画蛇添足"，比喻多此一举，弄巧成拙。典出《战国策·齐（二）》。

【今译】

蔡希渊问："朱文公的《大学》新本，先讲格物致知而后讲诚意工夫，似乎与首章的次序相吻合。如果像先生您遵从旧本的说法，则诚意反而在格物致知之前，对于这一点我还不能释然无疑。"

　　阳明先生说："《大学》的工夫就是明明德，明明德只是一个诚意，诚意的工夫只是格物致知。如果以诚意为主去用格物致知的工夫，则工夫才有下落，则为善去恶无非是诚意的事情。像新本那样先去穷格事物的道理，则茫茫荡荡都没有着落的地方，须增添一个'敬'字，方才牵扯得向身心上来。然而终究是没有根源。如果需要增添一个'敬'字，为什么孔门倒是把一个最紧要的字脱落了，直待千余年之后由别人来补出？我正是要说以诚意为主，则不须增添'敬'字，所以提出个诚意来说，正是学问的主要头绪之所在。如果对此不能明察，则真是所谓的毫厘之差千里之谬。大抵《中庸》的工夫只是诚身，诚身的极致便是至诚；《大学》的工夫只是诚意，诚意的极致便是至善，工夫都是一样的。如今说这里补个'敬'字、那里补个'诚'字，未免画蛇添足。"

　　　　　　　　　　　　　　　　　　　（以上门人薛侃所录）

传习录中

德洪[1]曰：昔南元善[2]刻《传习录》于越，凡二册。下册摘录先师手书，凡八篇。其答徐成之[3]二书，吾师自谓："天下是朱非陆，论定既久，一旦反之为难。"[4]二书姑为调停两可之说，使人自思得之。故元善录为下册之首者，意亦以是欤？今朱、陆之辨明于天下久矣。洪刻先师《文录》，置二书于外集者，示未全也，故今不复录。其余指知行之本体，莫详于答人论学与答周道通、陆清伯、欧阳崇一四书；而谓格物为学者用力日可见之地，莫详于答罗整庵一书。平生冒天下之非诋推陷，万死一生，遑遑然不忘讲学，惟恐吾人不闻斯道，流于功利、机智，以日堕于夷狄、禽兽而不觉，其一体同物之心，饶饶终身，至于毙而后已，此孔、孟以来圣贤苦心，虽门人子弟未足以慰其情也。是情也，莫详于答聂文蔚之第一书。此皆仍元善所录之旧[5]。而揭"必有事焉"即"致良知"功夫，明白简切，使人言下即得入手，此又莫详于答文蔚之第二书，故增录之。元善当时汹汹，乃能以身明斯道，卒至遭奸被斥[6]，油油然惟以此生得闻斯学为庆，而绝无有纤芥愤郁不平之气。斯录之刻，人见其有功于同志甚大，而不知其处时之甚艰也。今所去取，裁之时义则然，非忍有所加损于其间也。

【注释】

〔1〕钱德洪，初名宽，避先世之讳，以字行，于是改字洪甫，号绪山，浙江余姚人。生于弘治九年（1496）十二月，卒于万历二年（1574）十月，享年七十九岁。嘉靖十一年（1532）进士。累官至刑部郎中。阳明弟子。

〔2〕南大吉，字元善，号瑞泉，陕西渭南人。生于成化二十三年（1487），卒于嘉靖二十年（1541），享年五十五岁。正德六年（1511）进士。历户部郎中，出任绍兴府知府。亦阳明弟子。嘉靖三年（1524）十月，南大吉任知府期间，续刻《传习录》于越（绍兴）。

〔3〕嵇曾筠、沈翼机修纂《浙江通志》云："徐守诚，字成之，余姚人。弘治进士，授南兵部主事……守诚孝友廉介，非其义一介不取。历官二十余年，室庐仅蔽风雨。有《慈山杂著》数十则，为学者所诵。"

〔4〕"吾师自谓"云云，语本阳明《答徐成之（一）》"是朱非陆，天下之论定久矣，久则难变也"。

〔5〕钱德洪所谓"此皆仍元善所录之旧"，值得斟酌。钱德洪所见之所谓"南大吉刊本《传习录》"，恐非南大吉嘉靖三年十月作序、续刻之《传习录》原始版本，而为嘉靖二十九年（1550）王畿重刊本《传习录》。王畿重刊本《传习录》之内容，较南大吉嘉靖三年续刻《传习录》有所增加。是故，钱德洪所谓"此皆仍元善所录之旧"，可疑也。

〔6〕遭奸被斥，指嘉靖五年春，南大吉入京觐见，以考察罢官事。

【今译】

钱德洪说：以前南元善刊刻《传习录》于绍兴，共二册。下册摘录阳明先师的亲笔书信，共八篇。其中答徐成之的两封书信，我的老师阳明先生自己说："天下是朱非陆，论定既久，一旦反之为难。"两封书信姑且提出调停两可的说法，使人自己深思而有所得。所以南元善把它辑录为下册之首，估计也就是由于这个原因吧？现在朱、陆之辨大明于天下已经很久了。我刊刻阳明先师的《文录》，将这两封书信放在外集，以显示其不够全面，所以现在不再收录。其余指明知行的本来状态，没有比答人论学与答周道通、陆清伯、欧阳崇一这四封书信更详尽的了；而论说格物为学者用力、每日可见之地，没有比答罗整庵这一封书信更详尽的了。阳明先生平生冒着天下人的非议诋毁、排斥陷害，万死一生，仍遑遑然不忘讲学，惟恐我们不闻斯道，流入于功利、机智，而一天天堕落为夷狄、禽兽而不能自觉，其秉持一体同物的心，终身争辩、疾呼，至于死而后已，这种孔、孟以来圣贤的苦心，即使门人子弟也不足以宽慰其情怀。这种情怀，没有比答聂文蔚的第一封书信更详尽的了。这些都保持南元善所辑录的旧貌。而阳明先生揭示孟子的"必有事焉"就是"致良知"的功夫，明白简切，使人言下即能把握入手之处，这又没有比答聂文蔚的第二封书信更详尽的了，所以我把它增录进来。南元善正值时势汹汹之际，而能够以一己之身昌明斯道，最后遭遇权奸而被罢免，但他油油然惟以此生得闻此学为庆幸，而绝对没有一丁点愤郁不平之气。这部《传习录》的刊刻，人们只见到他对于同志学友有很大的功劳，而不知道他所处的时势十分艰难。现在对他所刊刻的《传习录》的取舍，根据时宜来裁断则应该如此，并不是忍心要在其中有所增加或减损。

答顾东桥书^[1]

131. 来书云："近时学者务外遗内、博而寡要，故先生特倡'诚意'一义针砭膏肓^[2]，诚大惠也。"

吾子洞见时弊如此矣，亦将何以救之乎？然则鄙人之心，吾子固已一句道尽，复何言哉！复何言哉！若"诚意"之说，自是圣门教人用功第一义，但近世学者乃作第二义看，故稍与提掇紧要出来，非鄙人所能特倡也。^[3]

【注释】

〔1〕答顾东桥书，台北藏明刊本、孙应奎本、三轮执斋本、佐藤一斋本作"答人论学书"。 顾璘，字华玉，号东桥居士，苏州人，寓居上元（今属江苏南京）。生于成化十二年（1476），卒于嘉靖二十四年（1545），享年七十岁。弘治九年（1496）进士，授官广平（今属河北）知县。累官至南京刑部尚书。

〔2〕故先生特倡"诚意"一义针砭膏肓："特"，原作"持"，据台北藏明刊本、德安府重刊本、王畿本、孙应奎本、胡宗宪本、郭朝宾本等版本改。

〔3〕非鄙人所能特倡也："特"，原作"持"，据台北藏明刊本、德安府重刊本、王畿本、孙应奎本、胡宗宪本、郭朝宾本等版本改。

【今译】

来信说："近时的学者都致力于外求而遗忘了内省、看似学识广博而其实不得要领，所以先生您特意提倡'诚意'这样一种主张来针砭膏肓之病，确实是很大的恩惠。"

你对于时弊已经看得如此清晰，又打算用什么来拯救它呢？然则我的本心，你固然已经一句说尽，还有什么要说的呢！还有什么要说的呢！像"诚意"这样的学说，原本就是圣门教人用功的第一要义，只是近世学者作为第二义看了，所以我稍微给他们把紧要的部分提点出来，并不是我所能够特意提倡的。

132. 来书云："但恐立说太高，用功太捷，后生师传，影响谬误，未免坠于佛氏明心见性、定慧、顿悟之机[1]，无怪闻者见疑。"

区区"格致诚正"之说，是就学者本心，日用事为间，体究践履、实地用功，是多少次第、多少积累在，正与空虚顿悟之说相反。闻者本无求为圣人之志，又未尝讲究其详，遂以见疑，亦无足怪。若吾子之高明，自当一语之下便了然矣，乃亦谓"立说太高、用功太捷"，何邪？

【注释】

〔1〕"明心见性"，意为识取本心，得见本性，即可成佛。此为佛教禅宗主张。 "定慧"，定指禅定，慧指智慧，与戒（戒律）合称佛教三学。释道安《比丘大戒序》云，"世尊立教，法有三焉：一者戒律也，二者禅定也，三者智慧也。斯三者，至道之门户、泥洹之关要也"。"顿悟"，指无须渐修，通过直觉体悟，即可把握佛教真理。东晋、南北朝时僧人竺道生提出。 机，犹机宇、机辟之机，乃指捕捉鸟兽之机槛、工具，引申为圈套。

【今译】

来信说："只是担心立说太高，用功太捷，后生加以师法传诵，犹如影随响应以致出现谬误，未免落入佛教明心见性、定慧顿悟的圈套，难怪听闻您学说的人会表示怀疑。"

我关于"格物致知诚意正心"的说法，只是就学者的本心，在日常行为中，体认践行、实地用功，其中有许多的次第、许多的积累，正好与佛教的空虚顿悟之说相反。听闻我学说的人本来就没有追求成为圣人的志向，又未曾讲究其细节，因此而表示怀疑，也没有什么奇怪的。然而像你这样的高明之士，原本应当是一言之下就能够了然于胸的，却也说我"立说太高、用功太捷"，为什么呢？

133. 来书云："所喻知行并进，不宜分别前后，即《中庸》'尊德性而道问学'之功[1]，交养互发、内外本末一以贯之之道。然工夫次第不能无先后之差，如知食乃食，知汤乃饮，知衣乃服，知路乃行。未有不见是物，先有是事。此亦毫厘倏忽之间，非谓［截然］有等[2]、今日知之而明日乃行也。"

既云"交养互发、内外本末一以贯之"，则知行并进之说无复可疑矣；又云"工夫次第不能无先后之差"[3]，无乃自相矛盾已乎？"知食乃食"等说，此尤明白易见，但吾子为近闻障蔽，自不察耳。夫人必有欲食之心然后知食，欲食之心即是意，即是行之始矣。食味之美恶，必待入口而后知，岂有不待入口而已先知食味之美恶者邪？必有欲行之心然后知路，欲行之心即是意，即是行之始矣。路岐之险夷，必待身亲履历而后知，岂有不待身亲履历而已先知路岐之险夷者邪？"知汤乃饮"、"知衣乃服"，以此例之，皆无可疑。若如吾子之喻，是乃所谓"不见是物而先有是事"者矣。吾子又谓"此亦毫厘倏忽之间，非谓截然有等、今日知之而明日乃行也"，是亦察之尚有未精。然就如吾子之说，则知行之为合一并进，亦自断无可疑矣。

【注释】

〔1〕"尊德性而道问学"，语见《中庸》"故君子尊德性而道问学，致广大而尽精微，极高明而道中庸"。

〔2〕非谓截然有等："截然"二字原缺，据邓艾民本补。阳明复书所引述顾东桥来信，即作"非谓截然有等"。

〔3〕又云"工夫次第不能无先后之差"："无先后之差"前，原有"不"字，然顾东桥来书并无此"不"字，白鹿洞本、施邦曜本、张问达本、四库全书本亦无此"不"字，因删。

【今译】

　　来信说："您说知行并进，不应该分别前后，就是《中庸》'尊德性而道问学'的功夫，就是知行互相涵养互相显现、内外本末一以贯之的途径。然而工夫次第不能没有先后的差别，例如先知道食物而后才去食，先知道热水而后才去饮，先知道衣服而后才去穿，先知道路径而后才去行。没有还未见到这样的物，就先有这样的事。这也只是毫厘、倏忽的差别，而不是说截然有差等，更不是说今日知道了而到明日才行动。"

你既然说"知行互相涵养互相显现、内外本末一以贯之"，则知行并进的说法就不再是可疑的了；然而又说"工夫次第不能没有先后的差别"，这不是自相矛盾了吗？你的"知食乃食"等说法，这尤其明白易见，只是你被近来的见闻所障蔽，自己没有觉察而已。人一定要有想食的心思然后才能知食，想食的心思就是意，就是行的开始。食物味道的美或不美，一定要等食物入口而后才能知道，哪里有不等入口就已经先知道其味道美不美的呢？一定要有想行的心思然后才能知路，想行的心思就是意，就是行的开始。道路山径的艰险或平坦，一定要等亲身经历而后才能知道，哪里有不等亲身经历就已经先知道其路途是艰险还是平坦呢？至于"知汤乃饮"、"知衣乃服"，以此类推，都没有什么可疑的。如果像你所说，这才是你所说的"不见是物而先有是事"。你又说"这也只是毫厘、倏忽的差别，而不是说截然有差等，更不是说今日知道了而明日才行动"，这也是省察还不够精确。然而就是依照你的说法，那么知行乃是合一并进，也自是断然没有什么可疑的了。

134. 来书云："真知即所以为行，不行不足谓之知，此为学者吃紧立教，俾务躬行则可。若真谓行即是知，恐其专求本心，遂遗物理，必有暗而不达之处，抑岂圣门知行并进之成法哉？"

知之真切笃实处即是行，行之明觉精察处即是知，知行工夫本不可离。只为后世学者分作两截用功，失却知行本体，故有合一并进之说。"真知即所以为行，不行不足谓之知"，即如来书所云"知食乃食"等说可见，前已略言之矣。此虽吃紧救弊而发，然知行之体本来如是，非以己意抑扬其间、姑为是说以苟一时之效者也。"专求本心，遂遗物理"，此盖失其本心者也。夫物理不外于吾心，外吾心而求物理，无物理矣；遗物理而求吾心，吾心又何物邪？心之体，性也；性即理也。故有孝亲之心，即有孝之理；无孝亲之心，即无孝之理矣。有忠君之心，即有忠之理；无忠君之心，即无忠之理矣。理岂外于吾心邪？晦庵谓："人之所以为学者，心与理而已。心虽主乎一身，而实管乎天下之理；理虽散在万事，而实不外乎一人之心。"[1]是其一分一合之间，而未免已启学者心理为二之弊。此后世所以有"专求本心，遂遗物理"之患，正由不知心即理耳。夫外心以求物理，是以有暗而不达之处。此告子义外之说[2]，孟子所以谓之不知义也[3]。心一而已，以其全体恻怛[4]而言谓之仁，以其得宜而言谓之义，以其条理而言谓之理。不可外心以求仁，不可外心以求义，独可外心以求理乎？外心以求理，此知行之所以二也。求理于吾心，此圣门知行合一之教，吾子又何疑乎？

【注释】

〔1〕"晦庵谓"云云，语本朱熹《大学或问》。

〔2〕告子义外之说，语本《孟子·告子上》："告子曰：'食色，性也。仁，内也，非外也；义，外也，非内也。'"

〔3〕孟子谓之不知义，语本《孟子·公孙丑上》。

〔4〕恻怛（cè dá）：忧伤、悲伤。此指对人之关爱、同情；不忍。

【今译】

　　　来信说："真知即所以为行，不行则不足以称之为知，以此来帮助学者紧要确立教法，使他们致力于躬行是可以的。如果真的认为行即是知，那么恐怕他们会专注于反求本心，因此遗忘物理，一定会有昏昧而不明达的地方，这难道是圣门知行并进的成法吗？"

知的真切笃实之处就是行，行的明觉精察之处就是知，知行的工夫原本就是不可分离的。只是由于后世学者分成两截来用功，失去了知行的本来状态，所以才有合一并进的说法。"真知即所以为行，不行则不足以称之为知"，从你来信所说"知食乃食"等说法就可以见出，前面已经约略说过了。这虽然是为吃紧救弊而提出，然而知行的状态本来就是如此，而不是我以自己的意见抑扬于其间、姑且提出这一说法来随便取得一时的功效。"专求本心，遂遗物理"，这说的却是那些失去其本心的人。物理不外在于我们的心，在我们的心外寻求物理，就没有物理了；抛弃物理而反求我们的心，我们的心又是什么物事呢？心的本体，就是性；性即理。所以有孝亲的心，就有孝之理；没有孝亲的心，就没有孝之理。有忠君的心，就有忠之理；没有忠君的心，就没有忠之理。理怎么会在我们的心外呢？朱晦庵说："人之所以为学者，心与理而已。心虽主乎一身，而实管乎天下之理；理虽散在万事，而实不外乎一人之心。"这样，他在一分一合之间，就不免已经引发学者分心理为二的弊病了。后世所以会有"专求本心，遂遗物理"的毛病，正由于不知道心即理。在心外寻求物理，才会有昏昧而不明达的地方。这就是告子的义外之说，孟子因此说他不懂得义。心只是一个而已，从其全体恻怛的角度说称之为仁，从其得宜的角度说称之为义，从其条理的角度说称之为理。不能在心外求仁，不能在心外求义，难道惟独能在心外求理吗？在心外求理，这就是知行所以分而为二的原因。寻求物理于我们的心中，这是圣门知行合一的教法，你还要疑虑什么呢？

135. 来书云："所释《大学》古本，谓'致其本体之知'，此固孟子尽心之旨[1]。朱子亦以虚灵知觉为此心之量[2]。然尽心由于知性，致知在于格物。"

"尽心由于知性，致知在于格物"，此语然矣。然而推本吾子之意，则其所以为是语者，尚有未明也。朱子以尽心、知性、知天为物格知致，以存心、养性、事天为诚意正心修身，以夭寿不贰、修身以俟为知至仁尽、圣人之事[3]。若鄙人之见，则与朱子正相反矣。夫尽心、知性、知天者，生知安行，圣人之事也；存心、养性、事天者，学知利行，贤人之事也；夭寿不贰、修身以俟者，困知勉行，学者之事也[4]。岂可专以尽心知性为知、存心养性为行乎？吾子骤闻此言，必又以为大骇矣。然其间实无可疑者，一为吾子言之。

夫心之体，性也；性之原，天也。能尽其心，是能尽其性矣。《中庸》云"惟天下至诚，为能尽其性"，又云"知天地之化育"、"质诸鬼神而无疑，知天也"[5]，此惟圣人而后能然。故曰此生知安行，圣人之事也。

存其心者，未能尽其心者也，故须加存之之功，必存之既久，不待于存而自无不存，然后可以进而言尽。盖知天之"知"，如知州、知县之"知"。知州，则一州之事皆己事也；知县，则一县之事皆己事也。是与天为一者也。事天，则如子之事父、臣之事君，犹与天为二也。天之所以命于我者，心也，性也。吾但存之而不敢失，养之而不敢害，如"父母全而生之，子全而归之"[6]者也。故曰此学知利行，贤人之事也。

至于夭寿不贰，则与存其心者又有间矣。存其心者，虽未能尽其心，固已一心于为善。时有不存，则存之而已。今使之夭寿不贰，是犹以夭寿贰其心者也。犹以夭寿贰其心，是其为善之心犹未能一也。存之尚有所未可，而何尽之可云乎？今且使之不以夭寿贰其为善之心。若曰死生夭寿皆有定命，吾但一心于为善，修吾之身以俟天命而已，是其平日尚未知有天命也。事天虽与天为二，然已真知天命之所在，但惟恭敬奉承之而已耳。若俟之云者，则尚未能真知天命之所在，犹有所俟者也。故曰"所以立命"。立者，创立之立，如立德、立言、立功、立名之类[7]。凡言立者，皆是昔未尝有，而今始建立之谓[8]。孔子所谓"不知命，无以为君子"[9]者也。故曰此困知勉行，学者之事也。

今以尽心、知性、知天为格物致知，使初学之士、尚未能不贰其心者，而遽责之以圣人生知安行之事，如捕风捉影，茫然莫知所措其心，几何而不至于"率天下而路"[10]也？今世致知格物之弊，亦居然可见矣。吾子所谓"务外遗内，博而寡要"者，无乃亦是过欤？此学问最紧要处，于此而差，将无往而不差矣。此鄙人之所以冒天下之非笑，忘其身之陷于罪戮，呶呶其言，有不容已者也[11]。

【注释】

〔1〕"致其本体之知"，语见阳明修订本《大学古本序》。 孟子尽心之旨，即《孟子·尽心上》："孟子曰：'尽其心者，知其性也。知其性，则知天矣。存其心，养其性，所以事天也。殀寿不贰，修身以俟之，所以立命也。'"贰，有二心；生疑、怀疑。

〔2〕量，容纳的限度。似可引申为内容。"朱子亦以虚灵知觉为此心之量"，语似本朱熹《中庸章句序》"盖尝论之，心之虚灵知觉，一而已矣"以及《孟子集注》"人有是心，莫非全体，然不穷理，则有所蔽而无以尽乎此心之量"。

〔3〕"朱子以尽心、知性、知天为物格知致"云云，语本朱熹《孟子集注》云，"尽心知性而知天，所以造其理也；存心养性以事天，所以履其事也。……知天而不以殀寿贰其心，智之尽也；事天而能修身以俟死，仁之至也"。

〔4〕生知安行、学知利行、困知勉行，语本《中庸》。

〔5〕"惟天下至诚，为能尽其性"、"质诸鬼神而无疑，知天也"云云，语见《中庸》。

〔6〕"父母全而生之，子全而归之"，语见《礼记·祭义》。

〔7〕立德、立言、立功，典出《春秋左传》"太上有立德，其次有立功，其次有立言，虽久不废，此之谓不朽"；立名，典出《史记·伯夷列传》。

〔8〕而今始建立之谓："今"，原作"本"，据台北藏明刊本、德安府重刊本、王畿本、孙应奎本、胡宗宪本、郭朝宾本等版本改。

〔9〕"不知命，无以为君子"，意为：不懂得天命，就没有可能成为君子。语见《论语·尧曰》。

〔10〕"率天下而路"，意为：率领天下人奔走道路、疲于奔命。语见《孟子·滕文公上》。

〔11〕有不容已者也："有"，原作"其"，据台北藏明刊本、德安府重刊本、王畿本、孙应奎本、胡宗宪本、郭朝宾本等版本改。

【今译】

来信说："您所旁释的《大学》古本，说到'致其本体之知'，这固然是孟子尽心之说的要旨。朱子也把虚灵知觉作为此心的内容。然而尽心由于知性，致知在于格物。"

"尽心由于知性，致知在于格物"，这个说法是对的。然而推测你的意图，则你所以提出这个说法的理由，还有不够明白的地方。朱子把尽心、知性、知天理解为物格知致，把存心、养性、事天理解为诚意正心修身，把殀寿不贰、修身以俟理解为知至仁尽、圣人之事。至于我的见解，则与朱子正好相反。所谓尽心、知性、知天，属于生知安行，是圣人的事；所谓存心、养性、事天，属于学知利行，是贤人的事；所谓殀寿不贰、修身以俟，属于困知勉行，是学者的事。怎么能够专门把尽心知性理解为知、把存心养性理解为行呢？你骤然之间听到这种言论，一定又要以为这太过骇人听闻了。然而其中实在没有什么可疑的，在这里我就详备地对你说说。

心的本体，就是性；性的根原，就是天。能够尽其心，就能尽其性了。《中庸》说"惟天下至诚，为能尽其性"，又说"知天地之化育"、"质诸鬼神而无疑，知天也"，这惟有圣人而后能够这样。所以说这属于生知安行，是圣人的事。

要存其心的人，就是还不能尽其心的人，所以应当加上存心的功夫，必须是存心已经比较长久了，达到不依赖存心而自无不存的地步，然后才可以进而言尽心。知天的"知"，犹如知州、知县的"知"。知州，则一州的事情都是自己的事情；知县，则一县的事情都是自己的事情。这是已经与天合而为一。事天，则犹如儿子之事奉父母、臣属之服侍君王，还与天分而为二。天之所以赋予于我的，就是心，就是性。我只是保存它而不敢放失，涵养它而不敢伤害，犹如经典所说的"父母全而生之，子全而归之"一样。所以说这属于学知利行，是贤人的事。

至于殀寿不贰其心，则与存其心又有一些差别。存其心，即使还不能尽其心，固然已经一心致力于为善。一时或有不能存心，则存之而已。现在要使他夭寿不贰其心，这实际上还是以夭寿使其有二心。还是以夭寿使其有二心，这就是他为善的心还不能专一。存心还有所不能，又哪里谈得上尽心呢？现在姑且使人不要以夭寿贰其为善之心。至于说死生夭寿都有定命，我只是一心致力于为善，致力于修养自己的身心以等待天命而已，这是他平日还不知道有天命。事天，虽然与天分而为二，然而已经真正知道天命之所在，只是恭敬奉承它而已。至于所谓俟之的说法，则是还不能真正知道天命之所在，还要有所等待。因此说"所以立命"。所谓立，就是创立之立，例如立德、立言、立功、立名之类。凡是说立，都是以前未曾有，而现在才建立的意思。也就是孔子所说的"不知命，无以为君子"。所以说这属于困知勉行，是学者的事。

如今把尽心、知性、知天理解为格物致知，就是要使那些初学的人、还不能不贰其心的人，立刻拿圣人生知安行的事情来要求他们，就好像捕风捉影，使人茫然不知如何措置其心，这样的做法离"率天下而路"也不远了！致知格物学说所带来的弊端，在当今社会也已显然可见。你所说的"务外遗内，博而寡要"，难道不也是这种过失吗？这是学问最紧要的地方，如果在这个地方有差错，那么就将无往而没有差错了。这是我之所以甘冒天下的非议嘲笑，不顾自己陷于罪戮，唠唠叨叨向人讲说自己言论的原因，实在是有不容已的地方。

136. 来书云："闻语学者乃谓'即物穷理之说，亦是玩物丧志'[1]；又取其'厌繁就约'、'涵养本原'[2]数说标示学者，指为晚年定论，此亦恐非。"

朱子所谓"格物云者，在即物而穷其理也"[3]，即物穷理，是就事事物物上求其所谓定理者也，是以吾心而求理于事事物物之中，析心与理为二矣。夫求理于事事物物者，如求孝之理于其亲之谓也。求孝之理于其亲，则孝之理其果在于吾之心邪？抑果在于亲之身邪？假而果在于亲之身，则亲没之后，吾心遂无孝之理欤？见孺子之入井，必有恻隐之理，是恻隐之理果在于孺子之身欤？抑在于吾心之良知欤？其或不可以从之于井欤？其或可以手而援之欤？是皆所谓理也。是果在于孺子之身欤？抑果出于吾心之良知欤？以是例之，万事万物之理，莫不皆然。是可以知析心与理为二之非矣。夫析心与理而为二，此告子义外之说，孟子之所深辟也。"务外遗内，博而寡要"，吾子既已知之矣，是果何谓而然哉？谓之"玩物丧志"，尚犹以为不可欤？若鄙人所谓致知格物者，致吾心之良知于事事物物也[4]。吾心之良知，即所谓"天理"也。致吾心良知之"天理"于事事物物，则事事物物皆得其理矣。致吾心之良知者，致知也；事事物物皆得其理者，格物也。是合心与理而为一者也。合心与理而为一，则凡区区前之所云与朱子晚年之论，皆可以不言而喻矣。

【注释】

〔1〕《王文成公全书》当中无"即物穷理之说，亦是玩物丧志"之言。阳明正德七年《答徐成之（二）》论及朱熹处或为顾东桥此语之所本。不然，阳明相关言论之作品恐已失传。详情有待进一步考证。又，"玩物丧志"，典出《尚书·旅獒》"玩人丧德，玩物丧志"。

〔2〕"厌繁就约"，语本朱熹《与刘子澄》；"涵养本原"，语见朱熹《答吕子约》。阳明将朱熹此两信收入其正德十年冬十一月辑成、十三年七月梓行的《朱子晚年定论》中。

〔3〕"格物云者，在即物而穷其理也"，语本朱熹《大学章句》"格物补传"。

〔4〕致吾心之良知，即致良知，为阳明思想之宗旨。致，既有穷尽、

推极、获得之意，又有给予、实行、扩充之义。良知，指天生的分辨是非善恶之能力，语出《孟子·尽心上》。阳明对于孟子之良知学说加以发挥，既认为"良知只是个是非之心"，又主张"吾心之良知，即所谓天理也"。(《传习录》中、下）阳明之致良知学说，有多方面涵义。其一，致良知是指良知作为分辨是非善恶能力得以充分呈现。阳明说，"孩提之童，无不知爱其亲，无不知敬其兄，只是这个灵能不为私欲遮隔，充拓得尽，便完完是他本体，便'与天地合德'"。(《传习录》上）其二，致良知是指良知作为天理得以扩充。阳明说，"吾心之良知，即所谓'天理'也。致吾心良知之'天理'于事事物物，则事事物物皆得其理矣"。(《传习录》中）其三，致良知是指依良知而行。阳明说，"尔那一点良知，是尔自家底准则。尔意念着处，他是便知是、非便知非，更瞒他一些不得。尔只不要欺他，实实落落依着他做去，善便存，恶便去"。(《传习录》下）冯友兰甚至说，对于阳明，"'良知'是知，'致良知'是行。……他所讲的'知行合一'，也就是'致良知'"。(冯友兰《中国哲学史新编》第五册，第215页）根据《阳明先生年谱》记载，经过宸濠、忠、泰之变后，正德十六年（1521），阳明先生才提出致良知之教。阳明的致良知学说，是"从百死千难中得来"，是其人生经历、生命体验的结果，而不仅仅是学理的建构。

【今译】

来信说："听说您对学者说'即物穷理之说，亦是玩物丧志'；又拿朱子的'厌繁就约'、'涵养本原'等说法来向学者标榜，将其说成朱子晚年定论，这也恐怕不对。"

朱子所说的"格物云者，在即物而穷其理也"，即物穷理，是从事事物物上探求其所谓的定理，这是用我们的心在事事物物之中探求定理，将心与理分析为二了。从事事物物上探求定理，就如同在父母身上探求孝顺之理的说法一样。在父母身上探求孝顺的理，那么孝顺的理到底是在我们的心中呢？还是在父母的身上呢？假如这孝顺的理果真是在父母的身上，那么父母过世之后，我们的心中就没有孝顺的理了吗？看见小孩落入井中，必定会有恻隐的理，这恻隐的理果真是在小孩身上呢？还是在我们心中的良知呢？或许不可以跟着小孩一起落入井里？或许可以伸手把小孩救出来？这些都是所谓的理。这些理到底是在小孩身上呢？还是出于我们心中的良知呢？以此类推，万事万物的定理，莫不如此。由此可知，把心与理分析为二是错误的。把心与理分析为二，这是告子的义外之说，孟子曾深加驳斥。"务外遗内，博而寡要"，你既然已经了解它，这到底是针对什么而这样说的呢？把它称为"玩物丧志"，你还以为不可以吗？至于我所说的致知格物，是把我们心中的良知扩充到事事物物。我们心中的良知，就是所谓的"天理"。把我们心中良知的"天理"扩充到事事物物，则事事物物就都能得到其天理了。所谓扩充我们心中的良知，就是致知；事事物物都能得到其天理，就是格物。这就是心与理合而为一。心与理合而为一，那么凡是我以前之所说与朱子晚年之所论，都可以不言而喻。

137. 来书云："人之心体，本无不明，而气拘物蔽，鲜有不昏，非学问思辨以明天下之理，则善恶之机、真妄之辨不能自觉，任情恣意，其害有不可胜言者矣。"

此段大略似是而非，盖承沿旧说之弊，不可以不辨也。夫问思辨行[1]，皆所以为学，未有学而不行者也。如言学孝，则必服劳奉养，躬行孝道，而后谓之学[2]，岂徒悬空口耳讲说，而遂可以谓之学孝乎？学射，则必张弓挟矢，引满中的；学书，则必伸纸执笔，操觚染翰。尽天下之学，无有不行而可以言学者，则学之始固已即是行矣。笃者，敦实笃厚之意。已行矣，而敦笃其行，不息其功之谓尔。盖学之不能以无疑，则有问，问即学也，即行也；又不能无疑，则有思，思即学也，即行也；又不能无疑，则有辨，辨即学也，即行也。辨既明矣，思既慎矣，问既审矣，学既能矣，又从而不息其功焉，斯之谓笃行。非谓学、问、思、辨之后而始措之于行也。是故以求能其事而言谓之学，以求解其惑而言谓之问，以求通其说而言谓之思，以求精其察而言谓之辨，以求履其实而言谓之行。盖析其功而言则有五，合其事而言则一而已。此区区心理合一之体、知行并进之功，所以异于后世之说者，正在于是。今吾子特举学问思辨以穷天下之理，而不及笃行，是专以学问思辨为知，而谓穷理为无行也已。天下岂有不行而学者邪？岂有不行而遂可谓之穷理者邪？明道云："只穷理便尽性至命。"[3]故必仁极仁，而后谓之能穷仁之理；义极义，而后谓之能穷义之理。仁极仁，则尽仁之性矣；义极义，则尽义之性矣。学至于穷理，至矣，而尚未措之于行，天下宁有是邪？是故知不行之不可以为学，则知不行之不可以为穷理矣；知不行之不可以为穷理，则知知行之合一并进而不可以分为两节事矣。夫万事万物之理不外于吾心，而必曰穷天下之理，是殆以吾心之良知为未足，而必外求于天下之广，以裨补增益之，是犹析心与理而为二也。夫学、问、思、辨、笃行之功，虽其困勉至于人一己百，而扩充之极，至于尽性知天，亦不过致吾心之良知而已。良知之外，岂复有加于毫末乎？今必曰穷天下之理，而不知反求诸其心，则凡所谓"善恶之机、真妄之辨"者，舍吾心之良知，亦将何所致其体察乎？吾子所谓"气拘物蔽"者，拘此蔽此而已。今欲去此之蔽，不知致力于此，而欲以外求，是犹目之不明者，不务服药调理以治其目，而徒伥伥然[4]求明于其外，明岂可以自外而得哉？"任情恣意"之害，亦以不能精察天理于此心之良知而已。此诚毫厘千里之谬者，不容于不辨，吾子毋谓其论之太刻也。

【注释】

〔1〕夫问思辨行："问思辨行"前，原有"学"字，据台北藏明刊本、德安府重刊本、王畿本、孙应奎本、胡宗宪本、郭朝宾本等版本删。

〔2〕而后谓之学："而后"，原作"则后"，据台北藏明刊本、德安府重刊本、王畿本、孙应奎本、胡宗宪本、郭朝宾本等版本改。

〔3〕"只穷理便尽性至命"，语本《河南程氏遗书》"穷理尽性以至于命，三事一时并了，元无次序，不可将穷理作知之事。若实穷得理，即性、命亦可了"。

〔4〕怅怅然，无所适从、不知所措的样子。

【今译】

来信说："人的心体，原本没有不灵明的，然而由于习气拘束、外物蒙蔽，很少有不昏昧的，如果不经由博学、审问、慎思、明辨来讲明天下之理，则对于善恶的征兆、真妄的区别都不能自觉，结果是放任其情、恣纵其意，其危害就有不可尽言的了。"

此段大体上似是而非，大概都是承续沿袭旧说的弊病，不能不加以分辨。审问、慎思、明辨、笃行，都是用来为学的，没有为学而不加躬行的。譬如说学孝，一定要服劳奉养，躬行孝道，而后称之为学，哪里有只是凭空口耳讲说，就可以称之为学孝的呢？学射，一定要张弓搭箭，引满中靶；学书，一定要铺纸执笔，挥毫泼墨。整个天下的为学，没有不去躬行而可以说得上是为学的，那么为学的开始固然已经就是行了。所谓笃，就是敦实笃厚的意思。已经躬行，而又敦笃其行，就是不停息其功的意思。为学不能没有疑惑，有疑惑则有审问，问就是学，就是行；又不能没有疑惑，则有慎思，思就是学，就是行；又不能没有疑惑，则有明辨，辨就是学，就是行。辨已经足够明晰，思已经足够慎重，问已经足够详审，学已经足以胜任，又从而不停息其功，这才能称之为笃行。不是说在学、问、思、辨之后才落实于行。所以从寻求胜任其事的角度说称之为学，从寻求解释其惑的角度说称之为问，从寻求通晓其说的角度说称之为思，从寻求精详其察的角度说称之为辨，从寻求践履其实的角度说称之为行。从分析其功的角度说则有五个，从合并其事的角度说则只是一个而已。这就是我关于心理合一之体、知行并进之功的观点，所以与后世的说法有不同，原因就在这里。现在你特意列举博学、审问、慎思、明辨以穷天下之理，而不涉及笃行，这是专门以博学、审问、慎思、明辨为知，因而说穷理为不需要行了。天下哪里有不行而可以称之为学的呢？哪里有不行而可以称之为穷理的呢？程明道说："只穷理便尽性至命。"所以必须要使仁成为极致的仁，而后称之为能穷仁的理；要使义成为极致的义，而后称之为能穷义的理。使仁成为极致的仁，就穷尽了仁的本性；使义成为极致的义，就穷尽了义的本性。为学达到了穷理的地步，可说是最高境界，然而还没有落实到行，天下哪里有这样的事呢？因此，知道不行不可以称之为学，就知道不行不可以称之为穷理；知道不行不可以称之为穷理，就知道知行的合一并进不可以分为两件事情。万事万物的定理都不在我们的心外，而一定要说穷究天下之理，这大概是认为我们心中的良知还不充足，而需要向外寻求于天下的广博，来加以裨补增益，这还是将心与理分析为二。博学、审问、慎思、明辨、笃行的功夫，即使要困知勉行至于人一能之己百之，然而扩充的极致，达到尽性知天，也不过是扩充我们心中的良知而已。良知之外，哪里还要添加一丝一毫呢？现在一定要说穷究天下之理，而不知道反求于心，那么你所说的"善恶的征兆、真妄的区别"，如果舍弃了我们心中的良知，又将如何体察呢？你所说的"习气拘束、外物蒙蔽"，只是拘束此心、蒙蔽此心而已。现在要除去对此心的蒙蔽，却不知致力于此心，而想要向外寻求，这犹如眼睛视力不好的人，不是致力于服药调理来治疗其眼睛，而只是无所适从、不知所措地向外寻求好视力，好视力怎么可以从外面得到呢？"放任其情、恣纵其意"的危害，也只是因为不能从心中的良知来精察天理而已。这确实是差之毫厘谬以千里的事情，不得不加以分辨，你可不要说我的言论过于尖刻了。

138. 来书云："教人以致知明德，而戒其即物穷理，诚使昏暗之士深居端坐、不闻教告，遂能至于知致而德明乎？纵令静而有觉，稍悟本性，则亦定慧无用之见，果能知古今、达事变而致用于天下国家之实否乎？其曰'知者意之体，物者意之用'、'格物如格君心之非之格'〔1〕，语虽超悟独得、不蹈陈见，抑恐于道未相吻合。"

区区论致知格物，正所以穷理，未尝戒人穷理、使之深居端坐而一无所事也。若谓即物穷理，如前所云"务外而遗内"者，则有所不可耳。昏暗之士，果能随事随物精察此心之天理以致其本然之良知，则"虽愚必明，虽柔必强"〔2〕。大本立而达道行，"九经"之属〔3〕可一以贯之而无遗矣，尚何患其无致用之实乎？彼顽空虚静之徒，正惟不能随事随物精察此心之天理以致其本然之良知，而遗弃伦理、寂灭虚无以为常，是以要之不可以治家国天下。孰谓圣人穷理尽性之学而亦有是弊哉？心者身之主也，而心之虚灵明觉，即所谓本然之良知也。其虚灵明觉之良知，应感而动者谓之意。有知而后有意，无知则无意矣。知非意之体乎？意之所用，必有其物，物即事也。如意用于事亲，即事亲为一物；意用于治民，即治民为一物；意用于读书，即读书为一物；意用于听讼，即听讼为一物。凡意之所用，无有无物者，有是意即有是物，无是意即无是物矣。物非意之用乎？"格"字之义，有以"至"字训者，如"格于文祖"[4]、"有苗来格"[5]，是以"至"训者也。然"格于文祖"，必纯孝诚敬，幽明之间无一不得其理，而后谓之"格"；有苗之顽，实以文德诞敷而后格，则亦兼有"正"字之义在其间，未可专以"至"字尽之也。如"格其非心"[6]、"大臣格君心之非"[7]之类，是则一皆"正其不正以归于正"之义，而不可以"至"字为训矣。且《大学》"格物"之训，又安知其不以"正"字为训、而必以"至"字为义乎？如以"至"字为义者，必曰"穷至事物之理"，而后其说始通。是其用功之要，全在一"穷"字；用力之地，全在一"理"字也。若上去一"穷"、下去一"理"字，而直曰"致知在至物"[8]，其可通乎？夫"穷理尽性"，圣人之成训，见于《系辞》者也[9]。苟"格物"之说，而果即"穷理"之义，则圣人何不直曰"致知在穷理"，而必为此转折不完之语，以启后世之弊邪？盖《大学》"格物"之说，自与《系辞》"穷理"大旨虽同，而微有分辨。"穷理"者，兼格致诚正而为功也。故言"穷理"，则格致诚正之功皆在其中；言"格物"，则必兼举致知、诚意、正心而后其功始备而密。今偏举"格物"而遂谓之"穷理"，此所以专以"穷理"属知，而谓"格物"未尝有行[10]，非惟不得"格物"之旨，并"穷理"之义而失之矣。此后世之学所以析知行为先后两截，日以支离决裂，而圣学益以残晦者，其端实始于此。吾子盖亦未免承沿积习，见则以为"于道未相吻合", 不为过矣。

【注释】

〔1〕"知者意之体, 物者意之用"云云, 语见阳明《大学古本傍释》。

〔2〕"虽愚必明, 虽柔必强", 语见《中庸》。

〔3〕"九经"之属, 指《中庸》"凡为天下国家有九经, 曰: 修身也, 尊贤也, 亲亲也, 敬大臣也, 体群臣也, 子庶民也, 来百工也, 柔远人也, 怀诸侯也"。

〔4〕"格于文祖", 语出《尚书·舜典》"月正元日, 舜格于文祖"。格, 至、到; 文祖, 指尧。意为: 明年正月元日, 舜来到文祖之庙。

〔5〕"有苗来格", 语本《尚书·大禹谟》"七旬有苗格"。意为: 过了七十日, 苗人不用讨伐就自己来臣服了。

〔6〕"格其非心", 语出《尚书·冏命》。后世多将格, 解释为正、端正、纠正。据此, 则"格其非心"之意为: 端正其邪僻不正之心。

〔7〕"大臣格君心之非", 语本《孟子·离娄上》。

〔8〕而直曰"致知在至物": "直", 原作"真", 据台北藏明刊本、德安府重刊本、王畿本、孙应奎本、胡宗宪本、郭朝宾本等版本改。

〔9〕佐藤一斋曰: "'穷理尽性', 见于《说卦》。此引为《系辞》, 偶误。"案: "穷理尽性"之言, 语出《周易·说卦传》"穷理尽性以至于命"。下文"自与《系辞》'穷理'大旨虽同"之"穷理", 亦出自《说卦传》, 而非出自《系辞传》, 阳明记忆有差错。

〔10〕而谓"格物"未尝有行: "未尝", 原作"未常", 据台北藏明刊本、德安府重刊本、王畿本、孙应奎本、钱锌本等版本改。

【今译】

来信说: "您教人以致知明德, 而又禁止他们即物穷理, 假使让昏暗之士深居端坐、不闻他人教诲, 果真就能达到知致而德明吗? 纵使他们静坐而有所觉悟, 稍微能体悟本性, 则也是佛教禅定智慧之类的无用见解, 果真能知晓古今、通达事变而且致用于天下国家的实务吗? 您说的'知者意之体, 物者意之用'、'格物如格君心之非之格', 这些说法即使超悟独得、不蹈陈见, 也恐怕与圣人之道不相吻合。"

　　我所论述的致知格物，正是要用来穷理，未曾禁止别人穷理、让他深居端坐而完全无所事事。至于说即物穷理，如同前面所说的"务外而遗内"，就有所不可了。昏暗之士，果真能随事随物而精察这心中的天理以致其本然之良知，则"虽愚必明，虽柔必强"。大本立而达道行，那么"九经"之类，就都能够一以贯之而没有遗漏，你又何必还要担心它没有致用的实务呢？那些讲求顽空、持守虚静的佛教道教之徒，正因为不能随事随物精察这心中的天理以致其本然之良知，而将遗弃伦理、寂灭虚无视为正常，因此总的说来不能够治理家国天下。谁说圣人的穷理尽性之学也有这样的弊病呢？所谓心，就是身的主宰，而心的虚灵明觉，就是所谓的本然之良知。其虚灵明觉的良知，能够应感而动的称之为意。有知而后才有意，没有知则没有意。知不就是意的本体吗？意之所用，必有其物，物就是事。例如意用于事亲，则事亲就是一物；意用于治民，则治民就是一物；意用于读书，则读书就是一物；意用于听讼，则听讼就是一物。凡是意之用，没有不涉及物的，有这样的意就有这样的物，没有这样的意就没有这样的物了。物不就是意的运用吗？"格"字的含义，有以"至"字来解释的，譬如"格于文祖"、"有苗来格"，这是以"至"字来解释的。然而"格于文祖"，必须纯孝诚敬，使生死、幽明之间没有一事一物不符合天理，而后称之为"格"；有苗愚顽，实要先广布礼乐教化而后才能来格，那么也兼有"正"字的含义在其中，不可完全以"至"字的含义来解释。至于"格其非心"、"大臣格君心之非"之类，则完全是"纠正其不正以归于正"的含义，而不可以"至"字作为解释了。况且对于《大学》"格物"的解释，又怎么知道它不是以"正"字为其训释、而一定是以"至"字为其含义呢？如果是以"至"字为其含义，就必须说"穷至事物之理"，而后其说法才能解释得通。这就是说其用功的关键，完全在于一个"穷"字；用力的地方，完全在于一个"理"字。如果上面去掉一个"穷"字、下面去掉一个"理"字，而只说"致知在至物"，这可以解释得通吗？"穷理尽性"，是圣人的成训，见于《周易·说卦传》。假如"格物"的说法，果真就是"穷理"的意思，那么圣人为什么不直接就说"致知在穷理"，而一定要说这样转折不完整的言语，以引发后世的弊病呢？《大学》"格物"的说法，自与《周易·说卦传》"穷理"的要旨相同，然而也稍微有些分别。所谓"穷理"，同时具有格物致知诚意正心的功用。所以说"穷理"的时候，则格物致知诚意正心的功用都包括在其中；说"格物"的时候，则必须同时列举致知、诚意、正心而后其功用才算详备而缜密。现在单单提出"格物"就称之为"穷理"，所以朱子专门把"穷理"归属于知，而且说"格物"未尝有行，这不仅不能把握"格物"的要旨，连"穷理"的本义也失去了。这就是后世的学术之所以把知行分析为先后两截，使其一天天支离破碎，而圣学也日益残缺不明的原因，其造端实始于此。你大概也不免承续沿袭以往的积习，所见不过是以为我的说法"于道未相吻合"，我这样说，不算过分吧。

139. 来书云："谓致知之功，将如何为温清、如何为奉养，即是'诚意'，非别有所谓'格物'。此亦恐非。"

此乃吾子自以己意揣度鄙见而为是说，非鄙人之所以告吾子者矣。若果如吾子之言，宁复有可通乎？盖鄙人之见，则谓意欲温清、意欲奉养者，所谓"意"也，而未可谓之"诚意"。必实行其温清奉养之意，务求自慊而无自欺，然后谓之"诚意"。知如何而为温清之节、知如何而为奉养之宜者，所谓"知"也，而未可谓之"致知"。必致其知如何为温清之节者之知，而实以之温清；致其知如何为奉养之宜者之知，而实以之奉养，然后谓之"致知"。温清之事，奉养之事，所谓"物"也，而未可谓之"格物"。必其于温清之事也，一如其良知之所知，当如何为温清之节者而为之，无一毫之不尽；于奉养之事也，一如其良知之所知，当如何为奉养之宜者而为之，无一毫之不尽，然后谓之"格物"。温清之物格，然后知温清之良知始致；奉养之物格，然后知奉养之良知始致，故曰"物格而后知至"。致其知温清之良知，而后温清之意始诚；致其知奉养之良知，而后奉养之意始诚，故曰"知至而后意诚"[1]。此区区诚意、致知、格物之说盖如此。吾子更熟思之，将亦无可疑者矣。

【注释】

〔1〕"物格而后知至"、"知至而后意诚"，语见《大学》。

【今译】

来信说："您说致知的功夫，就是奉行怎样才属于使父母温暖清凉适度，怎样才属于对父母侍奉赡养合宜，这就是'诚意'，并不是另外有所谓的'格物'。说法也恐怕不对。"

这是你以自己的意见揣度我的见解而提出来的说法，而不是我告诉你的说法。如果真的像你所说，难道还有可以说得通的吗？我的见解，是说有意图想要温清、有意图想要奉养，只是所谓的"意"，但还不能称之为"诚意"。必须实行其温清奉养的意图，务必求得自慊而没有自欺，然后才能称之为"诚意"。知道怎样才属于使父母温暖清凉适度、怎样才属于对父母侍奉赡养合宜，只是所谓的"知"，但还不能称之为"致知"。必须致其知道怎样才属于使父母温暖清凉适度的知，而确实以此来使其温清；必须致其知道怎样才属于对父母侍奉赡养合宜的知，而确实以此来加以奉养，然后才能称之为"致知"。温暖清凉的事，侍奉赡养的事，只是所谓的"物"，但还不能称之为"格物"。必须是他对于温暖清凉的事，一如他的良知之所知，应当怎样才属于使父母温暖清凉适度而且去做，没有一丝一毫不完美；对于侍奉赡养的事，一如他的良知之所知，应当怎样才属于对父母侍奉赡养合宜而且去做，没有一丝一毫不完美，然后才能称之为"格物"。温凊之物能"格"，然后知道温凊的良知才能"致"；奉养之物能"格"，然后知道奉养的良知才能"致"，所以说"物格而后知至"。能致其知道温凊的良知，而后温凊之意才能"诚"；能致其知道奉养的良知，而后奉养之意才能"诚"，所以说"知至而后意诚"。我关于诚意、致知、格物的说法大概如此。你如果能更加深思熟虑，也就没有什么可疑的了。

140. 来书云："道之大端易于明白，所谓良知良能，愚夫愚妇可与及者。至于节目时变之详，毫厘千里之谬，必待学而后知。今语孝于温凊定省，孰不知之？至于舜之不告而娶[1]、武之不葬而兴师[2]、养志养口[3]、小杖大杖[4]、割股庐墓等事[5]，处常处变、过与不及之间，必须讨论是非，以为制事之本，然后心体无蔽，临事无失。"

"道之大端易于明白"，此语诚然。顾后之学者，忽其易于明白者而弗由，而求其难于明白者以为学，此其所以"道在迩而求诸远，事在易而求诸难"[6]也。孟子云："夫道，若大路然，岂难知哉？人病不由耳。"[7]良知良能，愚夫愚妇与圣人同。但惟圣人能致其良知，而愚夫愚妇不能致，此圣愚之所由分也。节目时变，圣人夫岂不知？但不专以此为学。而其所谓学者，正惟致其良知，以精察此心之天理，而与后世之学不同耳。吾子未暇良知之致，而汲汲焉顾是之忧，此正求其难于明白者以为学之弊也。夫良知之于节目时变，犹规矩尺度之于方圆长短也；节目时变之不可预定，犹方圆长短之不可胜穷也。故规矩诚立，则不可欺以方圆，而天下之方圆不可胜用矣；尺度诚陈，则不可欺以长短，而天下之长短不可胜用矣；良知诚致，则不可欺以节目时变，而天下之节目时变不可胜应矣。毫厘千里之谬，不于吾心良知一念之微而察之，亦将何所用其学乎？是不以规矩而欲定天下之方圆，不以尺度而欲尽天下之长短，吾见其乖张谬戾、日劳而无成也已。吾子谓"语孝于温清定省，孰不知之"，然而能致其知者鲜矣。若谓粗知温清定省之仪节，而遂谓之能致其知，则凡知君之当仁者，皆可谓之能致其仁之知；知臣之当忠者，皆可谓之能致其忠之知，则天下孰非致知者邪？以是而言，可以知致知之必在于行，而不行之不可以为致知也，明矣。知行合一之体，不益较然矣乎？夫舜之不告而娶，岂舜之前已有不告而娶者为之准则，故舜得以考之何典、问诸何人而为此邪？[8] 抑亦求诸其心一念之良知，权轻重之宜，不得已而为此邪？武之不葬而兴师，岂武之前已有不葬而兴师者为之准则，故武得以考之何典、问诸何人而为此邪？抑亦求诸其心一念之良知，权轻重之宜，不得已而为此邪？使舜之心而非诚于为无后、武之心而非诚于为救民，则其不告而娶与不葬而兴师，乃不孝、不忠之大者。而后之人不务致其良知，以精察义理于此心感应酬酢之间，顾欲悬空讨论此等变常之事，执之以为制事之本，以求临事之无失，其亦远矣。其余数端，皆可类推，则古人致知之学，从可知矣。

【注释】

〔1〕舜之不告而娶，语本《孟子·万章上》。

〔2〕武之不葬而兴师，事见《史记·伯夷列传》。

〔3〕养志养口，语本《孟子·离娄上》。

〔4〕小杖大杖，语本《孔子家语》。

〔5〕割股，即割股疗亲。股，大腿之肉。古代以割股疗亲为至孝。庐墓，古代遇父母、尊长之丧，在墓旁建筑小屋居住，称庐墓。

〔6〕"道在迩而求诸远，事在易而求诸难"，语见《孟子·离娄上》。迩，近。

〔7〕"夫道，若大路然，岂难知哉？人病不由耳"，语见《孟子·告子下》。

〔8〕故舜得以考之何典、问诸何人而为此邪："问"，原作"间"，据台北藏明刊本、德安府重刊本、孙应奎本、胡宗宪本、郭朝宾本等版本改。王畿本作"闻"。

【今译】

来信说："道理的主要方面易于明白，犹如您所说的良知良能，愚夫愚妇都可以做得到。至于礼仪节目、时世变迁的详情，毫厘之差、千里之谬的教训，必须借助学习而后才能知道。现在从冬温夏清、昏定晨省方面谈论孝道，谁不知道这些？至于像帝舜之不告而娶妻、武王之不葬而兴师、赡养父母是养其心志还是养其口体、被惩罚时应否小杖则受大杖则逃、割股疗亲或庐墓守丧等事件，对于处理常规与变故、过分与不及之间的分寸，则必须讨论其孰是孰非，来作为处理事情的根据，然后心体才能不受蒙蔽，遇事才能没有过失。"

所谓"道之大端易于明白"，这句话确实是对的。不过后来的学者，往往忽略那些易于明白的道理而不遵循，而去追求那些难以明白的道理作为学问，这就是他们之所以会"道在迩而求诸远，事在易而求诸难"的原因。孟子说："夫道，若大路然，岂难知哉？人病不由耳。"良知良能，愚夫愚妇与圣人都是相同的。只是圣人能够致其良知，而愚夫愚妇不能致，这是圣愚之所以区分的缘由。礼仪节目、时世变迁，圣人怎么会不知道？圣人只是不专门以此作为学问。而圣人所谓的学问，正是只致其良知，来精察这心中的天理，而与后世的学问不同。你没有闲暇去致良知，而急急忙忙为这些事情担忧，这正是追求其难以明白的道理作为学问的弊病。良知之与节目时变相比，犹如规矩尺度之与方圆长短相比一样；节目时变的不可预定，犹如方圆长短的不可穷尽一样。所以规矩真正确立，则不可用方圆来欺瞒，而天下的方圆就是怎么用，也不可用完；尺度真正陈列，则不可用长短来欺瞒，而天下的长短就是怎么用，也不可用完；良知真正扩充，则不可用节目时变来欺瞒，而天下的节目时变就是怎么应，也不可应完。毫厘之差千里之谬，如果不是从我们心中良知一念的细微之处来精察，又将在什么地方运用学问呢？这是不依规矩而希望确定天下的方圆，不用尺度而希望穷尽天下的长短，我所能见到的就是他的乖张谬戾、终日劳苦而无成。你说"语孝于温清定省，孰不知之"，然而真正能致其知的人却很少。如果说粗略知道温清定省的仪节，就可以称之为能致其孝之知，那么凡是知道君王应当仁惠的，都可以称之为能致其仁之知了；凡是知道臣属应当忠心的，都可以称之为能致其忠之知了，则天下谁不是致知的人呢？由此而言，可以知道致知一定在于践行，而不践行则不可以称为致知，这是很明白的。知行合一的本来状态，不是更加较然显明了吗？至于帝舜不告诉父母而娶妻，难道是舜之前已经有不告而娶妻的人作为准则，所以舜能够考证什么典籍、请教什么人物而做这样的事呢？抑或只是舜反求于其心中一念之良知，权衡轻重之宜，不得已而做这样的事呢？武王不安葬文王而兴师伐纣，难道是武王之前已经有不葬而兴师的人作为准则，所以武王能够考证什么典籍、请教什么人物而做这样的事呢？抑或只是武王反求于其心中一念之良知，权衡轻重之宜，不得已而做这样的事呢？假使帝舜的心中不是真的担心无后、武王的心中不是真的为了救民，则他们不告而娶妻与不葬而兴师，乃是最大的不孝、最大的不忠。然而后人不致力于致其良知，以在此心的感应酬酢之间来精察义理，只不过想凭空讨论这些不正常的事件，并且拿它来作为处理事情的根据，以求遇事没有过失，这也相差太远了。其余几件事，都可以类推，则古人致知的学问，由此可知。

141. 来书云："谓《大学》'格物'之说专求本心，犹可牵合；至于六经四书所载'多闻多见'[1]、'前言往行'[2]、'好古敏求'[3]、'博学审问'[4]、'温故知新'[5]、'博学详说'[6]、'好问好察'[7]，是皆明白求于事为之际、资于论说之间者，用功节目，固不容紊矣。"

"格物"之义，前已详悉，牵合之疑，想已不俟复解矣。至于"多闻多见"，乃孔子因子张之务外好高，徒欲以多闻多见为学，而不能求诸其心以阙疑殆，此其言行所以不免于尤悔，而所谓见闻者，适以资其务外好高而已，盖所以救子张多闻多见之病，而非以是教之为学也。夫子尝曰"盖有不知而作之者，我无是也"[8]，是犹孟子"是非之心，人皆有之"之义也[9]。此言正所以明德性之良知非由于闻见耳。若曰"多闻择其善者而从之，多见而识之"，则是专求诸见闻之末，而已落在第二义矣，故曰"知之次也"。夫以见闻之知为次，则所谓知之上者果安所指乎？是可以窥圣门致知用力之地矣。夫子谓子贡曰："赐也，汝以予为多学而识之者欤？非也。予一以贯之。"[10]使诚在于"多学而识"，则夫子胡乃谬为是说以欺子贡者邪？"一以贯之"，非致其良知而何？《易》曰："君子多识前言往行，以畜其德。"夫以畜其德为心，则凡多识前言往行者，孰非畜德之事？此正知行合一之功矣。"好古敏求"者，好古人之学，而敏求此心之理耳。心即理也。学者，学此心也；求者，求此心也。孟子云："学问之道无他，求其放心而已矣。"〔11〕非若后世广记博诵古人之言词以为好古，而汲汲然惟以求功名利达之具于其外者也。"博学审问"，前言已尽。"温故知新"〔12〕，朱子亦以"温故"属之"尊德性"矣〔13〕，德性岂可以外求哉？惟夫"知新"必由于"温故"，而"温故"乃所以"知新"，则亦可以验知行之非两节矣。"博学而详说之者，将以反说约也"，若无"反约"之云，则"博学详说"者，果何事邪？舜之"好问好察"，惟以"用中"而致其"精一"于道心耳。道心者，良知之谓也。君子之学，何尝离去事为而废论说？但其从事于事为、论说者，要皆知行合一之功，正所以致其本心之良知；而非若世之徒事口耳谈说以为知者，分知行为两事，而果有节目先后之可言也。

【注释】

〔1〕"多闻多见"，语本《论语·为政》："子张学干禄。子曰：'多闻阙疑，慎言其余，则寡尤；多见阙殆，慎行其余，则寡悔。言寡尤，行寡悔，禄在其中矣。'"

〔2〕"前言往行"，语本《周易·大畜·象传》："天在山中，大畜；君子以多识前言往行，以畜其德。"

〔3〕"好古敏求"，语本《论语·述而》："子曰：'我非生而知之者，好古，敏以求之者也。'"

〔4〕"博学审问"，语本《中庸》："博学之，审问之，慎思之，明辨之，笃行之。"

〔5〕"温故知新"，语本《论语·为政》："子曰：'温故而知新，可以为师矣。'"

〔6〕"博学详说"，语本《孟子·离娄下》："孟子曰：'博学而详说之，将以反说约也。'"

〔7〕"好问好察"，语本《中庸》："子曰：'舜其大知也与！舜好问

而好察迩言……'"

〔8〕孔子之言，见《论语·述而》："子曰：'盖有不知而作之者，我无是也。多闻择其善者而从之，多见而识之，知之次也。'"

〔9〕孟子之语，见《孟子·告子上》："恻隐之心，人皆有之；羞恶之心，人皆有之；恭敬之心，人皆有之；是非之心，人皆有之。"

〔10〕"夫子谓子贡曰"云云，语见《论语·卫灵公》："子曰：'赐也，女以予为多学而识之者与？'对曰：'然。非与？'曰：'非也，予一以贯之。'"

〔11〕"孟子云"云云，语见《孟子·告子上》。

〔12〕"温故知新"：原作"温故新知"，据台北藏明刊本、德安府重刊本、王畿本、孙应奎本等版本改。

〔13〕"朱子亦以'温故'属之'尊德性'矣"，语本《朱子语类》："'温故'，只是存得这道理在，便是'尊德性'；'敦厚'，只是个朴实头，亦是'尊德性'。"

【今译】

　　　　来信说："您说《大学》'格物'的说法是专指反求本心，这还可以牵强凑合；至于六经四书所记载的'多闻多见'、'前言往行'、'好古敏求'、'博学审问'、'温故知新'、'博学详说'、'好问好察'，这些都是明明白白要寻求于行为之际、而又有助于论说之间的事情，其用功的细节条目，固然不容紊乱。"

关于"格物"的含义，前面已经详尽说过，所谓牵强凑合的疑惑，想来已经不用再次解释了。至于"多闻阙疑、多见阙殆"，乃是因为子张致力于外物、好高骛远，只想以多闻多见作为学问，而不能反求于其心、将不明白的保留心中，所以他的言行不能避免怨尤懊悔，而所谓的多见多闻，正好助长他致力外物、好高骛远的毛病，孔子之所以对子张这么说，是用来挽救他多闻多见的弊病，而不是用这些来教他为学。孔夫子曾说"盖有不知而作之者，我无是也"，这犹如孟子所说"是非之心，人皆有之"的意思一样。这说法正说明了德性的良知不是从闻见而来。至于说"多闻择其善者而从之，多见而识之"，则是专门从见闻之末寻求，已经落在第二义了，所以孔子说是"知之次也"。既然以见闻之知为"知之次",那么所谓的知之上,指的到底是什么呢?由此可以窥探到圣门关于致知的用力之所在了。孔夫子对子贡说:"赐也,汝以予为多学而识之者欤?非也。予一以贯之。"假使良知真的在于"多学而识",那么孔夫子为什么要错误地提出这样的说法来欺骗子贡呢?"一以贯之",不是致其良知又是什么呢?《易传》说:"君子多识前言往行,以畜其德。"既然以畜聚其德为心,则凡是多多记取前贤言论、往圣行事的做法,哪一样不是畜德的事?这正是知行合一的功夫。所谓"好古敏求",是指喜好古人的学问,而敏求这心中的天理。心即理。所谓学,就是学此心;所谓求,就是求此心。孟子说:"学问之道无他,求其放心而已矣。"不是像后世那样一方面把广博地记诵古人的言词当做好古,一方面又迫不及待地只想从心外寻求获得功名利达的手段。所谓"博学审问",前面说得已经比较详尽。所谓"温故知新",朱子也把"温故"归属于"尊德性",德性怎么可以向外寻求呢?然而"知新"必须经由"温故",而"温故"又正是用来"知新"的,那么也可以证明知行不是分为两截的。孟子说"博学而详说之者,将以反说约也",如果没有"反说约"的说法,那么所谓"博学而详说",到底是指什么事情呢?帝舜的"好问好察",只是以"允执其中"的态度来把"惟精惟一"的功夫扩充到道心上。所谓道心,就是良知的意思。君子的学问,何曾离开行为而废弃论说呢?只是他们从事于行为、论说,要旨都是知行合一的功夫,正是要用来致其本心的良知;而不是像当今社会上那些只把从事口耳谈说作为知的人那样,把知行区分为两件事,而果真以为它们是有节目、先后可说的。

142. 来书云:"杨、墨之为仁义[1],乡愿之乱忠信[2],尧、舜、子之之禅让[3],汤、武、楚项之放伐[4],周公、莽、操之摄辅[5],谩无印正,又焉适从?且于古今事变、礼乐名物未尝考识,使国家欲兴明堂[6]、建辟雍[7]、制历律[8]、草封禅[9],又将何所致其用乎？故释《论语》者曰，'"生而知之"者，义理耳，若夫礼乐名物、古今事变，亦必待学而后有以验其行事之实'[10]。此则可谓定论矣。"

所喻杨、墨、乡愿、尧、舜、子之、汤、武、楚项、周公、莽、操之辨，与前舜、武之论，大略可以类推。古今事变之疑，前于良知之说，已有规矩尺度之喻，当亦无俟多赘矣。至于明堂、辟雍诸事，似尚未容于无言者，然其说甚长，姑就吾子之言而取正焉，则吾子之惑将亦可以少释矣。夫明堂、辟雍之制，始见于吕氏之《月令》、汉儒之训疏，六经四书之中未尝详及也。岂吕氏、汉儒之知，乃贤于三代之贤圣乎？齐宣之时，明堂尚有未毁[11]，则幽、厉之世，周之明堂皆无恙也。尧、舜茅茨土阶，明堂之制未必备，而不害其为治；幽、厉之明堂，固犹文、武、成、康之旧，而无救于其乱[12]。何邪？岂能"以不忍人之心，而行不忍人之政"[13]，则虽茅茨土阶，固亦明堂也；以幽、厉之心，而行幽、厉之政，则虽明堂，亦暴政所自出之地邪？武帝肇讲于汉而武后盛作于唐[14]，其治乱何如邪？天子之学曰辟雍，诸侯之学曰泮宫，皆象地形而为之名耳。然三代之学，其要皆所以明人伦，非以辟不辟、泮不泮为重轻也。孔子云："人而不仁，如礼何？人而不仁，如乐何？"[15]制礼作乐，必具中和之德，声为律而身为度者[16]，然后可以语此。若夫器数之末，乐工之事、祝史之守。故曾子曰"君子所贵乎道者三。笾豆之事，则有司存"也[17]。尧命羲和，"钦若昊天，历象日月星辰", 其重在于"敬授人时"也[18]; 舜"在璇玑玉衡", 其重在于"以齐七政"也[19]。是皆汲汲然以仁民之心而行其养民之政, 治历明时之本, 固在于此也。羲和历数之学, 皋、契未必能之也, 禹、稷未必能之也;"尧、舜之知而不遍物"[20], 虽尧、舜亦未必能之也。然至于今, 循羲和之法而世修之, 虽曲知小慧之人、星术浅陋之士, 亦能推步占候而无所忒, 则是后世曲知小慧之人, 反贤于禹、稷、尧、舜者邪? 封禅之说, 尤为不经, 是乃后世佞人谀士, 所以求媚于其上, 倡为夸侈, 以荡君心而靡国费, 盖欺天罔人无耻之大者, 君子之所不道, 司马相如之所以见讥于天下后世也[21]。吾子乃以是为儒者所宜学, 殆亦未之思邪? 夫圣人之所以为圣者, 以其生而知之也。而释《论语》者曰:"'生而知之'者, 义理耳。若夫礼乐名物、古今事变, 亦必待学而后有以验其行事之实。"夫礼乐名物之类, 果有关于作圣之功也, 而圣人亦必待学而后能知焉, 则是圣人亦不可以谓之生知矣。谓圣人为生知者, 专指义理而言, 而不以礼乐名物之类, 则是礼乐名物之类无关于作圣之功矣。圣人之所以谓之生知者, 专指义理而不以礼乐名物之类, 则是学而知之者亦惟当学知此义理而已、困而知之者亦惟当困知此义理而已。今学者之学圣人, 于圣人之所能知者, 未能学而知之, 而顾汲汲焉求知圣人之所不能知者以为学, 无乃失其所以希圣之方欤? 凡此皆就吾子之所惑者而稍为之分释, 未及乎"拔本塞源"[22]之论也。

【注释】

〔1〕杨、墨之为仁义，语本《孟子·滕文公下》和《孟子·尽心上》。

〔2〕乡愿之乱忠信，"乱"，原作"辞"，据台北藏明刊本、德安府重刊本、王畿本、孙应奎本、胡宗宪本、郭朝宾本等版本改。语本《孟子·尽心下》。

〔3〕尧、舜、子之之禅让：尧、舜之禅让，事见《史记·五帝本纪》。子之之禅让，事见《史记·燕召公世家》。

〔4〕汤、武、楚项之放伐：汤、武之放伐，事见《史记·殷本纪》。楚项之放伐，事见《史记·项羽本纪》。

〔5〕周公、莽、操之摄辅：周公之摄辅，事见《史记·鲁周公世家》。王莽之摄辅，事见《汉书·王莽传》。曹操之摄辅，事见《三国志·魏书》。

〔6〕明堂，古代帝王宣明政教之地。

〔7〕辟雍，古代所设之大学。

〔8〕历律，谓历数、律吕也。历数，所以推节气；律吕，所以定乐律。

〔9〕封禅，古代帝王祭祀天地之典礼。

〔10〕"故释《论语》者曰'生而知之'者，义理耳"云云："故释《论语》者曰"，原作"故《论语》曰"，据阳明回信"而释《论语》者曰"之说改。"'生而知之'者，义理耳"云云，语本朱熹《论语集注》注"子曰我非生而知之"章引述尹焞之言。

〔11〕"齐宣之时，明堂尚有未毁"，语本《孟子·梁惠王下》。

〔12〕救：阻止。

〔13〕岂能"以不忍人之心，而行不忍人之政"：疑"岂能"之"岂"，犹"其"，与"其"同义。"以不忍人之心，而行不忍人之政"，语见《孟子·公孙丑上》。

〔14〕武帝肇讲于汉，谓汉武帝命申公议明堂事。武后盛作于唐，谓武则天毁乾元宫作明堂事。

〔15〕孔子之言，见《论语·八佾》。

〔16〕声为律而身为度，典出《史记·夏本纪》。

〔17〕曾子之语，本《论语·泰伯》。笾（biān），古代祭祀时盛果脯用的竹编食器；豆，古代的木制食器，多用于祭祀。笾豆，指祭祀用的礼器，后多代指祭祀。

〔18〕"尧命羲和"云云，语本《尚书·尧典》。

〔19〕"舜在璇玑玉衡"云云，语本《尚书·舜典》"在璇玑玉衡，以齐七政"。在，观察。璇玑、玉衡，指北斗七星。齐，辨别；整治。七政，或说指日月、五星（金木水火土）；或说指七项政事（祭祀、班瑞、东巡、南巡、西巡、北巡、归格艺祖）。

〔20〕"尧、舜之知而不遍物"，意为：尧舜的智慧并不能够遍及所有的事物。语出《孟子·尽心上》。

〔21〕司马相如之所以见讥于天下后世也，《史记·司马相如传》云，司马相如，蜀郡成都人也，字长卿。相如未死时，"遗札书言封禅事"。

〔22〕"拔本塞源"，其典出《春秋左传》。韦政通认为，《左传》所说"拔本塞源"，乃遗弃本源之意；"阳明所谓'拔本塞源'，是正本清源之意，'拔本塞源之论'，即良知之教也"。（韦政通《中国哲学辞典》，第 388 页）

【今译】

来信说："杨朱、墨子的行仁义，乡愿的扰乱忠信，唐尧、虞舜、子之的禅让，商汤王、周武王、楚项的放伐，周公、王莽、曹操的摄辅，这样的事情太多以致无法一一加以印正，我们又何适何从呢？而且对于古今事变、礼乐名物都未曾考证辨识，假使国家打算兴立明堂、建筑辟雍、制定历律、草拟封禅，又将以什么来致其用呢？所以注释《论语》的人说，'"生而知之"者，义理耳，若夫礼乐名物、古今事变，亦必待学而后有以验其行事之实'。这才可以称之为定论。"

你所说的关于杨朱、墨子、乡愿、唐尧、虞舜、子之、商汤王、周武王、楚项、周公、王莽、曹操的区别，与前面虞舜、周武王的讨论，大体上可以类推；关于古今事变的疑惑，前面在讨论良知的说法时，已经有规矩、尺度的比喻，应当无待多说。至于明堂、辟雍等事情，似乎还不能不略加论说，然而其论说相当冗长，姑且根据你的言论而略加申说以求教正，那么你的疑惑也就可以稍微得到解释了。关于明堂、辟雍的体制，最初见于吕不韦的《月令》、汉代儒生的注疏，而六经四书之中未曾详说。难道吕氏、汉儒的见识，比夏商周三代的圣贤更加贤能吗？齐宣王的时候，明堂还有未被毁掉的，那么周幽王、周厉王的时代，周朝的明堂都完好无缺。唐尧、虞舜时期住茅草房、行土台阶，明堂的体制未必完备，然而并不妨碍其为治世；周幽王、周厉王的明堂，固然还是周文王、周武王、周成王、周康王的旧观，然而无法阻止其为乱世。为什么呢？其能"以不忍人之心，而行不忍人之政"，则即使住茅草房、行土台阶，固然也是明堂；以幽、厉之心，而行幽、厉之政，则即使是明堂，也是暴政产生的地方吧？汉代，武帝开始讨论兴建明堂；唐代，武后则大兴土木修筑明堂，然而他们的治乱情况又怎么样呢？天子兴建的学校叫辟雍，诸侯兴建的学校叫泮宫，都是取象地形来为它们命名的。然而三代的学校，其着眼点都是用来讲明人伦，而不是以辟不辟、泮不泮为重轻。孔子说："人而不仁，如礼何？人而不仁，如乐何？"制礼作乐，必须具备中和的德行，以其声为律则而以其身为尺度，然后才可以谈论这些。至于器物度数的具体细节，则是乐工的事情、祝史的职守。所以曾子说"君子所贵乎道者三。笾豆之事，则有司存"。唐尧命令羲和，"钦若昊天，历象日月星辰"，他所看重的在于"敬授人时"；虞舜"在璇玑玉衡"，他所看重的在于"以齐七政"。这些都是急切地以仁民之心来推行其养民之政，他们制定历法、审明时令的根本，固然就在于此。羲和关于历数的学问，皋、契未必能做，禹、稷未必能做；"尧、舜之知而不遍物"，即使尧、舜也未必能做。然而到了现在，遵循羲和的法则而世代修习，即使曲知小慧之人、星术浅陋之士，也能推步占候而没有差错，难道说后世的曲知小慧之人，反而比禹、稷、尧、舜更加贤能吗？封禅的说法，尤其荒诞不经，这是后世的佞人谀士，为了求媚于他们的君主，因而倡为夸言侈论，以动荡君心而奢靡国费，属于欺天罔人、最为无耻的行径，是君子所不愿挂齿的，这也正是司马相如之所以被天下后世讥笑的原因。你却认为这是儒者所应该学习的，大概也是没有深思吧？圣人之所以为圣人，是因为他是生而知之的。因而注释《论语》的人说："'生而知之'者，义理耳。若夫礼乐名物、古今事变，亦必待学而后有以验其行事之实。"如果礼乐名物之类的事情，果真与作圣的功夫有关，而圣人也必须经过学习而后才能知道，那么圣人也就不可以称之为生而知之了。如果说圣人属于生而知之，乃是专指义理而言，而不是由于礼乐名物之类的事情，那么礼乐名物之类的事情就与作圣的功夫无关。圣人之所以称之为生而知之，是专指义理而不是由于礼乐名物之类，那么学而知之者也只是应当学知这个义理而已，困而知之者也只是应当困知这个义理而已。现在的学者之学习圣人，对于圣人所能够知道的，还不能学而知之，却急切地追求知道圣人所不能知道的来作为学问，这不是正好迷失了他希望成为圣人的方向吗？所有这些都是根据你所感到疑惑的问题稍微加以分析解释，还没有涉及我的"拔本塞源"之论。

143. 夫"拔本塞源"之论不明于天下，则天下之学圣人者，将日繁日难，斯人沦于禽兽夷狄，而犹自以为圣人之学。吾之说虽或暂明于一时，终将冻解于西而冰坚于东、雾释于前而云滃[1]于后，呶呶焉危困以死，而卒无救于天下之分毫也已。夫圣人之心，以天地万物为一体，其视天下之人，无外内远近，凡有血气，皆其昆弟赤子之亲，莫不欲安全而教养之，以遂其万物一体[2]之念。天下之人心，其始亦非有异于圣人也，特其间于有我之私、隔于物欲之蔽，大者以小，通者以塞，人各有心，至有视其父子兄弟如仇雠者。圣人有忧之，是以推其天地万物一体之仁以教天下，使之皆有以克其私、去其蔽，以复其心体之同然。其教之大端，则尧、舜、禹之相授受，所谓"道心惟微，惟精惟一，允执厥中"；而其节目，则舜之命契，所谓"父子有亲，君臣有义，夫妇有别，长幼有序，朋友有信"五者而已[3]。唐、虞、三代之世，教者惟以此为教，而学者惟以此为学。当是之时，人无异见，家无异习，安此者谓之圣，勉此者谓之贤；而背此者，虽其启明如朱，亦谓之不肖[4]。下至闾井、田野、农、工、商、贾之贱，莫不皆有是学，而惟以成其德行为务。何者？无有闻见之杂、记诵之烦、辞章之靡滥、功利之驰逐，而但使之孝其亲、弟其长、信其朋友以复其心体之同然。是盖性分之所固有，而非有假于外者，则人亦孰不能之乎？学校之中，惟以成德为事，而才能之异，或有长于礼乐、长于政教、长于水土播植者，则就其成德而因使益精其能于学校之中。迨夫举德而任，则使之终身居其职而不易。用之者惟知同心一德，以共安天下之民，视才之称否，而不以崇卑为轻重、劳逸为美恶；效用者亦惟知同心一德，以共安天下之民，苟当其能，则终身处于烦剧而不以为劳、安于卑琐而不以为贱。当是之时，天下之人熙熙皞皞，皆相视如一家之亲。其才质之下者，则安其农、工、商、贾之分，各勤其业以相生相养，而无有乎希高慕外之心；其才能之异若皋、夔、稷、契[5]者，则出而各效其能。若一家之务，或营其衣食，或通其有无，或备其器用，集谋并力，以求遂其仰事俯育之愿，惟恐当其事者之或怠而重己之累也。故稷勤其稼，而不耻其不知教，视契之善教即己之善教也；夔司其乐，而不耻于不明礼，视夷[6]之通礼即己之通礼也。盖其心学纯明，而有以全其万物一体之仁，故其精神流贯，志气通达，而无有乎人己之分、物我之间。譬之一人之身，目视、耳听、手持、足行，以济一身之用。目不耻其无聪，而耳之所涉，目必营焉；足不耻其无执，而手之所探，足必前焉。盖其元气充周，血脉条畅，是以痒疴呼吸，感触神应，有不言而喻之妙。此圣人之学所以至易至简、易知易从、学易能而才易成者，正以大端惟在复心体之同然，而知识技能非所与论也。

三代之衰，王道熄而霸术焈[7]；孔、孟既没，圣学晦而邪说横。教者不复以此为教，而学者不复以此为学。霸者之徒，窃取先王之近似者，假之于外以内济其私己之欲，天下靡然而宗之，圣人之道遂以芜塞。相仿相效，日求所以富强之说、倾诈之谋、攻伐之计，一切欺天罔人、苟一时之得以猎取声利之术，若管、商、苏、张[8]之属者，至不可名数。既其久也，斗争劫夺，不胜其祸，斯人沦于禽兽夷狄，而霸术亦有所不能行矣。世之儒者慨然悲伤，搜猎先圣王之典章法制，而掇拾修补于煨烬之余，盖其为心，良亦欲以挽回先王之道。圣学既远，霸术之传积渍已深，虽在贤知，皆不免于习染，其所以讲明修饰以求宣畅光复于世者，仅足以增霸者之藩篱，而圣学之门墙遂不复可睹。于是乎有训诂之学，而传之以为名；有记诵之学，而言之以为博；有词章之学，而侈之以为丽。若是者，纷纷籍籍，群起角立于天下，又不知其几家，万径千蹊，莫知所适。世之学者，如入百戏之场，欢谑跳踉[9]、骋奇斗巧、献笑争妍者，四面而竞出，前瞻后盼，应接不遑，而耳目眩瞀[10]、精神恍惑，日夜遨游淹息其间，如病狂丧心之人，莫自知其家业之所归。时君世主，亦皆昏迷颠倒于其说，而终身从事于无用之虚文，莫自知其所谓。间有觉其空疏谬妄、支离牵滞,而卓然自奋欲以见诸行事之实者,极其所抵,亦不过为富强功利、五霸之事业而止。圣人之学日远日晦,而功利之习愈趋愈下。其间虽尝瞽惑于佛、老,而佛、老之说卒亦未能有以胜其功利之心;虽又尝折衷于群儒,而群儒之论终亦未能有以破其功利之见。盖至于今,功利之毒沦浃于人之心髓而习以成性也,几千年矣。相矜以知、相轧以势、相争以利、相高以技能、相取以声誉。其出而仕也,理钱谷者则欲兼夫兵刑,典礼乐者又欲与于铨轴,处郡县则思藩臬之高,居台谏则望宰执之要[11]。故不能其事,则不得以兼其官;不通其说,则不可以要其誉。记诵之广,适以长其敖也[12];知识之多,适以行其恶也;闻见之博,适以肆其辨也;辞章之富,适以饰其伪也。是以皋、夔、稷、契所不能兼之事,而今之初学小生皆欲通其说、究其术。其称名借号,未尝不曰吾欲以共成天下之务;而其诚心实意之所在,以为不如是则无以济其私而满其欲也。呜呼,以若是之积染,以若是之心志,而又讲之以若是之学术,宜其闻吾圣人之教,而视之以为赘疣柄凿[13];则其以良知为未足,而谓圣人之学为无所用,亦其势有所必至矣!呜呼,士生斯世,而尚何以求圣人之学乎?尚何以论圣人之学乎?士生斯世,而欲以为学者,不亦劳苦而繁难乎?不亦拘滞而险艰乎?呜呼,可悲也已!所幸天理之在人心,终有所不可泯,而良知之明,万古一日,则其闻吾“拔本塞源”之论,必有恻然而悲、戚然而痛、愤然而起,沛然若决江河而有所不可御者矣。非夫豪杰之士、无所待而兴者〔14〕，吾谁与望乎？

【注释】

〔1〕滃（wēng），云气涌起、云雾弥漫。

〔2〕万物一体，王阳明重要思想之一。该思想的直接来源，为《孟子·尽心上》"君子之于物也，爱之而弗仁；于民也，仁之而弗亲。亲亲而仁民，仁民而爱物"之言；张载《正蒙·乾称篇》"乾称父，坤称母；予兹藐焉，乃混然中处。故天地之塞，吾其体；天地之帅，吾其性。民吾同胞，物吾与也"之论；《河南程氏遗书》程颢"仁者，以天地万物为一体，莫非己也"之说。黄绾在《明是非定赏罚疏》中，认为阳明之学，其要旨有三：其一曰"致良知"，其二曰"亲民"，其三曰"知行合一"。其实，对于阳明而言，亲民与万物一体乃是一回事，或者说阳明万物一体论乃是其亲民思想的另一种表达。在《传习录》中，"拔本塞源论"（《答顾东桥书》之一部分）、《答聂文蔚（一）》是阳明论述其万物一体思想最重要的文字。

〔3〕"舜之命契"云云，语见《孟子·滕文公上》。

〔4〕朱，谓尧之子丹朱。所谓"启明"、"不肖"，语本《尚书·尧典》以及《孟子·万章上》。

〔5〕皋、夔、稷、契，皆舜臣。据《尚书·舜典》，皋陶，掌刑法；夔，典音乐；稷，主农事；契，司教化。

〔6〕夷，即伯夷，舜臣，姜姓，负责三礼。

〔7〕焻（chàng），《汉语大字典》云，"《字汇补·火部》'焻，气也'。引申为盛行"。

〔8〕管、商、苏、张，谓管仲、商鞅、苏秦、张仪也。 管夷吾，字仲，春秋时期齐国颍上人。初事公子纠，后相齐桓公。主张通货积才、富国强兵，九合诸侯、一匡天下，使齐桓公成为春秋五霸之首。 商鞅，姓公孙，名鞅，以封于商，故称商鞅，亦称商君。战国时期卫国人。相秦十九年，辅助秦孝公变法。废井田，开阡陌，奖励耕战，使秦国富强。孝公死，被诬谋反，车裂而死。 苏秦，战国时期东周洛阳人。初游说秦惠王吞并天下，不用。后游说燕、赵、韩、魏、齐、楚六国，合纵抗秦，佩六国相印，为纵约之长。嗣后，纵约为张仪所破，苏秦乃至齐为客卿，与齐大夫争宠，被刺而死。 张仪，战国时期魏国人。苏秦游说六国合纵以抗秦。张仪相秦惠王，以连横之策游说六国，使六国背纵约

而共同事秦。秦惠王死，秦武王立，张仪不为武王信任，于是离秦至魏，为魏相一年而卒。

〔9〕欢谑（huān xuè），欢笑戏谑。跳踉（liáng），跳跃。

〔10〕眩瞀（mào），眼睛昏花，视物不明。

〔11〕佐藤一斋曰："理钱谷，度支户部也。兵刑，兵部、刑部也。典礼乐，礼部太常卿也。铨轴，吏部也。处郡县，郡守、县令也。藩臬，藩司、臬使也。藩司，司一省；臬使，巡各省。居台谏，御史台谏议也。宰执，宰相执政也。"

〔12〕适以长其敖也："敖"，原误作"教"，据台北藏明刊本、王畿本、钱锦本、胡宗宪本等版本改。孙应奎本、四库全书本作"傲"。

〔13〕而视之以为赘疣枘凿："枘"，原误作"柄"，据台北藏明刊本、王畿本、孙应奎本、钱锦本等版本改。

〔14〕非夫豪杰之士、无所待而兴者，"兴"后原有"起"字，据台北藏明刊本、德安府重刊本、王畿本、孙应奎本、胡宗宪本等版本删。典出《孟子·尽心上》"孟子曰，'待文王而后兴者，凡民也；若夫豪杰之士，虽无文王犹兴'"。

【今译】

如果"拔本塞源"之论不能昌明于天下，则天下学习圣人的人，将感到日渐繁琐日渐艰难，这些人甚至沦落为禽兽、夷狄，还自以为是学习圣人的学问。我的说法即使短暂地昌明于一时，终究还将如同冻刚刚消解于西而冰又坚结于东、雾刚刚消散于前而云又涌起于后，我就算是唠唠叨叨讲说自己的言论，不顾危难困苦以至死亡，而最终还是无法拯救天下的一分一毫。圣人的心，乃以天地万物为一体，他们看待天下的人，不分外内、远近，凡是有血气生命的，都是自己的兄弟、子女之亲，无不希望他们能够安全而且得到教养，以实现其万物一体的愿望。天下的人心，其始也并非与圣人有什么不同，只是由于被有我之私所离间、被物欲之蔽所阻隔，大的因而变小，通的因而变塞，人人各自都有了私心，甚至有人把父子兄弟看成如同仇敌的。圣人对此感到忧心，因此推广其天地万物一体的仁心以教化天下，使人都能够克制其私欲、去除其蒙蔽，以恢复其心体之同然。其教诲的大端，就是尧、舜、禹相继授受的，即所谓的"道心惟微，人心惟危，惟精惟一，允执厥中"；而其教诲的细目，就是舜命令契的，即所谓的"父子有亲，君臣有义，夫妇有别，长幼有序，朋友有信"五个方面而已。唐、虞、三代的时候，教授者只是以此为教，而学习者也只是以此为学。当时，个人没有不同的见解，家族没有相异的习俗，能快乐地实行这些教诲的人称之为圣，能勉力地实行这些教诲的人称之为贤；而违背这些教诲的人，即使他开明有如丹朱，也称之为不肖。下至闾井、田野、农、工、商、贾这样卑贱的人，无不都有这样的学问，而且只将养成其德行作为要务。为什么呢？因为当时没有闻见的掺杂、记诵的烦扰、辞章的靡滥、功利的驰逐，而只是使人孝顺其父母、尊敬其兄长、信赖其朋友以恢复其心体之同然。这是人的性分所固有的，而非借助于外物的，那么又有谁不能做到呢？学校之中，只把养成德行作为事务，而才能的差异，或许有人擅长于礼乐、有人擅长于政教、有人擅长于水土播植，则在其养成德行的同时，在学校之中顺便使他的才能得以精益求精。等到选拔有德行的人来任官，则让他终身担任相应的职务而不加改变。用人者只知同心一德，以共同安抚天下的百姓，只看其才能称职与否，而不是以其地位的高低为轻重、以其职务的劳逸为优劣；效用者也只知同心一德，以共同安抚天下的百姓，假如事当其能，即使终身处于烦剧之地而不以为劳苦、安于卑琐之事而不以为微贱。当此之时，天下的人都高高兴兴，都彼此相待有如一家之亲。其才质低下的人，则安于其农、工、商、贾的本分，各自按其职业而勤奋工作以相生相养，而没有希高慕外的心；其才能特异出众像皋、夔、稷、契这样的人，则出任官职而各自贡献其才能。就像一个家庭的事务，有人谋办其衣食，有人流通其有无，有人预备其器用，集聚众谋合并众力，以寻求实现其仰事父母俯育妻子的愿望，惟恐担当其事的人或许有所懈怠而加重自己的烦累。所以后稷勤于稼穑，而不以自己不懂政教为耻，把契的善于政教看成是自己善于政教；夔负责音乐，而不以自己不明礼制为耻，把伯夷的精通礼制看成是自己精通礼制。盖因他们心学纯粹明白，而能够保全其万物一体的仁心，所以他们精神流贯，志气通达，而没有人己的区分、物我的差别。譬如一个人的身体，目视、耳听、手持、足行，目的是成就一身的功用。眼不会以自己没有听力为耻，而耳所听到的，眼一定会去看；足不会以自己不能执持为耻，而手所探取的，足一定会往前。盖因身体的元气充沛周遍，血脉条达流畅，所以其病痛呼吸，感触神应，有不言而喻之妙。这就是说，圣人之学所以至易至简、易知易从、学易能而才易成的原因，正是由于其大端只在恢复心体之所同然，而知识技能都在所不论。

三代衰落，王道消亡而霸术盛行；孔、孟去世，圣学晦暗而邪说横行。教授者不再以此为教，而学习者不再以此为学。而霸者之徒，窃取与先王近似的学说，借助于外力来满足他自己内心的欲望，天下响应而归宗他们，圣人之道因此而荒芜湮塞。人们互相模仿互相效法，整天寻求所以富强的学说、倾诈的谋略、攻伐的妙计，所有欺天罔人、苟且以一时之得来猎取声名利禄的权术，像管仲、商鞅、苏秦、张仪等人的学说，多到不可称名、计算。时间长了，人们相斗相争、相劫相夺，祸害无穷，最后这些人都沦落为禽兽、夷狄，而其霸术也有所不能施行了。世间儒者感慨悲伤，搜寻前代圣王的典章法制，于焚书的余烬中略加掇拾修补，他们的用心，确实也是希望挽回先王之道。然而圣学既远，霸术之流传积渍已深，即使贤明睿知之人，都不能免于受到它的熏习污染，他们讲明修饰以求宣畅光复于当时社会的学说，仅仅足以加固霸者的篱笆，而圣学的门墙就再也不可看见了。于是，有所谓的训诂之学，则传习之以为名誉；有所谓的记诵之学，则倡言之以为博学；有所谓的词章之学，则侈谈之以为华丽。像这样的学说，纷纷籍籍，群起而角逐于天下，又不知其有多少家多少派，万径千蹊，使人不知何所适从。世间的学者，有如进入表演百戏的场所，看到欢谑跳跃、骋奇斗巧、献笑争妍的人，四面竞出，令人前瞻后盼，应接不暇，而耳目为之昏花错乱、精神为之恍惚迷惑，日夜遨游沉湎于其中，如同病狂丧心的人，无法自知他的家业到底在哪里。而时君世主，也都被他们的学说弄得迷惑颠倒，因而终身从事于这些无用的虚文，以致无法自知他们说的到底是什么。间或有些发觉其空疏谬妄、支离牵滞，而卓然自奋、希望将自己的观点体现于实际行事的人，尽其所能达到的，也不过是追求富强功利、五霸事业而已。圣人的学问一天天疏远一天天晦暗，而功利的习气却越来越趋向低下。其间虽然曾经蛊惑于佛老，而佛老的学说最终也没有办法能胜过其功利之心；虽然又曾经折衷于群儒，而群儒的理论最终也没有办法能破除其功利之见。直到现在，功利的流毒已经深入人们的心髓以致积习成性，有几千年了。人们以知识相矜夸、以权势相倾轧、以利益相争夺、以技能相推尊、以声誉相取舍。出仕为官，管理钱谷的人则想要兼有兵部、刑部的职权，执掌礼乐的人又希求参与吏部的事务，身处郡守县令则思慕藩司皋使的高位，位居御史谏官则企望宰相执政的要职。本来没有能力做其职事，则不能够兼任相关的官职；不能精通其学说，则不可以要求相关的声誉。记诵的广泛，正好助长他的傲慢；知识的增多，正好遂行他的恶意；闻见的繁博，正好肆行他的诡辩；辞章的富丽，正好掩饰他的虚伪。所以皋、夔、稷、契所不能兼任的事情，而今的初学小生都企图精通其学说、穷究其技术。他们称圣学之名、借圣贤之号，未尝不是说我希望以此共同完成天下的事务；然而他们真心实意之所在，认为不如此则无法实现其私心而满足其私欲。呜呼，以如此的积染，以如此的心志，而又讲求如此的学术，在他们听闻我的关于圣人的教法时，会把它看成是赘疣枘凿一样多余而又格格不入，就是理所当然的了；因而他们认为良知还有所不足，说圣人的学问属于无用，也就是势所必至的了！呜呼，读书人生活在这样的时代，还怎么探求圣人的学问呢？还怎么讨论圣人的学问呢？读书人生活在这样的时代，而希望以圣人之学作为学问，不是太过劳苦而繁难了吗？不是太过拘滞而艰险了吗？呜呼，这实在是太过可悲了！所幸的是，天理之在人心，终究有所不可泯灭，而良知的灵明，万古如一日，然则当人们听了我的"拔本塞源"之论，一定会有人恻然而悲、戚然而痛、愤然而起，沛然有如决了口的江河，其势不可阻挡。如果不是豪杰之士、如果不是无须等待文王就能奋发的人，我还寄望于谁呢？

答周道通书[1]

144. 吴、曾两生至，备道道通恳切为道之意，殊慰想念[2]。若道通，真可谓笃信好学者矣。忧病中，曾不能与两生细论[3]，然两生亦自有志向、肯用功者，每见辄觉有进，在区区诚不能无负于两生之远来，在两生则亦庶几无负其远来之意矣。临别，以此册[4]致道通意，请书数语。荒愦无可言者，辄以道通来书中所问数节，略下转语奉酬[5]。草草殊不详细，两生当亦自能口悉也。

来书云："日用工夫只是立志。近来于先生诲言时时体验，愈益明白。然于朋友不能一时相离。若得朋友讲习，则此志才精健阔大、才有生意。若三五日不得朋友相讲，便觉微弱，遇事便会困，亦时会忘。乃今无朋友相讲之日，还只静坐，或看书，或游衍经行[6]，凡寓目措身，悉取以培养此志，颇觉意思和适。然终不如朋友讲聚，精神流动，生意更多也。离群索居之人，当更有何法以处之？"

此段足验道通日用工夫所得，工夫大略亦只是如此用，只要无间断，到得纯熟后，意思又自不同矣。大抵吾人为学紧要大头脑，只是立志。所谓困、忘之病，亦只是志欠真切。今好色之人未尝病于困忘，只是一真切耳。自家痛痒，自家须会知得，自家须会搔摩得；既自知得痛痒，自家须不能不搔摩得，佛家谓之"方便法门"〔7〕。须是自家调停斟酌，他人总难与力，亦更无别法可设也。

【注释】

〔1〕"答周道通书"，原作"启问道通书"，据台北藏明刊本、德安府重刊本、王畿本、孙应奎本、胡宗宪本、郭朝宾本等版本改。又：此书题下，施邦曜本、俞嶙本标明撰作时间为"甲申"。周衝，字道通，号静庵，常州宜兴人。生于成化二十一年（1485），卒于嘉靖十一年（1532），享年四十八岁。其在万安，闻阳明讲道于虔州，立刻前往受业。后又从学于湛若水，说"湛师之体认天理，即王师之致良知也"。并且与蒋信（字卿实，号道林，湖南常德人）集湛若水之讲学语为《新泉问辨录》。

〔2〕殊慰想念："想念"，原作"相念"，据台北藏明刊本、德安府重刊本、王畿本、孙应奎本、胡宗宪本等版本改。

〔3〕曾不能与两生细论："曾"，原作"會"，据台北藏明刊本、德安府重刊本、王畿本、孙应奎本、胡宗宪本等版本改。

〔4〕此册，根据上下文意，指写有周道通寄阳明先生书信的手册。

〔5〕略下转语奉酬："下"，原作"干"，据台北藏明刊本、德安府重刊本、王畿本、孙应奎本、胡宗宪本、郭朝宾本等版本改。转语，阎韬注为"解释、说明"。（王阳明著、阎韬注评《传习录》，第158页）

〔6〕游衍经行：游衍，指纵意游乐。典出《诗经·大雅·板》"昊天曰旦，及尔游衍"。经行，佛教徒将为养身体消食滞，来回往返于一定之地，称为经行。

〔7〕"方便法门"，指佛教为接引众生而施设之权宜方法。

【今译】

吴、曾两位后生到来，详备地讲述了道通你恳切求道的心意，颇能宽慰我对你的想念之情。像道通你，真可说是笃信好学的人了。由于在守父丧，竟不能与两位后生细论，然而两位后生本身也是有志向、肯用功的人，每次见面就能发觉他们有进步，在我确实不能说没有辜负两位后生的远道而来，但在两位后生则大概没有辜负他们远道而来的心意吧。临别，他们拿出这本手册来表达道通你的问候之意，要我写上几句话。在守丧当中，实在没有什么可说的，只好就道通你来信中所问的几点，略作解释来奉答。实在草草，不够详细，两位后生应当也能口头传达。

来信说："日用工夫只是立志。近来对于先生您的教诲之言时时加以体验，越来越明白。然而对于朋友，我不能有一时一刻的相离。如果能得朋友互相讲习，则这个志向才能精进康健、开阔远大，才会充满生机。如果三五日不能和朋友互相讲习，这个志向便会微弱，遇到事情便会感到困顿，也有时会忘记。如今没有朋友互相讲习的时候，还只是静坐，或者看书，或者纵意游乐、往返行走，凡是所见的所做的，全部都拿来培养这个志向，也颇觉得心思和顺舒适。然而终究不如与朋友讲习聚会那样，精神流畅，生机更多。像我这样离群索居的人，应当还有别的什么办法来应对吧?"

这一段话足以证明道通你日用工夫之所得，工夫大体上也只是这样使用，只要没有间断，等到工夫完全纯熟之后，意味又自然不同了。大抵我们做学问，最紧要的关键头绪，只是立志。所谓困顿、忘记的毛病，也只是志向还不够真切。如今那些好色的人，从来未曾有过困顿、忘记的毛病，只是一个真切而已。自家的痛痒，自家应当会知道，自家应当会去搔挠；既然自家知道了痛痒，自家就应当不能不去搔挠，佛家把这个称为"方便法门"。这应当是自家去调停斟酌，别人总难以出力，也更没有别的办法可以设想。

145. 来书云："上蔡尝问'天下何思何虑'。伊川云：'有此理，只是发得太早在。'[1]学者工夫，固是'必有事焉而勿忘'，然亦须识得'何思何虑'底气象，一并看为是。若不识得这气象，便有'正'与'助长'之病[2]；若认得'何思何虑'，而忘'必有事焉'工夫，恐又堕于无也。须是不滞于有、不堕于无。然乎否也？"

所论亦相去不远矣，只是契悟未尽。上蔡之问与伊川之答，亦只是上蔡、伊川之意，与孔子《系辞》原旨稍有不同[3]。《系》言"何思何虑"，是言所思所虑只是一个天理，更无别思别虑耳，非谓无思无虑也。故曰"同归而殊途，一致而百虑，天下何思何虑"。云"殊途"、云"百虑"，则岂谓无思无虑邪？心之本体即是天理。天理只是一个，更有何可思虑得？天理原自寂然不动、原自感而遂通，学者用功，虽千思万虑，只是要复他本来体用而已，不是以私意去安排思索出来。故明道云："君子之学，莫若廓然而大公，物来而顺应。"[4]若以私意去安排思索，便是用智自私矣。"何思何虑"正是工夫，在圣人分上，便是自然的；在学者分上，便是勉然的。伊川却是把作效验看了，所以有"发得太早"之说。既而云"却好用功"，则已自觉其前言之有未尽矣。濂溪主静之论亦是此意[5]。今道通之言，虽已不为无见，然亦未免尚有两事也。

【注释】

〔1〕上蔡、伊川问答，语见《河南程氏外书》"传闻杂记"所摘录谢良佐《上蔡语录》。谢良佐，字显道，河南上蔡人，程颢、程颐之门人。

〔2〕"必有事焉而勿忘"、"'正'与'助长'"，语出《孟子·公孙丑上》"必有事焉而勿正，心勿忘，勿助长也"。正，预期。

〔3〕与孔子《系辞》原旨稍有不同："稍"，原误作"稱"，据台北藏明刊本、德安府重刊本、王畿本、孙应奎本、胡宗宪本、郭朝宾本等版本改。

〔4〕此所引明道之言，语出程颢《答横渠张子厚先生书》。

〔5〕"濂溪主静之论"，指周敦颐《太极图说》"惟人也，得其秀而最灵。形既生矣，神发知矣，五性感动而善恶分，万事出矣。圣人定之以中正仁义（原注：圣人之道，仁义中正而已矣。）而主静，（原注：无欲故静。）立人极焉"。

【今译】

　　来信说："谢上蔡曾经问'天下何思何虑'。程伊川说：'有此理，只是发得太早在。'学者的工夫，固然是'必有事焉而勿忘'，然而也应当认识'何思何虑'的气象，将两者作为一个整体来看才是对的。如果不能认识这个气象，便会有'预期'与'助长'的毛病；如果认得'何思何虑'，而忘记了'必有事焉'的工夫，恐怕又会堕落于虚无。应当是既不执滞于实有、又不堕落于虚无。我的这个看法，对还是不对？"

　　你所说的也相去不远了，只是契悟还不够完全。谢上蔡的提问与程伊川的回答，也只是谢上蔡、程伊川的意见，与孔子《系辞》原本的意旨稍有不同。《系辞》说"何思何虑"，是说所思所虑的只是一个天理，更没有别的思虑，而不是说没有思虑。所以又说"同归而殊途，一致而百虑，天下何思何虑"。说"殊途"、说"百虑"，则哪里是说没有思虑呢？心的本体就是天理。天理只是一个，还有什么可以思虑的呢？天理原本就寂然不动、原本就感而遂通，学者所用的功夫，即使是千思万虑，也只是要恢复他本来的体用而已，而不是要用私意去安排思索出来。所以程明道说："君子之学，莫若廓然而大公，物来而顺应。"如果是用私意去安排思索，便是用智、便是自私了。"何思何虑"正是工夫，在圣人的分上，便是自然而然的；在学者的分上，便是勉力而然的。程伊川却是把它作为效验看了，所以有"发得太早"的说法。随后又说"却好用功"，则已经自觉其前面的说法还不够完全。周濂溪的主静之论也是这个意思。如今道通你的说法，虽然并非没有见识，然而还是未免将其分成两件事。

146. 来书云：“凡学者，才晓得做工夫，便要识认得圣人气象。盖认得圣人气象，把做准的，乃就实地做工夫去，才不会差，才是作圣工夫。未知是否？”

先认圣人气象，昔人[1]尝有是言矣，然亦欠有头脑。圣人气象自是圣人的，我从何处识认？若不就自己良知上真切体认，如以无星之称而权轻重、未开之镜而照妍媸，真所谓以小人之腹而度君子之心[2]矣。圣人气象何由认得？自己良知原与圣人一般，若体认得自己良知明白，即圣人气象不在圣人而在我矣。程子尝云：“觑着尧学他行事，无他许多聪明睿智，安能如彼之动容周旋中礼？”[3]又云：“心通于道，然后能辨是非。”[4]今且说通于道在何处？聪明睿智从何处出来？

【注释】

〔1〕昔人，指程颐。《河南程氏遗书》记载，伊川曰“学者不学圣人则已，欲学之，须熟玩味圣人之气象，不可只于名上理会”；又曰“学者须要理会得圣贤气象”。

〔2〕以小人之腹而度君子之心，典出《世说新语·雅量》。

〔3〕“觑着尧学他行事”云云，语见《河南程氏遗书》。觑（qù），原指把眼睛眯成一条细缝来看，此处指看。

〔4〕“心通于道，然后能辨是非”，语见程颐《答朱长文书》。

【今译】

来信说：“凡是学者，才晓得做工夫时，便要认识得圣人的气象。认得圣人的气象，拿来作为标准，于是从实地做工夫去，才不会出差错，才是作圣的工夫。不知道对不对？”

先认识圣人的气象，古人曾经有过这样的言论，然而也是欠缺头绪。圣人的气象自是圣人的，我从什么地方去认识呢？如果不是就着自己的良知真切体认，那就犹如用没有准星的杆秤来权衡轻重、用还未开磨的铜镜来映照美丑，这可真是所谓的以小人之腹而度君子之心了。圣人的气象通过什么方法才认识得到呢？自己的良知原本与圣人是一样的，如果能体认得自己的良知明明白白，那么圣人的气象就不在圣人而在我了。程子曾经说："觑着尧学他行事，无他许多聪明睿智，安能如彼之动容周旋中礼？"又说："心通于道，然后能辨是非。"如今你且说说，应当在什么地方通于道？聪明睿智又是从什么地方产生出来的？

147. 来书云："事上磨炼，一日之内，不管有事无事，只一意培养本原。若遇事来感，或自己有感，心上既有觉，安可谓无事？但因事凝心一会，大段觉得事理当如此，只如无事处之，尽吾心而已。然乃有处得善与未善，何也？又或事来得多，须要次第与处，每因才力不足，辄为所困，虽极力扶起，而精神已觉衰弱。遇此未免要十分退省，宁不了事，不可不加培养。如何？"

所说工夫，就道通分上也只是如此用，然未免有出入在。凡人为学，终身只为这一事，自少至老，自朝至暮，不论有事无事，只是做得这一件，所谓"必有事焉"者也。若说"宁不了事，不可不加培养"，却是尚为两事也。"必有事焉而勿忘勿助"，事物之来，但尽吾心之良知以应之，所谓"忠恕违道不远"[1]矣。凡处得有善有未善、及有困顿失次之患者，皆是牵于毁誉得丧，不能实致其良知耳。若能实致其良知，然后见得平日所谓善者未必是善，所谓未善者却恐正是牵于毁誉得丧、自贼其良知者也。

【注释】

〔1〕"忠恕违道不远"，语见《中庸》"忠恕违道不远，施诸己而不愿，亦勿施于人"。朱熹注云，"尽己之心为忠，推己及人为恕。违，去也，如春秋传'齐师违谷七里'之违"。

【今译】

来信说："所谓事上磨炼，就是一日之内，不管有事无事，只是一心一意地培养本原。如果遇到事情来感发我，或者自己有所感发，心里面既然有了觉知，怎么可以说无事？但顺着事情聚精会神地去理会，大体上也觉得事理应当如此，只应当像无事一样处理，尽我们的本心而已。然而却有处理得尽善、有处理得未尽善，为什么呢？又或事情来得比较多，须按顺序来处理，常常因为才力不足，总是被这些事情所困，即使极力挺着，然而精神已经觉得衰弱。遇到这种情形，未免要十分地退而自省，宁可不了事，本心也不可不加培养。怎么样？"

道通你所说的工夫，就你自己的分上也只是这样用，然而还未免有些出入。凡人为学，终身只是做这一件事，自少至老，自朝至暮，不论有事无事，只是做得这一件事，这就是孟子所说的"必有事焉"。如果像你所说"宁可不了事，本心也不可不加培养"，却是依旧分为两件事。"必有事焉而勿忘勿助"，是说当事物的到来，只要尽我们心中的良知来应对，就是《中庸》所说的"忠恕违道不远"了。凡是担心处理得有尽善有未尽善，以及担心有困顿失次的，都是受到毁誉得丧的牵制，不能着实地致其良知。如果能着实地致其良知，然后就能看出平日的所谓善未必就是善，所谓未善却恐怕正是由于受到毁誉得丧牵制、自己戕害自己的良知。

148. 来书云"致知之说，春间再承诲益[1]，已颇知用力，觉得比旧尤为简易。但鄙心则谓，与初学言之，还须带'格物'意思，使之知下手处。本来致知格物一并下，但在初学，未知下手用功，还说与'格物'，方晓得'致知'"云云。

格物是致知工夫，知得致知，便已知得格物。若是未知格物，则是致知工夫亦未尝知也。近有一书与友人论此颇悉[2]，今往一通，细观之，当自见矣。

【注释】

〔1〕所谓"春间再承诲益"，疑即《阳明先生年谱》"嘉靖三年甲申正月"条所记载周衝等访学阳明事。

〔2〕近有一书与友人论此颇悉，所指阳明哪一封书信，学界说法颇不相同。我们认为，阳明《答顾东桥书》作于其《答周道通书》之前，职是之故，此所谓"近有一书与友人论此颇悉"，恐指《答顾东桥书》。

【今译】

来信说"关于致知的学说，今年春间再次得到先生您的教诲，已经颇为知道如何用力，觉得比以往尤为简易。只是我心里觉得，与初学者谈论的时候，还是应当带有'格物'的意思，使他知道下手的地方。本来致知、格物功夫应当一起下手，只是在初学者，由于尚未知道如何下手用功，所以还是要先说'格物'，才能晓得'致知'"云云。

格物就是致知的工夫，知得致知，就已经是知得格物。如果不知格物，则是致知的工夫也还不曾知道。我最近有一封书信与友人论述这个问题颇为详悉，现在给你抄录一份寄去，你仔细看看，应当自己就能够明白了。

149. 来书云："今之为朱、陆之辨者尚未已，每对朋友言，正学不明已久，且不须枉费心力为朱、陆争是非，只依先生'立志'二字点化人，若其人果能辦（办）得此志来[1]，决意要知此学，已是大段明白了，朱、陆虽不辨，彼自能觉得。又尝见朋友中见有人议先生之言者，辄为动气。昔在朱、陆二先生所以遗后世纷纷之议者，亦见二先生工夫有未纯熟，分明亦有动气之病。若明道则无此矣，观其与吴师礼论介甫之学云：'为我尽达诸介甫，不有益于他，必有益于我也。'[2]气象何等从容！尝见先生与人书中亦引此言[3]，愿朋友皆如此。如何？"

此节议论得极是极是，愿道通遍以告于同志，各自且论自己是非，莫论朱、陆是非也。以言语谤人，其谤浅；若自己不能身体实践，而徒入耳出口，呶呶度日，是以身谤也，其谤深矣。凡今天下之论议我者，苟能取以为善，皆是砥砺切磋我也，则在我无非警惕修省进德之地矣。昔人谓"攻吾之短者是吾师"[4]，师又可恶乎？

【注释】
〔1〕若其人果能辦得此志来："辦"，原作"辨"，据台北藏明刊本、德安府重刊本、王畿本、孙应奎本、胡宗宪本、郭朝宾本改。
〔2〕观其与吴师礼论介甫之学云："为我尽达诸介甫，不有益于他，必有益于我也"：吴师礼，原误作"吴涉礼"，因相关言论出自《河南程氏遗书》，兹据《河南程氏遗书》改。吴师礼，字安仲，宋钱塘人。历官右司员外郎。工翰墨。王安石，字介甫，号半山，宋抚州临川人。著名政治家、思想家、文学家。宋神宗元丰年间封荆国公，世称荆公。主要著作有《周官新义》、《临川集》等。
〔3〕尝见先生与人书中亦引此言，指阳明《答汪石潭内翰》。
〔4〕"攻吾之短者是吾师"，语本《荀子·修身》"故非我而当者，

吾师也；是我而当者，吾友也；谄谀我者，吾贼也"。

【今译】

　　来信说："如今为朱、陆争辩的情形还没有停止，我常常对朋友说，正学不能昌明已经很久了，且不要枉费心力为朱、陆争是非，只应当依照先生'立志'二字来点化人，如果其人果真能办得成这个志向来，决意要知道此学，就已经是大体明白了，朱、陆的是非即使不加分辨，他自己也能够察觉出来。又曾经在朋友之中看到有人非议先生的言论，就为之动气。以前朱、陆二位先生所以遗留给后世纷纷纭纭的争议，也可以见出二位先生的工夫还不够纯熟，分明也有动气的毛病。如果是程明道，就没有这样的毛病，看他与吴师礼谈论王介甫的学问时说：'为我尽达诸介甫，不有益于他，必有益于我也。'气象是何等的从容！曾见先生与别人的书信中也引述过这几句话，但愿朋友们都能如此。怎么样？"

　　这一节议论得极是极是，希望道通你把它广告同志学友，各自且去讨论自己的是非，不要争论朱、陆的是非。用言语诽谤别人，这样的诽谤很浅；如果自己不能亲自体认实践，而只是入耳出口，空言度日，这是用行为诽谤自己，这样的诽谤很深重。凡是现今天下论议我的，假如能够取之以为善，就都是对我的砥砺、对我的磨炼，那么在我无非都是警惕、修省、进德之处。古人说"攻吾之短者是吾师"，对于老师又怎么可以厌恶呢？

150. 来书云："有引程子'人生而静以上不容说，才说性便已不是性'，何故不容说？何故不是性？晦庵答云：'不容说者，未有性之可言；不是性者，已不能无气质之杂矣。'[1] 二先生之言皆未能晓，每看书至此，辄为一惑，请问。"

　　"生之谓性"[2]，生字即是气字，犹言"气即是性"也。气即是性，"人生而静以上不容说"，才说"气即是性"，即已落在一边，不是性之本原矣。孟子性善，是从本原上说。然性善之端须在气上始见得，若无气亦无可见矣。恻隐、羞恶、辞让、是非即是气。程子谓"论性不论气，不备；论气不论性，不明"〔3〕，亦是为学者各认一边，只得如此说。若见得自性明白时，气即是性，性即是气，原无性、气之可分也。

【注释】

〔1〕"有引程子"、"晦庵答云"云云，语本朱熹《答刘韬仲问目》。

〔2〕"生之谓性"，告子之意，语见《孟子·告子上》。

〔3〕"论性不论气，不备；论气不论性，不明"，语见《河南程氏遗书》。

【今译】

来信说："有人引述程明道的'人生而静以上不容说，才说性便已不是性'之言，向朱晦庵请教说：人生而静以上，为什么不容说？才说性时，为什么便已经不是性？朱晦庵回答说：'不容说者，未有性之可言；不是性者，已不能无气质之杂矣。'程明道、朱晦庵二位先生的言论都不能明白。每次看书到这里，我就会感到困惑，请先生您开示。"

告子说"生之谓性"，生字就是气字，犹如说"气即是性"。气即是性，所以"人生而静以上不容说"。因为才说"气即是性"，就已经落在一边，就不再是性的本原了。孟子主张性善，是从本原上说的。然而性善的发端必须在气上面才能见得到，如果没有气，也就无法见到了。恻隐、羞恶、辞让、是非，都是气。程子说"论性不论气，不备；论气不论性，不明"，也是因为学者各指着一边，所以只好如此讲说。如果能见得自己的本性明明白白，气就是性，性就是气，原本就没有性、气可以区分。

答陆原静书

151. 来书云："下手工夫，觉此心无时宁静。妄心固动也，照心亦动也[1]。心既恒动，则无刻暂停也。"

是有意于求宁静，是以愈不宁静耳。夫妄心则动也，照心非动也。恒照则恒动恒静，天地之所以恒久而不已也[2]。照心固照也，妄心亦照也，"其为物不贰，则其生物不息"，有刻暂停则息矣，非"至诚无息"之学矣。[3]

【注释】

〔1〕佐藤一斋曰："妄是妄动，照是明觉。心一也，照心一昏，即便妄心，然其本体之明未尝息，故曰妄心亦照也。"根据佐藤一斋，妄心即妄动之心，照心即明觉之心。

〔2〕天地之所以恒久而不已也，语本《周易·恒卦·象传》。

〔3〕"其为物不贰，则其生物不息"、"至诚无息"，语本《中庸》。息，止息、间断。

【今译】

来信说："下手做工夫的时候，总觉得此心没有一时一刻的宁静。妄心固然是动，照心也是动。心既然常动，那就是没有一时一刻的暂停了。"

这是你有意于追求宁静，所以越不能够宁静。妄心是动，照心不是动。常照则能常动常静，这就是天地之所以能常久而不止息的原因。照心固然是照，妄心也是照，《中庸》说"其为物不贰，则其生物不息"，如果有一时一刻的暂停，就会止息，就不是"至诚无息"的学问了。

152. 来书云"良知亦有起处"云云。

此或听之未审。良知者，心之本体，即前所谓"恒照"者也。心之本体，无起无不起。虽妄念之发，而良知未尝不在，但人不知存，则有时而或放耳；虽昏塞之极，而良知未尝不明，但人不知察，则有时而或蔽耳。虽有时而或放，其体实未尝不在也，存之而已耳；虽有时而或蔽，其体实未尝不明也，察之而已耳。若谓"良知亦有起处"，则是有时而不在也，非其本体之谓矣。

【今译】

　　来信说"先生您说过良知也有个起点"云云。

　　这或许是由于你听得不够准确。所谓良知，就是心的本体，也就是前面所说的能"恒照"者。心的本体，无所谓起、也无所谓不起。即使有妄念发生，而良知也未尝不存在，只是人们不知道存养，则有时会放失罢了；即使昏塞到极点，而良知也未尝不灵明，只是人们不知道省察，则有时被蒙蔽罢了。即使有时放失，但是它的本体其实未尝不在，存养它就是了；即使有时蒙蔽，但是它的本体其实未尝不明，省察它就是了。如果说"良知也有个起点"，就是说良知也可能有时不在，这就不是心之本体的含义了。

153. [来书云："前日精一之论，即作圣之功否？"[1]]

"精一"之"精"以理言，"精神"之"精"以气言。理者，气之条理；气者，理之运用。无条理则不能运用，无运用则亦无以见其所谓条理者矣。精则精，精则明，精则一，精则神，精则诚；一则精，一则明，一则神，一则诚，原非有二事也。但后世儒者之说与养生之说各滞于一偏，是以不相为用。前日精一之论，虽为原静爱养精神而发，然而作圣之功，实亦不外是矣。

【注释】

〔1〕来书云："前日精一之论，即作圣之功否"：底本原无此十五字。佐藤一斋说，王贻乐本（即王贻乐编刻《王阳明先生全集》）有此十五字，诸本并脱。陈荣捷、邓艾民亦有相近说法。此据佐藤氏、陈氏、邓氏之说补出。

【今译】

［来信说："前日关于精一的论述，是不是作圣的功夫？"］

"精一"的"精"字是从理的角度言，"精神"的"精"字是从气的角度言。所谓理，乃是气的条理；所谓气，乃是理的运用。没有条理就不能运用，没有运用也就无法体现其所谓条理。能惟精则能精微，能惟精则能明照，能惟精则能专一，能惟精则能入神，能惟精则能至诚；能惟一则能精微，能惟一则能明照，能惟一则能入神，能惟一则能至诚，精一原本就并非二事。只是后世儒者的说法与养生的说法各自执滞于一偏，所以不能互相为用。前日关于精一的论述，虽然是为原静你爱养精神而提出来的，然而作圣的功夫，其实也不在这之外。

154. 来书云"元神、元气、元精〔1〕，必各有寄藏发生之处，又有真阴之精、真阳之气"云云。

夫良知一也，以其妙用而言谓之神，以其流行而言谓之气，以其凝聚而言谓之精，安可以形象、方所求哉？真阴之精，即真阳之气之母；真阳之气，即真阴之精之父。阴根阳，阳根阴，亦非有二也。苟吾良知之说明，则凡若此类皆可以不言而喻。不然，则如来书所云"三关"[2]、"七返九还"[3]之属，尚有无穷可疑者也。

【注释】

〔1〕"元神、元气、元精"，陈荣捷曰："道家炼丹工夫以人未有此身，先有三元。一气之妙用为元神，一气之流行为元气，一气之凝聚为元精。所谓气，非呼吸之气；精，非交感之精；神，非思虑之神，而为元始要素，谓之三元，亦称三华。"

〔2〕"三关"，指口、足、手。《黄庭内景玉经·三关章》云，"三关之中精气深，九微之内幽且阴。口为天关精神机，手为人关把盛衰，足为地关生命扉"。

〔3〕"七返九还"，道教炼丹术语。

【今译】

来信说"元神、元气、元精，必定各自有其寄藏发生的地方，又有真阴之精、真阳之气"云云。

良知只是一个，从其妙用的角度而言称之为神，从其流行的角度而言称之为气，从其凝聚的角度而言称之为精，怎么可以形象、方所来寻求呢？所谓真阴之精，就是真阳之气之母；所谓真阳之气，就是真阴之精之父。阴根源于阳，阳根源于阴，也不是有二个。假如你能明白我的良知之说，那么凡是如此之类的问题就都可以不言而喻了。不然，则像你来信所说的"三关"、"七返九还"之类的问题，还有无穷的令人疑惑的地方。

又

155. 来书云:"良知,心之本体,即所谓性善也、未发之中也、寂然不动之体也、廓然大公也,何常人皆不能而必待于学邪? 中也、寂也、公也[1],既以属心之体,则良知是矣。今验之于心,知无不良,而中、寂、大公实未有也。岂良知复超然于体用之外乎?"

性无不善,故知无不良。良知即是未发之中,即是廓然大公、寂然不动之本体,人人之所同具者也。但不能不昏蔽于物欲,故须学以去其昏蔽,然于良知之本体,初不能有加损于毫末也。知无不良,而中、寂、大公未能全者,是昏蔽之未尽去、而存之未纯耳。体即良知之体,用即良知之用,宁复有超然于体用之外者乎?

【注释】

〔1〕"中也、寂也、公也"之中、寂、公,即"未发之中也、寂然不动之体也、廓然大公也"之中、寂、公。未发之中,语本《中庸》"喜怒哀乐之未发,谓之中";寂然不动,语出《周易·系辞上传》;廓然大公,语本程颢《答横渠张子厚先生书》。

【今译】

来信说:"良知,就是心的本体,也就是所谓的性善、未发之中、寂然不动之体、廓然大公,为什么常人都不能保有而一定要依赖于学习呢? 所谓中、寂、公,既然都归属于心的本体,就都是良知了。然而如今在心中检验,知确实没有不是良的,而所谓的中、寂、大公则确实没有。难道良知又是超然于体用之外的吗?"

性没有不善，所以知没有不良。良知就是未发之中，就是廓然大公、寂然不动的本体，是人人所共同具有的。只是不能不被物欲昏蔽，所以必须依赖学习来去除其昏蔽，然而对于良知的本体，原本就不能有丝毫的增加或减损。知没有不良，而中、寂、大公未能完全具备，是因为昏蔽未能完全去除、而良知的存养未能纯熟。体就是良知之体，用就是良知之用，哪里又有超然于体用之外的良知呢？

156. 来书云：“周子曰‘主静’，程子曰‘动亦定，静亦定’，先生曰‘定者心之本体’[1]。是静定也，决非不睹不闻、无思无为之谓，必常知常存、常主于理之谓也。夫常知常存、常主于理，明是动也、已发也，何以谓之静？何以谓之本体？岂是静定也，又有以贯乎心之动静者邪？”

理无动者也。“常知常存、常主于理”，即“不睹不闻、无思无为”之谓也。不睹不闻、无思无为，非槁木死灰之谓也。睹闻思为一于理，而未尝有所睹闻思为，即是动而未尝动也，所谓“动亦定静亦定”、“体用一原”[2]者也。

【注释】

〔1〕阳明所谓“定者心之本体”，见《传习录》第四十二条。

〔2〕“动亦定静亦定”，语见程颢《定性书》。“体用一原”，语见程颐《易传序》“至微者理也，至著者象也。体用一源，显微无间”。

【今译】

来信说：“周子说‘主静’，程子说‘动亦定，静亦定’，先生您说‘定者心之本体’。这里所说的静、定，决非不睹不闻、无思无为的意思，而是常知常存、常主于理的意思。
常知常存、常主于理，明明就是动、就是已发，为什么称之
为静？为什么称之为本体？难道这里所说的静、定，又是连
贯着心之动静的吗？"

天理是没有动的。所谓"常知常存、常主于理"，就是"不
睹不闻、无思无为"的意思。而所谓"不睹不闻、无思无为"，
并不是槁木死灰的意思。如果睹、闻、思、为都能专主于天理，
而未曾对外物有所睹、有所闻、有所思、有所为，这就是动而未
尝动，就是程子所说的"动亦定静亦定"、"体用一原"。

157. 来书云："此心未发之体，其在已发之前乎？
其在已发之中而为之主乎？其无前后内外而浑然一
体者乎？今谓心之动静者，其主有事无事而言乎？
其主寂然感通而言乎？其主循理从欲而言乎？若以
循理为静、从欲为动，则于所谓'动中有静，静中
有动'[1]、'动极而静，静极而动'[2]者，不可通
矣；若以有事而感通为动、无事而寂然为静，则于
所谓'动而无动、静而无静'[3]者，不可通矣。若
谓未发在已发之先，静而生动，是至诚有息也、圣
人有复也，又不可矣；若谓未发在已发之中，则不
知未发、已发俱当主静乎？抑未发为静而已发为动
乎？抑未发、已发俱无动无静乎？俱有动有静乎？
幸教。"

未发之中，即良知也，无前后内外而浑然一体者
也。有事无事，可以言动静，而良知无分于有事无事
也；寂然感通，可以言动静，而良知无分于寂然感通
也。动静者，所遇之时；心之本体，固无分于动静也。

理无动者也，动即为欲。循理，则虽酬酢万变而未尝动也；从欲，则虽槁心一念而未尝静也。"动中有静，静中有动"，又何疑乎？有事而感通，固可以言动，然而寂然者未尝有增也；无事而寂然，固可以言静，然而感通者未尝有减也。"动而无动，静而无静"，又何疑乎？无前后内外而浑然一体，则"至诚有息"之疑，不待解矣。未发在已发之中，而已发之中未尝别有未发者在；已发在未发之中，而未发之中未尝别有已发者存。是未尝无动静，而不可以动静分者也。凡观古人言语，在以意逆志而得其大旨；若必拘滞于文义，则"靡有孑遗"者，是周果无遗民也[4]。周子"静极而动"之说，苟不善观，亦未免有病。盖其意从"太极动而生阳，静而生阴"说来。太极生生之理，妙用无息，而常体不易。太极之生生，即阴阳之生生。就其生生之中，指其妙用无息者而谓之动、谓之阳之生，非谓动而后生阳也；就其生生之中，指其常体不易者而谓之静、谓之阴之生，非谓静而后生阴也。若果静而后生阴，动而后生阳，则是阴阳动静截然各自为一物矣。阴阳一气也，一气屈伸而为阴阳；动静一理也，一理隐显而为动静。春夏可以为阳为动，而未尝无阴与静也；秋冬可以为阴为静，而未尝无阳与动也。春夏此不息，秋冬此不息，皆可谓之阳、谓之动也；春夏此常体，秋冬此常体，皆可谓之阴、谓之静也。自元、会、运、世、岁、月、日、时以至刻、秒、忽、微，莫不皆然。所谓"动静无端，阴阳无始"[5]，在知道者默而识之，非可以言语穷也。

若只牵文泥句、比拟仿像，则所谓"心从法华转，非是转法华"[6]矣。

【注释】

〔1〕"动中有静，静中有动"，语见《通书·动静第十六》朱熹注。

〔2〕"动极而静，静极而动"，语本周敦颐《太极图说》"太极动而生阳，动极而静；静而生阴，静极复动"。

〔3〕"动而无动、静而无静"，语见《通书·动静第十六》"动而无静，静而无动，物也；动而无动，静而无静，神也。动而无动，静而无静，非不动不静也"。

〔4〕"凡观古人言语"云云，语本《孟子·万章上》。

〔5〕"动静无端，阴阳无始"，语见《河南程氏经说》"道者，一阴一阳也。动静无端，阴阳无始。非知道者，孰能识之"。

〔6〕"心从法华转，非是转法华"，语本元代宗宝改编本《六祖大师法宝坛经·机缘品第七》。

【今译】

　　来信说："此心未发的本体，到底是在已发之前呢？还是在已发之中而为其主宰呢？抑或是没有前后内外的区别而浑然一体呢？现在说心的动静，到底是从有事无事的角度而言？还是从寂然感通的角度而言？抑或是从循理从欲的角度而言呢？如果是以循理为静、以从欲为动，就与所谓的'动中有静，静中有动'、'动极而静，静极而动'，不可以互相贯通了；如果是以有事而感通为动、以无事而寂然为静，就与所谓的'动而无动、静而无静'，不可以互相贯通了。如果说未发在已发之先、静极而生动，则至诚有止息、圣人须复性，这又是不可能的；如果说未发就在已发之中，那么不知道未发、已发都应当注重静呢？抑或是以未发为静而以已发为动呢？抑或未发、已发都无动无静呢？还是都有动有静呢？希望先生指教。"

　　未发之中，就是良知，是没有前后内外的区别而浑然一体的。有事无事，可以用来说动静，然而良知本身是不能区分有事无事的；寂然感通，可以用来说动静，然而良知本身是不能区分寂然感通的。所谓动静，是所遇到的不同时间状态的内心感受；心的本体，本来就不能区分动静。天理是没有动的，动就是私欲。如果遵循天理，则即使酬酢万变而未尝有动；如果顺从私欲，则即使槁心一念而未尝有静。所谓"动中有静，静中有动"，又有什么可疑呢？有事而感通，固然可以说动，然而寂然者未尝有所增多；无事而寂然，固然可以说静，然而感通者未尝有所减少。所谓"动而无动，静而无静"，又有什么可疑呢？没有前后内外的区别而浑然一体，则"至诚有息"的疑惑，就不用再解释了。未发就在已发之中，而已发之中未曾另外有一个未发者在；已发就在未发之中，而未发之中未曾另外有一个已发者存。这当中未尝没有动静，只是不能以动静来区分。凡看古人言语，重在以意逆志来把握其要旨；如果一定要拘滞于文义，则《诗经》所说的"靡有孑遗"，就是周朝果真没有遗民了。周子"静极而动"的说法，假如不善于省察，也不免有弊病。因为他的意思是从"太极动而生阳，静而生阴"的角度来说的。太极生生的道理，其妙用虽然没有止息，而其常体则没有变易。太极的生生不息，就是阴阳的生生不息。从其生生不息之中，就其妙用无息的方面而言则称之为动、称之为阳之生，不是说动而后生阳；从其生生不息之中，就其常体不易的方面而言则称之为静、称之为阴之生，不是说静而后生阴。如果真的是静而后生阴、动而后生阳，则是阴阳动静截然各自成为一物了。阴阳只是一气，一气的屈伸就成为阴阳；动静只是一理，一理的显隐就成为动静。春夏可以说是阳是动，然而并不是没有阴与静；秋冬可以说是阴是静，然而并不是没有阳与动。春夏是这个不息，秋冬也是这个不息，都可以称之为阳、称之为动；春夏是这个常体，秋冬也是这个常体，都可以称之为阴、称之为静。自元、会、运、世、岁、月、日、时以至刻、秒、忽、微，无不是如此。所谓"动静无端，阴阳无始"，理解天道的人只是默而识之，不是可以用言语来穷究的。如果只是拘泥文句、比拟仿照，那就是禅僧所说的"心从法华转，非是转法华"了。

158. 来书云："尝试于心，喜怒忧惧之感发也，虽动气之极，而吾心良知一觉，即罔然消阻，或遏于初，或制于中，或悔于后。然则良知常若居优闲无事之地而为之主，于喜怒忧惧若不与焉者，何欤？"

知此，则知未发之中、寂然不动之体，而有发而中节之和、感而遂通之妙矣。然谓"良知常若居于优闲无事之地"，语尚有病。盖良知虽不滞于喜怒忧惧，而喜怒忧惧亦不外于良知也。

【今译】

来信说："我曾经尝试于心，当喜怒忧惧感触迸发的时候，即使是动气到极点，然而我心中的良知一察觉，它就会罔然消失，或者遏绝于初发，或者制止于中途，或者悔悟于事后。然则，良知常常像是处于优闲无事之地而为主宰，对于喜怒忧惧像是没有什么关涉，这是为什么呢？"

知道这一点，就能懂得未发之中、寂然不动的本体，而后就能有发而中节之和、感而遂通之妙了。然而你说的"良知常常像是处于优闲无事之地"，这说法还是有些毛病的。因为良知虽然不执滞于喜怒忧惧，但是喜怒忧惧也不在良知之外。

159. 来书云："夫子昨以良知为照心。窃谓：良知，心之本体也；照心，人所用功，乃戒慎恐惧之心也，犹'思'[1]也。而遂以戒慎恐惧为良知，何欤？"

能戒慎恐惧者，是良知也。

【注释】

[1]"思"，即孟子"心之官则思"之"思"。

【今译】

　　来信说:"先生您日前把良知理解为照心。我认为:所谓良知,就是心的本体;所谓照心,就是人们所用的功夫,就是戒慎恐惧之心,也就是'思'。然而您却因此把戒慎恐惧理解为良知,为什么呢?"

能够戒慎恐惧的,就是良知。

160. 来书云:"先生又曰'照心非动也',岂以其循理而谓之静欤?'妄心亦照也',岂以其良知未尝不在于其中、未尝不明于其中,而视听言动之不过则者皆天理欤?且既曰妄心,则在妄心可谓之照,而在照心则谓之妄矣。妄与息何异?今假妄之照以续至诚之无息,窃所未明,幸再启蒙。"

　　"照心非动"者,以其发于本体明觉之自然,而未尝有所动也,有所动即妄矣;"妄心亦照"者,以其本体明觉之自然者,未尝不在于其中,但有所动耳,无所动即照矣。无妄无照,非以妄为照、以照为妄也。照心为照,妄心为妄,是犹有妄、有照也。有妄有照,则犹贰也,贰则息矣;无妄无照,则不贰,不贰则不息矣。

【今译】

　　来信说:"先生您又说'照心非动也',难道是因为它遵循天理而称之为静吗?又说'妄心亦照也',难道是因为良知未尝不存在于妄心当中、未尝不明照于妄心当中,而视听言动不越准则的都是天理吗?而且既然说是妄心,那么在妄心就可以称之为照,而在照心就可以称之为妄了。妄与息有什么不同?如今借助妄心之照来接续《中庸》所说的至诚无息,我有所不能明白,希望先生再予启蒙。"

所谓"照心非动",是因为它本体明觉之自然发出,而未曾有所动,有所动就是妄了;所谓"妄心亦照",是因为心的本体明觉之自然,未尝不存在于妄心当中,只是有所动而已,如果能无所动就是照了。无妄无照,并不是以妄为照、以照为妄。以照心为照,以妄心为妄,这还是有妄、有照。有妄有照,则还是有二心,有二心就会止息。无妄无照,则没有二心,没有二心就不会止息。

161. 来书云:"养生以清心寡欲为要。夫清心寡欲,作圣之功毕矣。然欲寡则心自清,清心非舍弃人事而独居求静之谓也,盖欲使此心纯乎天理,而无一毫人欲之私耳。今欲为此之功,而随人欲生而克之,则病根常在,未免'灭于东而生于西'[1]。若欲刊剥洗荡于众欲未萌之先,则又无所用其力,徒使此心之不清。且欲未萌而搜剔以求去之,是犹引犬上堂而逐之[2]也,愈不可矣。"

必欲此心纯乎天理,而无一毫人欲之私,此作圣之功也。必欲此心纯乎天理,而无一毫人欲之私,非防于未萌之先而克于方萌之际不能也。防于未萌之先而克于方萌之际,此正《中庸》"戒慎恐惧"、《大学》"致知格物"之功,舍此之外,无别功矣。夫谓"灭于东而生于西"、"引犬上堂而逐之"者,是自私自利、将迎[3]意必之为累,而非克治洗荡之为患也。今曰"养生以清心寡欲为要",只养生二字,便是自私自利、将迎意必之根。有此病根潜伏于中,宜其有"灭于东而生于西"、"引犬上堂而逐之"之患也。

【注释】

〔1〕"灭于东而生于西"，语见程颢《答横渠张子厚先生书》。

〔2〕引犬上堂而逐之，典出《河南程氏遗书》。

〔3〕将迎，典出《庄子》。将，送也；迎，接也。将迎，犹言接送，谓送往迎来。阳明此所谓"将迎"，为贬义词，应指曲意逢迎。

【今译】

　　来信说："养生以清心寡欲为要旨。能清心寡欲，则作圣的功夫就完备了。然而欲望寡少则此心自然清明，清心并不是舍弃人事而独自隐居以寻求宁静的意思，却是要使得此心纯粹天理，而没有一丝一毫的人欲之私罢了。如今打算要作这个功夫，然而如果是随人欲的产生而加以克除，则其病根依旧未除，未免成了'灭于东而生于西'。如果想要在各种私欲尚未萌发之先就将其削除洗荡，则又找不到用力的地方，徒然使得此心动荡不能清明。而且私欲尚未萌发就要把它搜寻挑剔出来以便去除，犹如将狗引上厅堂而后又把它赶跑，这就更加不可以了。"

　　一定要使此心纯粹天理，而没有一丝一毫的人欲之私，这就是作圣的功夫。如果一定要使此心纯粹天理，而没有一丝一毫的人欲之私，则非预防其尚未萌发之先而克除于刚刚萌发之际不能做到。预防于其尚未萌发之先而克除于刚刚萌发之际，这正是《中庸》所说的"戒慎恐惧"、《大学》所说的"致知格物"功夫，除此之外，就没有别的功夫了。你所说的"灭于东而生于西"、"引犬上堂而逐之"，这正是自私自利、曲意逢迎、主观武断的牵累，而不是克治洗荡本身有什么祸患。你如今说"养生以清心寡欲为要"，只养生二字，就是自私自利、曲意逢迎、主观武断的病根。有这个病根潜伏在心中，理所当然就会有"灭于东而生于西"、"引犬上堂而逐之"的祸患了。

162. 来书云："佛氏'于不思善不思恶时认本来面目'〔1〕，于吾儒'随物而格'之功不同。吾若于不

思善、不思恶时用致知之功，则已涉于思善矣。欲善恶不思而心之良知清静自在，惟有寐而方醒之时耳。斯正孟子'夜气'之说。但于斯光景不能久，倏忽之际，思虑已生。不知用功久者，其常寐初醒而思未起之时否乎？今澄欲求宁静，愈不宁静，欲念无生，则念愈生，如之何而能使此心前念易灭、后念不生，良知独显，而与造物者游[2]乎？"

"不思善不思恶时认本来面目"，此佛氏为未识本来面目者设此方便。"本来面目"即吾圣门所谓"良知"。今既认得良知明白，即已不消如此说矣。"随物而格"，是致知之功，即佛氏之"常惺惺"[3]，亦是常存他本来面目耳，体段[4]工夫大略相似。但佛氏有个自私自利之心，所以便有不同耳。今欲"善恶不思而心之良知清静自在"，此便有自私自利、将迎意必之心，所以有"不思善、不思恶时用致知之功，则已涉于思善"之患。孟子说"夜气"，亦只是为失其良心之人指出个良心萌动处，使他从此培养将去。今已知得良知明白，常用致知之功，即已不消说"夜气"。却是得兔后不知守兔，而仍去守株[5]，兔将复失之矣。欲求宁静、欲念无生，此正是自私自利、将迎意必之病，是以念愈生而愈不宁静。良知只是一个良知，而善恶自辨，更有何善何恶可思！良知之体，本自宁静，今却又添一个求宁静；本自生生，今却又添一个欲无生，非独圣门致知之功不如此，虽佛氏之学亦未如此将迎意必也。只是一念良知，彻头彻尾，无始无终，即是前念不灭，后念不生〔6〕。今却欲前念易灭而后念不生，是佛氏所谓断灭种性〔7〕，入于槁木死灰之谓矣。

【注释】

〔1〕"于不思善不思恶时认本来面目"，语本宗宝改编本《六祖大师法宝坛经·行由品第一》。

〔2〕与造物者游，语出《庄子·天下》"彼其充实不可以已，上与造物者游，而下与外生死无终始者为友"。

〔3〕"常惺惺"，典出《五灯会元》卷七。

〔4〕体段：格局。

〔5〕守株，语本《韩非子·五蠹》"宋人有耕者，田中有株，兔走触株，折颈而死，因释其耒而守株，冀复得兔，兔不可复得，而身为宋国笑"。

〔6〕前念不灭，后念不生，语本宗宝改编本《六祖大师法宝坛经·机缘品第七》。

〔7〕断灭种性，佐藤一斋曰："断灭种性，谓之灰身灭智，彼自讥声闻乘语。出《唯识论》。"

【今译】

来信说："佛教主张'于不思善不思恶时认本来面目'，与我们儒家'随物而格'的功夫不同。我们如果在不思善、不思恶的时候使用致知的功夫，则已经是涉及思善了。要善恶不思而此心的良知又清静自在，只有睡觉刚刚醒来的时候罢了。这正是孟子关于'夜气'的说法。只是这种光景不能持久，倏忽之际，思虑就已经产生。不知道用功持久的人，是不是就能常常保持睡觉初醒而思虑尚未出现之时的状态呢？如今我希望寻求宁静，却更加不能宁静，希望杂念不要产生，则杂念更加产生，怎么样才能使得此心做到前念易于消灭、后念不要产生，良知独自显现，而与造物者遨游呢？"

所谓"于不思善不思恶时认本来面目"，这是佛教为那些尚未认识本来面目的人设置的方便法门。所谓"本来面目"，就是我们圣门所说的"良知"。如今既然认识得良知明明白白，就已经不必这样说了。所谓"随物而格",是致知的功夫,亦即佛教所说的"常惺惺",也就是要常常保存他的本来面目,彼此的格局、工夫大致相似。只是佛教有个自私自利的心,所以便有所不同。如今你希望"善恶不思而心之良知清静自在",这便是有自私自利、曲意逢迎、主观武断的心,所以会有"不思善、不思恶时用致知之功,则已涉于思善"的担忧。孟子说"夜气",也只是为那些放失其良心的人指出一个良心萌动之处,使他由此培养开去。如今已经明明白白知得良知,常常使用致知的功夫,就已经不必说"夜气"。如果还要说"夜气",就好像是得到兔子之后不知守着兔子,而仍旧去守着树根,这样兔子也将再次失去了。希望寻求宁静、希望杂念不生,这正是自私自利、曲意逢迎、主观武断的弊病,所以杂念更加容易产生而内心更加不能宁静。良知只是一个良知,而其对于善恶自然能够分辨,更有什么善恶可以思虑!良知的本体,原本就宁静,如今却又要增添一个有意寻求宁静;原本就生生不息,如今却又要增添一个希望杂念不生,不单圣门致知的功夫不是如此,即使佛教的学说也不是如此的曲意逢迎、主观武断啊!只要一心放在良知上,彻头彻尾,无始无终,就是前念不灭、后念不生了。你如今却希望前念易于消灭、后念不要产生,这就是佛教所说的断灭种性,有如槁木死灰一般了。

163. 来书云:"佛氏又有'常提念头'之说,其犹孟子所谓'必有事'、夫子所谓'致良知'之说乎?其即'常惺惺、常记得、常知得、常存得'者乎?于此念头提在之时,而事至物来,应之必有其道。但恐此念头提起时少、放下时多,则工夫间断耳。且念头放失,多因私欲客气[1]之动而始,忽然惊醒而后提,其放而未提之间,心之昏杂多不自觉。今欲日精日明,常提不放,以何道乎?只此常提不放,即全功乎?抑于常提不放之中,更宜加省克之功乎？虽曰常提不放，而不加戒惧克治之功，恐私欲不去；若加戒惧克治之功焉，又为'思善'之事，而于'本来面目'又未达一间也。如之何则可？"

"戒惧克治"，即是"常提不放"之功，即是"必有事焉"，岂有两事邪？此节所问，前一段已自说得分晓，末后却是自生迷惑，说得支离，及有"本来面目未达一间"之疑，都是自私自利、将迎意必之为病。去此病，自无此疑矣。

【注释】

〔1〕客气，指受外在事物影响、发乎血气之情。朱熹、吕祖谦《近思录》云："明道先生曰：'义理与客气常相胜，只看消长分数多少，为君子、小人之别。'"茅星来《近思录集注》解释"客气"云："客气者，血气也。以其非心性之本然，故曰客气。"

【今译】

来信说："佛教又有'常提念头'的说法，大概犹如孟子所谓'必有事焉'、先生您所谓'致良知'的说法吧？就是'常惺惺、常记得、常知得、常存得'的意思吧？当这个念头提起的时候，而事物到来，应对它们一定有其方法。只是担心这个念头提起的时候少、放下的时候多，那么工夫就会有间断。而且念头的放失，多数是因为私欲、客气的触动而开始，忽然惊醒而后提起，在其放失而未能提起之间，对此心的昏暗杂乱多不自觉。如今要使此心日精日明、使念头常提不放，要用什么方法呢？只是这个常提不放，就是全部的功夫吗？抑或在常提不放之中，还应该施加省察克治的功夫呢？即使常提不放，然而如果不去施加戒惧克治的功夫，恐怕私欲也不能去除；如果施加戒惧克治的功夫，又属于'思善'的事情，而与'本来面目'又还有着一层间隔。怎么办才好呢?"

所谓"戒惧克治",就是"常提不放"的功夫,就是"必有事焉",哪里有两回事呢?这一节所问,前面一段已经说得明白,末后却又自生迷惑,说得支离,以至有"本来面目未达一间"的疑虑,这都是自私自利、曲意逢迎、主观武断造成的弊病。能去除这个弊病,就自然没有这些疑虑了。

164. 来书云:"'质美者明得尽,查滓便浑化'[1]。如何谓'明得尽'?如何而能'便浑化'[2]?"

良知本来自明。气质不美者,查滓多、障蔽厚,不易开明;质美者,查滓原少,无多障蔽,略加致知之功,此良知便自莹彻。些少查滓,如汤中浮雪,如何能作障蔽?此本不甚难晓,原静所以致疑于此,想是因一"明"字不明白,亦是稍有欲速之心。向曾面论"明善"之义,明则诚矣,非若后儒所谓明善之浅也。

【注释】

〔1〕"质美者明得尽,查滓便浑化",语出《河南程氏遗书》。案:查滓,同"渣滓"。

〔2〕如何而能"便浑化":"便",原误作"更",据台北藏明刊本、德安府重刊本、王畿本、孙应奎本、胡宗宪本、郭朝宾本等版本改。

【今译】

来信说:"程明道说'质美者明得尽,查滓便浑化'。什么叫作'明得尽'?怎样才能'便浑化'?"

良知本来自明。资质不好的人,渣滓比较多、障蔽比较厚,不容易开明;资质好的人,渣滓原本就少,没有多少障蔽,稍微施加致知的功夫,这个良知便自然能够晶莹澄澈。少量的渣滓,犹如热水中漂浮的雪花,怎么能作为障蔽?这原本不是很难明白,原静你所以会对此表示怀疑，想必是因为不明白这个"明"字，也是因为稍有欲速求成的心思。以前曾经与你当面讨论过"明善"的含义，能明则能诚，而不是像后世儒者所说的明善那样的浅陋。

165. 来书云："聪明睿知，果质乎？仁义礼智，果性乎？喜怒哀乐，果情乎？私欲客气，果一物乎、二物乎？古之英才，若子房、仲舒、叔度、孔明、文中、韩、范诸公[1]，德业表著，皆良知中所发也，而不得谓之闻道者，果何在乎？苟曰此特生质之美耳，则生知安行者，不愈于学知困勉者乎？[2]愚意窃云：谓诸公见道偏则可，谓全无闻，则恐后儒崇尚记诵训诂之过也。然乎否乎？"

性一而已。仁义礼知，性之性也；聪明睿知，性之质也；喜怒哀乐，性之情也；私欲客气，性之蔽也。质有清浊，故情有过不及，而蔽有浅深也。私欲客气，一病两痛，非二物也。张、黄、诸葛及韩、范诸公，皆天质之美，自多暗合道妙，虽未可尽谓之知学、尽谓之闻道，然亦自有其学、违道不远者也[3]；使其闻学知道，即伊、傅、周、召矣[4]。若文中子，则又不可谓之不知学者，其书虽多出于其徒，亦多有未是处，然其大略则亦居然可见，但今相去辽远，无有的然凭证，不可悬断其所至矣。夫良知即是道。良知之在人心，不但圣贤，虽常人亦无不如此。若无有物欲牵蔽，但循着良知发用流行将去，即无不是道。但在常人多为物欲牵蔽，不能循得良知。如数公者，天质既自清明，自少物欲为之牵蔽，则其良知之发用流行处，自然是多，自然违道不远。学者，学循此良知而已；谓之知学，只是知得专在学循良知。数公虽未知专在良知上用功，而或泛滥于多岐、疑迷于影响，是以或离或合而未纯。若知得时，便是圣人矣。后儒尝以数子者尚皆是气质用事，未免于行不著、习不察[5]，此亦未为过论。但后儒之所谓著、察者，亦是狃于闻见之狭、蔽于沿习之非，而依拟仿象于影响形迹之间，尚非圣门之所谓著、察者也，则亦安得以己之昏昏而求人之昭昭[6]也乎？所谓"生知安行"，知行二字，亦是就用功上说；若是知行本体，即是良知良能，虽在困勉之人，亦皆可谓之生知安行矣。知行二字，更宜精察。

【注释】

〔1〕张良，字子房，汉代人。刘邦谋士，佐汉灭秦、楚，因功封留侯。　董仲舒，汉代广川（今河北景县）人。汉景帝时为博士。汉武帝时以贤良对策称旨见重，拜江都相；后因言灾异之事下狱，几乎被杀。其讲学著书，主张推尊儒术，抑黜百家。著作有《春秋繁露》。　黄宪，字叔度，汝南（属河南）人。东汉名士。　诸葛亮，字孔明，阳都（今山东沂南）人。曾隐居邓县隆中（今湖北襄阳）。三国时蜀汉丞相。文中，原作"文仲"，据台北藏明刊本、德安府重刊本、王畿本、孙应奎本、胡宗宪本、郭朝宾本等版本改。文中，指隋代王通，号文中子。　韩琦，字稚圭，宋代安阳（属河南）人。宋仁宗时，西北边事起，任陕西经略招讨使，与范仲淹率兵拒战。韩、范久在兵间，名重当时，亦为朝廷所倚重，时人称为韩范。后入为枢密副使、官同中书门下平章事。宋英宗时，封魏国公。　范仲淹，字希文，宋代苏州吴县人。官至陕西四路安抚使、参知政事。宋仁宗时，与韩琦率兵同拒西夏，镇守延安。

〔2〕生知安行、学知困勉，语出《中庸》。案：根据《中庸》，"学

知困勉"，应作"学利困勉"（即学知利行、困知勉行）。译文依据"学利困勉"翻译。

〔3〕然亦自有其学、违道不远者也："自有其学"，原作"自其有学"，据台北藏明刊本、德安府重刊本、王畿本、孙应奎本、胡宗宪本、郭朝宾本等版本改。

〔4〕伊、傅、周、召（shào），谓伊尹、傅说（yuè）、周公、召公。　伊尹，名挚。商汤之臣。原是商汤之妻陪嫁之奴隶，后佐商汤征伐夏桀，被尊为阿衡（宰相）。汤死后，其孙太甲破坏商汤法制，伊尹将其放逐桐宫，三年后才迎之复位。后为太甲所杀。　傅说，殷商时宰相。相传傅说曾筑傅岩之野，武丁访而得之，举以为相，殷商因而得以中兴。　周公，即姬旦，周文王之子，辅助周武王灭夏纣，建立周王朝，封于鲁。武王死，成王年幼，周公摄政，为周代制订礼乐制度。　召公，即姬奭（shì），周武王之臣，因封地在召，故称召公。成王时，与周公分陕而治。

〔5〕行不著、习不察，语本《孟子·尽心上》。下文两处"著、察"，即"行不著、习不察"之"著、察"。

〔6〕"以己之昏昏而求人之昭昭"，语本《孟子·尽心下》："孟子曰：'贤者以其昭昭，使人昭昭；今以其昏昏，使人昭昭。'"

【今译】

来信说："聪明睿智，果真就是资质吗？仁义礼智，果真就是本性吗？喜怒哀乐，果真就是感情吗？私欲客气，到底是一物、还是二物呢？古代的英豪才杰，像张子房、董仲舒、黄叔度、诸葛孔明、文中子、韩琦、范仲淹诸公，道德显扬功业卓著，都是从良知中生发出来，然而却不能称之为闻道的人，到底原因何在呢？假如说他们只是生来资质美好，那么生知安行的人，不是远超学知利行、困知勉行的人吗？我的意见认为：说诸公见道有所偏则可，说他们完全没有闻道，则恐怕是后世儒者崇尚记诵训诂的过错。这样说对还是不对？"

性只是一个而已。仁义礼智，是性的本性；聪明睿智，是性的资质；喜怒哀乐，是性的感情；私欲客气，是性的蒙蔽。资质有清浊，所以感情有过有不及，而蒙蔽有浅有深。私欲客气，乃是一病两痛，并不是有两件物事。张子房、黄叔度、诸葛孔明及韩琦、范仲淹诸公，都是天生资质美好，自然多有暗合大道之妙，即使还不能完全称之为知学、不能完全称之为闻道，然而也是各自有其学问、距离大道不远的人；假使他们能够闻学、知道，就是伊尹、傅说、周公、召公那样的人了。像文中子，则又不可以说他不知学，他的书虽然多数出自其门徒，也多有不对的地方，然而其大体则也是显然可见的，只是现在年代相距辽远，没有确实的凭证，不可以凭空断定他所达到的境地。良知就是道。良知就在人的心中，不单圣贤，即使平常人也无不如此。假如没有物欲的牵累蒙蔽，只是遵循着良知的显发运用流行，则无不是道。只是在平常人那里多被物欲所牵累蒙蔽，不能够循得良知。像张子房这几个人，天生资质既然本自清明，自然很少有物欲能成为他们的牵累蒙蔽，则他们良知的显发运用流行之处，自然是比较多，自然距离大道不远。所谓学，就是学习遵循这个良知而已；称之为知学，只是知道专注于学习遵循良知。这几个人只是还不懂得专注于在良知上用功，因而有人泛滥于多岐、有人疑迷于影响，所以或有时背离、或有时符合，而不够纯粹。如果他们知道专门在良知上用功，便是圣人了。后儒曾经认为这几个人还都是气质用事，未能免于"行之而不著、习矣而不察"的弊病，这也不属于过分的评论。只是后儒所谓的"著"、"察"，也不过是拘泥于闻见的偏狭、蒙蔽于沿习的错误，而在影响形迹之间依拟仿像，还不是圣门所谓的"著"、"察"，那么他们又怎能以自己的昏昏而寻求使得别人昭昭呢？所谓"生知安行"，知行二字，也是从用功上说的；如果是知行的本来状态，就是良知良能，即使是困知勉行的人，也都可以称之为生知安行。知行二字，更应该精细省察。

166. 来书云："昔周茂叔每令伯淳寻仲尼、颜子乐处[1]。敢问是乐也，与七情之乐同乎、否乎？若同，则常人之一遂所欲，皆能乐矣，何必圣贤？若别有真乐，则圣贤之遇大忧、大怒、大惊、大惧之事，此乐亦在否乎？且君子之心常存戒惧，是盖

'终身之忧'〔2〕也，恶得乐？澄平生多闷，未尝见真乐之趣，今切愿寻之。"

乐是心之本体，虽不同于七情之乐，而亦不外于七情之乐。虽则圣贤别有真乐，而亦常人之所同有，但常人有之而不自知，反自求许多忧苦，自加迷弃。虽在忧苦迷弃之中，而此乐又未尝不存。但一念开明，反身而诚，则即此而在矣。每与原静论，无非此意。而原静尚有"何道可得"之问，是犹未免于骑驴觅驴〔3〕之蔽也。

【注释】

〔1〕昔周茂叔每令伯淳寻仲尼、颜子乐处，语本《河南程氏遗书》。伯淳，即程明道（程颢）。

〔2〕"终身之忧"，语出《孟子·离娄下》"是故君子有终身之忧，无一朝之患也"。

〔3〕骑驴觅驴，典出道原《景德传灯录》卷二十八："第二问：'本无今有有何物？本有今无无何物？诵经不见有无义，真似骑驴更觅驴。'"卷二十九："不解即心即佛，真似骑驴觅驴。"

【今译】

来信说："以前周茂叔经常让程伯淳寻仲尼、颜子乐处。请问这种快乐，与七情之乐相同、还是不相同？如果相同，则平常人一旦满足其所欲求，就都能快乐，又何必是圣贤呢？如果另外有所谓真正的快乐，则圣贤遇到大忧、大怒、大惊、大惧的事情时，这种快乐也还存在不存在？而且君子的心中经常保持戒惧，这大概就是孟子所谓的'终身之忧'，哪里能够快乐？我平生多愁闷，未曾见识过真正快乐的趣味，如今真切地希望找到它。"

乐是心的本来状态，虽然不同于七情之乐，然而也不外于七情之乐。虽然圣贤另外有其真正的快乐，然而也是平常人所共同具有的，只是平常人具有这种快乐而不能自知，反而自己寻找出许多的忧愁苦闷，自迷自弃。然而即使是在忧愁苦闷、自迷自弃之中，这种快乐又未尝不存在。只要能够一念开明、反身而诚，这种快乐就能当下存在。我经常与原静你讨论的，无非都是这个意思。然而原静你还有"何道可得"的疑问，这还是不能免于骑驴觅驴的蒙蔽。

167. 来书云："《大学》以'心有好乐、忿懥、忧患、恐惧'为不得其正，而程子亦谓'圣人情顺万事而无情'[1]。所谓有者，《传习录》中以病疟譬之[2]，极精切矣。若程子之言，则是圣人之情不生于心而生于物也，何谓耶？且事感而情应，则是是非非可以就格。事或未感时，谓之有则未形也，谓之无则病根在，有无之间，何以致吾知乎？学务无情，累虽轻而出儒入佛矣，可乎？"

圣人致知之功，至诚无息；其良知之体，皦如明镜，略无纤翳[3]。妍媸之来，随物见形，而明镜曾无留染，所谓"情顺万事而无情"也。"无所住而生其心"[4]，佛氏曾有是言，未为非也。明镜之应物，妍者妍、媸者媸，一照而皆真，即是"生其心"处；妍者妍、媸者媸，一过而不留，即是"无所住"处。病疟之喻，既已见其精切，则此节所问可以释然。病疟之人，疟虽未发，而病根自在，则亦安可以其疟之未发而遂忘其服药调理之功乎？若必待疟发而后服药调理，则既晚矣。致知之功无间于有事无事，而岂论于病之已发未发邪？大抵原静所疑，前后虽若不一，然皆起于自私自利、将迎意必之为祟。此根一去，则前后所疑，自将冰消雾释，有不待于问辨者矣。

【注释】

〔1〕"圣人情顺万事而无情"，语本程颢《答横渠张子厚先生书》。

〔2〕所谓有者，《传习录》中以病疟譬之，参《传习录》第七十七条。

〔3〕纤翳（xiān yì），微小的尘障。

〔4〕"无所住而生其心"，住，执着；心，清净心。意为：无所执着，而生起清净心。语出《金刚般若波罗蜜经》（简称《金刚经》）。

【今译】

来信说："《大学》以'心有所好乐、忿懥、忧患、恐惧'为不得其正，而程子也说'圣人情顺万事而无情'。所谓有，您在《传习录》中以患疟疾来比喻，极其精审确切。像程子的说法，则是圣人的感情不是产生于心而是产生于物，这是什么意思呢？而且事感而情应，则是是非非都可以得到纠正。然而事情有时尚未来感，称之为有则还未成形，称之为无则病根已在，有无之间，又怎么来致我们的良知呢？如果为学就是致力于无情，那么牵累虽轻，却已离开儒家进入佛门了，可以吗？"

圣人致知的功夫，至诚无息；其良知的本体，皦洁有如明镜，完全没有一点灰尘的障蔽。妍媸美丑的到来，随其物而现其形，而明镜本身竟然没有任何留滞沾染，这就是程子所谓的"情顺万事而无情"。"无所住而生其心"，佛教曾经有这样的言论，这不能说是错的。明镜之应接外物，妍者为妍、媸者为媸，一照而皆真，这就是"生其心"；妍者为妍、媸者为媸，一过而不留，这就是"无所住"。患疟疾的比喻，既然已经见到其精审确切，则这一节所问的就可以释然无疑。患疟疾的人，其疟疾即使没有发作，然而其病根仍在，那又怎么可以因为其疟疾还未发作，就忘记其服药调理的功夫呢？如果一定要等到疟疾发作而后才服药调理，就已经晚了。致知的功夫是不分有事无事的，又何必议论其病是已经发作还是尚未发作呢？大抵原静你所疑惑的，前后虽然像是不一样，然而都是由于自私自利、曲意逢迎、主观武断的心思在作祟。这个病根一旦去除，则你前后所感到的疑惑，自然都会冰消雾散，不必有待于质问论辩了。

　　《答原静书》出，读者皆喜澄善问、师善答，皆得闻所未闻。师曰："原静所问，只是知解上转，不得已与之逐节分疏。若信得良知，只在良知上用功，虽千经万典，无不吻合；异端曲学，一勘尽破矣，何必如此节节分解？佛家有'扑人逐块'[1]之喻，见块扑人，则得人矣；见块逐块，于块奚得哉？"在座诸友闻之，惕然皆有惺悟。此学贵反求，非知解可入也。[2]

【注释】

　　[1]"扑人逐块之喻"云云，典出道世《法苑珠林·十恶篇》。

　　[2]台北藏明刊本《传习录》无此跋。此跋底本原文错别字颇多，且字体拙劣，与其他页面之字体不同。疑为《全书》刻成后，见有缺页而补刻者。兹据郭朝宾本、三轮执斋本、佐藤一斋本等版本改正。

【今译】

　　阳明先生《答原静书》传出，读者都很喜欢陆澄善于提问、阳明老师善于解答，都得以闻其所未闻。阳明老师说："原静所问的，都只是在知解上转，不得已为他逐节分析疏释。如果能够相信良知，只在良知上用功夫，即使是千经万典，也没有不吻合的；对于异端曲学，一加勘正就可全部破除，又何必如此节节分析解释？佛家有所谓'扑人逐块'的比喻，如果是见到土块而扑向人，则能咬到人；如果是见到土块而追逐土块，又能在土块上得到什么呢？"在座各位学友听了，都惕然有所醒悟。这种学问贵在反身自求，并不是知识见解所能进入的。

答欧阳崇一^[1]

168. 崇一来书云："师云：'德性之良知，非由于闻见。若曰"多闻择其善者而从之，多见而识之"，则是专求之见闻之末，而已落在第二义'^[2]。窃意良知虽不由见闻而有，然学者之知未尝不由见闻而发；滞于见闻固非，而见闻亦良知之用也。今曰'落在第二义'，恐为专以见闻为学者而言。若致其良知而求之见闻，似亦知行合一之功矣。如何？"

良知不由见闻而有，而见闻莫非良知之用，故良知不滞于见闻，而亦不离于见闻^[3]。孔子云："吾有知乎哉？无知也。"^[4]良知之外，别无知矣。故"致良知"是学问大头脑，是圣人教人第一义。今云专求之见闻之末，则是失却头脑，而已落在第二义矣。近时同志中盖已莫不知有"致良知"之说，然其功夫尚多鹘突^[5]者，正是欠此一问。大抵学问功夫只要主意头脑是当，若主意头脑专以"致良知"为事，则凡多闻多见，莫非"致良知"之功。盖日用之间，见闻酬酢，虽千头万绪，莫非良知之发用流行，除却见闻酬酢^[6]，亦无良知可致矣。故只是一事。若曰致其良知而求之见闻，则语意之间未免为二，此与专求之见闻之末者虽稍不同，其为未得精一之旨则一而已。"多闻择其善者而从之，多见而识之"，既云择，又云识，其良知亦未尝不行于其间，但其用意乃专在多闻多见上去择、识，则已失却头脑矣。崇一于此等处见得当已分晓，今日之问，正为发明此学，于同志中极有益。但语意未莹，则毫厘千里，亦不容不精察之也。

【注释】

〔1〕欧阳德，字崇一，号南野，江西泰和人。阳明弟子。《阳明先生年谱》将此书系于嘉靖五年（1526），当时阳明五十五岁。

〔2〕"师云"云云，语见阳明《答顾东桥书》。

〔3〕不滞于见闻、不离于见闻，恐系典出唐代黄檗希运《筠州黄檗断济禅师传心法要》。

〔4〕孔子之言，语见《论语·子罕》："子曰：'吾有知乎哉？无知也。有鄙夫问于我，空空如也，我叩其两端而竭焉。'"

〔5〕鹘突（hú tu），即糊涂。

〔6〕自"崇一来书云"至此一大段文字，底本原文错字颇多，且字体拙劣，与《答陆原静书》跋文之字体相同。亦疑为《全书》刻成后，见有缺页而补刻者。兹据德安府重刊本、王畿本、钱锝本、胡宗宪本、郭朝宾本等版本改正。

【今译】

崇一来信说："老师您说：'德性的良知，不是由于闻见。至于说"多闻，择其善者而从之，多见而识之"，则是专门从见闻之末寻求，已经落在第二义了。'我认为良知虽然不是由于见闻而有，然而学者的知识未尝不是由于见闻而发；执滞于见闻固然不对，然而见闻也是良知的运用。如今说'落在第二义'，恐怕是针对专门以见闻为学的人而言。如果能致其良知而求之见闻，似乎也是知行合一的功夫。怎么样？"

良知不是由于见闻而有，而见闻莫非良知的发用，所以良知既不执滞于见闻，然而也不脱离于见闻。孔子说："吾有知乎哉？无知也。"良知之外，没有其他的知识。所以"致良知"是学问的主要头绪，这是圣人教人的第一义。如今说专门从见闻之末寻求，则是失去了学问的头绪，而已经落在第二义了。最近，同志学友当中大概已经没有人不知道有"致良知"的学说，然而其功夫还多有糊涂，正欠缺这样一个疑问。大抵学问的功夫只是要主意、头绪妥当无误，如果主意、头绪专门以"致良知"为要务，则凡是多闻多见，没有不是"致良知"功夫的。因为日用之间，见闻酬酢，即使千头万绪，没有不是良知的发用流行，除去见闻酬酢，也就没有良知可致了。所以两者只是一回事。如果说致其良知而求之见闻，则语意之间未免分而为二，这与专门从见闻之末寻求的做法虽然稍有不同，然而其尚未把握惟精惟一的要旨则是一样的。"多闻，择其善者而从之，多见而识之"，既说"择"，又说"识"，则其良知也未尝不流行于其间，只是其用意乃专门在多闻多见上去择、去识，则已经是失去学问的头绪了。崇一你在这些方面见识到的应当已经有分晓，今日的疑问，正好发挥显明这方面的学问，对同志学友极为有益。只是语意还不够莹澈，这样则有可能差之毫厘而谬以千里，所以对此也不能不精审细察。

169. 来书云："师云：'《系》言何思何虑，是言所思所虑只是天理，更无别思别虑耳，非谓无思无虑也。心之本体即是天理，有何可思虑得？学者用功，虽千思万虑，只是要复他本体，不是以私意去安排思索出来。若安排思索，便是自私用智矣。'[1] 学者之弊[2]，大率非沉空守寂，则安排思索。德辛壬之岁[3]着前一病，近又着后一病。但思索亦是良知发用，其与私意安排者何所取别？恐认贼作子，惑而不知也。"

"思曰睿，睿作圣"[4]、"心之官则思，思则得之"[5]，思其可少乎？"沉空守寂"与"安排思索"，正是自私用智，其为丧失良知，一也。良知是天理之昭明灵觉处，故良知即是天理。思是良知之发用。若是良知发用之思，则所思莫非天理矣。良知发用之思，自然明白简易，良知亦自能知得；若是私意安排之思，自是纷纭劳扰，良知亦自会分别得。盖思之是非邪正，良知无有不自知者。所以认贼作子，正为致知之学不明、不知在良知上体认之耳。

【注释】

〔1〕"师云"云云，语见阳明《答周道通书》。

〔2〕学者之弊，原作"学者之敝"，据俞嶙本、张问达本、四库全书本、三轮执斋本、佐藤一斋本改。

〔3〕辛壬之岁，指正德十六年辛巳（1521）、嘉靖元年壬午（1522）。

〔4〕"思曰睿，睿作圣"，睿（ruì），通达。意为：思考则要通达，通达就能圣明。语出《尚书·洪范》。

〔5〕"心之官则思，思则得之"，语见《孟子·告子上》。

【今译】

来信说："老师您说：'《周易·系辞》说"何思何虑"，是说所思所虑的只是天理，更没有别的思虑，而不是说没有思虑。心的本体就是天理，还有什么可以思虑的呢？学者用功，即使是千思万虑，也只是要恢复这个本体，而不是要用私意去安排思索出来。如果是安排思索，便是自私、便是用智了。'学者的弊病，大体上不是沉空守寂，就是安排思索。我在正德辛巳、嘉靖壬午年间犯着前一个弊病，最近又犯着后一个弊病。但是思索也是良知的发用，它与私意安排怎么区别？我担心会认贼作子，受到迷惑而不能自知。"

《尚书》说"思曰睿，睿作圣"、《孟子》说"心之官则思，思则得之"，思索怎么可以少得了呢？所谓"沉空守寂"与"安排思索"，正是自私用智，其属于丧失良知，是一样的。良知就是天理的昭明灵觉之所在，所以良知就是天理。思索就是良知的发用。如果思是良知发用之思，那么其所思索的就莫非天理。良知发用之思，自然是明白简易的，良知也自然能知道；如果思是私意安排之思，自然是纷纭劳扰的，良知也自然会分别。思索的是非邪正，良知没有不自知的。所以会认贼作子，正是因为致知的学说不能昌明、因为不知道在良知上加以体认。

170. 来书又云："师云：'为学终身只是一事，不论有事无事，只是这一件。若说宁不了事，不可不加培养，却是分为两事也。'[1]窃意觉精力衰弱、不足以终事者，良知也；宁不了事，且加休养，致知也。如何却为两事？若事变之来，有事势不容不了，而精力虽衰，稍鼓舞亦能支持，则持志以帅气可矣。然言动终无气力，毕事则困惫已甚，不几于'暴其气'已乎？[2]此其轻重缓急，良知固未尝不知，然或迫于事势，安能顾精力？或困于精力，安能顾事势？如之何则可？"

"宁不了事，不可不加培养"之意，且与初学如此说，亦不为无益。但作两事看了，便有病痛在。孟子言"必有事焉"，则君子之学终身只是"集义"一事。义者，宜也，心得其宜之谓义。能致良知，则心得其宜矣，故"集义"亦只是致良知。君子之酬酢万变，当行则行，当止则止，当生则生，当死则死，斟酌调停，无非是致其良知以求自慊而已。故君子"素其位而行"[3]、"思不出其位"[4]。凡谋其力之所不及而强其知之所不能[5]者，皆不得为致良知；而凡"劳其筋骨，饿其体肤，空乏其身，行拂乱其所为，动心忍性以增益其所不能"[6]者，皆所以致其良知也。若云"宁不了事，不可不加培养"者，亦是先有功利之心，较计成败利钝而爱憎取舍于其间，是以将"了事"自作一事，而"培养"又别作一事，此便有是内非外之意，便是"自私用智"，便是"义外"，便有"不得于心，勿求于气"之病，便不是致良知以求自慊之功矣[7]。所云"鼓舞支持，毕事则困惫已甚"，又云"迫于事势，困于精力"，皆是把作两事做了，所以有此。凡学问之功，一则诚，二则伪。凡此皆是致良知之意欠诚一真切之故。《大学》言"诚其意者，如恶恶臭，如好好色，此之谓自慊"，曾见有恶恶臭、好好色而须鼓舞支持者乎？曾见毕事则困惫已甚者乎？曾有迫于事势、困于精力者乎？此可以知其受病之所从来矣。

【注释】

〔1〕"师云"云云，语见阳明《答周道通书》。

〔2〕"持志"、"帅气"、"暴其气"云云，语出《孟子·公孙丑上》："夫志，气之帅也；气，体之充也。夫志至焉，气次焉。故曰：'持其志，无暴其气。'"

〔3〕"素其位而行"，语出《中庸》"君子素其位而行，不愿乎其外"。

〔4〕"思不出其位"，语出《论语·宪问》。

〔5〕谋其力之所不及而强其知之所不能，语本欧阳修《秋声赋》。

〔6〕"劳其筋骨"云云，语见《孟子·告子下》。

〔7〕便不是致良知以求自慊之功矣："自慊"，原作"自谦"，据施

邦曜本、张问达本、四库全书本等版本改。

【今译】

　　来信又说："老师您说：'为学，终身只是做这一件事，不论有事无事，只是做得这一件事。如果像你所说"宁可不能了事，本心也不可不加培养"，却是还分为两件事。'我认为能发觉精力衰弱、不足以终事的，就是良知；宁可不能了事，姑且加以休养，就是致知。为什么却是分为两件事？如果事变到来，有迫于事势不容不了的事情，而精力虽然衰退，稍为鼓舞也能够支持，则保持其志以统帅其气是可以。然而言语动作终究没有气力，完事之后则困倦疲惫已甚，这不是几乎接近于孟子所说的'暴其气'了吗？这其中的轻重缓急，良知固然未尝不知道，然而或迫于事势，怎么能顾及精力？或困于精力，又怎么能顾及事势？这该怎么办才好呢？"

　　所谓"宁可不能了事，本心也不可不加培养"的意思，姑且与初学的人这样说，也不是没有益处的。只是当作两件事看了，便会有病痛。孟子说"必有事焉"，则君子的学问终身只是"集义"一件事。所谓义，就是宜的意思，心得其宜就称之为义。能够致良知，则心得其宜，所以"集义"也只是致良知。君子的酬酢应对千变万化，应当行则行，应当止则止，应当生则生，应当死则死，斟酌调停，无非是致其良知以求得快然自足而已。所以君子"素其位而行"、"思不出其位"。凡是谋求其力之所不能及而勉强其智之所不能为的，都不能称为致良知；而凡是"劳其筋骨，饿其体肤，空乏其身，行拂乱其所为，动心忍性以增益其所不能"的，都是用来致其良知的。至于说"宁可不能了事，本心也不可不加培养"，也是先有功利的心，计较成败、利钝，而后在其中有所爱憎、有所取舍，所以会将"了事"本身当作一件事，而将"培养"又当作另外一件事，这便有了肯定内而否定外的意思，这便是"自私用智"、便是"义外"，便会有"不得于心，勿求于气"的弊病，便不是致其良知以求得快然自足的功夫了。你说"鼓舞支持，毕事则困惫已甚"，又说"迫于事势，困于精力"，都是当作两件事做了，所以会有这样的疑问。凡是学问的功夫，一则诚，二则伪。凡是有这样的疑问，都是由于你致良知的心意还不够诚笃、专一、真切的缘故。《大学》说"诚其意者，如恶恶臭，如好好色，此之谓自慊"，你曾见过有讨厌腐臭、喜好美色而须鼓舞支持的人吗？你曾见过当中有完事之后就困倦疲惫已甚的人吗？你曾见过当中有迫于事势、困于精力的人吗？由此就可以知道你得病的来由了。

> 171. 来书又有云："人情机诈百出，御之以不疑，往往为所欺；觉则自入于逆、亿。夫逆诈，即诈也；亿不信，即非信也；为人欺，又非觉也。不逆、不亿而常先觉，其惟良知莹彻乎？然而出入毫忽之间，背觉合诈者多矣。"〔1〕

"不逆不亿而先觉"，此孔子因当时人专以逆诈、亿不信为心，而自陷于诈与不信，又有不逆、不亿者，然不知致良知之功，而往往又为人所欺诈，故有是言，非教人以是存心而专欲先觉人之诈与不信也。以是存心，即是后世猜忌险薄者之事；而只此一念，已不可与入尧舜之道矣。不逆、不亿而为人所欺者，尚亦不失为善，但不如能致其良知而自然先觉者之尤为贤耳。崇一谓"其惟良知莹彻"者，盖已得其旨矣。然亦颖悟所及，恐未实际也。盖良知之在人心，亘万古、塞宇宙而无不同。不虑而知，"恒易以知险"；不学而能，"恒简以知阻"〔2〕。"先天而天不违，天且不违，而况于人乎？况于鬼神乎？"〔3〕夫谓背觉合诈者，是虽不逆人而或未能无自欺也，虽不亿人而或未能果自信也，是或常有求先觉之心，而未能常自觉也。常有求先觉之心，即已流于逆、億而足以自蔽其良知矣，此背觉合诈之所以未免也。君子学以为己，未尝虞人之欺己也，恒不自欺其良知而已；未尝虞人之不信己也，恒自信其良知而已；未尝求先觉人之诈与不信也，恒务自觉其良知而已。是故不欺则良知无所伪而诚，诚则明矣；自信则良知无所惑而明，明则诚矣。明、诚相生，是故良知常觉、常照。常觉、常照，则如明镜之悬，而物之来者自不能遁其妍媸矣。何者？不欺而诚，则无所容其欺，苟有欺焉而觉矣；自信而明，则无所容其不信，苟不信焉而觉矣。是谓易以知险、简以知阻，子思所谓"至诚如神"、"可以前知"〔4〕者也。然子思谓"如神"、谓"可以前知"，犹二而言之，是盖推言思诚者之功效，是犹为不能先觉者说也。若就至诚而言，则至诚之妙用即谓之"神"，不必言"如神"；至诚则"无知而无不知"，不必言"可以前知"矣。

【注释】

〔1〕欧阳崇一所问"不逆、不億"云云，其语出《论语·宪问》"子曰：'不逆诈，不億不信，抑亦先觉者，是贤乎！'"朱熹注云，"逆，未至而迎之也；億，未见而意之也。诈，谓人欺己；不信，谓人疑己。抑，反语辞。言虽不逆不億，而于人之情伪，自然先觉，乃为贤也"。意为：孔子说："既不逆料别人欺骗自己，又不臆测别人怀疑自己，然而却能预先发觉，这样的人应该是贤者吧！"

〔2〕"恒易以知险"、"恒简以知阻"，语出《周易·系辞下传》，意为：〔其德行是〕恒久平易而能知道艰险之所在、恒久简约而能知道困阻之所在。

〔3〕"先天而天不违"云云，语见《周易·文言》。

〔4〕"至诚如神"、"可以前知"，语出《中庸》"至诚之道，可以前

知。国家将兴，必有祯祥；国家将亡，必有妖孽；见乎蓍龟，动乎四体。
祸福将至：善，必先知之；不善，必先知之。故至诚如神”。

【今译】

来信又说："人间世情之中机巧奸诈百出，如果以不怀疑
的心态来处理，则往往被他们所欺骗；如果想预先知觉则自
己会陷入于逆诈、億不信。所谓逆诈，其本身就是诈；所谓
億不信，其本身就是不信；而被人欺骗，其本身又不是预先
知觉。能够不逆诈、不億不信而又常常预先知觉，大概只有
良知晶莹澄澈才可以吧？然而良知只要有毫忽之间的出入，
背离预先知觉、迎合机巧奸诈的情况就多了。"

所谓"不逆不億而先觉"，当时有人专门以逆诈、億信为
心，而自陷于欺诈与不信；又有不逆、不億的人，由于不知道致
良知的功夫，而往往又被人所欺诈，孔子因应这样的情况，所以
才有这样的言论，并不是教人以此存心而专门要预先知觉别人的
欺诈与不信。如果以此存心，就是后世猜忌险薄者所作的事；而
且只要有此一念，就已经不能进入尧舜之道了。不逆诈、不億不
信而被人欺骗的人，尚且不失其为善，只是不如那些能致其良知
而自然预先知觉的人那样贤明。崇一你说"其惟良知莹彻"，已
经把握其旨要了。然而也只是由你的聪明颖悟所得，恐怕还没有
实际体认。良知之在人心，绵亘万古、充塞宇宙而没有不同。能
够不虑而知，所以说是"恒易以知险"；能够不学而能，所以说
是"恒简以知阻"。《周易·文言》说："先天而天不违，天且不
违，而况于人乎？况于鬼神乎？"你所说的背觉合诈之人，这些人
虽然不逆料别人，然而有时未能不自欺；虽然不臆测别人，然而
有时未能果于自信；这些人时常有寻求预先知觉的心，然而又未
能常常自觉。常常有寻求预先知觉之心，就已经流于逆料、臆测
而足以自己蒙蔽其良知，这就是背觉合诈之所以不能避免的原因。
君子学以为己，未曾忧虑别人欺骗自己，只是常常不自欺其良知
而已；未曾忧虑别人不信自己，只是常常自信其良知而已；未曾
寻求预先知觉别人的欺诈与不信，只是常常致力于自觉其良知而
已。所以，不自欺则良知无所虚伪而能诚，能诚则能明；自信则

良知无所疑惑而能明，能明则能诚。明、诚相生，所以良知能常觉、常照。能常觉、常照，则有如明镜高悬，而事物到来也就不能隐藏它的妍媸美丑了。为什么？能不自欺而诚，则容不下欺诈，一有欺诈就能知觉；能自信而明，则容不下不信，一有不信就能知觉。这就是所谓"易以知险"、"简以知阻"，就是子思所谓的"至诚如神"、"可以前知"。然而子思说"如神"、说"可以前知"，还是分为两件事而言，还是推论思诚的功效，还是针对不能先觉的人而说的。如果从至诚的角度而言，至诚的妙用就可以称之为"神"，而不必说"如神"；至诚就能"无知而无不知"，而不必说"可以前知"。

答罗整庵少宰书[1]

172. 某顿首启：昨承教及《大学》，发舟匆匆，未能奉答。晓来江行稍暇，复取手教而读之。恐至赣后人事复纷沓，先具其略以请。

来教云："见道固难，而体道尤难。道诚未易明，而学诚不可不讲。恐未可安于所见，而遂以为极则也。"幸甚幸甚！何以得闻斯言乎？其敢自以为极则而安之乎？正思就天下之有道以讲明之耳。而数年以来，闻其说而非笑之者有矣，诟訾之者有矣，置之不足较量辨议之者有矣，其肯遂以教我乎？其肯遂以教我，而反复晓谕，恻然惟恐不及救正之乎？然则天下之爱我者，固莫有如执事之心深且至矣，感激当何如哉！夫"德之不修，学之不讲"，孔子以为忧[2]。而世之学者稍能传习训诂，即皆自以为知学，不复有所谓讲学之求，可悲矣！夫道必体而后见，非已见道而后加体道之功也；道必学而后明，非外讲学而复有所谓明道之事也。然世之讲学者有二：有讲之以身心者，有讲之以口耳者。讲之以口耳，揣摸测度，求之影响者也；讲之以身心，行著习察[3]，实有诸己者也。知此，则知孔门之学矣。

【注释】

〔1〕罗钦顺，字允升，号整庵，江西泰和人。生于成化元年（1465）十二月，卒于嘉靖二十六年（1547）四月，享年八十三岁。弘治六年（1493）进士。授编修。累官至南京吏部尚书。著作有《困知

记》、《整庵存稿》。据此信墨迹（杨儒宾、马渊昌也主编《中日阳明学者墨迹》，第 24—25 页），阳明写作此信之具体时间为正德十五年（1520）六月二十日。

〔2〕"德之不修"云云，语本《论语·述而》。

〔3〕行著习察，犹言"行之而著、习矣而察"。意为：行之而明其所当然、习矣而识其所以然。语出《孟子·尽心上》。

【今译】

守仁顿首敬启：昨日接到您的来信，承蒙教及《大学》，由于发舟匆匆，未能奉答。今日早晨，江上行船之中稍有闲暇，又拿出您的来信拜读。恐怕到达赣州之后人情事务又会纷来沓至，故在此先略加答复，以请先生您教正。

您来信说："要认识道固然困难，而要体悟道尤其困难。道确实不容易明白，而学确实不可以不讲。恐怕还不能满足于所见，而就把它当成最高的准则。"实在荣幸之至，荣幸之至！我从哪里能够聆听到这样的言论呢？我怎么敢自以为最高准则而感到满足呢？我正想着就正于天下之有道以便讲明它呢。然而数年以来，听闻我的学说，而加以非难嘲笑的人，有；加以诟病訾议的人，有；置之不理、认为不值得较量辩论的人，也有。哪里有人肯因此而教导我呢？哪里有人肯因此而教导我，而且反复晓谕，恻然惟恐来不及救正的呢？然则天下爱护我的人，固然没有像您的心意这样深厚而且周到的了，我应当怎么样感激才好呢！"德之不修，学之不讲"，孔子也为此而忧心。然而世间的学者稍微能够传习训诂，就都自以为知学，不再有所谓讲学的追求，实在是太可悲了！道必须体悟而后认识，不是先认识道而后施加体道的功夫；道必须学习而后明白，不是在讲学之外而又有所谓明道的事情。然而世间的讲学者有两类：有人以身心来讲学，有人以口耳来讲学。以口耳来讲学，这只是揣摸测度，属于求之于形影声响的人；以身心来讲学，这才是行之而著、习矣而察，属于讲求充实自己的人。知道这些，就能知道孔门的学问了。

173. 来教谓某"《大学》古本之复，以人之为学但当求之于内，而程、朱'格物'之说不免求之于外，遂去朱子之分章而削其所补之传"。非敢然也。学岂有内外乎？《大学》古本乃孔门相传旧本耳。朱子疑其有所脱误而改正补缉之，在某则谓其本无脱误，悉从其旧而已矣。失在于过信孔子则有之，非故去朱子之分章而削其传也。夫学贵得之心，求之于心而非也，虽其言之出于孔子，不敢以为是也，而况其未及孔子者乎？求之于心而是也，虽其言之出于庸常，不敢以为非也，而况其出于孔子者乎？且旧本之传数千载矣，今读其文词既明白而可通，论其工夫又易简而可入，亦何所按据而断其此段之必在于彼、彼段之必在于此，与此之如何而缺、彼之如何而补，而遂改正补缉之，无乃重于背朱而轻于叛孔已乎？

【今译】

您来信说我"《大学》古本的恢复，是认为人们做学问只应当在心内探求，而程朱的'格物'学说则不免于在心外探求，因此删去了朱子的分章并削除他所增补的'格物传'"。我可不敢如此。学问难道是有内外的吗？《大学》古本就是孔门相传下来的旧本。朱子怀疑其中有所脱漏错误而对它加以改正补辑，而在我则认为它原本并没有脱漏错误，完全遵从其旧本而已。如果说我有过失，过失就在于过分相信孔子，而不是故意删去朱子的分章并削除他的"格物补传"。学问最可贵的是得之于心，如果反求于心而认为是错的，即使这言论是出于孔子，我也不敢认为它对，何况它还不及孔子呢？如果反求于心而认为是对的，即使这言论是出于常人，我也不敢认为他错，何况它是出于孔子呢？而且旧本的流传已经好几千年了，现在我们读其文词既明白而可以通晓，论其工夫又易简而可以入手，又根据什么而断言书中的这一段必定在于彼处、那一段必定在于此处，以及这里如何有缺漏、那里如何要增补，因此而加以改正补辑？岂不是把违背朱子看得很重而把背叛孔子看得很轻了吗？

174. 来教谓："如必以学不资于外求，但当反观内省以为务，则'正心诚意'四字亦何不尽之有？何必于入门之际，便困以'格物'一段工夫也？"诚然诚然！若语其要，则"修身"二字亦足矣，何必又言"正心"？"正心"二字亦足矣，何必又言"诚意"？"诚意"二字亦足矣，何必又言"致知"、又言"格物"？惟其工夫之详密而要之只是一事，此所以为"精一"之学，此正不可不思者也。夫理无内外，性无内外，故学无内外。讲习讨论，未尝非内也；反观内省，未尝遗外也。夫谓学必资于外求，是以己性为有外也，是义外也、用智者也；谓反观内省为求之于内，是以己性为有内也，是有我也、自私者也。是皆不知性之无内外也。故曰"精义入神，以致用也；利用安身，以崇德也"[1]、"性之德也，合内外之道也"[2]。此可以知"格物"之学矣。格物者，《大学》之实下手处，彻首彻尾，自始学至圣人，只此工夫而已，非但入门之际有此一段也。夫"正心"、"诚意"、"致知"、"格物"，皆所以"修身"；而"格物"者，其所用力，日可见之地。故"格物"者，格其心之物也，格其意之物也，格其知之物也；"正心"者，正其物之心也；"诚意"者，诚其物之意也；"致知"者，致其物之知也。此岂有内外彼此之分哉？理一而已，以其理之凝聚而言则谓之"性"，以其凝聚之主宰而言则谓之"心"，以其主宰之发动而言则谓之"意"，以其发动之明觉而言则谓之"知"，以其明觉之感应而言则谓之"物"。故就物而言谓之"格"，就知而言谓之"致"，就意而言谓之"诚"，就心而言谓之"正"。正者，正此也；诚者，诚此也；致者，致此也；格者，格此也，皆所谓穷理以尽性也。天下无性外之理，无性外之物。学之不明，皆由世之儒者认理为外、认物为外，而不知义外之说孟子盖尝辟之，乃至袭陷其内而不觉，岂非亦有似是而难明者欤？不可以不察也！

【注释】

〔1〕"精义入神"云云，语见《周易·系辞下传》。朱熹注云，"精研其义，至于入神，屈之至也，然乃所以为出而致用之本；利其施用，无适不安，伸之极也，然乃所以为入而崇德之资。内外交相养、互相发也"。

〔2〕"性之德也，合内外之道也"，语见《中庸》。意为：这是本性中生来就有的德行，是没有内外之分的道理。

【今译】

您来信说："如果一定认为学问无须向外寻求，只应当以反观内省作为要务，那么'正心诚意'四字又哪里有不能穷尽的？又何必在入门之际，就用'格物'一段工夫来困扰人呢？"诚然，诚然！如果只说其要旨，则"修身"二字也就足够了，何必又说"正心"？"正心"二字也就足够了，何必又说"诚意"？"诚意"二字也就足够了，何必又说"致知"、又说"格物"？正是由于其工夫详尽周密而总之又只是一件事，才称得上是"惟精惟一"的学问，这也正是我们不可以不深思的。理没有内外，性没有内外，所以学也没有内外。讲习讨论，未尝不是内；反观内省，未尝遗弃外。若说学问一定要借助于向外寻求，这是认为自己的本性为有外，这就是义外、就是用智；若说反观内省属于求之于内，这是认为自己的本性为有内，这就是有我、就是自私。这都是不知道本性没有内外。所以《易传·系辞》说"精义入神，以致用也；利用安身，以崇德也"、《中庸》说"性之德也，合内外之道也"。由此就可以知道"格物"的学问了。所谓格物，乃是《大学》的切实下手之处，彻头彻尾，自初学以至圣人，都只有这个工夫，并不是只在入门之际有此一段工夫。所谓"正心"、"诚意"、"致知"、"格物"，都是用来"修身"的；而"格物"，就是其所用力、每日可见之地。因此所谓"格物"，就是格其心之物，格其意之物，格其知之物；所谓"正心"，就是正其物之心；所谓"诚意"，就是诚其物之意；所谓"致知"，就是致其物之知。这哪里有内外彼此的区分呢？理只是一个。从其理的凝聚而言，则称之为"性"；从其凝聚的主宰而言，则称之为"心"；从其主宰的发动而言，则称之为"意"；从其发动的明觉而言，则称之为"知"；从其明觉的感应而言，则称之为"物"。所以从物而言称之为"格"，从知而言称之为"致"，从意而言称之为"诚"，从心而言称之为"正"。所谓正，就是正此；所谓诚，就是诚此；所谓致，就是致此；所谓格，就是格此，都是所谓的穷理以尽性。天下没有性外之理，没有性外之物。圣学之所以不昌明，都是由于世间的儒者认理为外、认物为外，而不知道义外的学说，孟子曾经对其加以驳斥，以至沿袭、陷落其中而不自觉。这岂不是也有似是而非且难以明白的吗？不可以不加省察啊！

175. 凡执事所以致疑于"格物"之说者，必谓其是内而非外也，必谓其专事于反观内省之为而遗弃其讲习讨论之功也，必谓其一意于纲领本原之约而脱略于支条节目之详也，必谓其沉溺于枯槁虚寂之偏而不尽于物理人事之变也。审如是，岂但获罪于圣门、获罪于朱子？是邪说诬民、叛道乱正，人得而诛之也，而况于执事之正直哉？审如是，世之稍明训诂、闻先哲之绪论者，皆知其非也，而况执事之高明哉？凡某之所谓"格物"，其于朱子"九条"之说[1]，皆包罗统括于其中，但为之有要，作用不同，正所谓毫厘之差耳。然毫厘之差而千里之缪实起于此，不可不辨。

【注释】

〔1〕朱子"九条"之说，见《大学或问》，是朱子摘录程子关于讨论格物之言。

【今译】

凡是您用来致疑我的"格物"学说的，必定说我肯定内求而否定外求，必定说我专门从事于反观内省的做法而遗弃讲习讨论的功夫，必定说我一意于纲领本原的简约而脱略于枝条节目的详密，必定说我沉溺于枯槁虚寂的偏执而不能尽力于物理人事的变化。假使真的如此，我又何止获罪于圣门、获罪于朱子呢？这是邪说诬民、叛道乱正，人人都可以对其口诛笔伐，何况是像您这样正直的人呢？假使真的如此，世间稍为通晓训诂、得闻先哲绪论的人，都能够知道我是错误的，何况是像您这样高明的人呢？凡是我所说的"格物"，对于朱子"九条"的说法，都已经包罗统括于其中，只是我说得更加扼要，而作用与朱子稍有不同，这正是所谓的毫厘之差。然而毫厘之差，而千里之谬实际上就起源于此，不可以不加明辨。

176. 孟子辟杨、墨至于无父、无君[1]。二子亦当时之贤者，使与孟子并世而生，未必不以之为贤。墨子兼爱，行仁而过耳；杨子为我，行义而过耳。此其为说，亦岂灭理乱常之甚、而足以眩天下哉？而其流之弊，孟子至比于禽兽、夷狄，所谓"以学术杀天下后世"[2]也。今世学术之弊，其谓之学仁而过者乎？谓之学义而过者乎？抑谓之学不仁不义而过者乎？吾不知其于洪水猛兽何如也。孟子云："予岂好辨哉？予不得已也。"[3]杨、墨之道塞天下，孟子之时，天下之尊信杨、墨，当不下于今日之崇尚朱说，而孟子独以一人呶呶于其间，噫，可哀矣！韩氏云："佛、老之害，甚于杨、墨。韩愈之贤不及孟子，孟子不能救之于未坏之先，而韩愈乃欲全之于已坏之后，其亦不量其力，且见其身之危，莫之救以死也。"[4]呜呼！若某者，其尤不量其力，果见其身之危，莫之救以死也矣！夫众方嘻嘻之中，而独出涕嗟若；举世恬然以趋，而独疾首蹙额以为忧，此其非病狂丧心，殆必诚有大苦者隐于其中，而非天下之至仁，其孰能察之？其为《朱子晚年定论》，盖亦不得已而然。中间年岁早晚，诚有所未考，虽不必尽出于晚年，固多出于晚年者矣。然大意在委曲调停以明此学为重[5]。平生于朱子之说，如神明蓍龟，一旦与之背驰，心诚有所未忍，故不得已而为此。"知我者谓我心忧，不知我者谓我何求。"[6]盖不忍抵牾朱子者，其本心也；不得已而与之抵牾者，道固如是，"不直则道不见"[7]也。执事所谓"决与朱子异"者，仆敢自欺其心哉？夫道，天下之公道也；学，天下之公学也，非朱子可得而私也，非孔子可得而私也。天下之公也，公言之而已矣。故言之而是，虽异于己，乃益于己也；言之而非，虽同于己，适损于己也。益于己者，己必喜之；损于己者，己必恶之。然则某今日之论，虽或与朱子异[8]，未必非其所喜也。"君子之过，如日月之食，其更也，人皆仰之"[9]，而"小人之过也，必文"[10]。某虽不肖，固不敢以小人之心事朱子也。

【注释】

〔1〕孟子辟杨、墨至于无父、无君，语本《孟子·滕文公下》"杨氏为我，是无君也；墨氏兼爱，是无父也。无父无君，是禽兽也"。

〔2〕"以学术杀天下后世"，语本陆九渊《与曾宅之书》。

〔3〕此所引述孟子之言，语本《孟子·滕文公下》。

〔4〕此所引述韩氏之言，语本韩愈《与孟尚书书》。

〔5〕正德十五年庚辰（1520）夏，罗钦顺有《与王阳明书》。阳明此所谓"中间年岁早晚，诚有所未考"云云，乃对罗钦顺之质疑的答复。

〔6〕"知我者谓我心忧"云云，语见《诗经·国风·黍离》。

〔7〕"不直则道不见"，意为：若不完全说出来加以讨论，那么道就无法展现。语出《孟子·滕文公上》。

〔8〕虽或与朱子异："或与"，原作"或于"，据墨迹改。

〔9〕"君子之过"云云，语见《论语·子张》。

〔10〕"小人之过也，必文"，子夏之言，语见《论语·子张》。朱熹注云，"文，饰之也。小人惮于改过，而不惮于自欺，故必文以重其过"。

【今译】

孟子驳斥杨朱、墨子以至于说他们是无父、无君。杨、墨二子也是当时的贤者，假使他们与孟子并世而生，孟子未必不把他们看成贤者。墨子主张兼爱，是行仁而过分了；杨子主张为我，是行义而过分了。他们主张的学说，难道是灭理乱常之极、而足以迷惑天下人的吗？然而其流弊，孟子甚至于拿禽兽、夷狄来相比，视其为所谓的"以学术杀天下后世"。当今世间学术的弊病，是说他们学仁而过分呢？还是说他们学义而过分呢？抑或是说他们学不仁不义而过分呢？我不知道他们同洪水猛兽相比会怎么样。孟子说："予岂好辨哉？予不得已也。"杨朱、墨子的学说充塞天下，孟子的时代，天下的人尊信杨、墨，应当不下于今日的人崇尚朱子的学说，而孟子独自以一人之力唠唠叨叨地论辩于其间，噫，实在是太可哀了！韩愈说："佛、老之害，甚于杨、墨。韩愈之贤不及孟子，孟子不能救之于未坏之先，而韩愈乃欲全之于已坏之后，其亦不量其力，且见其身之危，莫之救以死也。"呜呼！像我这样的人，尤为不自量力，果真见到自身的危险，到死也没法挽救这种局面！众人正在欢欣喜悦之中，而唯独我流涕嗟叹；整个社会都恬然以趋之，而唯独我疾首蹙额以为忧虑，这如果不是病狂丧心，就是确实有真正的痛苦隐藏于心中，然而如果不是天下最有仁心的人，又有谁能体察到呢？我编辑《朱子晚年定论》，也是有所不得已而这样做的。其中年代早晚，确实有些未经考证，虽不一定完全出于晚年，固然大部分是出于晚年的。然而我的主要目的在于委曲调停朱陆的论争，以昌明圣学为重。我平生对于朱子的学说，奉如神明蓍龟，一旦与他背道而驰，心里确实有所不忍，所以是不得已而为此。正如《诗经》所说"知我者谓我心忧，不知我者谓我何求"。不忍心与朱子抵牾，是我的本心；然而不得已而与朱子抵牾，是因为道本来就如此，正如孟子所说"不直则道不见"。您说我"决与朱子异"，我又怎么敢自欺其心呢？道，是天下人公有的道；学，是天下人公有的学，不是朱子所能够私有，不是孔子所能够私有。既然是天下人公有，则秉公来论说就是了。所以论说得对，即使与自己不同，乃是对自己有益；论说得不对，即使与自己相同，刚好是对自己有损。对自己有益，自己一定会喜欢；对自己有损，自己一定会讨厌。然则我今日的言论，即使可能与朱子不同，未必不是他所喜欢的。《论语》说"君子之过，如日月之食，其更也，人皆仰之"，然而"小人之过也，必文"。我虽然不够贤明，固然不敢以小人之心来看待朱子。

177. 执事所以教，反复数百言，皆以未悉鄙人

"格物"之说；若鄙说一明，则此数百言，皆可以不待辨说而释然无滞，故今不敢缕缕以滋琐屑之渎，然鄙说非面陈口析，断亦未能了了于纸笔间也。嗟呼！执事所以开导启迪于我者，可谓恳到详切矣！人之爱我，宁有如执事者乎？仆虽甚愚下，宁不知所感刻佩服？然而不敢遽舍其中心之诚而姑以听受云者[1]，正不敢有负于深爱，亦思有以报之耳。秋尽东还，必求一面，以卒所请，千万终教！[2]

【注释】

〔1〕然而不敢遽舍其中心之诚而姑以听受云者："中心之诚"，原作"中心之诚然"，墨迹无"然"字，因删。

〔2〕信末，墨迹尚有落款云，"泰和舟次，守仁再顿首。六月廿日"。

【今译】

您用来教诲我的，反反复复有好几百字，都是因为没有明白我的"格物"学说；如果明白了我的学说，则这几百字，都可以不用辨说就能够释然而没有疑滞，所以现在我不敢再缕缕细说以免这些琐碎细小的事情增加对您的烦渎，然而我的说法若不当面陈述亲口辨析，用纸笔是断然不能明了的。嗟呼！您对我的开导启迪，可说是恳到而又详尽切实了！别人爱护我，哪里有像您这样的呢？我虽然十分愚笨卑劣，难道不知道感激佩服吗？然而我不敢遽然舍弃心中的真诚而姑且听从接受您的观点，正是因为我不敢有负于您对我的深爱之情，也希望能够对您有所报答。秋末我将东返还乡，到时一定寻求拜见您一面，以达成我向您请教的心愿，请您千万不吝赐教！

答 聂 文 蔚[1]

178. 夏间，远劳迂途枉顾问证[2]，惓惓此情何可当也！已期二三同志，更处静地，扳留旬日，少效其鄙见，以求切劘之益；而公期俗绊，势有不能，别去极快快，如有所失。忽承笺惠，反复千余言，读之无甚浣慰。中间推许太过，盖亦奖掖之盛心，而规砺真切，思欲纳之于贤圣之域；又托诸崇一以致其勤勤恳恳之怀，此非深交笃爱，何以及是？知感知愧，且惧其无以堪之也。虽然，仆亦何敢不自鞭勉、而徒以感愧辞让为乎哉？其谓"思、孟、周、程无意相遭于千载之下，与其尽信于天下，不若真信于一人；道固自在，学亦自在，天下信之不为多，一人信之不为少"者，斯固君子"不见是而无闷"[3]之心，岂世之谫谫屑屑者知足以及之乎？乃仆之情，则有大不得已者存乎其间，而非以计人之信与不信也。

【注释】

〔1〕聂豹，字文蔚，号双江，江西永丰人。生于成化二十三年（1487）正月，卒于嘉靖四十二年（1563）十一月，享年七十七岁。正德十二年（1517）进士。授华亭知县，后迁福建道监察御史、苏州知府等。累官至兵部尚书，进秩至太子太保。于阳明逝世之后，称门生。

〔2〕夏间，远劳迂途枉顾问证："夏间"，原作"春间"，据施邦曜本、俞嶙本改。案：《阳明先生年谱》云，嘉靖五年丙戌夏，聂豹"渡钱塘来见先生"，并将《答聂文蔚书》系于嘉靖五年八月。聂豹嘉靖七年春《启阳明先生》亦有"逖违道范，丙戌之夏，迄今两易寒暑矣"之

说。以作"夏间"为是。

〔3〕"不见是而无闷",意为:得不到别人称许,也不会感到苦闷。语出《周易·文言》。

【今译】

夏间,有劳你绕道远来屈尊探访、问难质证,这样恳切深挚的情怀我怎么可以担当得起!我已经约了二三位同志,想另外找一个宁静的地方,挽留你住上十来日,略为提出我的浅陋之见,以求得到互相切磋的益处;然而由于公务的期限、俗事的羁绊,其事势有所不能。你离开之后,我心里十分怏怏不乐,如有所失。忽然接到你的书信,反反复复有一千余字,读来不胜浣慰。书信中间对我推许太过,大概也是由于你奖掖的盛心;而规劝砥砺真切,想要把我纳入贤圣的境域;又嘱托欧阳德以转致你勤勤恳恳的情怀,这如果不是深交笃爱,怎么能做到这些呢?实在让我知感知愧,而且惧怕自己无法承受你的美意。即使这样,我又怎么敢不鞭策勉励自己,而只是知感知愧、推辞谦让呢?你说"子思、孟子、周子、程子无意间相遭遇于千载之下,与其天下人全都相信,不如有一人真正相信;道本来自在,学也本来自在,即使天下人都相信也不为多,哪怕只有一个人相信也不算少",这本来就是君子"不见是而无闷"的心态,哪里是世间那些浅薄琐屑之徒能够理解的呢?就我的实情,则是有大不得已的苦衷存留心中,而不是因为计较别人相信与不相信。

179. 夫人者,天地之心[1]。天地万物,本吾一体者也。生民之困苦荼毒,孰非疾痛之切于吾身者乎?不知吾身之疾痛,无是非之心者也。是非之心,不虑而知,不学而能,所谓良知也。良知之在人心,无间于圣愚,天下古今之所同也。世之君子惟务致其良知,则自能公是非、同好恶,视人犹己、视国犹家,而以天地万物为一体,求天下无治,不可得矣。古之人所以能见善不啻若己出，见恶不啻若己入，视民之饥溺犹己之饥溺，而一夫不获若己推而纳诸沟中者〔2〕，非故为是而以蕲天下之信己也，务致其良知求自慊而已矣。尧、舜、三王之圣，"言而民莫不信"者，致其良知而言之也；"行而民莫不说"者，致其良知而行之也。是以其民熙熙皞皞，"杀之不怨，利之不庸"，"施及蛮貊，而凡有血气者莫不尊亲"，为其良知之同也〔3〕。呜呼！圣人之治天下，何其简且易哉！

【注释】

〔1〕夫人者，天地之心，语出《礼记·礼运》"故人者，天地之心也，五行之端也，食味、别声、被色而生者也"。

〔2〕饥溺、纳沟云云，语本《孟子·离娄下》"禹思天下有溺者，由己溺之也；稷思天下有饥者，由己饥之也，是以如是其急也"。《孟子·万章上》"〔伊尹〕思天下之民匹夫匹妇有不被尧、舜之泽者，若己推而内之沟中。其自任以天下之重如此，故就汤而说之以伐夏救民"。内，同"纳"。

〔3〕"言而民莫不信"、"行而民莫不说"、"施及蛮貊，而凡有血气者莫不尊亲"云云，语本《中庸》。 "杀之不怨，利之不庸"，语本《孟子·尽心上》。庸，酬谢、酬功。

【今译】

所谓人，就是天地的心。天地万物，本来就是与我一体的。人民的困苦荼毒，哪一样不是我们的切身之痛呢？不知道我们的切身之痛，就是没有是非之心的人。是非之心，是不虑而知、不学而能的，就是所谓的良知。良知在人的心中，没有圣人愚者的区别，是天下古今都相同的。世间的君子只要致力于致其良知，则自然能够公是非、同好恶，看待别人犹如看待自己、看待邦国犹如看待家室，而以天地万物为一体，这样就是想使得天下不能大治，也不可能做到。古代的人之所以能够看见善行无异于像是

自己做出，看见恶行无异于像是自己所为，看到百姓的饥饿陷溺
犹如自己的饥饿陷溺，假如有一个人不能获得尧舜的恩泽就像是
自己把他推入到沟壑之中，是因为他们不是故意去做这些事情来
蕲求天下人相信自己，而是致力于致其良知以求快然自足而已。
尧、舜、三王这样的圣人，之所以能"言而民莫不信"，是因为
他们致其良知而后言；之所以能"行而民莫不说"，是因为他们
致其良知而后行。所以他们的人民熙熙皞皞、快快乐乐，"杀之不
怨，利之不庸"，"施及蛮貊，而凡有血气者莫不尊亲"，就因为他
们的良知都相同。呜呼！圣人治理天下，是多么的简单而且容易啊！

180. 后世良知之学不明，天下之人用其私智以相
比轧，是以人各有心，而偏琐僻陋之见、狡伪阴邪之
术，至于不可胜说。外假仁义之名，而内以行其自私自
利之实，诡辞以阿俗，矫行以干誉；掩人之善而袭以为
己长，讦人之私而窃以为己直[1]；忿以相胜而犹谓之徇
义，险以相倾而犹谓之疾恶；妒贤忌能而犹自以为公是
非，恣情纵欲而犹自以为同好恶。相陵相贼，自其一家
骨肉之亲，已不能无尔我胜负之意、彼此藩篱[2]之形，
而况于天下之大、民物之众，又何能一体而视之？则无
怪于纷纷籍籍而祸乱相寻于无穷矣。

【注释】

〔1〕讦人之私而窃以为己直，讦（jié），揭发别人的阴私。语本
《论语·阳货》。

〔2〕藩篱，以竹木编成的篱笆，为房屋的外蔽。引申为守卫、防备。

【今译】

后世良知的学说不能昌明，天下之人都用他们的私智来互相

朋比互相倾轧，所以人们各自怀有私心，而偏激琐碎怪僻浅陋的见解、狡猾虚伪阴险邪恶的心术，多至不可胜数。外表则借助仁义的虚名，而内里则遂行其自私自利的实事，用诡辩之辞来阿谀世俗，用矫饰之行来博取声誉；把掩袭别人的善行当作自己的优长，把揭发别人的阴私当作自己的正直；为私忿而互相争胜还称之为徇义，因险诈而互相倾轧还称之为疾恶；妒贤忌能还自以为公是非，恣情纵欲还自以为同好恶。人们互相欺凌互相戕贼，即使是一家骨肉这样的亲近，已经不能没有你我胜负的意味、彼此防备的情形，何况天下如此之广大、民物如此之众多，又怎么能够以一体来看待呢？那么整个社会纷纷藉藉而祸乱相寻以至于无穷无尽，也就没有什么奇怪的了。

181. 仆诚赖天之灵[1]，偶有见于良知之学，以为必由此而后天下可得而治。是以每念斯民之陷溺，则为之戚然痛心，忘其身之不肖，而思以此救之，亦不自知其量者。天下之人见其若是，遂相与非笑而诋斥之，以为是病狂丧心之人耳。呜呼，是奚足恤哉？吾方疾痛之切体，而暇计人之非笑乎？人固有见其父子兄弟之坠溺于深渊者，呼号匍匐，裸跣颠顿，扳悬崖壁而下拯之。士之见者，方相与揖让谈笑于其傍，以为是弃其礼貌衣冠而呼号颠顿若此，是病狂丧心者也。故夫揖让谈笑于溺人之傍而不知救，此惟行路之人、无亲戚骨肉之情者能之，然已谓之"无恻隐之心，非人矣"；若夫在父子兄弟之爱者，则固未有不痛心疾首、狂奔尽气、匍匐而拯之，彼将陷溺之祸有不顾，而况于病狂丧心之讥乎？而又况于蕲人信与不信乎？呜呼！今之人虽谓仆为病狂丧心之人，亦无不可矣。天下之人心，皆吾之心也。天

下之人，犹有病狂者矣，吾安得而非病狂乎？犹有丧心
者矣，吾安得而非丧心乎？

【注释】

〔1〕灵，福、祐。《广雅·释言》云，"灵，福也"；《玉篇·玉部》
云，"灵，祐也"。

【今译】

我确实托赖上天的洪福，对于良知的学说偶有所见，认为必
须借助这种学说而后天下才能够大治。所以每当我想到百姓的陷
溺，则为他们戚然痛心，忘记了自己的不够贤能，想要以这种学
说来拯救他们，也可说是不自量力啊。天下的人看见我如此，于
是一同对我加以非议嘲笑进而诋毁指斥，以为这是一个病狂丧心
的人。呜呼，这又哪里值得忧虑呢？我正受着切身切体的疾痛，
哪里有闲暇来计较别人的非议嘲笑呢？人们本来就是一旦看见自
己的父子兄弟坠落到深渊，就会呼号滚爬，不顾赤脚颠顿，立刻
攀附悬崖峭壁而下去拯救。而那些看见这种情形的读书之士，则
在旁边相与揖让行礼、谈笑风生，认为这个人丢弃他的礼貌衣冠
而如此呼号颠顿，一定是病狂丧心的人。所以在溺水之人旁边依
然揖让行礼谈笑风生而不知去拯救，这只有行路的人、没有亲戚
骨肉之情的人才会如此，然而这已经被称为"无恻隐之心，非人
也"；如果是有父子兄弟之爱的人，则固然没有不痛心疾首、狂奔
尽气、连滚带爬而前往拯救的，他连陷溺之祸都顾不上，又何况
是病狂丧心这样的讥讽呢？又何况蕲求别人相信与不相信呢？呜
呼！如今的人即使说我是病狂丧心之人，也没有什么不可以。天
下的人心，都是我的心。如果天下之人，还有病狂的，我怎么能
够不病狂呢？还有丧心的，我怎么能够不丧心呢？

182. 昔者孔子之在当时，有议其为谄者，有讥其
为佞者〔1〕；有毁其未贤、诋其为不知礼而侮之以为东家

丘者^[2]；有嫉而沮之者，有恶而欲杀之者^[3]。晨门、荷蒉之徒，皆当时之贤士，且曰"是知其不可而为之者欤"、"鄙哉硁硁乎！莫己知也，斯己而已矣"^[4]。虽子路在升堂之列，尚不能无疑于其所见，不悦于其所欲往，而且以之为迂。则当时之不信夫子者，岂特十之二三而已乎？然而夫子汲汲遑遑，若求亡子于道路，而不暇于暖席者，宁以蕲人之知我、信我而已哉？盖其天地万物一体之仁，疾痛迫切，虽欲已之而自有所不容已，故其言曰"吾非斯人之徒与而谁与"、"欲洁其身而乱大伦"、"果哉，末之难矣"^[5]。呜呼！此非诚以天地万物为一体者，孰能以知夫子之心乎？若其"遯世无闷"、"乐天知命"者，则固"无入而不自得"、"道并行而不相悖"也^[6]。

【注释】

〔1〕议其为谄，语本《论语·八佾》："子曰：'事君尽礼，人以为谄也。'" 讥其为佞，语本《论语·宪问》："微生亩谓孔子曰：'丘何为是栖栖者与？无乃为佞乎？'孔子曰：'非敢为佞也，疾固也。'"

〔2〕毁其未贤，语本《论语·子张》："叔孙武叔毁仲尼。子贡曰：'无以为也，仲尼不可毁也。他人之贤者，丘陵也，犹可踰也；仲尼，日月也，无得而踰焉。人虽欲自绝，其何伤于日月乎？多见其不知量也！'" 诋其为不知礼，语本《论语·八佾》："子入大庙，每事问。或曰：'孰谓鄹人之子知礼乎？入大庙，每事问。'子闻之曰：'是礼也。'" 侮之以为东家丘，其较早之出处，似为沈约《辩圣论》："当仲尼在世之时，世人不言为圣人也。伐树削迹，于七十君而不一值，或以为东家丘，或以为丧家犬。"

〔3〕嫉而沮之，语本《论语·微子》"齐人归女乐，季桓子受之。三日不朝，孔子行"。朱熹注引《史记》云，"定公十四年，孔子为鲁司寇，摄行相事。齐人惧，归女乐以沮之"。 恶而欲杀之，语本《论

语·述而》"子曰：天生德于予，桓魋其如予何？"朱熹注云，"时孔子微服过宋，〔桓〕魋欲害孔子"。

〔4〕"晨门、荷蒉"云云，语见《论语·宪问》。

〔5〕"吾非斯人之徒与而谁与"、"欲洁其身而乱大伦"，语见《论语·微子》。

〔6〕"遁世无闷"，语出《周易·文言》"遁世而无闷，不见是而无闷"。遁（dùn），即遁，隐避。"乐天知命"，语出《周易·系辞上传》。"无入而不自得"、"道并行而不相悖"，语出《中庸》。

【今译】

　　以前，孔子在他生活的时代，有人非议他是谄媚的人，有人讥讽他是谀佞的人；有人诽谤他不够贤能、诋毁他为不知礼而且侮辱他为东家丘；有人因嫉妒而要阻挠他，有人因厌恶而想杀死他。晨门、荷蒉之徒，都是当时的贤士，尚且说他"是知其不可而为之者欤"、"鄙哉硁硁乎！莫己知也，斯己而已矣"。即使像子路这样属于升堂入室之列的门人，也还不能无疑于其所见闻，对于孔子的做法感到不满，而且认为孔子迂腐。那么当时不相信孔夫子的人，又何止十之二三而已呢？然而孔夫子的急切匆忙，就像在道路上寻找走丢了的儿子，忙到没有闲暇来坐暖席子，难道只是为蕲求别人了解自己、相信自己而已吗？大概是他的天地万物一体之仁的心，疾痛迫切，即使想停止而自己也有所不容停止，所以他说"吾非斯人之徒与而谁与"、"欲洁其身而乱大伦"、"果哉，末之难矣"。呜呼！如果不是确实以天地万物为一体的人，谁能够理解孔夫子的用心呢？至于他说"遁世无闷"、"乐天知命"，则固然已经达到"无入而不自得"、"道并行而不相悖"的境界了。

183. 仆之不肖，何敢以夫子之道为己任？顾其心亦已稍知疾痛之在身，是以彷徨四顾，将求其有助于我者，相与讲去其病耳。今诚得豪杰同志之士扶持匡翼，共明良知之学于天下，使天下之人皆知自致其良知，以相安相养，去其自私自利之蔽，一洗谗妒胜忿之习，以济于大同，则仆之狂病固将脱然以愈，而终免于丧心之患矣，岂不快哉？嗟乎！今诚欲求豪杰同志之士于天下，非如吾文蔚者而谁望之乎？如吾文蔚之才与志，诚足以援天下之溺者，今又既知其具之在我而无假于外求矣，循是而充，若决河注海，孰得而御哉？文蔚所谓"一人信之不为少"，其又能逊以委之何人乎？

【今译】

我不够贤能，哪里敢以孔夫子之道为己任呢？只是我的心中也已经稍微知道疾痛在身，所以彷徨四顾，寻求那些有助于我的人，相与讲求除去病痛而已。如今假使真的能得到豪杰同志之士的扶持、匡正与辅翼，以共同昌明良知的学说于天下，使得天下的人都知道自致其良知，相安相养，去除其自私自利的蒙蔽，涤荡其谗佞、妒忌、好胜、激忿的陋习，以达到天下大同，那么我的狂病就会脱然痊愈，而最终免于丧心的忧患，岂不是很痛快吗？嗟乎！如今真的要寻求豪杰同志之士于天下，如果不是像文蔚你这样的人，我又能指望谁呢？像文蔚你这样的才华与志向，确实足以援救天下沉溺的人，如今又已经知道良知之在我而无须向外寻求，顺此而加以扩充，就有如挖开江河的决口而将其注入大海，谁能够抵御呢？正如文蔚你说的"哪怕只有一个人相信也不算少"，你又何必谦逊、委托他人呢？

184. 会稽素号山水之区，深林长谷，信步皆是；寒暑晦明[1]，无时不宜。安居饱食，尘嚣无扰，良朋四集，道义日新，优哉游哉，天地之间宁复有乐于是者？孔子云："不怨天，不尤人，下学而上达。"[2]仆与二三同志，方将请事斯语，奚暇外慕？独其切肤之痛，乃有未能惬然者，辄复云云尔。咳疾暑毒，书札绝懒。盛使远来，迟留经月，临岐执笔，又不觉累纸，盖于相知之深，虽已缕缕至此，殊觉有所未能尽也。

【注释】

〔1〕晦明，指阴晴。

〔2〕此所引述孔子之言，见《论语·宪问》。

【今译】

会稽素来号称山水秀美之地，深密的树林、幽长的峡谷，到处都是；无论是寒暑还是阴晴，无时不宜。每天安居饱食，尘嚣无扰，良朋四集，道义日新，优哉游哉，天地之间，难道还有比这更快乐的吗？孔子说："不怨天，不尤人，下学而上达。"我与二三位同志，正好将要实行孔子的这个话语，哪里有闲暇向外贪慕？唯独我的切肤之痛，还有不能淡然忘怀的，于是又如此这般写了许多。我因咳嗽之疾，加上暑气热毒，实在是懒于动笔写信。然而，盛使远道而来，逗留一个月，临行执笔，又不知不觉间累牍连篇，大概是由于相知之深，即使已经缕缕细述至此，竟然觉得还有所不能尽述。

一〔1〕

185. 得书，见近来所学之骤进，喜慰不可言。谛视数过，其间虽亦有一二未莹彻处，却是致良知之功尚未纯熟，到纯熟时自无此矣。譬之驱车，既已由于康庄大道之中，或时横斜迂曲者，乃马性未调、衔勒不齐之故，然已只在康庄大道中，决不赚入傍蹊曲径矣。近时海内同志到此地位者曾未多见，喜慰不可言，斯道之幸也！贱躯旧有咳嗽畏热之病，近入炎方，辄复大作。主上圣明洞察，责付甚重，不敢遽辞。地方军务冗沓，皆舆疾从事。今却幸已平定，已具本乞回养病。得在林下稍就清凉，或可瘳耳。人还，伏枕草草，不尽倾企。外惟濬〔2〕一简，幸达致之。

【注释】

〔1〕阳明《答聂文蔚（二）》，作于其嘉靖七年（1528）九月初抵达广州之后。由于阳明在嘉靖七年十一月二十九日病卒于江西南安，因此这是阳明临终之前最重要的一封书信。

〔2〕陈九川，字惟濬，号明水，江西临川人。生于弘治七年（1494），卒于嘉靖四十一年（1562），享年六十九岁。正德九年（1514）进士。授太常博士，以谏武宗南巡除名。世宗即位，起复为主客司郎中。阳明门人。

【今译】

收到来信，见到你近来所学进步迅猛，喜慰之情难以言表。我仔细阅读了你的来信好几遍，其中虽然也有一二处不够晶莹澄澈的地方，却也是致良知的功夫尚未纯熟，等到功夫纯熟的时候自然就没有这些情形了。譬如驱车，既然已经行走于康庄大道之中，或许有时会出现横斜迂曲的情形，这是由于马性尚未调教好、衔勒不够齐整的缘故，然而已经是只在康庄大道之中，决不会误入旁蹊曲径了。近时海内同志能达到这个地步的还不多见，喜慰之情难以言表，实在是斯道之幸！我的身体原本就有咳嗽怕热的毛病，最近来到炎热的南方，于是又严重发作。皇上圣明洞察，督责托付甚重，我不敢遽然请辞。地方军务冗繁杳杂，我都是抱病登车处理。如今幸好已经平定，我也已经具本上奏乞求回乡养病。如果能在林泉之下稍就清凉，病躯或许可以痊愈。来人即将回还，我伏枕草草执笔，实在不能尽述倾慕企盼之意。另有一封书信寄给陈惟濬，希望你能转交给他。

186. 来书所询，草草奉复一二。近岁来山中讲学者，往往多说"勿忘勿助"[1]工夫甚难。问之，则云："才着意便是助，才不着意便是忘，所以甚难。"区区因问之云："忘是忘个甚么？助是助个甚么？"其人默然无对。始请问。区区因与说，我此间讲学，却只说个"必有事焉"，不说"勿忘勿助"。"必有事焉"者，只是时时去"集义"。若时时去用"必有事"的工夫，而或有时间断，此便是"忘"了，即须"勿忘"；时时去用"必有事"的工夫，而或有时欲速求效，此便是"助"了，即须"勿助"，其工夫全在"必有事焉"上用。"勿忘勿助"，只就其间提撕警觉而已。若是工夫原不间断，即不须更说"勿忘"；原不欲速求效，即不须更说"勿助"，此其工夫何等明白简易！何等洒脱自在！今却不去"必有事"上用工，而乃悬空守着一个"勿忘勿助"，此正如烧锅煮饭，锅内不曾渍水下米，而乃专去添柴放火，不知毕竟煮出个甚么物来！吾恐火候未及调停而锅已先破裂矣。近日一种专在"勿忘勿助"上用工者，其病正是如此。终日悬空去做个"勿忘"，又悬空去做个"勿助"，渀渀荡荡[2]，全无实落下手处，究竟工夫只做得个沉空守寂，学成一个痴騃汉，才遇些子事来，即便牵滞纷扰，不复能经纶宰制。此皆有志之士，而乃使之劳苦缠缚，担阁一生，皆由学术误人之故，甚可悯矣！

【注释】

〔1〕"勿忘勿助"以及后文"必有事焉"、"集义"，语出《孟子·公孙丑上》："'敢问何谓浩然之气？'曰：'难言也。其为气也，至大至刚，以直养而无害，则塞于天地之间。其为气也，配义与道；无是，馁也。是集义所生者，非义袭而取之也。行有不慊于心，则馁矣。我故曰，告子未尝知义，以其外之也。必有事焉而勿正，心勿忘，勿助长也。'"

〔2〕渀渀荡荡："渀渀"，原作"济济"，据胡宗宪本、郭朝宾本、四库全书本改。

【今译】

对你来信所询问的，我只能草草奉答其中一二。近年，来山中讲学的人，往往比较多地说到"勿忘勿助"的工夫相当难。问他们，则说："才着意便是助，才不着意便是忘，所以相当难。"我因此问他们说："忘是忘个什么？助又是助个什么？"他们则默然无语以对。这才开始向我请教。我因而对他们说，我这里讲学，却是只说一个"必有事焉"，不说"勿忘勿助"。所谓"必有事焉"，只是时时去"集义"。如果能时时去用"必有事"的工夫，而有时会间断，这便是"忘"了，即须"勿忘"；如果能时时去用"必有事"的工夫，而有时会欲速求效，这便是"助"了，即须"勿助"，其工夫全部都在"必有事焉"上用。所谓"勿忘勿助"，只是在"必有事"上略加提醒警觉而已。如果工夫原本没有间断，就不须更说"勿忘"；原本没有欲速求效，就不须更说"勿助"，这其中的工夫是何等的明白简易！是何等的洒脱自在！如今却不去在"必有事"上用工夫，而是凭空守着一个"勿忘勿助"，这好像烧锅煮饭，锅里还不曾加水下米，就专门去添柴放火，不知到底能煮出个什么东西来！我担心火候还来不及调停而锅已经先破裂了。近日有一种专门在"勿忘勿助"上用工夫的人，其弊病正是如此。整天悬空去做一个"勿忘"，又悬空去做一个"勿助"，潦潦荡荡、漫无边际，完全没有踏实稳妥的下手的地方，究竟工夫只做得一个沉空守寂，学成一个痴呆汉，才遇到一丁点事情，即刻就感到牵制执滞、就觉得纷繁杂扰，就不再能够筹划处理、统筹支配。这些人都是有志之士，然而却被劳苦缠缚，耽搁一生，这都是由于学术误人的缘故，确是可怜可悯！

187. 夫"必有事焉"只是"集义"，"集义"只是"致良知"。说"集义"则一时未见头脑，说"致良知"即当下便有实地步可用工，故区区专说"致良知"。随时就事上致其良知，便是"格物"；着实去致良知，便是"诚意"；着实致其良知，而无一毫意必固我[1]，便是"正心"。着实致良知，则自无忘之病；无一毫意必固我，则自无助之病。故说"格致诚正"，则不必更说个"忘助"。孟子说"忘助"[2]，亦就告子得病处立方。告子强制其心，是助的病痛，故孟子专说助长之害。告子助长，亦是他以义为外，不知就自心上集义、在"必有事焉"上用功，是以如此。若时时刻刻就自心上集义，则良知之体洞然明白，自然是是非非纤毫莫遁，又焉有"不得于言，勿求于心；不得于心，勿求于气"[3]之弊乎？孟子"集义"、"养气"之说，固大有功于后学，然亦是因病立方，说得大段，不若《大学》"格致诚正"之功，尤极精一简易，为彻上彻下、万世无弊者也。

【注释】

〔1〕意必固我，语出《论语·子罕》"子绝四：毋意，毋必，毋固，毋我"。

〔2〕此处两"忘助"，均指"勿忘勿助"。

〔3〕"不得于言，勿求于心"云云，语出《孟子·公孙丑上》："曰：'敢问夫子之不动心，与告子之不动心，可得闻与？'告子曰："不得于言，勿求于心；不得于心，勿求于气。"不得于心，勿求于气，可；不得于言，勿求于心，不可。夫志，气之帅也；气，体之充也。夫志至焉，气次焉。故曰：持其志，无暴其气。'"

【今译】

所谓"必有事焉"只是"集义"，"集义"只是"致良知"。说"集义"，则一时还不能见到其头绪，说"致良知"，则当下便有踏实地步可以用工夫，所以我专门说"致良知"。随时从事情上致其良知，便是"格物"；着实去致良知，便是"诚意"；着实致其良知，而没有一丝一毫的主观武断、固执自是，便是"正心"。着实致良知，则自然没有忘的弊病；没有一丝一毫的主观武断、固执自是，则自然没有助的弊病。所以说"格致诚正"，就不必再说一个"勿忘勿助"。孟子说"勿忘勿助"，也是就告子得病处开药方。告子强制其心，是助长的病痛，所以孟子专说助长的害处。告子助长，也是由于他以义为外在，不知道从自己心上集义、在"必有事焉"上用功夫，所以如此。如果能时时刻刻从自己心上集义，则良知的本体就会洞然明白，自然使得是是非非丝毫不能隐遁，又哪里有"不得于言，勿求于心；不得于心，勿求于气"的弊病呢？孟子"集义"、"养气"的学说，固然大有功劳于后学，然而也是根据病情开出药方，只说得一个大略，不如《大学》"格致诚正"的功夫，尤为精一、简易，这才属于彻上彻下、千秋万世都没有弊病的学说。

188. 圣贤论学，多是随时就事，虽言若人殊，而要其工夫头脑，若合符节。缘天地之间，原只有此性、只有此理、只有此良知、只有此一件事耳。故凡就古人论学处说工夫，更不必挽和兼搭而说，自然无不吻合贯通者。才须挽和兼搭而说，即是自己工夫未明彻也。近时有谓"集义"之功必须兼搭个"致良知"而后备者，则是"集义"之功尚未了彻也；"集义"之功尚未了彻，适足以为"致良知"之累而已矣。谓"致良知"之功必须兼搭一个"勿忘勿助"而后明者，则是"致良知"之功尚未了彻也；"致良知"之功尚未了彻，适足以为"勿忘勿助"之累而已矣。若此者，皆是就文义上解释牵附，以求混融凑泊，而不曾就自己实工夫上体验，是以论之愈精，而去之愈远。文蔚之论，其于大本达道既已沛然无疑，至于"致知"、"穷理"及"忘助"等说，时亦有挽和兼搭处，却是区区所谓康庄大道之中或时横斜迂曲者，到得工夫熟后，自将释然矣。

【今译】

圣贤论学，多数都是随时就事，虽然其言论好像是人各不同，然而概括其工夫、其头绪，又都若合符节。因为天地之间，原本就是只有此性、只有此理、只有这良知、只有这一件事。所以凡是从古人论学之处说工夫，就再不必挽和兼搭着说，自然没有不吻合贯通的。一旦需要挽和兼搭着说，就是自己的工夫还不够明白透彻。近来有人说"集义"的功夫必须兼搭一个"致良知"而后才算完备，这是由于他们"集义"的功夫尚未透彻；"集义"

的功夫尚未透彻，正成了"致良知"的牵累。说"致良知"的功夫必须兼搭一个"勿忘勿助"而后才能明白，这是由于他们"致良知"的功夫尚未透彻；"致良知"的功夫尚未透彻，正成了"勿忘勿助"的牵累。像这样的人，都是从文义上注解疏释、牵强附会，以求得浑融凑泊，而不曾从自己的真实工夫上加以体验，所以对它的论说越精细，距离它的本意就越远。文蔚你的论说，对于大本、达道已经沛然无疑，至于"致知"、"穷理"以及"忘助"等方面的说法，有时也偶尔有挽和兼搭的地方，却是我所说的在康庄大道之中有时会出现横斜迂曲的情形，等到工夫纯熟后，自然就会消释。

189. 文蔚谓"致知之说，求之事亲、从兄之间，便觉有所持循"者，此段最见近来真切笃实之功。但以此自为，不妨自有得力处；以此遂为定说教人，却未免又有因药发病之患，亦不可不一讲也。盖良知只是一个天理自然明觉发见处，只是一个真诚恻怛[1]，便是他本体。故致此良知之真诚恻怛以事亲便是孝，致此良知之真诚恻怛以从兄便是弟，致此良知之真诚恻怛以事君便是忠，只是一个良知，一个真诚恻怛。若是从兄的良知不能致其真诚恻怛，即是事亲的良知不能致其真诚恻怛矣；事君的良知不能致其真诚恻怛，即是从兄的良知不能致其真诚恻怛矣。故致得事君的良知，便是致却从兄的良知；致得从兄的良知，便是致却事亲的良知。不是事君的良知不能致，却须又从事亲的良知上去扩充将来，如此又是脱却本原、着在支节上求了。良知只是一个，随他发见流行处，当下具足，更无去来，不须假借。然其发见流行处，却自有轻重厚薄，毫发不容增减者，所谓"天然自有之中"〔2〕也。虽则轻重厚薄，毫发不容增减，而原又只是一个；虽则只是一个，而其间轻重厚薄，又毫发不容增减。若可得增减，若须假借，即已非其真诚恻怛之本体矣。此良知之妙用，所以无方体、无穷尽，"语大天下莫能载，语小天下莫能破"〔3〕者也。

【注释】

〔1〕恻怛：忧伤、悲伤。此指对人之关爱、同情、不忍，其义略同"恻隐"。

〔2〕"天然自有之中"，语见朱熹《大学或问》"程子所谓天然自有之中"。《大学或问》之所本，为《河南程氏遗书》所载程颐云"杨子拔一毛不为，墨子又摩顶放踵为之，此皆是不得中。至如子莫执中，欲执此二者之中，不知怎么执得？识得，则事事物物上皆天然有个中在那上，不待人安排也。安排着，则不中矣"。

〔3〕"语大天下莫能载"云云，语见《中庸》"故君子语大，天下莫能载焉；语小，天下莫能破焉"。

【今译】

文蔚你说"致知的学说，在侍奉父母、遵从兄长中加以探求，便觉得有所执持遵循"，这一段最能见出你近来真切笃实的功夫。只是以此来自己修为，无妨自己会有得力之处；如果把这当成定说来教导别人，却未免又有因药物而引发疾病的祸患，也不可以不略加讲说。良知只是一个天理的自然明觉显现之处，只是一个真诚恻怛，这便是它的本体。所以致此良知的真诚恻怛以侍奉父母便是孝，致此良知的真诚恻怛以遵从兄长便是悌，致此良知的真诚恻怛以服侍君王便是忠，只是一个良知，只是一个真诚恻怛。如果是遵从兄长的良知不能致其真诚恻怛，就是侍奉父母的良知不能致其真诚恻怛了；服侍君王的良知不能致其真诚恻怛，就是遵从兄长的良知不能致其真诚恻怛了。所以致得服侍君王的良知，便是致得遵从兄长的良知；致得遵从兄长的良知，便是致得侍奉父母的良知。不是服侍君王的良知不能致，却须又从侍奉父母的良知上去扩充开来，像这样又是脱离本原、执着在枝节上寻求了。良知只是一个，随着它的显现流行之所在，当下具足，更没有去来，也无须假借。然而它的显现流行之所在，却自然有其轻重厚薄，毫发也不能增减，这就是程子所说的"天然自有之中"。虽然其轻重厚薄，毫发不容增减，然而原本又只是一个；虽然只是一个，而其间轻重厚薄，又毫发不能增减。如果可以增减，如果需要假借，就已经不是其真诚恻怛的本来状态了。这就是良知的妙用所以没有方体、没有穷尽，所以"语大天下莫能载，语小天下莫能破"的原因。

190. 孟氏"尧舜之道，孝弟而已"[1]者，是就人之良知发见得最真切笃厚、不容蔽昧处提省人，使人于事君处友、仁民爱物与凡动静语默间，皆只是致他那一念事亲从兄真诚恻怛的良知，即自然无不是道。盖天下之事虽千变万化至于不可穷诘，而但惟致此事亲从兄一念真诚恻怛之良知以应之，则更无有遗缺渗漏者，正谓其只有此一个良知故也。事亲从兄一念良知之外，更无有良知可致得者。故曰"尧舜之道，孝弟而已矣"。此所以为"惟精惟一"之学，"放之四海而皆准"、"施诸后世而无朝夕"[2]者也。文蔚云"欲于事亲从兄之间，而求所谓良知之学"，就自己用工得力处如此说，亦无不可；若曰致其良知之真诚恻怛，以求尽夫事亲从兄之道焉，亦无不可也。明道云："行仁自孝弟始。孝弟是仁之一事，谓之行仁之本则可，谓是仁之本则不可。"[3]其说是矣。

【注释】

〔1〕"尧舜之道，孝弟而已"，语见《孟子·告子下》。

〔2〕"放之四海而皆准"、"施诸后世而无朝夕"，语本《礼记·祭义》："曾子曰：'夫孝，置之而塞乎天地，溥之而横乎四海，施诸后世而无朝夕，推而放诸东海而准，推而放诸西海而准，推而放诸南海而准，推而放诸北海而准。《诗》云"自西自东，自南自北，无思不服"，此之谓也。'"

〔3〕此所引述"明道云"，其实为伊川语，见《河南程氏遗书》"伊川先生语四"。译文将其改正、翻译为"程伊川"。

【今译】

孟子说的"尧舜之道，孝悌而已"，是从人的良知表现得最为真切笃厚、不容蔽昧的地方提醒人，使人在事君处友、仁民爱物以及动静、语默之间，都只是致他那一念事亲从兄的真诚恻怛的良知，就自然没有不合乎道的。大概天下的事情虽然千变万化以至于不可穷尽，但是只要能致这个事亲从兄一念真诚恻怛的良知来应对，就再不会有缺失疏漏的了，这正好说明我们只有这一个良知。在事亲从兄的一念良知之外，再没有别的良知可以致得。所以孟子说"尧舜之道，孝悌而已矣"。这就是它所以能成为"惟精惟一"之学，能"放之四海而皆准"、"施诸后世而无朝夕"的原因。文蔚说"希望在侍奉父母、遵从兄长中，来寻求所谓的良知之学"，从自己用功得力的方面这样说，没什么不可以；至于说致其良知的真诚恻怛，以求穷尽事亲从兄之道，也没什么不可以。程伊川说："行仁自孝悌始。孝悌是仁之一事，谓之行仁之本则可，谓是仁之本则不可。"他的说法是对的。

191. "億、逆、先觉"之说[1]，文蔚谓"诚，则旁行曲防皆良知之用"，甚善甚善！间有挨搭处，则前已言之矣。惟濬之言，亦未为不是。在文蔚须有取于惟濬之言而后尽，在惟濬又须有取于文蔚之言而后明；不然，则亦未免各有倚着之病也。舜察迩言而询刍荛[2]，非是以迩言当察、刍荛当询而后如此，乃良知之发见流行，光明圆莹，更无挂碍遮隔处，此所以谓之大知；才有执着意必，其知便小矣。讲学中自有去取分辨，然就心地上着实用工夫，却须如此方是。

【注释】

〔1〕"億、逆、先觉"之说，语出《论语·宪问》："子曰：'不逆诈，不億不信，抑亦先觉者，是贤乎！'"并参第一百七十一条注释一。

〔2〕舜察迩言而询刍荛，语本《中庸》"子曰：'舜其大知也与！舜好问而好察迩言，隐恶而扬善，执其两端，用其中于民，其斯以为舜乎！'"以及《诗经·大雅·板》"我言维服，勿以为笑。先民有言，询于刍荛"。刍荛：割草打柴的人，借指普通百姓。

【今译】

对于"億、逆、先觉"的说法，文蔚说"只要真诚，则旁行曲防都是良知的运用"，说得很好，很好！中间稍有挽和兼搭的地方，则前面已经说过了。惟濬的说法，也未必不对。在文蔚，应当有所采纳惟濬的说法而后才算完备，在惟濬，又应当有所采纳文蔚的说法而后才能明白；不然，则又不免各自都有偏倚执着的弊病。虞舜能体察亲近者的言论、能向普通百姓请教，不是因为亲近者的言论应当体察、普通百姓值得请教而后如此，乃是良知的显现流行，光明圆莹，更没有挂碍遮隔，这是他所以被称为大智的原因；才有所执着、有所主观武断，其智便小了。讲学当中自然会有所取舍、有所分辨，然而在自己心地上着实用工夫，却必须这样做才是对的。

192. "尽心"三节，区区曾有生知、学知、困知之说[1]，颇已明白，无可疑者。盖尽心、知性、知天者，不必说存心、养性、事天，不必说夭寿不贰、修身以俟，而存心、养性与修身以俟之功已在其中矣；存心、养性、事天者，虽未到得尽心、知天的地位，然已是在那里做个求到尽心、知天的工夫，更不必说殀寿不贰、修身以俟，而殀寿不贰、修身以俟之功已在其中矣。譬之行路，尽心、知天者，如年力壮健之人，既能奔走往来于数千百里之间者也；存心、事天者，如童稚之年，使之学习步趋于庭除之间者也[2]；殀寿不贰、修身以俟者，如襁抱之孩，方使之扶墙傍壁，而渐学起立移步者也。既已能奔走往来于数千里之间者，则不必更使之于庭除之间而学步趋，而步趋于庭除之间自无弗能矣；既已能步趋于庭除之间，则不必更使之扶墙傍壁而学起立移步，而起立移步自无弗能矣。然学起立移步，便是学步趋庭除之始；学步趋庭除，便是学奔走往来于数千里之基，固非有二事，但其工夫之难易则相去悬绝矣。心也、性也、天也，一也，故及其知之、成功则一[3]。然而三者[4]人品力量自有阶级，不可躐等而能也。细观文蔚之论，其意似恐尽心知天者废却存心、修身之功，而反为尽心知天之病。是盖为圣人忧工夫之或间断，而不知为自己忧工夫之未真切也。吾侪用工，却须专心致志，在殀寿不贰、修身以俟上做，只此便是做尽心知天功夫之始，正如学起立移步，便是学奔走千里之始。吾方自虑其不能起立移步，而岂遽虑其不能奔走千里？又况为奔走千里者而虑其或遗忘于起立移步之习哉？文蔚识见本自超绝迈往，而所论云然者，亦是未能脱去旧时解说文义之习，是为此三段书分疏比合，以求融会贯通，而自添许多意见缠绕，反使用工不专一也。近时悬空去做勿忘勿助者，其意见正有此病，最能担误人，不可不涤除耳。

【注释】

〔1〕所谓"'尽心'三节"，指聂豹《启阳明先生》所论《孟子·尽心上》"尽心知性"章。所谓"区区曾有生知、学知、困知之说"，见阳明《传习录》上卷"徐爱曰仁所录"第六条以及《传习录》中卷"答顾东桥书"第五节（亦即第一百三十五条）。

〔2〕步趋，行走。步，徐行；趋，疾走。庭除，指庭前阶下、院内。庭，堂前之地；除，台阶。

〔3〕及其知之、成功则一，语本《中庸》"或生而知之，或学而知之，或困而知之，及其知之，一也；或安而行之，或利而行之，或勉强而行之，及其成功，一也"。

〔4〕三者，生知安行、学知利行、困知勉行三类人。

【今译】

关于"尽心"三节，我曾经有生而知之、学而知之、困而知之的说法，已经颇为明白、没有什么可疑的了。大概能够尽心、知性、知天的人，就不必说存心、养性、事天了，也不必说夭寿不贰、修身以俟了，而存心养性与修身以俟的功夫已经包含在其中了；而存心、养性、事天的人，即使未能到得尽心、知天的地位，然而已经是在那里做一个寻求达到尽心、知天的工夫，也就再不必说夭寿不贰、修身以俟，而夭寿不贰、修身以俟的功夫已经包含在其中了。譬如行路，尽心、知天的人，犹如年力壮健的成人，已经能够奔走往来于数千百里之间；存心、事天的人，犹如年龄幼小的儿童，要让他在院子内学习行走；夭寿不贰、修身以俟的人，犹如襁褓之中的婴孩，刚要让他扶墙傍壁，渐渐学习起立移步。既然已经能够奔走往来于数千里之间，就不必再让他在院子内学习行走，而其行走于院子内自无不能；既然已经能够行走于院子内，就不必再让他扶墙傍壁来学习起立

移步，而起立移步自无不能。然而学习起立移步，便是学习行
走于院子内的开始；学习行走于院子内，便是学习奔走往来于
数千里的根基，固然没有两回事，只是其工夫的难易程度相距
悬殊。所谓心、性、天，其实是一回事，所以"及其知之"、
"及其成功"就都是一样的。然而三者（生知安行者、学知利行
者、困知勉行者）的资质能力本来就有不同的等级，是不能够
逾越次序的。细看文蔚你的论说，你的意思似乎在担心尽心知
天的人会荒废存心、修身的功夫，而反过来成为尽心知天的弊
病。这是为圣人担忧工夫或许会间断，而不知为自己担忧工夫
还不够真切。我们用功，却须专心致志，在殀寿不贰、修身以
俟上做，只如此便是做尽心知天功夫的开始，正如学习起立移
步，便是学习奔走千里的开始。我们正忧虑自己不能起立移步，
而哪里能够遽然忧虑自己不能奔走千里呢？又何况为奔走千里
的人忧虑他或许会遗忘起立移步的故习呢？文蔚你的识见本来
超绝迈往，却这样论说，也是还不能脱去旧时解说文义的习气，
你对这三段话加以分疏比合，以寻求融会贯通，然而又被自己
增添的许多意见所缠绕，反而使得用功不能专一。近日悬空去
做"勿忘勿助"工夫的人，他们的意见正好就有这样的弊病，
最能耽误人，不可以不荡涤清除。

193. 所论"尊德性而道问学"一节[1]，至当归
一，更无可疑。此便是文蔚曾着实用工，然后能为此
言。此本不是险僻难见的道理，人或意见不同者，还
是良知尚有纤翳潜伏。若除去此纤翳，即自无不洞
然矣。

【注释】

〔1〕所论"尊德性而道问学"一节："所论"，原作"所谓"，据德
安府重刊本、施邦曜本、俞嶙本改。所谓"所论'尊德性而道问学'一
节"，指聂豹《启阳明先生》书中讨论《中庸》"尊德性而道问学"一

段文字。

【今译】

所论"尊德性而道问学"一节，可谓至当归一，再没有什么可疑。这便是文蔚曾经着实用功，然后才能说出这样的话。这本来不是什么险僻难见的道理，然而人们有时意见不同，还是由于良知中尚有一些细微障蔽潜伏。如果能除去这些细微的障蔽，就自然没有不洞然明白的了。

194. 已作书后，移卧檐间，偶遇无事，遂复答此。文蔚之学既已得其大者，此等处久当释然自解，本不必屑屑如此分疏。但承相爱之厚，千里差人远及，谆谆下问，而竟虚来意，又自不能已于言也。然直戆烦缕已甚，恃在信爱，当不为罪。惟濬处及谦之[1]、崇一处，各得转录一通寄视之，尤承一体之好也。

（右南大吉录）

【注释】

〔1〕邹守益，字谦之，号东廓，江西安福人。生于弘治四年（1491）二月，卒于嘉靖四十一年（1562）十一月，享年七十二岁。正德六年（1511）进士。正德十四年（1519），谒见阳明于赣州，帮助阳明平定朱宸濠叛乱。阳明后学代表人物之一，江右王学的开山。

【今译】

将这封信写好后，我就移到屋檐下躺卧着，刚好无事，于是又对你的询问略加答复。文蔚的学问既然已经能把握其大的方面，像你询问的这些问题，时间长了应当可以释然自解，本来不必我琐琐屑屑地这样分析疏通。只是承蒙你的相爱之厚，千里之遥差人远来，谆谆下问，而我担心最终会虚负来意，又自然不能止于言了。然而我实在是直率憨厚、烦杂琐碎已极，仗着你的信任与厚爱，应当不会被怪罪。惟濬处以及谦之、崇一处，希望能各转录一通寄给他们看看，尤属仰承你情同一体的好意。

（以上南大吉所录）

训蒙大意，示教读刘伯颂等[1]

195. 古之教者，教以人伦。后世记诵词章之习起，而先王之教亡。今教童子，惟当以孝弟忠信、礼义廉耻为专务；其栽培涵养之方，则宜诱之歌诗以发其志意，导之习礼以肃其威仪，讽之读书以开其知觉。今人往往以歌诗、习礼为不切时务，此皆末俗庸鄙之见，乌足以知古人立教之意哉！大抵童子之情，乐嬉游而惮拘检，如草木之始萌芽，舒畅之则条达，摧挠之则衰痿。今教童子必使其趋向鼓舞、中心喜悦，则其进自不能已。譬之时雨春风沾被，卉木莫不萌动发越，自然日长月化；若冰霜剥落，则生意萧索、日就枯槁矣。故凡诱之歌诗者，非但发其志意而已，亦所以泄其跳号呼啸[2]于咏歌、宣其幽抑结滞于音节也；导之习礼者，非但肃其威仪而已，亦所以周旋揖让而动荡其血脉、拜起屈伸而固束其筋骸也；讽之读书者，非但开其知觉而已，亦所以沉潜反复而存其心、抑扬讽诵以宣其志也。凡此皆所以顺导其志意，调理其性情，潜消其鄙吝，默化其粗顽，日使之渐于礼义而不苦其难，入于中和而不知其故，是盖先王立教之微意也。若近世之训蒙稚者，日惟督以句读课仿[3]，责其检束而不知导之以礼，求其聪明而不知养之以善，鞭挞绳缚，若待拘囚。彼视学舍如囹狱而不肯入，视师长如寇仇而不欲见，窥避掩覆以遂其嬉游，设诈饰诡以肆其顽鄙，偷薄庸劣，日趋下流。是盖驱之于恶而求其为善也，何可得乎？凡吾所以教，其意实在于此。恐时俗不察，视以为迂，且吾亦将去，故特叮咛以告。尔诸教读，其务体吾意，永以为训，毋辄因时俗之言"改废其绳墨"〔4〕，庶成"蒙以养正"〔5〕之功矣。念之念之！

【注释】

〔1〕《阳明先生年谱》记载，正德十三年（1518）三月，阳明袭平大帽、浰头诸寇；四月，班师，兴办社学。"先生谓民风不善，由于教化未明。今幸盗贼稍平，民困渐息，一应移风易俗之事，虽未能尽举，姑且就其浅近易行者，开导训诲。即行告谕，发南、赣所属各县父老子弟，互相戒勉，兴立社学，延师教子，歌诗习礼。"此文恐即作于这一年。刘伯颂，字号、乡贯、履历均不详。

〔2〕跳号呼啸，意指又跳又叫、高声呼喊。

〔3〕佐藤一斋曰："课仿，谓考试程文。"

〔4〕"改废其绳墨"，绳墨，连同规矩，均为匠人常用工具，绳墨用来画直线，规画圆、矩画方。此指准绳、规则。意为：改变、放弃其准绳与规则。其语出《孟子·尽心上》。

〔5〕"蒙以养正"，语见《周易·蒙卦·象传》"蒙以养正，圣功也"。

【今译】

古代的教育，教的是人伦。后世记诵词章的习气兴起，而先王的教法就衰亡了。如今教育儿童，只应当以教授孝悌忠信、礼义廉耻为优先的事情；其栽培涵养的方法，则应当诱导他们歌诗来激发其志意，引导他们习礼来整肃其威仪，劝说他们读书来开启其知觉。现在的人往往以歌诗、习礼为不切合时务，这都是末俗庸鄙的见解，哪里足以理解古人设教的本意呢！大抵儿童的性情，都是喜欢嬉戏游玩而害怕拘管检束，犹如草木开始萌芽，使它舒畅则枝条通达，对它摧挠则衰残枯萎。如今教育儿童，应当使他们趋向鼓舞、心中喜悦，则其进步自然不能停止。譬如得到时雨的沾润、春风的沐浴，花卉树木没有不萌芽发育的，自然能够日长月化；如果遇到冰霜的侵袭摧残，则生机萧索、日渐枯槁。所以凡是诱导他们歌诗，不单止是激发他们的志意而已，也是为了发泄他们欢叫呼啸的欲望于咏歌、宣舒他们幽抑结滞的情绪于音节；引导他们习礼，不单止是整肃他们的威仪而已，也是为了通过周旋揖让而活络他们的血脉、通过拜起屈伸而强固他们的筋骨；劝说他们读书，不单止是开启他们的知觉而已，也是为了通过沉潜反复以存养他们的心性、通过抑扬讽诵以宣展他们的志向。所有这些都是为了顺导他们的志意，调理他们的性情，潜消他们的鄙吝，默化他们的粗顽，一天天地使他们渐移于礼义而不以其繁难为苦，进入到中和而不知其缘故为何，这大概就是先王设教的微意吧。像近世训蒙儿童的人，每天只是督促他们句读诵习、考试程文，只知道责备他们要检束而不知以礼义来引导，只知道要求他们能聪明而不知以善心来涵养，不是鞭挞就是绳缚，就像是对待囚犯。儿童把学舍看成监狱而不肯进入，把师长看成寇仇而不愿来见，或窥避或掩盖以达成其嬉戏游玩的愿望，或设诈或饰诡以放纵其愚顽鄙陋的行径，结果是其为人怠惰浅薄、平庸卑劣，一天天趋向下流。一方面驱使他们作恶而另一方面又要求他们为善，怎么可以做得到呢？凡是我用来教人的，大意实际上就在于这了。我担心时俗之人不能体察，把它看成是迂腐之言，而且我也即将离开这个地方，所以特别叮咛以告。你们各位教读，务必体察我的用意，将其永远作为训诫，不要动不动就因时俗的言论而"改废其绳墨"，这样庶几能够成就"蒙以养正"的功效。切记切记！

教 约

196. 每日清晨，诸生参揖毕，教读以次遍询诸生：在家所以爱亲敬长之心，得无懈忽未能真切否？温清定省之仪，得无亏缺未能实践否？往来街衢步趋礼节，得无放荡未能谨饬否？一应言行心术，得无欺妄非僻未能忠信笃敬否？诸童子务要各以实对，有则改之，无则加勉；教读复随时就事曲加诲谕开发，然后各退就席肄业。

【今译】

　　每日清晨，诸生参拜作揖完毕，教读依照次序周遍地询问诸生：在家所以爱亲敬长的用心，该不会有所懈怠疏忽而未能真切吧？温清定省的礼仪，该不会有所亏欠缺失而未能实践吧？往来街道步趋的礼节，该不会有所放纵浪荡而未能谨饬吧？所有言行心术，该不会有所欺妄非僻而未能忠信笃敬吧？各个小孩务必要各自以实情回答，有则改之，无则加勉；教读再随时就事婉转地加以教诲启发，然后各自退回到座席上修习学业。

197. 凡歌诗，须要整容定气，清朗其声音，均审其节调，毋躁而急，毋荡而嚣，毋馁而慑，久则精神宣畅、心气和平矣。每学量童生多寡分为四班，每日轮一班歌诗，其余皆就席敛容肃听；每五日则总四班递歌于本学，每朔望集各学会歌于书院。

【今译】

　　凡是歌诗的时候，必须整肃仪容、平定气息，清朗其声音，均审其节调，不要性躁而着急，不要情荡而喧嚣，不要气馁而慑服，时间长了就能精神宣畅、心气和平。每个社学根据童生人数的多少分为四班，每日轮流一班歌诗，其余都坐在席位上敛容肃听；每五日则聚合四班交替歌诗于本社学，每月的初一、十五日则集合各社学一同歌诗于书院。

198. 凡习礼，须要澄心肃虑，审其仪节，度其容止，毋忽而惰，毋沮而怍，毋径而野，从容而不失之迂缓，修谨而不失之拘局，久则體（体）貌习熟、德性坚定矣[1]。童生班次皆如歌诗。每间一日则轮一班习礼，其余皆就席敛容肃观。习礼之日，免其课仿。每十日则总四班递习于本学，每朔望则集各学会习于书院。

【注释】

〔1〕久则體貌习熟、德性坚定矣："體貌"，许舜屏本、陈荣捷本作"禮（礼）貌"。据此段文字之意，作"禮貌"，于义为长。译文以作"禮貌"来翻译。

【今译】

凡是习礼的时候，必须澄清心灵、肃整思虑，审视其仪节，裁度其容止，不要疏忽而怠惰，不要沮丧而愧怍，不要径情而粗野，应当从容而又不失之迂缓，应当修谨而又不失之拘束，时间长了就能礼貌习熟、德性坚定。童生班次如同歌诗。每间隔一日则轮流一班习礼，其余都坐在席位上敛容肃观。习礼的那一日，免除其考试程文。每十日则聚合四班交替习礼于本社学，每月的初一、十五日则集合各社学一同习礼于书院。

199. 凡授书，不在徒多，但贵精熟。量其资禀，能二百字者止可授以一百字，常使精神力量有余，则无厌苦之患，而有自得之美。讽诵之际，务令专心一志，口诵心惟，字字句句纽绎反复，抑扬其音节，宽虚其心意，久则义理浃洽、聪明日开矣[1]。

【注释】

〔1〕久则义理浃洽、聪明日开矣："义理"，原作"义礼"，据台北藏明刊本、德安府重刊本、王畿本、孙应奎本、钱锋本、胡宗宪本改。

【今译】

凡是教授书本知识，不在于只强调量多，而应当看重是否能精通熟习。根据童生的天资禀赋，能掌握二百字的只能以一百字来教授，常常使他感到精神力量有余，则没有厌苦的毛病，而能有自得的好处。诵读的时候，务必要让他们专心一志，口里读着心里想着，字字句句都能梳理头绪、再三领会，抑扬其音节，宽广其心意，时间长了就能使得他们义理贯通、聪明日开。

200. 每日工夫，先考德，次背书诵书，次习礼或作课仿，次复诵书讲书，次歌诗。凡习礼歌诗之类，皆所以常存童子之心，使其乐习不倦，而无暇及于邪僻。教者知此，则知所施矣。虽然，此其大略也。"神而明之，则存乎其人。"[1]

【注释】

〔1〕"神而明之，则存乎其人"，意为：要使它神奇而又显明，则取决于作此事的人。语本《周易·系辞上传》。

【今译】

每日的工夫，首先是考察德行，其次是背书诵书，又其次是习礼或作考试程文，再次又是诵书讲书，最后是歌诗。凡是习礼、歌诗之类，都是为了常常保存儿童的赤子之心，使他们乐于学习、不知厌倦，而没有闲暇去接触邪僻之事。教者知道这些，就知道该如何施教了。虽然，这只是其大略而已，正如《周易·系辞》所说，最终还是"神而明之，则存乎其人"。

传习录下

陈九川录

201. 正德乙亥，九川初见先生于龙江[1]。先生与甘泉先生[2]论"格物"之说。甘泉持旧说。先生曰："是求之于外了。"甘泉曰："若以格物理为外，是自小其心也。"九川甚喜旧说之是。先生又论"尽心"一章，九川一闻却遂无疑。

后家居，复以"格物"遗质，先生答云："但能实地用功，久当自释。"山间乃自录《大学》旧本读之，觉朱子"格物"之说非是；然亦疑先生以意之所在为物，物字未明。

己卯，归自京师，再见先生于洪都[3]。先生兵务倥偬，乘隙讲授，首问："近年用功何如？"

九川曰："近年体验得'明明德'功夫只是'诚意'。自'明明德于天下'，步步推入根源，到'诚意'上再去不得，如何以前又有'格致'工夫？后又体验，觉得意之诚伪，必先知觉乃可，以颜子'有不善未尝不知，知之未尝复行'[4]为证，豁然若无疑，却又多了'格物'功夫。又思来吾心之灵，何有不知意之善恶？只是物欲蔽了，须格去物欲，始能如颜子'未尝不知'

耳。又自疑功夫颠倒，与'诚意'不成片段。后问希颜[5]，希颜曰：'先生谓格物致知是诚意功夫，极好。'九川曰：'如何是诚意功夫？'希颜令再思体看，九川终不悟。请问。"

先生曰："惜哉！此可一言而悟。惟濬所举颜子事便是了，只要知身、心、意、知、物是一件。"

九川疑曰："物在外，如何与身、心、意、知是一件？"

先生曰："耳、目、口、鼻、四肢，身也，非心安能视、听、言、动？心欲视、听、言、动，无耳、目、口、鼻、四肢亦不能。故无心则无身，无身则无心。但指其充塞处言之谓之身，指其主宰处言之谓之心，指心之发动处谓之意，指意之灵明处谓之知，指意之涉着处谓之物，只是一件。意未有悬空的，必着事物，故欲诚意，则随意所在某事而格之，去其人欲而归于天理，则良知之在此事者无蔽而得致矣。此便是诚意的功夫。"九川乃释然破数年之疑。

又问："甘泉近亦信用《大学》古本，谓'格物犹言造道'，又谓'穷理如穷其巢穴之穷，以身至之也'，故格物亦只是随处体认天理。似与先生之说渐同。"[6]

先生曰："甘泉用功，所以转得来。当时与说'亲民'字不须改，他亦不信。今论'格物'亦近，但不须换'物'字作'理'字，只还他一物字便是。"

后有人问九川曰："今何不疑物字？"

曰："《中庸》曰'不诚无物'，程子曰'物来顺应'，又如'物各付物'〔7〕、'胸中无物'〔8〕之类，皆古人常用字也。"他日先生亦云然。

【注释】

〔1〕陈九川，字惟濬，号明水，江西临川人。参第一百八十五条注释二。龙江，即龙江水马驿，属应天府，在今江苏南京市西北南京港附近。

〔2〕湛若水，字元明。初名露，字民泽，避祖讳改名雨，后又改名若水。广东增城人。因居增城之甘泉都，学者称甘泉先生。生于成化二年（1466）十月，卒于嘉靖三十九年（1560）四月，享年九十五岁。陈白沙门人、王阳明好友。

〔3〕洪都，江西南昌的别称。

〔4〕颜子"有不善未尝不知，知之未尝复行"：有不善未尝不知，原作"有不善未尝知之"，据水西精舍本、胡宗宪本、郭朝宾本等版本改。其语本《周易·系辞下传》。

〔5〕叶绍钧曰，"希颜，即蔡宗兖"。案：希颜，即希渊，蔡宗兖之另一别字。叶氏之说，是也。

〔6〕陈九川此所引述甘泉之言，语本湛若水《答阳明》以及《寄陈惟濬》。

〔7〕"物各付物"，语见《河南程氏遗书》。

〔8〕"胸中无物"，语本邵雍《伊川击壤集·追和王常侍登郡楼望山》"天下有名难避世，胸中无物漫居山"。

【今译】

正德十年乙亥，九川在南京龙江水马驿初次拜见阳明先生。阳明先生与甘泉先生讨论"格物"的学说。甘泉先生持守旧说。阳明先生说："这是求理于心外了。"甘泉先生说："如果以穷格物理为外，这是自己把心看小了。"九川很喜欢旧说，认为是对的。阳明先生又论述《孟子》"尽心"一章，九川一听闻，却并没有疑问。

后来在家闲居，又写信向阳明先生请教"格物"问题，阳明先生答复说："只要能实地用功，时间长了这些疑问应当自己就会消除。"山居期间，又自己抄录《大学》旧本来阅读，觉得朱子的"格物"学说不对；然而也怀疑阳明先生以意之所在为物，觉得"物"字的含义不够明白。

正德十四年己卯，九川从京师归来，在南昌再次拜见阳明先生。当时，阳明先生兵务十分急迫匆忙，只能利用空隙时间来讲授，开头就问："你近年用功怎么样？"

九川回答说："我近年体验到'明明德'功夫只是'诚意'。自'明明德于天下'，一步步推入根源，到了'诚意'上面就再推不开去，为什么'诚意'以前又有'格物致知'工夫呢？后来又体验，觉得意的诚伪，必须先知觉才可以确定，以颜子的'有不善未尝不知，知之未尝复行'作为证验，便能豁然开朗而似乎已经没有什么疑了，然而又多了'格物'的功夫。又思考我的心如此灵明，怎么会不知道意的善恶？只是被物欲蒙蔽了，必须格除物欲，才能像颜子那样'有不善未尝不知'。又自己怀疑功夫可能颠倒了，以致与'诚意'不能成为一个整体。后来问蔡希颜，希颜说：'阳明先生说格物致知就是诚意功夫，说得极好。'九川问：'什么是诚意功夫？'希颜让我自己再思考体认看看，九川终究不能开悟。恳请先生指教。"

阳明先生说："太可惜了！这可以用一句话来让你开悟。惟濬你所举的颜子之事便是了，只要知道身、心、意、知、物是一件事情。"

九川质疑说："物在外，怎么能够与身、心、意、知是一件事情？"

阳明先生说："耳、目、口、鼻、四肢，属于身，如果没有心，怎么能视、听、言、动？心要视、听、言、动，如果没有耳、目、口、鼻、四肢也不能做到。所以没有心则没有身，没有身则没有心。只是从其充塞的角度而言称之为身，从其主宰的角度而言称之为心，从心的发动角度而言称之为意，从意的灵明角度而言称之为知，从意的涉着角度而言称之为物，只是一件事情。意没有悬空的，必须涉着事物，所以想要诚意，就随着意所在的某件事情去格而正之，去除其人欲而回归到天理，良知在这件事情上就不会受蒙蔽而能得到扩充了。这便是诚意的功夫。"九川于是释然破除数年来的疑惑。

九川又问："甘泉先生近来也信赖《大学》古本，说'格物犹言造道'，又说'穷理如穷其巢穴之穷，以身至之也'，所以他认为格物也只是随处体认天理。似乎与先生您的说法渐渐相同。"

阳明先生说："甘泉肯用功，所以能回转得来。当时与他说'亲民'的'亲'字不须改，他也不相信。如今论述'格物'也比较接近了，只是他不应当将'物'字换作'理'字，只还他一个'物'字就是了。"

后来有人问九川说："如今为什么不怀疑'物'字了？"

九川回答说："《中庸》说'不诚无物'，程子说'物来顺应'，又如'物各付物'、'胸中无物'之类，都是古人常用的字。"后来，阳明先生也说这是对的。

202. 九川问："近年因厌泛滥之学，每要静坐，求屏息念虑，非惟不能，愈觉扰扰，如何？"

先生曰："念如何可息？只是要正。"

曰："当自有无念时否？"

先生曰："实无无念时。"

曰："如此却如何言静？"

曰："静未尝不动，动未尝不静。戒谨恐惧即是念，何分动静？"

曰："周子何以言'定之以中正仁义而主静'？"[1]

曰："无欲故静，是'静亦定，动亦定'的定字主其本体也；戒惧之念，是活泼泼地。此是天机[2]不息处，所谓'维天之命，於穆不已'[3]；一息便是死。非本体之念，即是私念。"

【注释】

〔1〕周子之言，见周敦颐《太极图说》。

〔2〕天机，造化的奥秘。

〔3〕"维天之命，於穆不已"，於穆，赞叹词。大意为：上天之道，真是无穷无尽的啊。语见《诗经·周颂·维天之命》"维天之命，於穆不已。於乎不显，文王之德之纯"。朱熹注云，"天命，即天道也。不已，言无穷也。纯，不杂也。此亦祭文王之诗。言天道无穷，而文王之德纯一不杂，与天无间，以赞文王之德之盛也"。

【今译】

九川问："我近年因为厌倦泛观博览的学问，常常想要静坐，寻求屏息念虑，不单不能做到，反而更加觉得纷乱，怎么办？"

阳明先生曰："念虑怎么可以屏息？只是要正。"

九川说："是不是本来就有没有念虑的时候呢？"

阳明先生说："实际上并没有没有念虑的时候。"

九川说："既然如此，却又怎么说静？"

阳明先生说："静未尝不动，动未尝不静。戒谨恐惧就是念虑，为什么要区分动静？"

九川说："然而，周子为什么说'定之以中正仁义而主静'？"

阳明先生说："没有私欲所以能静，是'静亦定，动亦定'的'定'字主宰其本体；戒惧这样的念虑，是活泼泼地。这正是天机不息的地方，正如《诗经》所说'维天之命，於穆不已'；一有止息便是死亡。所谓念虑，如果不是本体之念，就是私念。"

203. 又问："用功收心时，有声色在前，如常闻见，恐不是专一。"

曰："如何欲不闻见？除是槁木死灰、耳聋目盲则可。只是虽闻见而不流去，便是。"

曰："昔有人静坐，其子隔壁读书，不知其勤惰，程子称其甚敬。何如？"

曰："伊川恐亦是讥他。"[1]

【注释】

〔1〕"昔有人静坐"云云，语本《河南程氏遗书》："许渤与其子隔一窗而寝，乃不闻其子读书与不读书。先生谓：'此人持敬如此。'（原注：曷尝有如此圣人。）"

【今译】

又问："用功收心的时候，如果有声色在面前，像平常那样听闻、看见，恐怕也不是专一。"

阳明先生说："怎么能不听闻、不看见？不听闻、不看见，除非是槁木死灰、耳聋目盲才可以。只是虽听闻看见但不随它流转，便是了。"

问："以前有人静坐，其儿子在隔壁读书，他居然不知道儿子是勤奋还是懒惰，程子却称赞他相当能持敬。为什么？"

阳明先生说："程伊川恐怕也是讥讽他。"

204. 又问："静坐用功，颇觉此心收敛。遇事又断了，旋起个念头，去事上省察；事过又寻旧功，还觉有内外，打不作一片。"

先生曰："此'格物'之说未透。心何尝有内外？即如惟濬今在此讲论，又岂有一心在内照管？这听讲说时专敬，即是那静坐时心，功夫一贯，何须更起念头？人须在事上磨炼做功夫乃有益。若只好静，遇事便乱，终无长进，那静时功夫，亦差似收敛而实放溺也。"

后在洪都，复与于中、国裳[1]论内外之说，渠皆云："物自有内外，但要内外并着功夫，不可有间耳。"以质先生。曰："功夫不离本体，本体原无内外。只为后来做功夫的分了内外，失其本体了。如今正要讲明功夫不要有内外，乃是本体功夫。"是日俱有省。

【注释】

〔1〕《明史·夏良胜传》云，"夏良胜，字于中，南城人。少为督学蔡清所知，曰'子异日必为良臣，当无有胜于子者'，遂名良胜"。生于成化十六年（1480），卒于嘉靖十七年（1538），享年五十七岁。正德三年（1508）进士，官吏部考功员外郎，以谏正德皇帝南巡罢归。嘉靖初复职，历官南京太常寺少卿。著作有《中庸衍义》、《东洲初稿》。 舒芬，字国裳，号梓溪，江西进贤人。生于成化二十年（1484），卒于嘉靖六年（1527），享年四十四岁。正德十二年（1517）进士第一，授修撰。因谏武宗南巡，谪福建市舶副提举。世宗即位，召复故官，不久因大礼案廷杖下狱。随即遭母丧归，由于哀毁过度而卒。

【今译】

又问："静坐用功的时候，颇为觉得此心能够收敛。然而遇到事情的时候又间断了，于是立刻起个念头，去事上省察；只是事情过去之后又寻求原先的功夫，还是觉得有内外的不同，不能打成一片。"

阳明先生说："这是因为'格物'的学说还不够透彻。心何尝有内外的不同？就像惟濬你如今在这里讲论，又难道是有一个心在里面照管着？这听讲说时专注于恭敬的心，就是那静坐时的心，功夫是一贯的，又何须另外起一个念头？人必须在事上磨炼做功夫才有益。如果只是好静，遇到事情便会乱，终究不能有长进，那静时的功夫，也勉强近似收敛而实际上却是放溺。"

后来在南昌，又与夏于中、舒国裳讨论关于内外的学说，他们都说："事物本身就有内外，只是要内外一起用功，不可有所间隔。"以此向阳明先生请教。阳明先生说："功夫不离本体，本体原本没有内外。只是后来做功夫的人区分了内外，便丧失它的本体了。如今正要讲明功夫不要有内外的分别，才是本体功夫。"这一日，大家都有所省悟。

205. 又问："陆子之学何如？"

先生曰："濂溪、明道之后，还是象山，只还粗些。"

九川曰："看他论学，篇篇说出骨髓，句句似针膏肓，却不见他粗。"

先生曰："然。他心上用过功夫，与揣摹依仿、求之文义自不同。但细看有粗处，用功久，当见之。"

【今译】

又问："陆子的学问怎么样？"

阳明先生说："周濂溪、程明道之后，还是数陆象山学问最好，只是还略为粗糙些。"

九川说："看他论学，篇篇都能说出骨髓，句句都似针砭膏肓，却不见他粗糙。"

阳明先生说："没错。他在心上用过功夫，与那些只是揣摹依仿、从文义上寻求的人自然不同。只是仔细看，还是有粗糙的地方。用功时间长了，应当能够发现。"

206. 庚辰，往虔州再见先生，问："近来功夫，虽若稍知头脑，然难寻个稳当快乐处。"

先生曰："尔却去心上寻个天理，此正所谓理障[1]。此间有个诀窍。"

曰："请问如何？"

曰："只是致知。"

曰："如何致？"

曰："尔那一点良知，是尔自家底准则。尔意念着处，他是便知是、非便知非，更瞒他一些不得。尔只不要欺他，实实落落依着他做去，善便存，恶便去。他这里何等稳当快乐！此便是格物的真诀、致知的实功。若不靠着这些真机，如何去格物？我亦近年体贴出来如此分明，初犹疑只依他恐有不足，精细看，无些小欠阙。"

【注释】

〔1〕理障，佛教概念，谓既明佛理，而又执着佛理，阻碍正知，是为理障。语出《大方广圆觉修多罗了义经》（简称《圆觉经》）。

【今译】

正德十五年庚辰，九川再次前往虔州拜见阳明先生，请教说："近来的功夫，虽然像是稍知其头绪，然而难以寻找到一个稳当快乐的地方。"

阳明先生说："你却要去自己的心上寻找一个天理，这正是佛教所说的理障。这中间有个诀窍。"

九川说："请问是什么诀窍？"

阳明先生说："只是致良知。"

九川说："怎么致？"

阳明先生说："你那一点良知，就是你自家的准则。你意念涉着之处，它是便知道是、非便知道非，要隐瞒它一丁点都不行。你只是不要欺骗它，实实落落依照着它做开去，善的便保存，恶的便去除。它这里是何等的稳当快乐！这个便是格物的真诀、致知的实功。如果不是靠着这些真机，怎么去格物？我也是近年才体贴得这样分明，起初还怀疑仅仅依靠它恐怕会有不足，精细看来，没有一丁点欠缺。"

207. 在虔，与于中、谦之同侍。

先生曰："人胸中各有个圣人，只自信不及，都自埋倒了。"因顾于中曰："尔胸中原是圣人。"

于中起不敢当。

先生曰："此是尔自家有的，如何要推？"

于中又曰："不敢。"

先生曰："众人皆有之，况在于中，却何故谦起来？谦亦不得。"

于中乃笑受。

又论："良知在人，随你如何，不能泯灭。虽盗贼亦自知不当为盗，唤他做贼，他还忸怩。"

于中曰："只是物欲遮蔽。良心在内，自不会失，如云自蔽日，日何尝失了？"

先生曰："于中如此聪明，他人见不及此。"

【今译】

在虔州，与夏于中、邹谦之一同侍候阳明先生。

阳明先生说："每人胸中都各自有个圣人，只是因为自信不及，都自己埋没了。"于是回过头来看着于中说："你胸中原本就是圣人。"

于中起身说不敢当。

阳明先生说："这是你自家有的，为什么要推却？"

于中又说："不敢。"

阳明先生说："这是众人都有的，何况于中，却是什么缘故谦让起来？谦让也谦让不得。"

于中乃笑着接受。

阳明先生又说："良知之在人，不管你怎样，也不能泯灭。即使是盗贼也自知不应当为盗，你把他唤做贼，他还忸怩不好意思。"

于中说："只是被物欲遮蔽了。良心在人身上，自然不会丢失，譬如乌云遮蔽了太阳，太阳何尝丢失了？"

阳明先生说："于中如此聪明，其他人见识不到这里。"

208．先生曰："这些子看得透彻，随他千言万语，是非诚伪，到前便明，合得的便是，合不得的便非，如佛家说'心印'〔1〕相似，真是个试金石〔2〕、指南针。"

【注释】

〔1〕"心印"，佛教概念。禅宗主张不用语言、不立文字，直接以心印证，顿悟成佛，是为心印。语见宗宝改编本《六祖大师法宝坛经·顿渐品第八》。

〔2〕"试金石"，佐藤一斋曰，"试金石，色如黑漆，金之真伪，一磨即见。见于《天工开物》"。

【今译】

阳明先生说："这良知看得透彻，随他千言万语，是非还是诚伪，到了它前面就能明白，能契合的便属于是，不能契合的便属于非，就与佛家所说'心印'相似，真是试金石、指南针。"

209．先生曰："人若知这良知诀窍，随他多少邪思枉念，这里一觉，都自消融。真个是'灵丹一粒，点铁成金'〔1〕。"

【注释】

〔1〕"灵丹一粒，点铁成金"，语出道原《景德传灯录》："问：'还丹一粒，点铁成金；至理一言，点凡成圣。请师一点。'师曰：'还知齐云点金成铁么？'曰：'点金成铁，未之前闻。至理一言，敢希垂示。'师曰：'句下不荐，后悔难追。'"

【今译】

阳明先生说："人们如果能知道这良知诀窍，随他有多少的邪妄思想、错误念头，这里一察觉，都自然会消融。真的是'灵丹一粒，点铁成金'。"

210. 崇一曰："先生'致知'之旨，发尽精蕴，看来这里再去不得。"

先生曰："何言之易也？再用功半年看如何，又用功一年看如何。功夫愈久愈觉不同，此难口说。"

【今译】

欧阳崇一说："先生'致知'的宗旨，已经把其中的精髓、底蕴阐发殆尽，看来这里是再去深究不得的了。"

阳明先生说："怎么能说得如此轻易？你再用功半年看看会如何，又用功一年看看会如何。功夫越长久越觉得不同，这难以口说言传。"

211. 先生问九川："于'致知'之说体验如何？"

九川曰："自觉不同。往时操持，常不得个恰好处，此乃是恰好处。"

先生曰："可知是体来，与听讲不同。我初与讲时，知尔只是忽易，未有滋味；只这个要妙，再体到深处，日见不同，是无穷尽的。"又曰："此'致知'二字，真是个千古圣传之秘，见到这里，'百世以俟圣人而不惑'。"

【今译】

阳明先生问九川："你对于'致知'的学说体验得怎样？"

九川说："自己觉得有不同。往时的操持，常常不能得到一个恰好处；现在的操持，能得一个恰好处。"

阳明先生说："由此可知你是体验得来，与听讲得来的不同。我起初与你讲论的时候，知道你只是看得轻忽简易，还没有尝到其滋味；只是这样一个要妙，再体验到深处，便会每天所见不同，这是没有穷尽的。"又说："这'致知'二字，真是一个千古圣传的秘诀，能见到这里，正如《中庸》所说'百世以俟圣人而不惑'。"

212. 九川问曰："伊川说到'体用一原、显微无间'处，门人已说是泄天机[1]。先生'致知'之说，莫亦泄天机太甚否？"

先生曰："圣人已指以示人，只为后人掩匿，我发明耳，何故说泄？此是人人自有的，觉来甚不打紧一般。然与不用实功人说，亦甚轻忽，可惜彼此无益；与实用功而不得其要者提撕之，甚沛然得力。"

【注释】

〔1〕伊川云云，语本《河南程氏外书》："和靖尝以《易传序》请问曰：'"至微者理也，至著者象也。体用一原，显微无间"，莫太泄露天机否？'伊川曰：'如此分明说破，犹自人不解悟。'"

【今译】

九川问道："伊川说到'体用一原、显微无间'处，其门人已经说是泄露天机。先生'致知'的学说，不也是泄露天机太厉害了吗？"

阳明先生说："这是圣人已经指示给人们的，只是被后人掩蔽隐匿起来了，我不过是重新发明出来而已，为什么说是泄露天机呢？这是人人原本就有的，因而让人觉得是很不要紧的一样。然而，与不能用切实功夫的人说，也是甚为轻视忽略，可惜对彼此都没有益处；对能够切实用功而不得其要领的人加以提醒、振作，则甚为沛然得力。"

213. 又曰:"知来本无知,觉来本无觉,然不知则遂沦埋。"

【今译】

阳明先生又说:"要说知,原本就无知;要说觉,原本就无觉。然而不知不觉,就会因此而沦落埋没。"

214. 先生曰:"大凡朋友须箴规指摘处少、诱掖奖劝意多,方是。"后又戒九川云:"与朋友论学,须委曲谦下、宽以居之〔1〕。"

【注释】

〔1〕"宽以居之",语出《周易·文言》"君子学以聚之,问以辨之,宽以居之,仁以行之"。

【今译】

阳明先生说:"大凡对待朋友,须是规诚批评的地方少、诱导奖励的意味多,才是对的。"后来又告诫九川说:"与朋友讨论学问,应当委婉谦卑、宽厚相待。"

215. 九川卧病虔州。
先生云:"病物亦难格,觉得如何?"
对曰:"功夫甚难。"
先生曰:"常快活便是功夫。"

【今译】

九川在虔州卧病在床。

阳明先生说:"疾病这物事,也颇难穷格,你觉得怎么样?"

九川回答说:"这功夫很难。"

阳明先生说:"常常保持快活的心态,便是功夫。"

216. 九川问:"自省念虑,或涉邪妄、或预料理[1]天下事,思到极处,井井有味[2],便缱绻[3]难屏,觉得早则易,觉迟则难,用力克治,愈觉扞格[4]。惟稍迁念他事,则随两忘。如此廓清,亦似无害。"

先生曰:"何须如此,只要在良知上着功夫。"

九川曰:"正谓那一时不知。"

先生曰:"我这里自有功夫,何缘得他来?只为尔功夫断了,便蔽其知。既断了,则继续旧功便是,何必如此?"

九川曰:"直是难鏖。虽知,丢他不去。"

先生曰:"须是勇。用功久,自有勇,故曰'是集义所生者'。胜得容易,便是大贤。"

【注释】

〔1〕料理,照顾、安排。此有考虑如何处理之意。

〔2〕佐藤一斋曰:"井井有味,《荀子》杨倞注:'井井,有条理也。'"邓艾民曰:"井井:津津。佐藤一斋据《荀子》杨倞注释为'有条理也'。似不切。"邓氏之说可取。

〔3〕缱绻(qiǎn quǎn),情意缠绵、情投意合;难舍难分。

〔4〕扞格(hàn gé),互相抵触。

【今译】

九川问："自己反省念虑，或者涉及邪妄，或者预先考虑如何处理天下事，思考到极致的地方，觉得津津有味，便情意缠绵难以屏除，发觉得早还比较容易，发觉得迟就比较困难了，然而越是用力克治，越是觉得格格不入。只好稍微转向思考其他事情，就因此两事皆忘。像这样来廓清念虑，也似乎没有什么害处。"

阳明先生说："何必如此，只是要在良知上用功夫。"

九川说："我正是说良知在那一时也不能觉知。"

阳明先生说："我这里原本就有功夫，怎么会有不能觉知的情况出现？只因为你的功夫间断了，便蒙蔽了你的良知。既然你的功夫间断了，则继续原先的功夫就是了，何必如此呢？"

九川说："只是难以对付。即使知道，也丢不开它。"

阳明先生说："必须要有勇气。用功时间长了，自然会有勇气，所以孟子说'是集义所生者'。如果胜得容易，你便是大贤了。"

217. 九川问："此功夫却于心上体验明白，只解书不通。"

先生曰："只要解心。心明白，书自然融会。若心上不通，只要书上文义通，却自生意见。"

【今译】

九川问："这种功夫却能在心中体验明白，只是解释书中的文义时不能贯通。"

阳明先生说："你只要解心。如果你心地明白，书中的文义自然能融会贯通。如果你心上不通，只求书上的文义贯通，却自会产生主观见解。"

218. 有一属官，因久听讲先生之学，曰："此学甚好，只是簿书讼狱[1]繁难，不得为学。"

先生闻之，曰："我何尝教尔离了簿书讼狱悬空去讲学？尔既有官司之事，便从官司的事上为学，才是真格物。如问一词讼，不可因其应对无状，起个怒心；不可因他言语圆转，生个喜心；不可恶其嘱托，加意治之；不可因其请求，屈意从之；不可因自己事务烦冗，随意苟且断之；不可因旁人谮毁罗织，随人意思处之。这许多意思皆私，只尔自知，须精细省察克治，惟恐此心有一毫偏倚，枉人是非[2]，这便是格物致知。簿书讼狱之间，无非实学；若离了事物为学，却是着空。"

【注释】

〔1〕簿书，官署文书。讼狱，诉讼案件。

〔2〕枉人是非：原作"杜人是非"，据水西精舍本、胡宗宪本、郭朝宾本、四库全书本等版本改。枉，不正直，冤屈。

【今译】

有一个属官，因长期听讲先生的学说，说："这学说很好，只是簿书、讼狱公务繁难，无法专心学习。"

阳明先生听说之后，对他说："我何曾叫你离开簿书、讼狱等公务，凭空去讲求学问？你既然有官司方面的事，就从官司方面的事上学习，这才是真正的格物。譬如审问一个案件，你不能因为他应对无状失态，就起个愤怒之心；你不能因为他言语圆滑婉转，就生个欢喜之心；你不能因为讨厌他嘱托关说，就加意惩治他；你不能因为他请求开恩，就屈意听从他；你不能因为自己事务繁多，就随意苟且断案；你不能因为旁人谮毁罗织，就按他们的意思处置。这许多意念都是私念，只有你自己知道，必须精细地加以省察克治，惟恐自己心中有一丁点的偏倚，而不能正直地判断人们的是非，这就是格物致知。簿书讼狱等公务之间，无非实学；若离开了这些事物来学习，却是着空。"

219. 虔州将归，有诗别先生云："良知何事系多闻，妙合当时已种根。好恶从之为圣学，将迎无处是乾元。"

先生曰："若未来讲此学，不知说'好恶从之'从个甚么？"

敷英[1]在座曰："诚然。尝读先生《大学古本序》，不知所说何事，及来听讲许时，乃稍知大意。"

【注释】

〔1〕《明史·王时柯传》云："王时柯，字敷英，万安人。正德十二年进士，授行人。嘉靖三年擢御史……上疏忤旨切责。未几，有伏阙之事，再予杖除名。"穆宗即位，复官。卒，赠光禄少卿。

【今译】

九川即将从虔州回家，有诗与阳明先生告别，略云："良知何事系多闻，妙合当时已种根。好恶从之为圣学，将迎无处是乾元。"

阳明先生说："如果你没有来这里讲求圣学，不知你说的'好恶从之'是从个什么？"

王敷英当时在座，说："确实如此。我曾经读先生的《大学古本序》，当时根本不知道其中所说的是什么意思，直到来这里听讲相当长一段时间后，才稍微明白大意。"

220. 于中、国裳辈同侍食，先生曰："凡饮食，只是要养我身，食了要消化；若徒蓄积在肚里，便成痞[1]了，如何长得肌肤？后世学者博闻多识，留滞胸中，皆伤食之病也。"

【注释】

〔1〕痞，病症名，即痞块、腹内结块。《玉篇·疒部》云，"痞，腹内结病"。

【今译】

夏于中、舒国裳等一同侍奉阳明先生吃饭，阳明先生曰："凡饮食，只是要滋养我们的身体，吃了要消化；如果只是积滞在肚里，就成痞块了，怎么能长养得肌肤？后世学者只求博闻多记，留滞在胸中而不能消化，这都属于伤食之病。"

221. 先生曰："圣人亦是'学知'，众人亦是'生知'。"

问曰："何如？"

曰："这良知人人皆有，圣人只是保全，无些障蔽，兢兢业业〔1〕，亹亹翼翼〔2〕，自然不息，便也是学，只是生的分数多，所以谓之'生知安行'；众人自孩提之童，莫不完具此知，只是障蔽多，然本体之知自难泯息，虽问学克治，也只凭他，只是学的分数多，所以谓之'学知利行'。"

【注释】

〔1〕兢兢业业，原意为危惧，此指认真负责、不敢懈怠。其语见《诗经·大雅·云汉》"旱既大甚，则不可推。兢兢业业，如霆如雷"。

〔2〕亹亹（wěi wěi）翼翼，意为勤勉不倦、小心谨慎。典出《诗经·大雅·文王》"亹亹文王，令闻不已"、"世之不显，厥犹翼翼"。

【今译】

阳明先生说："圣人也是'学而知之'，众人也是'生而知之'。"

问："为什么？"

阳明先生回答："这良知是人人都有的，圣人只是保全，没有什么障碍蒙蔽，兢兢业业，亹亹翼翼，自然不会止息，这便也是学，只是生而知之的分量比较多，所以叫作'生知安行'；众人从小时候开始，没有不完全具备这良知的，只是障碍蒙蔽比较多，然而其本体的良知自然难以泯灭，即使问学、克治，也只依靠着它，只是学而知之的分量比较多，所以叫作'学知利行'。"

黄 直 录

222. 黄以方[1]问:"先生格致之说,随时格物以致其知,则知是一节之知,非全体之知也,何以到得'溥博如天,渊泉如渊'[2]地位?"

先生曰:"人心是天、渊。心之本体无所不该,原是一个天,只为私欲障碍,则天之本体失了;心之理无穷尽,原是一个渊,只为私欲窒塞,则渊之本体失了。如今念念致良知,将此障碍窒塞一齐去尽,则本体已复,便是天、渊了。"乃指天以示之曰:"比如面前见天,是昭昭之天;四外见天,也只是昭昭之天。只为许多房子墙壁遮蔽,便不见天之全体,若撤去房子墙壁,总是一个天矣。不可道眼前天是昭昭之天,外面又不是昭昭之天也。于此便见一节之知即全体之知,全体之知即一节之知,总是一个本体。"

(已下门人黄直录)

【注释】

〔1〕黄直,字以方,号卓峰,江西金溪人。生卒年不详。阳明弟子。嘉靖二年(1523)进士。《明史》云,黄直"既成进士,即疏陈隆圣治、保圣躬、敦圣孝、明圣鉴、劝圣学、务圣道六事,除漳州推官"。

〔2〕"溥博如天,渊泉如渊",意为:博大如天,深远如渊。语见《中庸》。

【今译】

黄以方问:"先生格物致知的学说,是指随时格物以致其知,那么知就是一节之知，而不是全体之知，怎么样才能到达‘溥博如天，渊泉如渊’的地位？”

阳明先生说：“人心就是天、渊。心的本体无所不包，原本就是一个天，只是因为被私欲障碍，则天的本来状态便丧失了；心的天理无穷无尽，原本就是一个渊，只是因为被私欲窒塞，则渊的本来状态就丧失了。如今念念不忘致良知，将这些障碍、窒塞一齐去除净尽，则其本来状态已经恢复，便又是天、渊了。”于是阳明先生指着天对以方说：“比如面前所见到的天，是明亮的天；四面所见到的天，也只是明亮的天。只是因为被许多房子墙壁遮蔽住了，便看不见天的全体，如果拆去这些房子、墙壁，就总是一个天了。不可以说眼前的天是明亮的天，外面的天就不是明亮的天了。由此可见一节之知就是全体之知，全体之知就是一节之知，总是一个本体。”

（以下门人黄直录）

223. 先生曰：“圣贤非无功业气节[1]，但其循着这天理则便是道，不可以事功气节名矣。”

【注释】

〔1〕圣贤非无功业气节：“气节”，原作“节气”，据张问达本、四库全书本、三轮执斋本、佐藤一斋本等版本改。

【今译】

阳明先生说：“圣贤并不是没有功业气节，只是他们遵循着这天理，也就是道，圣贤是不可以凭事功气节称说的。”

224. “‘发愤忘食’，是圣人之志如此，真无有已时；‘乐以忘忧’，是圣人之道如此，真无有戚时。恐不必云‘得’、‘不得’也。”[1]

【注释】

〔1〕"发愤忘食"、"乐以忘忧"、"得、不得",语本《论语·述而》:"叶公问孔子于子路,子路不对。子曰:'女奚不曰,其为人也,发愤忘食,乐以忘忧,不知老之将至云尔。'"朱熹注云:"未得,则发愤而忘食;已得,则乐之而忘忧。"

【今译】

"'发愤忘食',是圣人的志向如此,真没有停止的时候;'乐以忘忧',是圣人的道行如此,真没有忧戚的时候。恐怕不必像朱子那样说'已得'、'未得'吧。"

225. 先生曰:"我辈致知,只是各随分限[1]所及。今日良知见在如此,只随今日所知扩充到底;明日良知又有开悟,便从明日所知扩充到底。如此,方是精一功夫。与人论学,亦须随人分限所及。如树有这些萌芽,只把这些水去灌溉,萌芽再长,便又加水。自拱把以至合抱[2],灌溉之功皆是随其分限所及。若些小萌芽,有一桶水在,尽要倾上,便浸坏他了。"

【注释】

〔1〕分限(fèn xiàn),天分、本分。

〔2〕拱,两手所围;把,一手所握。合抱,两臂围拢。自拱把以至合抱,指树木从小树以至长成大树。

【今译】

阳明先生说:"我们致知,只是各随自己的分限所能及。今日良知呈现为这样,就只随今日所知道的扩充到底;明日良知又有开悟,便从明日所知道的扩充到底,这样才是惟精惟一的功夫。与别人讨论学问,也应当随人们的分限所能及。譬如树木仅有这些萌芽，只拿这些水去灌溉，萌芽继续生长，便又增加一些水。从小树以至长成大树，灌溉的功夫都是随其分限所能及。如果它只有一丁点萌芽，你有一大桶水，全部都倒下去，就会浸坏它了。"

226. 问知行合一。先生曰："此须识我立言宗旨。今人学问，只因知行分作两件，故有一念发动，虽是不善，然却未曾行，便不去禁止。我今说个知行合一，正要人晓得一念发动处，便即是行了；发动处有不善，就将这不善的念克倒了。须要彻根彻底，不使那一念不善潜伏在胸中。此是我立言宗旨。"

【今译】

问知行合一。阳明先生说："这必须识得我的立言宗旨。如今人们做学问，只因为把知行分作两件事，所以在有一念发动的时候，即使是不善的，然而却以为它还未曾实行，便不去禁止。我如今说个知行合一，正要人们晓得这一念发动处，就已经是行了；发动处有不善，就要将这个不善的念头克倒了。必须彻根彻底，不要让那一念的不善潜伏在胸中。这是我的立言宗旨。"

227. "圣人无所不知，只是知个天理；无所不能，只是能个天理。圣人本体明白，故事事知个天理所在，便去尽个天理；不是本体明后，却于天下事物都便知得，便做得来也。天下事物，如名物度数、草木鸟兽之类，不胜其烦，圣人虽是本体明了[1]，亦何缘能尽知得？但不必知的，圣人自不消求知；其所当知的，圣人自能问人，如'子入太庙，每事问'之类。先儒谓

'虽知亦问，敬谨之至'，此说不可通^[2]。圣人于礼乐名物，不必尽知，然他知得一个天理，便自有许多节文^[3]度数出来，不知能问，亦即是天理节文所在。"

【注释】

〔1〕圣人虽是本体明了："虽是"，原作"须是"，据水西精舍本、胡宗宪本、郭朝宾本、四库全书本等版本改。

〔2〕"子入太庙，每事问"、"虽知亦问，敬谨之至"，语本《论语·八佾》。朱熹注引尹焞云，"礼者，敬而已矣。虽知亦问，谨之至也，其为敬莫大于此。谓之不知礼者，岂足以知孔子哉"。

〔3〕节文，节制修饰；礼节、仪式。下面"天理节文"，似有具体表现之意。

【今译】

"圣人无所不知，只是知个天理；无所不能，只是能个天理。圣人本体明白，所以事事都知道天理之所在，便去穷尽天理；并不是本体明白之后，对于天下的事物便都能够知道，便都能够做得来。天下的事物，例如名物制度、草木鸟兽之类，种类不胜烦杂，圣人即使是对本体十分明了，又怎么能够完全知道？只是不必知道的，圣人自然不用去求知；应当知道的，圣人自然能向人请教，像'子入太庙，每事问'之类。先儒说孔子是'虽知亦问，敬谨之至'，这种说法不通。圣人对于礼乐名物，没有必要完全知道，然而圣人知道一个天理，便自然会有许多具体的典章制度建立起来。自己不知道的就向别人请教，这也是天理的具体表现之所在。"

228. 问："先生尝谓'善恶只是一物'。善恶两端，如冰炭相反，如何谓只一物？"

先生曰："至善者，心之本体。本体上才过当些子，便是恶了。不是有一个善，却又有一个恶来相对也。故善恶只是一物。"

直因闻先生之说，则知程子所谓"善固性也，恶亦不可不谓之性"[1]，又曰"善恶皆天理。谓之恶者本非恶，但于本性上过与不及之间耳"[2]，其说皆无可疑。

【注释】

〔1〕"善固性也，恶亦不可不谓之性"，语本《河南程氏遗书》。

〔2〕"善恶皆天理。谓之恶者本非恶，但于本性上过与不及之间耳"，语本《河南程氏遗书》。

【今译】

问："先生您曾经说'善恶只是一物'。善恶作为两个极端，犹如冰炭之相反，为什么说只是一物？"

阳明先生说："至善，是心的本体。在本体上才过分一丁点，便是恶了。并不是说有一个善，却又有一个恶来与它相对。所以善恶只是一物。"

我（黄直）因为得闻阳明先生的说法，就知道程子所说的"善固性也，恶亦不可不谓之性"，以及"善恶皆天理。谓之恶者本非恶，但于本性上过与不及之间耳"，这些说法都没有什么可疑的。

229. 先生尝谓"人但得好善如好好色、恶恶如恶恶臭，便是圣人"，直初时闻之，觉其易，后体验得来，此个功夫着实是难。如一念虽知好善、恶恶，然不知不觉又夹杂去了；才有夹杂，便不是好善如好好色、恶恶如恶恶臭的心。善能实实的好，是无念不善矣；恶能实实的恶，是无念及恶矣，如何不是圣人？故圣人之学，只是一诚而已。

【今译】

阳明先生曾经说"人只要能够喜欢善如同喜欢美色、讨厌恶如同讨厌腐臭，便是圣人"，我（黄直）起初听闻这个说法时，觉得很容易，后来经过体验才发现，这个功夫确实是很艰难的。例如有一个念头虽然知道喜欢善、讨厌恶，然而不知不觉之间又夹杂去了；才有所夹杂，便已经不是喜欢善如同喜欢美色、讨厌恶如同讨厌腐臭的心了。善如果能够实实在在喜欢，就是无念不善了；恶如果能够实实在在讨厌，就是无念及恶了，怎么会不是圣人？所以圣人之学，只是一个诚而已。

230. 问："《修道说》言'率性之谓道'属圣人分上事，'修道之谓教'属贤人分上事。"

先生曰："众人亦率性也，但率性在圣人分上较多，故'率性之谓道'属圣人事；圣人亦修道也，但修道在贤人分上多，故'修道之谓教'属贤人事。"又曰："《中庸》一书，大抵皆是说修道的事。故后面凡说君子、说颜渊、说子路，皆是能修道的；说小人、说贤知愚不肖、说庶民，皆是不能修道的。其他言舜、文、周公、仲尼至诚至圣之类，则又圣人之自能修道者也。"

【今译】

问："先生您的《修道说》以为'率性之谓道'属于圣人分上的事，'修道之谓教'属于贤人分上的事。为什么？"

阳明先生说："众人也能率性，只是率性在圣人的分上比较多，所以'率性之谓道'属于圣人的事；圣人也要修道，只是修道在贤人的分上比较多，所以'修道之谓教'属于贤人的事。"又说："《中庸》一书，大抵都是说修道的事。所以后面凡是说君子、说颜渊、说子路，都是能修道的；说小人、说贤知愚不肖、说庶民，都是不能修道的。其他说虞舜、周文王、周公、仲尼至诚至圣之类，则又是圣人之中自能修道的。"

231. 问："儒者到三更时分，扫荡胸中思虑，空空静静，与释氏之静只一般。两下[1]皆不用，此时何所分别?"

先生曰："动静只是一个。那三更时分空空静静的[2]，只是存天理，即是如今应事接物的心；如今应事接物的心，亦是循此天理，便是那三更时分空空静静的心。故动静只是一个，分别不得。知得动静合一，释氏毫厘差处亦自莫掩矣。"

【注释】

〔1〕两下，一般以为指儒释，非是。根据阳明答语，两下应指动静。

〔2〕那三更时分空空静静的："空空静静的"后，于清远《王阳明传习录注释》有"心"字。据于氏说翻译。

【今译】

问："儒者到了三更时分，扫除荡涤胸中的思虑，空空静静，与释氏的清静只是一样。如果动静两者都不用，这个时候又怎么分别?"

阳明先生说："动静只是一个。那三更时分空空静静的心，只是保存天理，就是如今应事接物的心；如今应事接物的心，也是遵循这个天理，便是那三更时分空空静静的心。所以动静只是一个，分别不得。能够知道动静合一，释氏的毫厘之差、千里之谬也就自然不能掩盖了。"

232. 门人在座，有动止甚矜持者，先生曰："人若矜持太过，终是有弊。"

曰："矜持太过，何如有弊?"

曰："人只有许多精神，若专在容貌上用功，则于中心照管不及者多矣。"

有太直率者，先生曰："如今讲此学，却外面全不检束，又分心与事为二矣。"

【今译】

在座的门人中，有举止相当矜持的，阳明先生说："人如果矜持太过分，终究是有弊病。"

问道："矜持太过分，为什么会有弊病?"

阳明先生说："人只有这么多的精神，如果专注于在容貌上用功夫，那么照管不到内心的时候就多了。"

又有太过于直率的，阳明先生说："如今讲求这个良知的学问，却对于外面的行为完全不加检束，这又是把心与事分为两件了。"

233. 门人作文送友行，问先生曰："作文字不免费思，作了后又一二日，常记在怀。"

曰："文字思索亦无害。但作了常记在怀，则为文所累，心中有一物矣，此则未可也。"

又作诗送人。先生看诗毕，谓曰："凡作文字，要随我分限所及；若说得太过了，亦非'修辞立诚'[1]矣。"

【注释】

〔1〕"修辞立诚"，语出《周易·文言》"君子进德修业。忠信，所以进德也；修辞立其诚，所以居业也"。

【今译】

门人作文为朋友送行，向阳明先生请教说："作文字不免要花费心思，作完之后又过了一二日，还常常记挂在怀。"

阳明先生说："为作文字而思索也没有什么害处。只是作完之后还常常记挂在怀，则是被文字所牵累，使得心中有一物，这就不恰当了。"

又作诗送人。阳明先生看完诗，对他说："凡是作文字，要随我的分限所能及；如果说得太过分，也就不是'修辞立其诚'了。"

234. "文公格物之说，只是少头脑。如所谓'察之于念虑之微'，此一句不该与'求之文字之中'、'验之于事为之著'、'索之讲论之际'混作一例看，是无轻重也。"[1]

【注释】

〔1〕此所引述文公（朱熹）格物之说，语见《大学或问》"若其用力之方，则或考之事为之著，或察之念虑之微，或求之文字之中，或索之讲论之际"。

【今译】

"朱文公格物的学说，只是缺少头绪。譬如他所说的'察之于念虑之微'，这一句不应该与'求之文字之中'、'验之于事为之著'、'索之讲论之际'混为一谈。混为一谈，是不知轻重。"

235. 问"有所忿懥"一条[1]。先生曰："'忿懥'几件，人心怎能无得？只是不可'有［所］'耳[2]。凡人忿懥，着了一分意思，便怒得过当，非'廓然大公'之体了。故有所忿懥，便不得其正也。如今于凡忿懔等件，只是个'物来顺应'，不要着一分意思，便心体'廓然大公'，得其本体之正了。且如出外见人相斗，其不是的，我心亦怒。然虽怒，却此心廓然，不曾动些子气。如今怒人，亦得如此，方才是正。"

【注释】

　　〔1〕所问"有所忿懔"，语见《大学》"所谓修身在正其心者，身有所忿懔，则不得其正；有所恐惧，则不得其正；有所好乐，则不得其正；有所忧患，则不得其正"。

　　〔2〕只是不可"有所"耳："所"字原缺，据俞嶙本、张问达本补。且依据上下文意以及《大学》原文，作"有所"，于义为长。

【今译】

　　问《大学》"有所忿懔"一条。阳明先生说："'忿懔'这些情绪，人心怎么能够没有呢？只是不可以'有所'而已。凡是人在愤怒的时候，沾上了一分一毫的主观意气，便会怒得过当，就不是'廓然大公'的本体了。所以有所忿懔，便不得其正了。如今对于忿懔这些情绪，只是一个'物来顺应'，不要沾上一分一毫的主观意气，就能使心体'廓然大公'，就能得其本体之正了。比如出外看见别人互相争斗，对于其中不对的，我心中也会愤怒。然而即使愤怒，此心却能廓然，不曾动一丁点气。如今对人愤怒时，也应当这样，这才是得其正。"

　　236. "先生尝言'佛氏不着相[1]，其实着了相；吾儒着相，其实不着相'。请问。"

　　曰："佛怕父子累，却逃了父子；怕君臣累，却逃了君臣；怕夫妇累，却逃了夫妇，都是为个君臣、父子、夫妇着了相，便须逃避。如吾儒有个父子，还[2]他以仁；有个君臣，还他以义；有个夫妇，还他以别，何曾着父子、君臣、夫妇的相?"

【注释】

〔1〕着相，佛教概念，指执着事物的形相。

〔2〕还，回报、回应。

【今译】

"先生您曾经说'佛氏不着相，其实着了相；吾儒着相，其实不着相'。请问是什么意思。"

阳明先生说："佛家害怕父子关系的牵累，于是逃避了父子；害怕君臣关系的牵累，于是逃避了君臣；害怕夫妇关系的牵累，于是逃避了夫妇，都是因为对君臣、父子、夫妇着了相，便需要逃避。像我们儒家，有个父子关系，就以仁爱回应他；有个君臣关系，就以忠义回应他；有个夫妇关系，就以有别回应他，何曾着了父子、君臣、夫妇的相?"

黄 修 易 录

237. 黄勉叔[1]问："心无恶念时，此心空空荡荡的，不知亦须存个善念否？"

先生曰："既去恶念，便是善念，便复心之本体矣。譬如日光被云来遮蔽，云去，光已复矣。若恶念既去，又要存个善念，即是日光之中添燃一灯。"

（已下门人黄修易录）

【注释】

〔1〕黄勉叔，名修易，余不详。

【今译】

黄勉叔问："心里没有恶念的时候，此心空空荡荡的，不知道是否必须保存一个善念？"

阳明先生说："已经去除了恶念，便是善念，便是恢复心的本体了。譬如日光被乌云遮蔽，乌云散去，日光就已经恢复了。如果恶念已经去除，又要保存一个善念，就如同是在日光之中添加、点燃一盏灯那样多余。"

（以下门人黄修易录）

238. 问："近来用功，亦颇觉妄念不生，但腔子里黑窣窣[1]的，不知如何打得光明？"

先生曰："初下手用功，如何腔子里便得光明？譬如奔流浊水，才贮在缸里，初然虽定[2]，也只是昏浊的；须俟澄定既久，自然渣滓尽去，复得清来。汝只要在良知上用功；良知存久，黑窣窣自能光明矣。今便要责效，却是助长，不成功夫。"

【注释】

〔1〕黑窣窣（hēi sū sū），与后文"光明"对言，犹言黑乎乎，指模糊不清、昏暗不明。

〔2〕初然虽定：许舜屏曰："'初然虽定'，疑系'虽然初定'。"译文根据许氏之说翻译。

【今译】

问："近来用功，也颇为觉得妄念不再产生，只是心里感到黑乎乎的，不知道怎么样才能使得它光明？"

阳明先生说："刚刚下手用功，怎么心里就能光明？譬如奔流浊水，才贮存在水缸里，虽然初步澄定，也还只是浑浊的；必须等澄定的时间已经比较长久，自然渣滓全部去除，恢复得清澈来。你只要在良知上用功；良知存养的时间长了，黑乎乎自然就能变为光明了。如今就要责求成效，这却是助长，而不是功夫。"

239. 先生曰："吾教人致良知、在格物上用功，却是有根本的学问，日长进一日，愈久愈觉精明。世儒教人事事物物上去寻讨，却是无根本的学问，方其壮时，虽暂能外面修饰，不见有过；老则精神衰迈，终须放倒。譬如无根之树，移栽水边，虽暂时鲜好，终久要憔悴。"

【今译】

阳明先生说："我教人致良知、在格物上用功，却是有根本的学问，一日比一日有长进，时间越长久越觉得精明。而世间儒者教人在事事物物上去寻讨，却是没有根本的学问，壮年时，虽然暂时能够在外面加以修饰，看上去也没有什么过错；年老时则精神衰迈，终要放倒。譬如没有树根的树木，把它移栽到水边，即使暂时鲜活完好，时间长了终要枯萎。"

240. 问"志于道"一章[1]。先生曰："只'志道'一句，便含下面数句功夫，自住不得。譬如做此屋，'志于道'，是念念要去择地鸠材，经营成个区宅；'据德'，却是经画已成，有可据矣；'依仁'，却是常常住在区宅内，更不离去；'游艺'，却是加些画采，美此区宅。艺者义也，理之所宜者也，如诵诗、读书、弹琴、习射之类，皆所以调习此心，使之熟于道也。苟不志道而游艺，却如无状小子，不先去置造区宅，只管要去买画挂做门面，不知将挂在何处？"

【注释】

〔1〕所谓"志于道"章，即《论语·述而》："子曰：'志于道，据于德，依于仁，游于艺。'"艺，指礼、乐、射、御、书、数六艺。

【今译】

问《论语》"志于道"一章。阳明先生说："只'志于道'一句，便包含下面几句的功夫，自然不能停留在'志于道'。譬如建筑这栋房屋，'志于道'，就是念念不忘要去选择地基、鸠集建材，经营成一座小宅；'据于德'，则是经营筹建已经成功，有地方可以居处了；'依于仁'，则是常常住在小宅之内，再不离开；'游于艺'，则是添加一些书画，美化这座小宅。所谓艺，就是义，就是理之所宜，如诵诗、读书、弹琴、习射之类，都是用来调习此心，使之纯熟于道。假如不先'志于道'而去'游于艺'，则像是一个鲁莽无状的年轻人，不是先去置造小宅，而是只管要去买些书画来挂做门面，不知道他将要挂在什么地方？"

241. 问："读书所以调摄此心，不可缺的。但读之之时，一种科目意思牵引而来，不知何以免此？"

先生曰："只要良知真切，虽做举业，不为心累；總（总）有累亦易觉[1]，克之而已。且如读书时，良知知得强记之心不是，即克去之；有欲速之心不是，即克去之；有夸多斗靡之心不是，即克去之，如此亦只是终日与圣贤印对，是个纯乎天理之心。任他读书，亦只是调摄此心而已，何累之有？"

曰："虽蒙开示，奈资质庸下，实难免累。窃闻穷通有命，上智之人，恐不屑此；不肖为声利牵缠，甘心为此，徒自苦耳。欲屏弃之，又制于亲，不能舍去，奈何？"

先生曰："此事归辞于亲者多矣，其实只是无志。志立得时，良知千事万为只是一事。读书作文安能累人？人自累于得失耳！"因叹曰："此学不明，不知此处担阁了几多英雄汉！"

【注释】

〔1〕總有累亦易觉："總"，白鹿洞本、张问达本、许舜屏本作"縱"。案："總"，读为"縱"。

【今译】

问："读书是为了调理收摄此心，是不可或缺的。只是读书的时候，就有一种科举的愿望牵连而来，不知道怎么样避免这种情形？"

阳明先生说："只要良知真切，即使做举业，也不会成为心的牵累；纵然有牵累也容易察觉，把它克去就是了。且如读书的时候，良知知道博闻强记的心思不对，就把它克去；有欲速求成的心思不对，就把它克去；有夸多斗靡的心思不对，就把它克去，像这样也只是整天与圣贤印证，就是一个纯粹天理的心。任凭他读书，也只是调理收摄此心而已，怎么会有牵累呢？"

又问："虽然承蒙先生开示，无奈我资质平庸卑下，实在难以避免牵累。我听说穷通有命，上智之人，恐怕不屑于科举；我被声名利禄牵缠，甘心情愿从事科举，徒然自苦而已。想要屏弃科举，又受制于父母，因此不能舍去，怎么办？"

阳明先生说："在这件事上把责任归于父母的人很多，其实只是没有志向。志向确立起来时，良知中的千样事情、万种作为都只是一事。读书作文哪里能牵累人？只是人自己牵累于得失而已！"因而叹息说："如果这个学问不能昌明，不知在这里耽搁了多少英雄汉！"

242. 问："'生之谓性'，告子亦说得是，孟子如何非之？"[1]

先生曰："固是性，但告子认得一边去了，不晓得头脑；若晓得头脑，如此说亦是。孟子亦曰'形色，天性也'[2]，这也是指气说。"又曰："凡人信口说、任意行，皆说此是依我心性出来、此是所谓'生之谓性'，然却要有过差。若晓得头脑，依吾良知上说出来、行将去，便自是停当。然良知亦只是这口说、这身行，岂能外得气，别有个去行去说？故曰'论性不论气，不备；论气不论性，不明'。气亦性也，性亦气也，但须认得头脑是当。"

【注释】

〔1〕所问"生之谓性"云云，语本《孟子·告子上》："告子曰：

'生之谓性。'孟子曰：'生之谓性也，犹白之谓白与？'曰：'然。''白
羽之白也，犹白雪之白；白雪之白，犹白玉之白与？'曰：'然。''然
则，犬之性犹牛之性、牛之性犹人之性与？'"生之谓性，意为：生来就
有的就称为性。

〔2〕"形色，天性也"，语出《孟子·尽心上》："孟子曰：'形色，
天性也；惟圣人，然后可以践形。'"

【今译】

问："'生之谓性'，告子也说得不错，孟子为什么要批
评他？"

阳明先生说："固然是性，只是告子认识得偏，不晓得头绪；
如果能晓得头绪，这样说也不错。孟子也说过'形色，天性也'，
这也是从气的角度说的。"阳明先生又说："大凡人们信口而说、
任意而行，都说这是从我心性出来、这是所谓的'生之谓性'，
然而这样却会有过失差错。如果能晓得头绪，依我们的良知说出
来、行开去，便自然是稳当妥帖。然而良知也只是这口说、这
身行，哪里能够把气排除在外，另外有个什么物事去行去说呢？
所以程子说'论性不论气，不备；论气不论性，不明'。气也是
性，性也是气，只是应当认得头绪妥当无误。"

243. 又曰："诸君功夫，最不可助长。上智绝少，
学者无超入圣人之理。一起一伏、一进一退，自是功夫
节次。不可以我前日用得功夫了，今却不济，便要矫强
做出一个没破绽的模样，这便是助长，连前些子功夫都
坏了。此非小过。譬如行路的人，遭一蹶跌，起来便
走，不要欺人做那不曾跌倒的样子出来。诸君只要常常
怀个'遁世无闷，不见是而无闷'〔1〕之心，依此良知，
忍耐做去，不管人非笑，不管人毁谤，不管人荣辱〔2〕，
任他功夫有进有退，我只是这致良知的主宰不息，久久

自然有得力处，一切外事亦自能不动。"又曰："人若着实用功，随人毁谤，随人欺慢，处处得益，处处是进德之资；若不用功，只是魔也，终被累倒。"

【注释】

〔1〕"遁世无闷，不见是而无闷"，语见《周易·文言》："初九曰'潜龙勿用'，何谓也？子曰：'龙德而隐者也。不易乎世，不成乎名；遁世而无闷，不见是而无闷；乐则行之，忧则违之；确乎其不可拔，潜龙也。'"

〔2〕荣辱，犹言惑乱侮辱，与"非笑"、"毁谤"为同类词。此"荣辱"之"荣"，与"荧"字同义，乃惑乱之意。

【今译】

阳明先生又说："诸君的功夫，最不可以助长。上智的人绝少，学者没有直接成圣的道理。一起一伏、一进一退，自是功夫的节度次序。不能够因为我前日用得功夫了，今日却不济事，就要矫饰强行做出一个没有破绽的模样，这便是助长，连前日那些功夫都毁掉了。这不是小的过错。譬如行路的人，跌了一跤，起来便走，不要欺骗人做出那不曾跌倒的样子来。诸君只要常常怀着一个'遁世而无闷，不见是而无闷'的心态，依据这个良知，忍耐做开去，不要管别人的非议嘲笑，不要管别人的诋毁诽谤，不要管别人的惑乱侮辱，任凭功夫有进有退，我只是这致良知的主宰不止息，时间长了自然会有得力处，对一切外面的事情也自然能不动心。"又说："人如果能着实用功，就是听任别人诋毁诽谤，听任别人欺侮轻慢，也处处都能得益，处处都有助于德行的增进；如果不能用功，这些都只是恶魔，终究会被它累倒。"

244. 先生一日出游禹穴[1]，顾田间禾曰："能几何时，又如此长了！"

范兆期[2]在旁曰："此只是有根。学问能自植根，亦不患无长。”

先生曰：“人孰无根？良知即是天植灵根，自生生不息；但着了私累，把此根戕贼蔽塞，不得发生耳。”

【注释】

〔1〕禹穴，在浙江绍兴县之会稽山，与阳明洞相距不远，传说为黄帝藏书之处、夏禹卒葬之地。

〔2〕范引年，字兆期，号半野，浙江余姚人。正德十六年（1521）九月，阳明归余姚扫墓，引年与夏淳、吴仁、柴凤、孙应奎等七十余人前来从学。嘉靖九年（1530），薛侃建天真精舍于杭州城南十里，以祀阳明，引年与董沄、刘侯、孙应奎、程尚宁、柴凤等负责其事。嘉靖二十一年（1542），引年以经师为有司延聘主持青田教事，讲艺中时发阳明之旨，从游者甚众。又建混元书院于青田，以祀阳明。

【今译】

阳明先生一日出去游览禹穴，看着田里的禾苗说：“这能隔多长时间？又长这么高了！”

范兆期在旁边说：“这只是有根本。学问如果也能自己种植根本，也就不用担心没有长进。”

阳明先生说：“人谁没有根本？良知就是天然种植的灵根，自然生生不息；只是受到了私欲牵累，把这个根本戕害蔽塞了，使得它不能发育生长而已。”

245. 一友常易动气责人，先生警之曰：“学须反己。若徒责人，只见得人不是，不见自己非；若能反己，方见自己有许多未尽处，奚暇责人？舜能化得象的傲，其机括只是不见象的不是。若舜只要正他的奸恶，就见得象的不是矣。象是傲人，必不肯相下，如何感化得他？”[1]是友感悔。曰：“你今后只不要去论人之是非，凡当责辩人时，就把做一件大己私克去方可。"

【注释】

〔1〕阳明此所论评舜感化象之言，语本《尚书·尧典》以及《孟子·万章上》。象，舜之同父异母弟。

【今译】

　　有一位学友常常容易动气责怪别人，阳明先生警告他说："学问必须反省自己。如果只是责怪别人，就只能见到别人的不是，而不能见到自己的错误；如果能够反省自己，就能见到自己还有许多不完善的地方，哪里有闲暇责怪别人？舜能够化去象的傲慢，其关键只是不去显露象的不是。如果舜只是要纠正他的奸恶，就会只见到象的不是了。象是一个傲慢的人，必定不肯以谦虚之怀相容，如何能够感化得他？"这位学友受到触动、有所悔悟。阳明先生说："你今后只是不要去评论别人的是非，凡是要责辩别人的时候，就把它当作一件大的己私来克去，这样才好。"

246. 先生曰："凡朋友问难，纵有浅近粗疏，或露才扬己，皆是病发。当因其病而药之可也，不可便怀鄙薄之心，非君子'与人为善'〔1〕之心矣。"

【注释】

〔1〕"与人为善"，语出《孟子·公孙丑上》："孟子曰：'子路，人告之以有过则喜。禹闻善言则拜。大舜有大焉，善与人同。舍己从人，乐取于人以为善。自耕、稼、陶、渔以至为帝，无非取于人者。取诸人以为善，是与人为善者也。故君子莫大乎与人为善。'"

【今译】

　　阳明先生说："凡是朋友来质疑问难，纵然有人见识浅近粗疏，或者有人想要露才扬己，这都是毛病发作。当据其病症而下

药治疗即可，不能因此便怀有鄙薄之心。怀有鄙薄之心，就不是
君子‘与人为善’之心了。”

247. 问："《易》，朱子主卜筮，程《传》主理，
何如？"[1]

先生曰："卜筮是理，理亦是卜筮。天下之理孰有
大于卜筮者乎？只为后世将卜筮专主在占卦上看了，所
以看得卜筮似小艺。不知今之师友问答，博学、审问、
慎思、明辨、笃行之类，皆是卜筮。卜筮者，不过求决
狐疑、神明[2]吾心而已。《易》是问诸天。人有疑，自
信不及，故以《易》问天，谓人心尚有所涉，惟天不
容伪耳。"

【注释】

〔1〕朱子主卜筮，语本《朱子语类》所谓"《易》本为卜筮而作"、
"《易》本卜筮之书，后人以为止于卜筮。至王弼用老庄解，后人便只以
为理，而不以为卜筮，亦非"、"《易》只是个卜筮之书"之类说法。此
外，朱熹《周易本义》、《周易启蒙》亦主《周易》乃为卜筮而作。
程《传》主理，语本程颐《易传序》"易，变易也，随时变易以从道也。
其为书也，广大悉备，将以顺性命之理、通幽明之故、尽事物之情而示
开物成务之道也。圣人之忧患后世，可谓至矣"；《易序》"《易》之为
书，卦爻象象之义备，而天地万物之情见。……六十四卦、三百八十四
爻，皆所以顺性命之理、尽变化之道也。散之在理，则有万殊；统之在
道，则无二致"。此外，程颐《周易程氏传》亦以《周易》为说理之书。

〔2〕神明，语出《淮南子·兵略》"见人所不见谓之明，知人所不
知谓之神。神明者，先胜者也"，犹言无所不知、如神之明。

【今译】

问："《易经》，朱子以卜筮为主，程氏《易传》以义理为主，

怎么样?"

先生曰:"卜筮就是义理,义理也是卜筮。天下的义理哪里有比卜筮更重要的呢?只是因为后世将卜筮专门放在占卦上看了,所以把卜筮看得像是小技小艺一样。他们不知道如今的师友问答,像博学、审问、慎思、明辨、笃行之类,都是卜筮。所谓卜筮,不过是寻求决断狐疑、使我们的心能够如神之明而已。《易经》是向天请教。人有疑惑,自信不足,所以用《易经》来向天请教,认为人心还有所牵涉,惟有天不容虚伪。"

黄 省 曾 录

248. 黄勉之[1]问:"'无适也,无莫也,义之与比'[2],事事要如此否?"

先生曰:"固是事事要如此,须是识得个头脑乃可。义即是良知,晓得良知是个头脑,方无执着。且如受人馈送,也有今日当受的,他日不当受的;也有今日不当受的,他日当受的[3]。你若执着了今日当受的,便一切受去;执着了今日不当受的,便一切不受去,便是'适'、'莫',便不是良知的本体,如何唤得做义?"

(已下门人黄省曾录)

【注释】

〔1〕黄省曾,字勉之,号五岳,苏州人。生于弘治三年(1490),卒于嘉靖十九年(1540),享年五十一岁。阳明讲道于越(浙江绍兴,又称会稽),执贽为弟子,撰《会稽问道录》十卷。

〔2〕"无适也,无莫也,义之与比",语见《论语·里仁》:"子曰:'君子之于天下也,无适也,无莫也,义之与比。'"朱熹注云,"适,专主也,《春秋传》曰'吾谁适从'是也。莫,不肯也。比,从也"。其大意为:孔子说:"君子对于天下的事情,没有一定要做的,也没有绝对不能做的,关键在于所做的要符合道义。"

〔3〕"受人馈送"云云,语本《孟子·公孙丑下》。

【今译】

黄勉之问:"孔子说'无适也,无莫也,义之与比',是不是事事都要如此?"阳明先生说:"固然是事事都要如此,然而也必须是识得一个头绪才行。义就是良知,晓得良知就是个头绪,才不会执着。例如受人馈赠，也有今日应当接受，他日则不应当接受的；也有今日不应当接受，他日则应当接受的。你如果执着了今日应当接受的，便一切都接受去；执着了今日不应当接受的，便一切不接受去，这便是'适'、'莫'，便不是良知的本来状态了，怎么能称为义？" （以下门人黄省曾录）

249. 问："'思无邪'一言，如何便盖得三百篇之义？"[1]

先生曰："岂特三百篇？六经只此一言便可该贯；以至穷古今天下圣贤的话，'思无邪'一言，也可该贯。此外更有何说？此是一了百当的功夫。"

【注释】

〔1〕所问之言，语本《论语·为政》："子曰：'《诗》三百，一言以蔽之，曰"思无邪"。'"其中"思无邪"，语见《诗经·鲁颂·駉》。

【今译】

问："'思无邪'这一句诗，怎么就能够涵盖《诗经》三百篇的义理呢？"

阳明先生说："何止《诗经》三百篇？六经也只是这一句诗就可以包括贯通；以至于穷尽古今天下圣贤的话语，'思无邪'这一句诗，也都可以包括贯通。此外还有什么可说的呢？这是一了百当的功夫。"

250. 问道心、人心[1]。先生曰："'率性之谓道'，便是道心；但着些人的意思在，便是人心。道心本是无声无臭，故曰'微'；依着人心行去，便有许多不安稳处，故曰'惟危'。"

【注释】

〔1〕道心、人心，语本《尚书·大禹谟》"人心惟危，道心惟微；惟精惟一，允执其中"。

【今译】

问道心、人心。阳明先生说："'率性之为道'，就是道心；只要稍微沾着一丁点人为的意味，就是人心。道心原本是无声无臭的，所以说'微'；依着人心行去，就有许多不安稳的地方，所以说'惟危'。"

251. 问："'中人以下不可以语上'〔1〕，愚的人与之语上尚且不进，况不与之语，可乎？"

先生曰："不是圣人终不与语。圣人的心，忧不得人人都做圣人；只是人的资质不同，施教不可躐等。中人以下的人，便与他说性、说命，他也不省得，也须谩谩琢磨〔2〕他起来。"

【注释】

〔1〕"中人以下不可以语上"，语见《论语·雍也》："子曰：'中人以上，可以语上也；中人以下，不可以语上也。'"中人，中等智力水平的人。语上，与他人讲说高深的学问。

〔2〕谩谩，白鹿洞本作"徐徐"，俞嶙本、四库全书本作"慢慢"。案："谩谩"与"慢慢"通。琢磨，雕刻打磨玉石，比喻修养品行。此处指教育、培养。

【今译】

问："孔子说'中人以下不可以语上'，愚笨的人就是与他讲说高深的学问，尚且不能有所长进，何况不与他讲说，这可以吗？"

阳明先生说："不是圣人终究不与他讲说。圣人的心，忧虑不能使得人人都做圣人；只是人的资质不同，施教不可以超越等级。中人以下的人，就是与他说性、说命，他也不能明白，然而也需要慢慢地把他教育、培养起来。"

252. 一友问："读书不记得，如何？"

先生曰："只要晓得，如何要记得？要晓得已是落第二义了，只要明得自家本体。若徒要记得，便不晓得；若徒要晓得，便明不得自家的本体。"

【今译】

有一位学友问："读书不记得，怎么办？"

阳明先生说："只是要晓得，为什么只是要记得？而且要晓得已经是落在第二义了，其实只是要明白自家的本体。如果只是要记得，就不能够晓得；如果只是要晓得，就明白不了自家的本体。"

253. 问："'逝者如斯'[1]，是说自家心性活泼泼地否？"

先生曰："然。须要时时用致良知的功夫，方才活泼泼地，方才与他川水一般；若须臾间断，便与天地不相似。此是学问极至处，圣人也只如此。"

【注释】

〔1〕"逝者如斯"，语见《论语·子罕》："子在川上，曰：'逝者如斯夫！不舍昼夜。'"逝者，指时光的流逝（一说指天道的运行）。

【今译】

问："'逝者如斯'，是不是说自家的心性活泼泼地？"

阳明先生说："没错。必须要时时都用致良知的功夫，才能活泼泼地，才能与那河水一般；如果有片刻的间断，便与天地不相似了。这是学问的最高境界，圣人也只是如此。"

254. 问"志士仁人"章[1]。先生曰："只为世上人都把生身命子看得来太重，不问当死不当死，定要宛转委曲保全，以此把天理都丢去了[2]。忍心害理，何者不为？若违了天理，便与禽兽无异，便偷生在世上百千年，也不过做了千百年的禽兽。学者要于此等处看得明白。比干、龙逢[3]，只为他看得分明，所以能成就得他的仁[4]。"

【注释】

〔1〕"志士仁人"章，即《论语·卫灵公》："子曰：'志士仁人，无求生以害仁，有杀身以成仁。'"

〔2〕以此把天理都丢去了："都"，原作"却"，据水西精舍本、胡宗宪本、郭朝宾本改。

〔3〕比干，商纣王的叔父。传说商纣淫乱，比干犯颜直谏，商纣大怒，剖其心而杀之。龙逢，即关龙逢，传说为夏桀的贤臣。夏桀无道，为酒池糟山，关龙逢极谏，夏桀于是囚而杀之。

〔4〕所以能成就得他的仁："仁"，原作"人"，据水西精舍本、胡宗宪本、郭朝宾本等版本改。

【今译】

问《论语》"志士仁人"章。阳明先生说："只因为世上的人都把生命看得太重，不问应当死不应当死，一定要宛转委曲以求保全，因此把天理都丢去了。忍心害理，何所不为？一个人如果违背了天理，便与禽兽没有什么不同，就是在世上苟且偷生千百年，也不过是做了千百年的禽兽。学者要在这些地方看得明白。比干、关龙逢，只因为他们看得分明，所以能够成就他们的仁。"

255. 问:"'叔孙武叔毁仲尼'[1],大圣人如何犹不免于毁谤?"

先生曰:"毁谤自外来的,虽圣人如何免得?人只贵于自修,若自己实实落落是个圣贤,纵然人都毁他,也说他不着,却若浮云掩日,如何损得日的光明?若自己是个象恭色庄、不坚不介[2]的,纵然没一个人说他,他的恶慝终须一日发露。所以孟子说'有求全之毁,有不虞之誉'[3],毁誉在外的,安能避得?只要自修何如尔。"

【注释】

〔1〕"叔孙武叔毁仲尼",语见《论语·子张》:"叔孙武叔毁仲尼。子贡曰:'无以为也,仲尼不可毁也。他人之贤者,丘陵也,犹可踰也;仲尼,日月也,无得而踰焉。人虽欲自绝,其何伤于日月乎?多见其不知量也!'"

〔2〕不坚不介,犹言"不尴不尬",形容不成样子、不正经。

〔3〕"有求全之毁,有不虞之誉",语本《孟子·离娄上》。

【今译】

问:"叔孙武叔毁谤仲尼,大圣人为什么还是不能免于毁谤?"

阳明先生说:"毁谤是从外面来的,虽是圣人又怎么能够避免得?人只应当看重自己的修养,如果自己实实在在是一个圣贤,纵然所有的人都毁谤他,也说他不着,就像浮云遮掩太阳,怎么能损害太阳的光明?如果自己是一个貌似恭敬、外表庄重、不尴不尬的人,纵然没有一个人说他,他的罪恶终究会有一日暴露出来。所以孟子说'有求全之毁,有不虞之誉',毁誉都是从外面来的,怎么能够避免得了?只要注重自己的修养如何就好。"

256. 刘君亮[1]要在山中静坐。先生曰:"汝若以厌外物之心去求之静，是反养成一个骄惰之气了；汝若不厌外物，复于静处涵养，却好。"

【注释】

〔1〕刘君亮，疑指刘邦采。刘邦采，字君亮，号师泉，江西安福人。"自少英特不群，初为邑诸生，即厌举子业，锐然以希圣为志，曰：'学在求诸心，科举非吾事也。'偕两峰先生及弟侄九人趋越中，谒阳明王公，称弟子。"（王时槐《师泉刘先生邦采传》）

【今译】

刘君亮要在山中静坐。阳明先生说："你如果是以厌烦外物的心去寻求清静，反而会养成一种骄惰之气；你如果不厌烦外物，又能在静处涵养，却是很好的。"

257. 王汝中[1]、省曾侍坐。先生握扇，命曰："你们用扇。"

省曾起对曰："不敢。"

先生曰："圣人之学，不是这等捆缚苦楚的，不是妆做道学的模样。"

汝中曰："观仲尼与曾点言志一章略见。"[2]

先生曰："然。以此章观之，圣人何等宽洪包含气象。且为师者问志于群弟子，三子皆整顿以对，至于曾点，飘飘然不看那三子在眼，自去鼓起瑟来，何等狂态；及至言志，又不对师之问目，都是狂言。设在伊川，或斥骂起来了[3]。圣人乃复称许他，何等气象！圣人教人，不是个束缚他通做一般，只如狂者便从狂处成就他，狷者便从狷处成就他。人之才气如何同得？"

【注释】

〔1〕王畿，字汝中，号龙溪，浙江山阴人。生于弘治十一年（1498）五月，卒于万历十一年（1583）六月，享年八十六岁。龙溪为阳明后学代表人物之一，与钱德洪有"四有一四无"之争，与罗近溪并称"二溪"，黄宗羲认为，"阳明先生之学，有泰州、龙溪而风行天下"。

〔2〕"仲尼与曾点言志"章，即《论语·先进》"子路、曾皙、冉有、公西华侍坐"章。

〔3〕阳明论评伊川之言，并非虚语。《河南程氏外书》记载："韩持国与伊川善。韩在颍昌，欲屈致伊川、明道，预戒诸子侄，使治一室，至于修治窗户，皆使亲为之，其诚敬如此。二先生到，暇日与持国同游西湖，命诸子侍行。行次，有言貌不庄敬者，伊川回视，厉声叱之曰：'汝辈从长者行，敢笑语如此，韩氏孝谨之风衰矣。'持国遂皆逐去之。"

【今译】

王汝中、黄省曾在阳明先生旁边陪坐。阳明先生拿着扇，对他们说："你们用扇。"

省曾起身回答说："不敢。"

阳明先生说："圣人的学问，不是这样束缚人、让人难受的，不是要装作道学的模样。"

汝中说："看《论语》仲尼与曾点言志一章，就约略可见。"

阳明先生说："没错。从这一章来看，圣人是何等宽洪、何等包容的气象。作为老师向各位弟子询问志向，三位弟子都整饬严肃地回答，至于曾点，飘飘然不把那三位同门看在眼里，自己去鼓起瑟来，这是何等的狂态；等到谈论志向时，又不回答老师的问题，说的都是狂言。如果是程伊川，或许已经责骂起来了。圣人却还称许他，这是何等的气象！圣人教人，不是要把他们通通都束缚成一个样子，而是狂者，就从狂简处来成就他；狷者，就从狷介处来成就他。人的才华气质怎么能够都相同呢？"

258. 先生语陆元静曰："元静少年亦要解五经，志亦好博。但圣人教人，只怕人不简易，他说的皆是简易之规。以今人好博之心观之，却似圣人教人差了。"

【今译】

阳明先生对陆元静说："元静少年时也要注解五经，志向也是喜好渊博。但是圣人教人，只担心人们不能简易，他说的都是简易的规则。用如今人们喜好渊博的心态来看，却好像是圣人教人教错了。"

259. 先生曰："孔子无不知而作[1]，颜子有不善未尝不知[2]，此是圣学真血脉路。"

【注释】

〔1〕孔子无不知而作，语本《论语·述而》："子曰：'盖有不知而作之者，我无是也。多闻择其善者而从之，多见而识之，知之次也。'"

〔2〕颜子有不善未尝不知，语本《周易·系辞下传》："子曰：'颜氏之子，其殆庶几乎！有不善未尝不知，知之未尝复行。'"

【今译】

阳明先生说："孔子没有'不知而作'的弊病，颜子则'有不善未尝不知'，这是我们理解、把握圣学真正血脉的途径。"

260. 何廷仁、黄正之、李侯璧、汝中、德洪侍坐[1]。先生顾而言曰："汝辈学问不得长进，只是未立志。"

侯璧起而对曰："琪亦愿立志。"

先生曰："难说不立，未是必为圣人之志耳。"

对曰："愿立必为圣人之志。"

先生曰："你真有圣人之志，良知上更无不尽。良知上留得些子别念挂带，便非必为圣人之志矣。"

洪初闻时，心若未服，听说到此，不觉悚汗。[2]

【注释】

〔1〕何廷仁，字性之，号善山，江西雩县人。生于成化二十二年（1486），卒于嘉靖三十年（1551），享年六十六岁。初慕陈白沙，后师王阳明。 李珙，字侯璧，号东溪，浙江永康人。"珙蚤有志理学，徒步见阳明先生于越，先生授以致良知之诀。珙悟，独居精思，尽得其旨。于是同门钱绪山、王龙溪辈推重之。……所著有《质疑稿》若干卷。"（过庭训《本朝分省人物考》）

〔2〕本条之前，水西精舍本、闾东本有"传习续录卷下"、"门人钱德洪、王畿录"字样，分三行书之。

【今译】

何廷仁、黄正之、李侯璧、王汝中、钱德洪在阳明先生旁边陪坐。阳明先生看着他们说："你们学问不能长进，只是因为尚未立志。"

侯璧起身回答说："我也愿意立志。"

阳明先生说："也难说你不立志，但还不能说是必定成为圣人的志向。"

侯璧回答说："我愿意立必定成为圣人的志向。"

阳明先生说："你如果真有成为圣人的志向，在良知上就再没有不完备的。如果在良知上还保留有一丁点别的念虑来牵挂着，就不是必定成为圣人的志向了。"

德洪起初听闻的时候，心里好像还不服气，听说到这里，不觉悚然流汗。

261. 先生曰："良知是造化的精灵。这些精灵，生天生地，成鬼成帝[1]，皆从此出，真是'与物无对'[2]。人若复得他完完全全，无少亏欠，自不觉手舞足蹈，不知天地间更有何乐可代。"

【注释】

〔1〕生天生地，成鬼成帝，语本《庄子·大宗师》"神鬼神帝，生

天生地"。

〔2〕"与物无对",意为独一无二。语见《河南程氏遗书》"此道与物无对,大不足以名之,天地之用皆我之用"。

【今译】

阳明先生说:"良知是造化的精灵。这些精灵,能生天生地、成鬼成帝,都是从这里产生,真的是'与物无对'。人如果把它恢复得完完全全,没有一点亏欠,自然不知不觉地手舞足蹈,真不知道天地之间还有什么乐趣可以取代。"

262. 一友静坐有见,驰问。先生答曰:"吾昔居滁时[1],见诸生多务知解,口耳异同,无益于得,姑教之静坐。一时窥见光景,颇收近效;久之,渐有喜静厌动、流入枯槁之病,或务为玄解妙觉,动人听闻。故迩来只说致良知。良知明白,随你去静处体悟也好,随你去事上磨炼也好,良知本体原是无动无静的。此便是学问头脑。我这个话头,自滁州到今亦较过几番,只是'致良知'三字无病。医经折肱,方能察人病理[2]。"

【注释】

〔1〕昔居滁时,据《阳明先生年谱》,正德八年(1513)十月,阳明以南京太仆寺少卿职至滁州督马政;九年(1514)四月,升南京鸿胪寺卿。

〔2〕医经折肱,方能察人病理,语本《春秋左传》:"齐高强曰:'三折肱知为良医。'"

【今译】

有一位学友静坐有所见,跑来向阳明先生请教。阳明先生回答说:"我以前在滁州的时候,见诸生多致力于知解,在口耳上辨析异同，无益于自得，于是姑且教他们静坐。一时之间也能窥见一些光景，颇能收获一些近效；时间长了，就渐渐有一些喜静厌动、流入枯槁的弊病，有的人甚至致力于玄解妙觉，以便动人听闻。所以我近来只说致良知。如果良知明白，随你去静处体悟也好，随你去事上磨炼也好，良知的本体原本就是无动无静的。这就是学问的头绪。我这个话头，从滁州到如今，也衡量、检验过好几次，只是'致良知'三字没有弊病。医生如果经历过骨折，才能更好地明察病人的病理。"

263. 一友问："功夫欲得此知时时接续，一切应感处反觉照管不及；若去事上周旋，又觉不见了。如何则可？"

先生曰："此只认良知未真，尚有内外之间。我这里功夫，不由人急心，认得良知头脑是当，去朴实用功，自会透彻。到此便是'内外两忘'〔1〕，又何心事不合一？"

【注释】

〔1〕"内外两忘"，语本程颢《答横渠张子厚先生书》"与其非外而是内，不若内外之两忘也。两忘则澄然无事矣"。

【今译】

有一位学友问："做功夫是想要使得这个良知时时接续不断，然而对一切的应感之处反而觉得照管不到；如果去事情上周旋，又觉得良知不见了。怎么办才好？"

阳明先生说："这只是体认良知还不够真切，还有内外的间隔。我这里的功夫，由不得人心急。体认得良知的头绪妥当无误，并且去朴实用功，自然会透彻。达到这个境界就是'内外两忘'，又怎么会心与事不合一呢？"

264. 又曰："功夫不是透得这个真机[1]，如何得他充实光辉[2]？若能透得时，不由你聪明知解接得来，须胸中渣滓浑化、不使有毫发沾带始得。"

【注释】

〔1〕真机，真正关键，指"良知"。

〔2〕充实光辉，语本《孟子·尽心下》"充实之谓美，充实而有光辉之谓大"。

【今译】

阳明先生又说："如果功夫不是透悟得了这个真机，怎么能使得它充实而有光辉呢？如果能透悟得的时候，就不是你的聪明知解能够接续得来的了，必须胸中的渣滓浑然消除、不让它有毫发的沾带才可以。"

265. 先生曰："'天命之谓性'，命即是性；'率性之谓道'，性即是道；'修道之谓教'，道即是教。"[1]

问："如何道即是教？"

曰："道即是良知。良知原是完完全全，是的还他是，非的还他非，是非只依着他，更无有不是处。这良知还是你的明师。"

【注释】

〔1〕"天命之谓性，率性之谓道，修道之谓教"，语见《中庸》。

【今译】

阳明先生说："'天命之谓性'，命就是性；'率性之谓道'，性就是道；'修道之谓教'，道就是教。"

问:"为什么说道就是教?"

阳明先生说:"道就是良知。良知原本就是完完全全的,是的就给它一个是,非的就给它一个非,是非都只依着良知,就再不会有不对的地方。这良知依旧是你的明师。"

266. 问:"'不睹不闻'是说本体、'戒慎恐惧'是说功夫否?"[1]

先生曰:"此处须信得本体原是不睹不闻的,亦原是戒慎恐惧的。戒慎恐惧不曾在不睹不闻上加得些子。见得真时,便谓戒慎恐惧是本体、不睹不闻是功夫亦得。"

【注释】

〔1〕"不睹不闻"、"戒慎恐惧",语本《中庸》"道也者,不可须臾离也,可离非道也。是故君子戒慎乎其所不睹,恐惧乎其所不闻"。

【今译】

问:"'不睹不闻'是说本体、'戒慎恐惧'是说功夫吗?"

阳明先生说:"这个地方必须相信本体原本就是不睹不闻的,也原本就是戒慎恐惧的。戒慎恐惧不曾在不睹不闻上面添加得一丁点。认识得十分真切的时候,哪怕说戒慎恐惧是本体、不睹不闻是功夫也可以。"

267. 问"通乎昼夜之道而知"[1]。

先生曰:"良知原是知昼知夜的。"

又问:"人睡熟时,良知亦不知了。"

曰:"不知,何以一叫便应?"

曰:"良知常知,如何有睡熟时?"

曰：“向晦宴息〔2〕，此亦造化常理。夜来天地混沌、形色俱泯，人亦耳目无所睹闻，众窍俱翕，此即良知收敛凝一时；天地既开、庶物露生，人亦耳目有所睹闻，众窍俱辟，此即良知妙用发生时。可见人心与天地一体，故‘上下与天地同流’〔3〕。今人不会宴息，夜来不是昏睡，即是妄思魇寐。”

曰：“睡时功夫如何用？”

先生曰：“知昼即知夜矣。日间良知是顺应无滞的，夜间良知即是收敛凝一的，有梦即先兆。”

【注释】

〔1〕“通乎昼夜之道而知”，语见《周易·系辞上传》：“范围天地之化而不过，曲成万物而不遗，通乎昼夜之道而知，故神无方而易无体。”

〔2〕向晦宴息，语本《周易·随卦·象传》：“泽中有雷，随，君子以向晦入宴息。”意为，在天色向晚时入室休息。

〔3〕“上下与天地同流”，语见《孟子·尽心上》：“夫君子所过者化，所存者神，上下与天地同流，岂曰小补之哉？”

【今译】

问《周易·系辞》“通乎昼夜之道而知”。

阳明先生说：“良知原本就是能知昼知夜的。”

又问：“人睡熟的时候，良知也不能知了。”

阳明先生说：“如果不能知，为什么一叫就能答应？”

说：“良知如果常知，为什么会有睡熟的时候？”

阳明先生说：“天色向晚就休息，这也是造化的常理。黑夜，天地一片混沌、形色一齐泯默，人也目无所睹耳无所闻，各个器官都已经关闭，这就是良知收敛凝一的时候；白昼，天地已经破晓、万物露出生机，人也目有所睹耳有所闻，各个器官都已经张开，这就是良知妙用发生的时候。可见人心与天地是一体的，所以孟子说'上下与天地同流'。现在的人不会休息，夜里不是昏睡，就是胡思乱想、恶梦不断。"

说："睡觉的时候，功夫怎么用？"

阳明先生说："能知昼就能知夜。日间的良知是顺应无滞的，夜间的良知即是收敛凝一的，有梦就是先兆。"

268. 又曰："良知在夜气发的方是本体，以其无物欲之杂也。学者要使事物纷扰之时，常如夜气一般，就是'通乎昼夜之道而知'。"

【今译】

阳明先生又说："在夜气之中显现的良知才是本体，因为它没有物欲的夹杂。学者要做到在事物纷扰的时候，常常像在夜气之中一般，就是达到'通乎昼夜之道而知'了。"

269. 先生曰："仙家说到虚，圣人岂能虚上加得一毫实？佛氏说到无，圣人岂能无上加得一毫有？但仙家说虚，从养生上来；佛氏说无，从出离生死苦海上来，却于本体上加却这些子意思在，便不是他虚、无的本色了，便于本体有障碍。圣人只是还他良知的本色，更不着些子意在。良知之虚，便是天之太虚；良知之无，便是太虚之无形。日月、风雷、山川、民物，凡有貌象形色[1]，皆在太虚、无形中发用流行，未尝作得天的障碍。圣人只是顺其良知之发用，天地万物俱在我良知的发用流行中，何尝又有一物超于良知之外能作得障碍？"

【注释】

〔1〕貌，形貌。象，形状。形，形体。色，色彩。凡有貌象形色，指所有有形貌、形状、形体、色彩的事物，亦即所有可以看得见、感觉得到的事物。

【今译】

阳明先生说："仙家说到虚，圣人难道能在虚上面添加得一毫实？佛氏说到无，圣人难道能在无上面添加得一毫有？只是仙家说虚，是从养生上来；佛氏说无，是从出离生死苦海上来，却在本体上添加了这些私意，便不是其虚、无的本色了，便对于本体有障碍。圣人只是还他良知的本色，更不沾着一丁点私意。良知之虚，就是天之太虚；良知之无，就是太虚之无形。日月、风雷、山川、民物，凡是有貌象形色、可以见闻觉知的事物，都在这太虚、无形之中发用流行，未曾成为天的障碍。圣人只是顺应其良知的发用，因此，天地万物都存在于我良知的发用流行之中，何尝又有一物超离于良知之外、能够成为良知的障碍呢？"

270. 或问："释氏亦务养心，然要之不可以治天下，何也？"

先生曰："吾儒养心[1]未尝离却事物，只顺其天则[2]自然，就是功夫。释氏却要尽绝事物，把心看做幻相[3]，渐入虚寂去了，与世间若无些子交涉，所以不可治天下。"

【注释】

〔1〕养心，语出《孟子·尽心下》："孟子曰：'养心莫善于寡欲。其为人也寡欲，虽有不存焉者，寡矣；其为人也多欲，虽有存焉者，寡矣。'"

〔2〕天则，自然的法则。语出《周易·文言》"乾元'用九'，乃见天则"。

〔3〕释氏却要尽绝事物，把心看做幻相，疑此语本宗宝改编本《六祖大师法宝坛经·坐禅品第五》。

【今译】

有人问："释氏也致力于养心，然而总的看来它不可以治天下，为什么呢？"

阳明先生说："我们儒家养心未曾离开事物，只顺应其天则的本来样子，这就是功夫。释氏却要完全弃绝事物，把心看成幻相，渐渐陷入虚无寂灭去了，与世间像是没有一丁点交涉，所以不可以治天下。"

271. 或问异端。先生曰："与愚夫愚妇同的，是谓同德；与愚夫愚妇异的，是谓异端。"

【今译】

有人问异端。阳明先生说："与愚夫愚妇相同的，就称之为同德；与愚夫愚妇相异的，就称之为异端。"

272. 先生曰："孟子不动心与告子不动心，所异只在毫厘间。告子只在不动心上着功，孟子便直从此心原不动处分晓。心之本体原是不动的，只为所行有不合义便动了。孟子不论心之动与不动，只是集义，所行无不是义，此心自然无可动处。若告子只要此心不动，便是把捉此心，将他生生不息之根反阻挠了，此非徒无益，而又害之。孟子集义工夫，自是养得充满，并无馁歉；自是纵横自在，活泼泼地。此便是浩然之气。"

【今译】

阳明先生说："孟子的不动心与告子的不动心，其所不同只在毫厘之间。告子只是在不动心上用功夫，孟子则直接从此心原本就不动之处求分晓。心的本体原本就是不动的，只是因为所行有不符合道义，所以就动了。孟子不论心的动与不动，只是去集义，如果所行没有不符合道义的，此心自然就没有可动之处。像告子只要此心不动，便是把捉此心，反而阻挠了它生生不息的根本，这不但无益，而且还对它有害。孟子的集义工夫，从此养得充满，并无气馁缺憾；从此纵横自在，而且活泼泼地。这便是浩然之气。"

273. 又曰："告子病源[1]，从'性无善无不善'上见来。性无善无不善，虽如此说亦无大差，但告子执定看了，便有个无善无不善的性在内；有善有恶又在物感上看，便有个物在外。却做两边看了，便会差。无善无不善，性原是如此，悟得及时，只此一句便尽了，更无有内外之间。告子见一个性在内，见一个物在外，便见他于性有未透彻处。"

【注释】

〔1〕告子病源："告子"，原误作"孟子"，据水西精舍本、胡宗宪本、郭朝宾本、四库全书本等版本改。

【今译】

阳明先生又说："告子的病源，从'性无善无不善'上见出。性无善无不善，即使这样说也没有太大的差错，只是告子执定看了，便有一个无善无不善的性在内；有善有恶，告子又在对外物的感知上看了，便有一个物在外。如此便是分成两边看了，就会有差错。无善无不善，性原本就是如此，领悟得到的时候，只这一句就足够了，更没有内外的区别。从告子既见到一个性在内，又见到一个物在外，便可以看出他对于性还有不够透彻的地方。"

274. 朱本思[1]问："人有虚灵，方有良知。若草木、瓦石之类，亦有良知否？"

先生曰："人的良知，就是草木、瓦石的良知。若草木、瓦石无人的良知，不可以为草木、瓦石矣。岂惟草木、瓦石为然？天地无人的良知，亦不可为天地矣。盖天地万物与人原是一体，其发窍之最精处，是人心一点灵明。风雨露雷、日月星辰、禽兽草木、山川土石，与人原只一体。故五谷、禽兽之类皆可以养人，药石之类皆可以疗疾，只为同此一气，故能相通耳。"

【注释】

〔1〕朱得之，字本思，号近斋，直隶靖江（属江苏）人，从学于阳明，所著有《参玄三语》等。其学颇近于老子，盖学焉而得其性之所近者也。参黄宗羲《明儒学案》。

【今译】

朱本思问："人有虚灵，才有良知。像草木、瓦石之类，也有良知吗？"

阳明先生说："人的良知，就是草木、瓦石的良知。如果草木、瓦石没有人的良知，就不可以成为草木、瓦石了。何止草木、瓦石是这样？天地没有人的良知，也不可以成为天地了。大概天地万物与人原本就是一体的，其显现的最精妙之处，正是人心中的那一点灵明。风雨露雷、日月星辰、禽兽草木、山川土石，与人原本只是一体的。所以五谷、禽兽之类都可以养人，药石之类都可以治病，只是因为同此一气，所以能够相通。"

275. 先生游南镇[1]。一友指岩中花树问曰：“天下无心外之物。如此花树，在深山中自开自落，于我心亦何相关？”

先生曰：“你未看此花时，此花与汝心同归于寂；你来看此花时，则此花颜色一时明白起来，便知此花不在你的心外。”

【注释】

〔1〕南镇，指会稽山神庙（南镇庙）之所在地。

【今译】

阳明先生游览南镇。一位学友指着山岩中开着花的树木问道：“先生您说天下没有心外之物。像这棵开着花的树木，在深山之中自开自落，与我的心又有什么相关呢？”

阳明先生说：“你没有看到这花的时候，这花与你的心一同归于寂静；你来看这花的时候，则这花的颜色一下子明白起来，由此可知这花不在你的心外。”

276. 问：“大人与物同体，如何《大学》又说个厚薄[1]？”

先生曰：“惟是道理自有厚薄。比如身是一体，把手足捍头目，岂是偏要薄手足？其道理合如此。禽兽与草木同是爱的，把草木去养禽兽，又忍得；人与禽兽同是爱的，宰禽兽以养亲与供祭祀、燕宾客，心又忍得；至亲与路人同是爱的，如箪食豆羹，得则生，不得则死，不能两全，宁救至亲不救路人，心又忍得。这是道理合该如此。及至吾身与至亲，更不得分别彼此厚薄，盖以仁民爱物皆从此出，此处可忍，更无所不忍矣。《大学》所谓厚薄，是良知上自然的条理，不可踰越，此便谓之义；顺这个条理，便谓之礼；知此条理，便谓之智；终始是[2]这条理，便谓之信。"

【注释】

〔1〕《大学》又说个厚薄，语本《大学》"自天子以至于庶人，壹是皆以修身为本。其本乱而末治者否矣。其所厚者薄，而其所薄者厚，未之有也"。

〔2〕是，认为正确；肯定、认可。

【今译】

问："先生您说大人与万物同属一体，为什么《大学》又说有个厚薄之别？"

阳明先生说："只是按道理来说，原本就有厚薄。比如人身本来是一体的，但是拿手和脚来保护头与眼，难道是偏要鄙薄手脚吗？这是道理应当如此。禽兽与草木同样是要爱护的，但是拿草木去喂养禽兽，我们的心又能容忍；人与禽兽同样是要爱护的，但是宰杀禽兽来赡养父母与供给祭祀、宴请宾客，我们的心又能容忍；至亲与路人同样是要爱护的，如果只有一小筐饭一小碗汤，得到就能生存，得不到就会死亡，不能两全，这时宁可救至亲不去救路人，我们的心又能容忍。这是道理应该如此。至于自己与至亲，就不能再分别彼此厚薄了，因为仁民爱物都是由此发出，如果这个地方可以容忍，那就没有什么地方不能容忍了。《大学》所谓厚薄，是良知上自然的条理，不可踰越，这便称之为义；遵循这个条理，便称之为礼；懂得这个条理，便称之为智；终始都认可这个条理，便称之为信。"

277. 又曰："目无体，以万物之色为体[1]；耳无体，以万物之声为体；鼻无体，以万物之臭[2]为体；口无体，以万物之味为体；心无体，以天地万物感应之是非为体。"

【注释】

〔1〕阳明此条语录之所谓"体"，非本体之义，乃客体之意，引申为认识对象。

〔2〕臭（xiù），气味。

【今译】

又说："眼本身没有对象，以万物的形色为认识对象；耳本身没有对象，以万物的声音为认识对象；鼻本身没有对象，以万物的气味为认识对象；口本身没有对象，以万物的味道为认识对象；心本身没有对象，以天地万物感应的是非为认识对象。"

278. 问"夭寿不贰"〔1〕。先生曰："学问功夫，于一切声利、嗜好俱能脱落殆尽，尚有一种生死念头毫发挂带，便于全体有未融释处。人于生死念头，本从生身命根上带来，故不易去；若于此处见得破、透得过，此心全体方是流行无碍，方是尽性至命〔2〕之学。"

【注释】

〔1〕"夭寿不贰"，语出《孟子·尽心上》："孟子曰：'尽其心者，知其性也。知其性，则知天矣。存其心，养其性，所以事天也。夭寿不贰，修身以俟之，所以立命也。'"

〔2〕尽性至命，语本《周易·说卦传》"穷理尽性以至于命"。

【今译】

问"夭寿不贰"。阳明先生说："学问功夫，如果心中对于一切声名、利禄、嗜好都能脱落殆尽，然而还稍微有一种生死念头

牵连挂带，便于全体依旧有未能融释的地方。生死的念头，本就
是人从生身命根上带来，所以不容易去除；如果在这个地方能见
识得破、透悟得过，此心的全体才能流行无碍，才是尽性至命的
学问。"

279. 一友问："欲于静坐时将好名、好色、好货等
根，逐一搜寻、扫除、廓清，恐是剜肉做疮⁽¹⁾否?"

先生正色曰："这是我医人的方子，真是去得人病
根。更有大本事人，过了十数年，亦还用得着。你如不
用，且放起，不要作坏我的方子!"

是友愧谢。少间，曰："此量非你事，必吾门稍知
意思者⁽²⁾为此说以误汝。"在坐者皆悚然。

【注释】
〔1〕剜肉做疮，典出普济《五灯会元》："林问：'有事相借问，得
么?'师曰：'何得剜肉作疮。'"
〔2〕佐藤一斋曰："陆原静有'引犬上堂而逐之'之疑，'吾门稍知
意思者'，盖指原静辈。"

【今译】
有一位学友问："想要在静坐的时候将好名、好色、好货等病
根，逐一加以搜寻、扫除、廓清，这恐怕是剜肉做疮吧?"
阳明先生严肃地说："这是我医治人的药方，真是能除得人的
病根。即使有更大本事的人，过了十多年，也还用得着。你如果
不用，姑且将其放起来，不要弄坏了我的药方!"
这位学友羞愧地道歉。过了一会，阳明先生又说："这想必不
是你能做的事，一定是我这里稍有见解的人提出这种说法来误导
你。"在座的人都感到悚然。

280. 一友问功夫不切。先生曰:"学问功夫,我已曾一句道尽,如何今日转说转远,都不着根?"

对曰:"致良知盖闻教矣,然亦须讲明。"

先生曰:"既知致良知,又何可讲明?良知本是明白,实落用功便是;不肯用功,只在语言上转说转糊涂。"

曰:"正求讲明致之之功。"

先生曰:"此亦须你自家求,我亦无别法可道。昔有禅师,人来问法,只把麈尾[1]提起。一日,其徒将其麈尾藏过,试他如何设法。禅师寻麈尾不见,又只空手提起。我这个良知,就是设法的麈尾。舍了这个,有何可提得?"

少间,又一友请问功夫切要。先生旁顾曰:"我麈尾安在?"一时在坐者皆跃然。

【注释】

〔1〕麈尾(zhǔ wěi),即拂尘。古代以驼鹿之尾作拂尘,因此多称拂尘为麈尾。

【今译】

有一位学友问,功夫不够切要怎么办。阳明先生说:"学问功夫,我已经一句话说完,为什么现在越说越远,都把握不到根本?"

学友回答说:"我们已经聆听过您致良知的教诲了,然而也需要讲明。"

阳明先生说:"既然已经知道致良知,又还有什么可以讲明的?良知本来就是明白的,只要实实落落用功就是;如果不肯用功，只停留在语言上，就会越说越糊涂。"

学友说："正是要寻求讲明良知如何致的功夫。"

阳明先生说："这也须你自己去寻求，我也没有别的方法可说。以前有一位禅师，有人来请教禅法，他只是把麈尾举起来。有一天，他的徒弟将麈尾藏了起来，试探他要如何施设禅法。禅师寻找不到麈尾，又只是把空手举起来。我这个良知，就是设法的麈尾。除了这个，还有什么可以举得呢？"

过了一会，又有一位学友请教功夫的切要之处。阳明先生往左右看看，说："我的麈尾在哪里？"一时之间，在座的人都感到跃然。

281. 或问至诚前知[1]。先生曰："诚是实理，只是一个良知；实理之妙用流行就是神，其萌动处就是几。'诚、神、几，曰圣人。'[2]圣人不贵前知。祸福之来，虽圣人有所不免，圣人只是知几，遇变而通耳。良知无前后，只知得见在的几，便是一了百了。若有个前知的心，就是私心，就有趋避利害的意。邵子[3]必于前知，终是利害心未尽处。"

【注释】

〔1〕至诚前知，语出《中庸》"至诚之道，可以前知。国家将兴，必有祯祥；国家将亡，必有妖孽；见乎蓍龟，动乎四体。祸福将至：善，必先知之；不善，必先知之。故至诚如神"。前知，指预先知道吉凶、祸福。

〔2〕"诚、神、几，曰圣人"，语见周敦颐《通书·圣第四》"寂然不动者，诚也；感而遂通者，神也；动而无形、有无之间者，几也。诚精故明，神应故妙，几微故幽。诚、神、几，曰圣人"。

〔3〕邵子，指邵雍。邵雍，字尧夫，共城（今河南辉县）人。生于宋真宗大中祥符四年（1011），卒于宋神宗熙宁十年（1077），享年六十七岁。宋代理学家。居洛阳近三十年，名所居曰安乐窝，自号安乐先生。

著作有《皇极经世》、《伊川击壤集》等。

【今译】

　　有人问至诚前知。阳明先生说："诚是实理，只是一个良知；实理的妙用流行就是神，它萌动的地方就是几。所以周濂溪说'诚、神、几，曰圣人'。圣人并不以前知为贵。祸福的到来，即使圣人也有所不能免，圣人只是能够知几，遇事而变通罢了。良知没有前后，只要能知道现在的几，便是一了百了。如果有一个想要前知的心，就是私心，就会有趋利避害的意。邵子固执于前知，终究是其趋利避害的心未能尽除。"

　　282. 先生曰："无知无不知，本体原是如此。譬如日未尝有心照物，而自无物不照。无照无不照，原是日的本体。良知本无知，今却要有知；本无不知，今却疑有不知，只是信不及耳。"

【今译】

　　阳明先生说："无知无不知，良知的本来状态原本就是如此。譬如太阳未尝有心去照物，然而自然无物不照。无照无不照，原本就是太阳的本来状态。良知本来无知，如今却要有知；本来无不知，如今却怀疑有不知，这只是对良知的信心不够而已。"

　　283. 先生曰："'惟天下至圣，为能聪明睿知'[1]，旧看何等玄妙，今看来原是人人自有的。耳原是聪，目原是明，心思原是睿知，圣人只是一能之尔，能处正是良知。众人不能，只是个不致知。何等明白简易！"

【注释】

〔1〕"惟天下至圣"云云，语见《中庸》"唯天下至圣，为能聪明睿知，足以有临也"。

【今译】

阳明先生说："《中庸》'惟天下至圣，为能聪明睿知'，以前看来是何等的玄妙，如今看来原本是人人自有的。耳原本就是聪敏的，目原本就是明亮的，心思原本就是睿智的，圣人只是能完全保持它，他能保持的原因正是良知。众人之所以不能保持，只是因为不致良知。这是何等明白简易！"

284. 问："孔子所谓远虑〔1〕，周公夜以继日〔2〕，与将迎不同。何如？"

先生曰："远虑不是茫茫荡荡去思虑，只是要存这天理。天理在人心，亘古亘今，无有终始。天理即是良知，千思万虑，只是要致良知。良知愈思愈精明，若不精思，漫然随事应去，良知便粗了。若只着在事上茫茫荡荡去思，教做远虑，便不免有毁誉、得丧、人欲搀入其中，就是将迎了。周公终夜以思，只是'戒慎不睹、恐惧不闻'的功夫。见得时，其气象与将迎自别。"

【注释】

〔1〕孔子所谓远虑，语本《论语·卫灵公》："子曰：'人无远虑，必有近忧。'"

〔2〕周公夜以继日，语本《孟子·离娄下》："周公思兼三王，以施四事；其有不合者，仰而思之，夜以继日；幸而得之，坐以待旦。"

【今译】

　　问："孔子所说的远虑，周公的夜以继日，与曲意逢迎不同。为什么？"

　　阳明先生说："远虑并不是茫茫荡荡地去思虑，只是要保存这个天理。天理之在人心，亘古亘今，没有终始。天理就是良知，千思万虑，只是要致良知。良知越思虑越精明。如果不能精思，只是漫然随着事情去应对，良知便变得粗疏了。如果把只是执着在事情上茫茫荡荡地去思虑，叫做远虑，就不免有毁誉、得丧、人欲搀杂到其中，就是曲意逢迎了。周公整夜思考的，只是'戒慎不睹、恐惧不闻'的功夫。见识得到时，其气象与曲意逢迎自然有区别。"

　　285. 问："'一日克己复礼，天下归仁'，朱子作效验说，如何？"[1]

　　先生曰："圣贤只是为己之学，重功夫不重效验。仁者以万物为［一］体[2]，不能一体，只是己私未忘。全得仁体，则天下皆归于吾仁，就是'八荒皆在我闼'[3]意，'天下皆与其仁'[4]亦在其中。如'在邦无怨，在家无怨'[5]，亦只是自家不怨，如'不怨天，不尤人'[6]之意，然家邦无怨于我亦在其中，但所重不在此。"

【注释】

　　[1]所问，语本《论语·颜渊》："颜渊问仁。子曰：'克己复礼为仁。一日克己复礼，天下归仁焉。为仁由己，而由人乎哉？'"朱熹注"一日克己复礼，天下归仁焉"云，"一日克己复礼，则天下之人皆与其仁，极言其效之甚速而至大也"。

　　[2]仁者以万物为一体，"一"字底本原缺，据张问达本补。语本程明道"仁者，以天地万物为一体"之言。

〔3〕"八荒皆在我闼"，语见吕大临《克己铭》："亦既克之，皇皇四达；洞然八荒，皆在我闼。孰曰天下，不归吾人？"八荒，八方荒远之地。闼（tà），门内。

〔4〕"天下皆与其仁"，乃朱熹"则天下之人皆与其仁"一语之节略。意为：天下的人都把仁德归给他，亦即天下的人都称许他有仁德。

〔5〕"在邦无怨，在家无怨"，语见《论语·颜渊》。

〔6〕"不怨天，不尤人"，语见《论语·宪问》。

【今译】

问："《论语》'一日克己复礼，天下归仁'，朱子从效验的角度来解说，怎么样？"

阳明先生说："圣贤只是做为己的学问，注重功夫而不注重效验。有仁德的人以天地万物为一体，如果不能以天地万物为一体，只是自己的私心尚未能忘怀。如果能仁体完全，则天下都在我的仁体之中，就是'洞然八荒，皆在我闼'的意思，'天下皆与其仁'也包括在其中。犹如'在邦无怨，在家无怨'，也只是自家不怨，如同'不怨天，不尤人'的意思一样，然而家邦无怨于我也包括在其中，只是所注重的不在此。"

286. 问："孟子'巧力、圣智'之说，朱子云'三子力有余而巧不足'，何如？"〔1〕

先生曰："三子固有力亦有巧。巧力实非两事。巧亦只在用力处，力而不巧，亦是徒力。三子譬如射，一能步箭，一能马箭，一能远箭。他射得到，俱谓之力，中处俱可谓之巧。但步不能马，马不能远，各有所长，便是才力分限有不同处。孔子则三者皆长。然孔子之和，只到得柳下惠而极；清，只到得伯夷而极；任，只到得伊尹而极，何曾加得些子？若谓'三子力有余而巧不足'，则其力反过孔子了。巧力只是发明圣知之义，若识得圣知本体是何物，便自了然[2]。"

【注释】

〔1〕所问，语见《孟子·万章下》："孟子曰：'伯夷，圣之清者也；伊尹，圣之任者也；柳下惠，圣之和者也；孔子，圣之时者也。孔子之谓集大成。集大成也者，金声而玉振之也。金声也者，始条理也；玉振之也者，终条理也。始条理者，智之事也；终条理者，圣之事也。智，譬则巧也；圣，譬则力也。由射于百步之外也，其至，尔力也；其中，非尔力也。'"朱熹注云，"此复以射之巧力，发明智圣二字之义。见孔子巧力俱全而圣智兼备，三子则力有余而巧不足，是以一节虽至于圣，而智不足以及乎时中也"。案：清，清正。任，担当。和，平和。时，随时从容中道。

〔2〕便自了然：原作"便自然了"，据水西精舍本、胡宗宪本、郭朝宾本、四库全书本等版本改。

【今译】

问："孟子'巧力、圣智'的说法，朱子说'三子力有余而巧不足'，怎么样？"

阳明先生说："伯夷、伊尹、柳下惠三子固然有力也有巧。巧与力实际上并不是两回事。巧也只表现在用力的地方，有力而不巧，也只是徒然费力。三子譬如射箭，一个能步箭，一个能马箭，一个能远箭。他能够射得到，都称之为力；射得中，都可以称之为巧。只是能步箭的不能马箭，能马箭的不能远箭，各自有所擅长，这便是才力分限各有不同的地方。孔子则是三者都擅长。然而孔子的和，到柳下惠的地步就到头了；清，到伯夷的地步就到头了；任，到伊尹的地步就到头了，何曾加得一丁点？如果说'三子力有余而巧不足'，则是他们的力反而超过孔子了。巧与力只是用来揭示圣智的涵义，如果能识得圣智本来状态如何，便自能了然。"

287. 先生曰："'先天而天弗违'，天即良知也；

'后天而奉天时'，良知即天也。"[1]

【注释】

〔1〕"先天而天弗违"、"后天而奉天时"，语出《周易·文言》："夫大人者，与天地合其德，与日月合其明，与四时合其序，与鬼神合其吉凶。先天而天弗违，后天而奉天时。天且弗违，而况于人乎？况于鬼神乎？"

【今译】

阳明先生说："《周易·文言》说'先天而天弗违'，天就是良知；'后天而奉天时'，良知就是天。"

288. "良知只是个是非之心，是非只是个好恶。只好恶就尽了是非，只是非就尽了万事万变。"又曰："是非两字，是个大规矩，巧处则存乎其人。"

【今译】

阳明先生说："良知只是一个是非之心，是非只是一个好恶。只好恶就穷尽了是非，只是非就穷尽了万事万变。"又说："是非两字，是一个大规矩，其运用的精巧则取决于运用的人。"

289. "圣人之知如青天之日，贤人如浮云天日，愚人如阴霾天日，虽有昏明不同，其能辨黑白则一。虽昏黑夜里，亦影影见得黑白，就是日之余光未尽处。困学功夫，亦只从这点明处精察去耳。"

【今译】

"圣人的良知如同晴朗天的太阳，贤人的良知如同浮云天的太阳，愚人的良知如同阴霾天的太阳，虽然有昏暗明亮的不同，但其能分辨黑白则是一样的。即使是在昏暗漆黑的夜里，也能模模糊糊见到黑白，这是因为太阳的余光尚未完全消失。所谓'困而学之'的功夫，也只是要从这点明亮的地方精察开去。"

290. 问："知譬日，欲譬云，云虽能蔽日，亦是天之一气合有的，欲亦莫非人心合有否？"

先生曰："喜、怒、哀、惧、爱、恶、欲，谓之七情[1]。七者俱是人心合有的，但要认得良知明白。比如日光，亦不可指着方所，一隙通明，皆是日光所在。虽云雾四塞，太虚中色象可辨，亦是日光不灭处，不可以云能蔽日，教天不要生云。七情顺其自然之流行，皆是良知之用，不可分别善恶。但不可有所着，七情有着，俱谓之欲，俱为良知之蔽。然才有着时，良知亦自会觉，觉即蔽去，复其体矣。此处能勘得破，方是简易透彻功夫。"

【注释】

〔1〕七情，语本《礼记·礼运》"何谓人情？喜、怒、哀、惧、爱、恶、欲，七者弗学而能"。

【今译】

问："良知就好比太阳，人欲就好比乌云，乌云虽然会遮蔽太阳，也是天之一气合该有的，人欲莫非也是人心合该有的？"

阳明先生说："喜、怒、哀、惧、爱、恶、欲，称之为七情。这七情都是人心合该有的，只是要认得良知明白。比如日光，也不可以指定方位，就是一个空隙透过来的光明，也都是日光之所在。即使云雾四面充塞，天空中的景象依然可以辨认，这也是日光不会消失的地方。不能因为乌云会遮蔽太阳，便叫天不要产生乌云。如果七情能顺其自然的流行，就都是良知的发用，不可以因此分别善恶。只是不可有所执着，如果对七情有所执着，就都称之为人欲，都属于良知的障蔽。然而才有所执着时，良知也自然会察觉，一察觉就将障蔽去除，就恢复其本来状态了。这个地方能够看得破，才是简易透彻的功夫。"

291. 问："圣人生知安行是自然的，如何？有甚功夫？"

先生曰："知行二字即是功夫，但有浅深难易之殊耳。良知原是精精明明的。如欲孝亲，生知安行的，只是依此良知落实尽孝而已；学知利行者，只是时时省觉，务要依此良知尽孝而已；至于困知勉行者，蔽锢已深，虽要依此良知去孝，又为私欲所阻，是以不能，必须加'人一己百、人十己千'之功，方能依此良知以尽其孝。圣人虽是生知安行，然其心不敢自是，肯做困知勉行的功夫。困知勉行的，却要思量做生知安行的事，怎生成得？"[1]

【注释】

〔1〕此语录当中之"生知安行"、"学知利行"、"困知勉行"以及"人一己百、人十己千"云云，语本《中庸》。

【今译】

问："圣人生知安行是自然的，为什么？有什么功夫？"

阳明先生说："知行二字就是功夫，只是有浅深难易的不同。良知原本是精精明明的。例如要孝顺父母，生知安行的人，只是依据这个良知切实尽孝而已；学知利行的人，只是时时省觉，务必要依据良知尽孝而已；至于困知勉行的人，由于障蔽禁锢已经很深，即使要依据这个良知去尽孝，又被私欲所阻碍，所以不能做到，必须施加'人一己百、人十己千'的功夫，才能依据这个良知来尽其孝心。圣人虽然是生知安行的人，然而他心里不敢自以为是，肯做困知勉行的功夫。然而困知勉行的人，却要企图做生知安行的事，怎么能够做得成？"

292. 问："'乐是心之本体'，不知遇大故[1]，于哀哭时，此乐还在否？"

先生曰："须是大哭一番了方乐，不哭便不乐矣；虽哭，此心安处即是乐也，本体未尝有动。"

【注释】

〔1〕大故，重大事故。此指父母或祖辈的死亡。

【今译】

问："先生您说'快乐是心的本来状态'，不知遇到父母过世，在哀哭的时候，这种快乐还在不在？"

阳明先生说："必须大哭一番之后心才能回到快乐状态，不大哭便不能快乐；即使大哭，此心坦然的地方就是快乐，心的本来状态未尝有过变动。"

293. 问："良知一而已。文王作《彖》[1]，周公系《爻》，孔子赞《易》，何以各自看理不同？"

先生曰："圣人何能拘得死格？大要出于良知同，便各为说，何害？且如一园竹，只要同此枝节，便是大同；若拘定枝枝节节都要高下大小一样，便非造化妙手矣。汝辈只要去培养良知，良知同，更不妨有异处。汝辈若不肯用功，连笋也不曾抽得，何处去论枝节？"

【注释】

〔1〕文王作《彖》，恐为记录者之误。据传统说法，周文王演《易》，其所作乃六十四卦卦辞；而《彖传》作为十翼之一，相传为孔子所作。译文将"彖"改正并翻译为"卦辞"。

【今译】

问："良知只是一个而已。文王作《卦辞》，周公作《爻辞》，孔子作《易传》，为什么他们看待《易》理如此不同？"

阳明先生说："圣人怎么会拘泥于死板的格式呢？如果其根本要旨都出于良知这一点相同，即便各自为说，又有什么妨害？就如同一园的竹子，只要都同样有枝节，便是大同；如果拘泥执定枝枝节节高低大小都必须一个样子，就不是造化妙手了。你们只要去培养良知，良知相同，就不妨有相异的地方。你们如果不肯用功，犹如连竹笋都还没有长出来，又到哪里去论其枝节呢？"

294. 乡人有父子讼狱，请诉于先生，侍者欲阻之，先生听之。言不终辞，其父子相抱恸哭而去。

柴鸣治[1]入问曰："先生何言，致伊感悔之速？"

先生曰："我言舜是世间大不孝的子，瞽瞍是世间大慈的父。"

鸣治愕然，请问。

先生曰："舜常自以为大不孝，所以能孝；瞽瞍常自以为大慈，所以不能慈。瞽瞍只记得舜是我提孩[2]长的，今何不曾（会）豫悦我[3]，不知自心已为后妻所移了，尚谓自家能慈，所以愈不能慈；舜只思父提孩我时如何爱我，今日不爱，只是我不能尽孝，日思所以不能尽孝处，所以愈能孝。及至瞽瞍底豫〔4〕时，又不过复得此心原慈的本体。所以后世称舜是个古今大孝的子，瞽瞍亦做成个慈父。"

【注释】

〔1〕柴鸣治，名号、生平不详。王阳明有门人柴凤，浙江余姚人。黄宗羲《明儒学案》云，"柴凤，字后愚。主教天真书院，衢、严之士多从之"。然而，"后愚"作为别字，与"凤"之名不相应；"鸣治"作为别字，则正与"凤"之名相应。我们怀疑柴凤，字鸣治，号后愚。详情待考。

〔2〕提孩，抚育、抚养。

〔3〕今何不會豫悦我："不會"，原作"不曾"，据水西精舍本、胡宗宪本、郭朝宾本等版本改。

〔4〕"瞽瞍底豫"，语本《孟子·离娄上》。底豫（zhǐ yù），同"厎豫"，变得高兴。

【今译】

同乡中有两父子要打官司，请求向阳明先生诉说，侍从想阻拦他们，阳明先生却同意听他们诉说。阳明先生劝解的话还没说完，那父子两人便相抱恸哭而离开了。

柴鸣治进来问道："先生您说了什么话，能使他们感动悔悟如此之快？"

阳明先生说："我说舜是世间大不孝的儿子，瞽瞍是世间最慈爱的父亲。"

柴鸣治感到愕然，向阳明先生请教。

阳明先生说："舜常常自以为十分不孝，所以能够孝顺；瞽瞍常常自以为十分慈爱，所以不能慈爱。瞽瞍只记得舜是我抚育长大的，现在为什么不能让我喜悦，他不知道自己的心已经被后妻所改变，还认为自己能够慈爱，所以更加不能慈爱；舜只思念父亲抚育我时是如何的爱我，今日不爱，只是由于我没有尽孝，日日反省自己没有尽孝的地方，所以更加能够孝顺。等到瞽瞍变得高兴的时候，又只不过是恢复到他心中原有的慈爱的本来状态。所以后世称赞舜是一个古今最孝顺的儿子，瞽瞍也成了一个慈爱的父亲。"

295. 先生曰："孔子有鄙夫来问，未尝先有知识以应之，其心只空空而已。但叩他自知的是非两端，与之一剖决，鄙夫之心便已了然[1]。鄙夫自知的是非，便是他本来天则，虽圣人聪明，如何可与增减得一毫？他只不能自信，夫子与之一剖决，便已竭尽无余了。若夫子与鄙夫言时，留得些子知识在，便是不能竭他的良知，道体即有二了[2]。"

【注释】

〔1〕"孔子"云云，语本《论语·子罕》："子曰：'吾有知乎哉？无知也。有鄙夫问于我，空空如也，我叩其两端而竭焉。'"

〔2〕道体，道之作为本体。根据阳明的论述，道体作为评判是非（以及善恶、真伪等）的依据，所指就是德性之知，亦即良知。道体即有二了，是指在德性之知（良知）之外，又有见闻之知（知识）。

【今译】

阳明先生说："孔子在有农夫来请教的时候，未尝先有知识来应答他，其心中也只空空而已。孔子只是叩问农夫自己知道的是非两端，与他一加剖析判断，农夫的心中便已经了然。农夫自己所知道的是非，便是他本来就有的天则，虽然圣人很聪明，怎么可能给他增减得一丝一毫？他只是不能自信，孔夫子给他一加剖析判断，便已经竭尽无余了。如果孔夫子与农夫讲论时，留得一丁点知识在，便不能穷竭他的良知，道体就分而为二了。"

296. 先生曰："'烝烝乂，不格奸'，本注说象已进进于义，不至大为奸恶[1]。舜征庸后，象犹日以杀舜为事，何大奸恶如之！舜只是自进于义，以义熏烝，不去正他奸恶。凡文过掩慝，此是恶人常态，若要指摘他是非，反去激他恶性。舜初时致得象要杀己，亦是要象好的心太急，此就是舜之过处；经过来，乃知功夫只在自己，不去责人，所以致得克谐，此是舜动心忍性、增益不能处。古人言语，俱是自家经历过来，所以说得亲切，遗之后世，曲当人情[2]。若非自家经过，如何得他许多苦心处？”

【注释】

〔1〕“烝烝乂，不格奸”，语本《尚书·尧典》。本注，指蔡沈《书集传》。象，舜同父异母弟。

〔2〕曲当，委曲变通，皆得其宜。

【今译】

阳明先生说：“‘烝烝乂，不格奸’，本注说象已经进进于义，不至于大为奸恶。其实舜被召用之后，象还是每天想着怎么杀舜，哪里有象这样大的奸恶！舜只是自己日以善自治，以自治去熏陶象，而不是去纠正象的奸恶。凡文饰过错、掩盖罪恶，都是恶人的常态，如果要指摘他的是非，反而会激起他的恶性。舜当初招致到象要杀害自己，也是他要象变好的心太急，这就是舜有过失的地方；经历过来，才知道功夫只在自己，不去责备别人，所以才做到能够和谐，这是舜动心忍性、增益其不能的地方。古人的言语，都是自家经历过来，所以说得亲切，流传后世，依旧能曲当人情。如果不是自家经历过，怎么能见到他的许多苦心处？”

297. 先生曰：“古乐不作久矣。今之戏子，尚与古乐意思相近。"

未达，请问。

先生曰："《韶》之九成，便是舜的一本戏子；《武》之九变，便是武王的一本戏子[1]。圣人一生实事，俱播在乐中，所以有德者闻之，便知他尽善尽美与尽美未尽善处[2]。若后世作乐，只是做些词调，于民俗风化绝无关涉，何以化民善俗？今要民俗反朴还淳，取今之戏子，将妖淫词调俱去了，只取忠臣、孝子故事，使愚俗百姓人人易晓，无意中感激他良知起来，却于风化有益，然后古乐渐次可复矣。"

曰："洪要求元声[3]不可得，恐于古乐亦难复。"

先生曰："你说元声在何处求？"

对曰："古人制管候气，恐是求元声之法。"

先生曰："若要去葭灰、黍粒中求元声，却如水底捞月，如何可得？元声只在你心上求。"

曰："心如何求？"

先生曰："古人为治，先养得人心和平，然后作乐。比如在此歌诗，你的心气和平，听者自然悦怿兴起，只此便是元声之始。《书》云'诗言志'，志便是乐的本；'歌永言'，歌便是作乐的本；'声依永，律和声'[4]，律只要和声，和声便是制律的本，何尝求之于外？"

曰："古人制候气法，是意何取？"

先生曰："古人具中和之体以作乐。我的中和，原与天地之气相应，候天地之气，协凤凰之音，不过去验我的气果和否。此是成律已后事，非必待此以成律也。

今要候灰管，先须定至日。然至日子时恐又不准，又何处取得准来？"

【注释】

〔1〕"九成"、"九变"，其义相同。"九成"，语出《尚书·益稷》"箫《韶》九成，凤皇来仪"。孔安国传云，"备乐九奏，而致凤皇，则余鸟兽不待九而率舞"。孔颖达疏云，"成，谓乐曲成也。郑〔玄〕云：'成，犹终也。'每曲一终，必变更奏。故经言'九成'、传言'九奏'，《周礼》谓之'九变'，其实一也"。

〔2〕"尽善尽美"云云，语本《论语·八佾》"子谓《韶》：尽美矣，又尽善也。谓《武》：尽美矣，未尽善也"。

〔3〕元声，古代律制，以黄钟管发出的音为十二律所依据的基准音，称为元声。

〔4〕"诗言志，歌永言，声依永，律和声"，语见《尚书·舜典》。意为：诗句是表达心志的，歌曲是唱咏诗句的，声调是依据唱咏而选定的，音律则是要和谐声调的。

【今译】

阳明先生说："古乐不作已经很久了。如今的戏曲，还与古乐的意味相近。"

德洪未能明白，向阳明先生请教。

阳明先生说："《韶》之九成，就是舜的一本戏曲；《武》之九变，便是武王的一本戏曲。圣人一生的实际事迹，都传播在乐曲之中，所以有德的人听闻，就能知道他的尽善尽美与尽美未尽善的地方。像后世作乐，只是作一些词调，与民俗风化完全没有关涉，怎么能够教化民众、改善风俗呢？如今要使民间风俗反朴还淳，就要把现在的戏曲拿来，将其中的妖淫词调都删去，只保留那些忠臣、孝子的故事，使愚昧庸俗的百姓人人易晓，无意之中感动激发他的良知起来，却对于风俗教化有些补益，然后古乐就渐渐可以恢复了。"

德洪说："我要寻求元声尚且不可得，恐怕也难以恢复古乐。"

阳明先生说："你说元声要在什么地方寻求？"

德洪回答说："古人制管以候气，恐怕就是寻求元声的方法。"

阳明先生说："如果要去葭灰、黍粒之中寻求元声，就如同水底捞月，怎么可能做得到？元声只应当在你心上寻求。"

德洪说："在心上怎么寻求？"

阳明先生说："古人治理天下，首先要涵养得人心和平，然后才去作乐。比如在这里歌诗，你的心气和平，听你歌诗的人自然会愉悦兴起，这便是元声的开始。《书经》说'诗言志'，志便是乐的根本；'歌永言'，歌便是作乐的根本；'声依永，律和声'，律只是要和声，和声便是制律的根本，何尝要向外寻求？"

德洪说："古人的制管候气法，这种想法又以什么为根据呢？"

阳明先生说："古人都是具备中和之体然后作乐。我的中和，原本就与天地之气相应，静候天地之气、协调凤凰之音，不过是去验证我的气是否果真中和。这是制成音律以后的事，不是必须等待这个来制成音律。如今要静候灰管，首先必须确定冬至日。然而冬至日的子时恐怕又不准确，又从什么地方取得个准确来呢？"

298. 先生曰："学问也要点化，但不如自家解化者，自一了百当。不然，亦点化许多不得。"[1]

【注释】

〔1〕佐藤一斋曰："'点化'，谓师友点化；'解化'，谓良知自知。"

【今译】

阳明先生说："学问也要有人来点化，只是不如自家解化，自然一了百当。不然，别人也点化不了许多。"

299. "孔子气魄极大，凡帝王事业，无不一一理会，也只从那心上来。譬如大树，有多少枝叶，也只是根本上用得培养功夫，故自然能如此，非是从枝叶上用功做得根本也。学者学孔子，不在心上用功，汲汲然去学那气魄，却倒做了。"

【今译】

"孔子的气魄极大，凡是帝王事业，没有不一一理会过的，然而也只是从他那心上来。譬如一棵大树，无论有多少枝叶，也只是在根本上用培养功夫，所以自然能够如此，而不是从枝叶上用功夫，就做得成根本的。学者学习孔子，如果不是在自己心上用功夫，而是急急忙忙地去学习他那个气魄，却是把功夫做颠倒了。"

300. "人有过，多于过上用功，就是补甑，其流必归于文过。"[1]

【注释】

[1] 补甑，疑典出《后汉书·孟敏传》，略云，"孟敏，字叔达，巨鹿杨氏人也。客居太原。荷甑堕地，不顾而去。林宗见而问其意。对曰：'甑以破矣，视之何益？'林宗以此异之，因劝令游学"。甑（zèng），陶制煮食工具。

【今译】

"人有过失，大多都是在过失上用功夫，这就如同修补破甑，其流弊一定是归于文过饰非。"

301. "今人于吃饭时，虽无一事在前，其心常役役不宁，只缘此心忙惯了，所以收摄不住。"[1]

【注释】

〔1〕慧海《大珠禅师语录》记载："有源律师来问：'和尚修道，还用功否？'师曰：'用功。'曰：'如何用功？'师曰：'饥来吃饭，困来即眠。'曰：'一切人总如是，同师用功否？'曰：'不同。'曰：'何故不同？'师曰：'他吃饭时，不肯吃饭，百种须索；睡时，不肯睡，千般计较，所以不同也。'"阳明此处所论，可与慧海所言互发。

【今译】

"如今人们在吃饭的时候，即使没有一件事情在眼前，他的心里也常常劳碌不安，只因为此心忙碌惯了，所以收摄不住。"

302. "琴瑟、简编，学者不可无。盖有业以居之，心就不放。"

【今译】

"琴瑟、书籍，学者不可以没有。因为有事业来安置自身，心就不会放失。"

303. 先生叹曰："世间知学的人，只有这些病痛打不破，就不是'善与人同'〔1〕。"

崇一曰："这病痛只是个好高不能忘己尔。"

【注释】

〔1〕"善与人同"，语出《孟子·公孙丑上》："孟子曰：'子路，人告之以有过则喜。禹闻善言则拜。大舜有大焉，善与人同。舍己从人，乐取于人以为善。'"朱熹注云，"善与人同，公天下之善而不为私也。己未善，则无所系吝而舍以从人；人有善，则不待勉强而取之于己"。

【今译】

阳明先生叹息说："世间知道学问的人，只要还有这些病痛打不破，就不是'善与人同'。"

欧阳崇一说："这些病痛只是一个好高骛远、不能忘我而已。"

304. 问："良知原是中和的，如何却有过、不及？"

先生曰："知得过、不及处，就是中和。"

【今译】

问："良知原本就是中和的，为什么却会有过、有不及？"

阳明先生说："能够知道过、不及之所在，就是中和。"

305. "'所恶于上'，是良知；'毋以使下'，即是致知。"〔1〕

【注释】

〔1〕"所恶于上，毋以使下"，语出《大学》"所谓平天下在治其国者：上老老而民兴孝，上长长而民兴弟，上恤孤而民不倍，是以君子有絜矩之道也。所恶于上，毋以使下；所恶于下，毋以事上……此之谓絜矩之道"。

【今译】

"《大学》说的'所恶于上'，就是良知；'毋以使下'，就是致知。"

306. 先生曰："苏秦、张仪之智，也是圣人之资。后世事业文章，许多豪杰名家只是学得仪、秦故智〔1〕。仪、秦学术善揣摸人情，无一些不中人肯綮〔2〕，故其说不能穷。仪、秦亦是窥见得良知妙用处，但用之于不善尔。"

【注释】

〔1〕故智，以前用过的计谋。《史记·韩世家》云，"秦王必祖张仪之故智"。

〔2〕肯綮（kěn qìng），原指筋骨相连的部位。比喻事情的要害或关键。语出《庄子·养生主》"技经肯綮之未尝，而况大軱乎"。

【今译】

阳明先生说："苏秦、张仪的智谋，也是圣人的资质。后世事业、文章之中，许多的豪杰名家，只是学到了张仪、苏秦的故智。其实张仪、苏秦的学术善于揣摸人情，没有一点不切中人的要害，所以其学说怎么应用都不会穷尽。张仪、苏秦也算是窥见了良知的妙用之处，只是把它用到不善的事情上去了。"

307. 或问未发已发[1]。

先生曰："只缘后儒将未发已发分说了，只得劈头说个无未发已发，使人自思得之。若说有个已发未发，听者依旧落在后儒见解。若真见得无未发已发，说个有未发已发，原不妨，原有个未发已发在。"

问曰："未发未尝不和，已发未尝不中。譬如钟声，未扣不可谓无，既扣不可谓有，毕竟有个扣与不扣，何如?"

先生曰："未扣时原是惊天动地，既扣时也只是寂天寞地。"

【注释】

〔1〕未发已发，语本《中庸》"喜怒哀乐之未发，谓之中；发而皆中节，谓之和。中也者，天下之大本也；和也者，天下之达道也"。

【今译】

有人问未发已发。

阳明先生说："只因为后儒将未发已发分开说了，因此我只得劈头说个没有未发已发，使人自己思考而有所得。如果说有个已发未发，听到的人依旧落在后儒的见解。如果真的认识到没有未发已发，就说个有未发已发，原也没有什么妨碍，因为原本就有个未发已发在。"

问道："未发未尝不和，已发未尝不中。譬如钟声，尚未扣钟不可以说是无声，已经扣钟不可以说是有声，然而毕竟有个扣与不扣的不同，怎么样？"

阳明先生说："尚未扣钟之时，原本就是惊天动地；已经扣钟之后，也还只是寂天窦地。"

308. 问："古人论性，各有异同，何者乃为定论？"

先生曰："性无定体，论亦无定体，有自本体上说者，有自发用上说者，有自源头上说者，有自流弊处说者。总而言之，只是这个性，但所见有浅深尔。若执定一边，便不是了。性之本体原是无善、无恶的，发用上也原是可以为善、可以为不善的，其流弊也原是一定善、一定恶的〔1〕。譬如眼，有喜时的眼，有怒时的眼；直视就是看的眼，微视就是觑〔2〕的眼。总而言之，只是这个眼。若见得怒时眼，就说未尝有喜的眼；见得看时眼，就说未尝有觑的眼，皆是执定，就知是错。孟子说性，直从源头上说来，亦是说个大概如此；荀子性恶之说，是从流弊上说来，也未可尽说他不是，只是见得未精耳。众人则失了心之本体。"

问："孟子从源头上说性，要人用功在源头上明彻；荀子从流弊说性，功夫只在末流上救正，便费力了。"

先生曰："然。"

【注释】

〔1〕佐藤一斋曰："'其流弊也原是一定善、一定恶的'，此句义不可解，疑必有误脱，似当作'其源头也原是一定善的，其流弊也原是一定恶的'。"案：阳明谓"性无定体，论亦无定体，有自本体上说者，有自发用上说者，有自源头上说者，有自流弊处说者"，"源头"与"流弊"对言；又谓"孟子说性，直从源头上说来"、"荀子性恶之说，是从流弊上说来"，则孟子从源头上说性善，与荀子从流弊上说性恶，亦对言。是故，佐藤一斋之言，可取也。译文根据佐藤之说翻译。

〔2〕觑（qù），把眼睛眯成一条细缝来看；瞧。

【今译】

问："古人论性，各有异同，哪一种说法才是定论？"

阳明先生说："人性没有固定的形态，其论说也没有固定的形态，有人从本体上说性，有人从发用上说性，有人从源头上说性，有人从流弊处说性。总而言之，只是这一个性，只是所见有浅有深而已。如果执定一边，就不对了。性的本体原本是无善、无恶的，其发用也原本是可以为善、可以为不善的，其源头也原本是一定善的，其流弊也原本是一定恶的。譬如眼，有喜悦时的眼，有愤怒时的眼；直视就是看的眼，微视就是觑的眼。总而言之，只是这一个眼。如果见到愤怒时的眼，就说未尝有喜悦的眼；见到看时的眼，就说未尝有觑的眼，都是执定一边，就知道这是错误的。孟子说性，只是从源头上说来，也是说得个大概如此；荀子性恶的学说，是从流弊上说来，也不可完全说他不对，只是认识得还不够精审。而众人则丧失了心的本体。"

又问："孟子从源头上说性，是要人在源头上用功，使其明彻；荀子从流弊说性，则功夫只是在末流上救正，这就费力了。"
阳明先生说："不错。"

309. 先生曰："用功到精处，愈着不得言语，说理愈难。若着意在精微上，全体功夫反蔽泥了。"

【今译】

阳明先生说："用功到了精微之处，就越不能用言语来表达，说理也越困难。如果又着意在精微上，全体功夫反而会被障蔽、被阻滞了。"

310. 杨慈湖[1]不为无见，又着在无声无臭见上了[2]。

【注释】

〔1〕杨简，字敬仲，宋代慈溪（浙江慈溪）人。生于宋高宗绍兴十一年（1141），卒于宋理宗宝庆元年（1225），享年八十五岁。学者称慈湖先生。陆九渊弟子。

〔2〕又着在无声无臭见上了：原作"又着在无声无臭上见了"，据水西精舍本、黄宗羲《明儒学案·姚江学案》改。

【今译】

杨慈湖不是没有见识，只是又执着在"无声无臭"的见识上了。

311. 人一日间，古今世界都经过一番，只是人不见耳。夜气清明时，无视无听，无思无作，淡然平怀，就是羲皇世界；平旦时，神清气朗，雍雍穆穆[1]，就是尧、舜世界；日中以前，礼仪交会，气象秩然，就是三代世界；日中以后，神气渐昏，往来杂扰，就是春秋、战国世界；渐渐昏夜，万物寝息，景象寂寥，就是人消物尽世界。学者信得良知过，不为气所乱，便常做个羲皇已上人。

【注释】

〔1〕雍雍穆穆：雍雍，和谐的样子；穆穆，清明、柔和、沉静、端庄。

【今译】

人在一日之间，古今的世界都经历过一番，只是人不能够自知而已。夜气清明的时候，目无所视、耳无所听、心无所思、身无所为，淡然平怀，这就是羲皇世界；天亮的时候，神清气朗，和乐安静，这就是尧、舜世界；日中以前，礼仪交会，气象秩然，这就是三代世界；日中以后，神气渐渐昏沉，往来杂扰，这就是春秋、战国世界；渐渐进入昏夜，万物寝息，景象寂寥，这就是人消物尽世界。学者如果能信得过良知，而不被习气所扰乱，便常常能做一个羲皇以上的人。

312. 薛尚谦、邹谦之、马子莘、王汝止[1]侍坐。因叹先生自征宁藩[2]已来，天下谤议益众。请各言其故。有言先生功业势位日隆，天下忌之者日众；有言先生之学日明，故为宋儒争是非者亦日博；有言先生自南都以后，同志信从者日众，而四方排阻者日益力。

先生曰："诸君之言，信皆有之。但吾一段自知处，诸君俱未道及耳。"

　　诸友请问。先生曰："我在南都已前,尚有些子乡愿的意思在。我今信得这良知真是真非,信手行去,更不着些覆藏。我今才做得个狂者的胸次,使天下之人都说我行不掩言也罢。"〔3〕

　　尚谦出曰："信得此过,方是圣人的真血脉。"

【注释】

　　〔1〕王艮,字汝止,号心斋,泰州安丰场人。生于成化十九年(1483)六月,卒于嘉靖十九年(1540)十二月,享年五十八岁。阳明后学代表人物之一,泰州学派创始人。

　　〔2〕征宁藩,指正德十四年(1519)六七月间,王阳明平定宁王朱宸濠在南昌起兵谋反事。

　　〔3〕乡愿、狂者云云,语本《孟子·尽心下》。

【今译】

　　薛尚谦、邹谦之、马子莘、王汝止在阳明先生旁边陪坐。因叹息阳明先生自征讨宁藩以来,天下诽谤非议越来越多。阳明先生请大家各自说说其中缘故。有人说是因为先生功业、权势、地位日益提升,所以天下妒忌的人日益增多;有人说是因为先生的学术日益昌明,所以为宋儒争是非的人也日益增加;有人说是由于先生自从在南京做官讲学以后,同志信从的人日益增多,因而四方排斥阻挠的人也日益尽力。

　　阳明先生说:"诸君的说法,确实都有理由。只是我的一点自知之明,诸君都尚未说到。"

　　各位学友于是向阳明先生请教。阳明先生说:"我在到南京做官讲学以前,还有些乡愿的意味在。我如今信得这良知的真是真非,信手行开去,更不加一些掩藏。我如今才做得一个狂者的胸怀,即使天下的人都说我行不掩言也罢。"

　　薛尚谦站出来说:"能信得过这良知,才是圣人的真正血脉。"

313. 先生锻炼人处,一言之下,感人最深。

一日,王汝止出游归,先生问曰:"游何见?"

对曰:"见满街人都是圣人。"

先生曰:"你看满街人是圣人,满街人到看你是圣人在。"

又一日,董萝石[1]出游而归,见先生曰:"今日见一异事。"

先生曰:"何异?"

对曰:"见满街人都是圣人。"

先生曰:"此亦常事耳,何足为异?"

盖汝止圭角未融,萝石恍见有悟,故问同答异,皆反其言而进之。

洪与黄正之、张叔谦[2]、汝中丙戌会试归,为先生道:"途中讲学,有信有不信。"

先生曰:"你们拿一个圣人去与人讲学,人见圣人来,都怕走了,如何讲得行!须做得个愚夫愚妇,方可与人讲学。"

洪又言:"今日要见人品高下最易。"

先生曰:"何以见之?"

对曰:"先生譬如泰山在前,有不知仰者,须是无目人。"

先生曰:"泰山不如平地大,平地有何可见?"

先生一言翦裁,剖破终年为外好高之病,在座者莫不悚惧。

【注释】

〔1〕董沄，字复宗，号萝石，晚号从吾道人，浙江海盐人。生于天顺二年（1458），卒于嘉靖十三年（1534），享年七十七岁。以能诗闻于江湖间。嘉靖三年（1524），年六十七，游会稽（即绍兴），闻阳明讲良知之学于山中，乃往听之，因而师事阳明。

〔2〕张元冲，字叔谦，号浮峰，浙江山阴人。阳明弟子。嘉靖十七年（1538）进士。授中书舍人，改吏科给事中。累官至右副都御史巡抚江西。阳明尝曰："吾门不乏慧辨之士，至于真切纯笃，无如叔谦。"（黄宗羲《明儒学案》）

【今译】

阳明先生锻炼人的地方，是一言之下，就能感人至深。

有一日，王汝止出门游览归来，阳明先生问道："你游览时见到些什么？"

王汝止回答说："我见到满街的人都是圣人。"

阳明先生说："你看满街的人是圣人，满街的人倒看你是圣人。"

又有一日，董萝石出门游览回来，拜见阳明先生，说："我今日见到一件奇异的事情。"

阳明先生说："有什么奇异？"

董萝石回答说："我见到满街的人都是圣人。"

阳明先生说："这也是平常的事，哪里能够称为奇异？"

大概王汝止圭角尚未圆融，董萝石则恍惚之间似有所悟，所以问题相同而回答各异，都属于反其言来促进他们。

德洪与黄正之、张叔谦、王汝中在嘉靖五年丙戌会试归来，对阳明先生说："途中讲学，有人相信有人不相信。"

阳明先生说："你们拿一个圣人的样子去给人讲学，人们看见圣人来了，都害怕得跑了，怎么能讲得成！应当做得一个愚夫愚妇的样子，才可以给人讲学。"

德洪又说："今日要看出人品的高低，是最容易的。"

阳明先生说："何以见得？"

德洪回答说："先生您就譬如泰山在前，如果有不知道敬仰的，那一定是没有眼睛的人。"

阳明先生说："泰山不如平地广大，平地有什么可看见的？"

阳明先生一句话的剪裁取舍，就破除了我们长年向外寻求、好高骛远的弊病，在座的人无不感到悚然惊惧。

314. 癸未春，邹谦之来越问学，居数日，先生送别于浮峰。

是夕，与希渊诸友移舟宿延寿寺，秉烛夜坐。先生慨怅不已，曰："江涛烟柳，故人倏在百里外矣！"

一友问曰："先生何念谦之之深也？"

先生曰："曾子所谓'以能问于不能，以多问于寡，有若无，实若虚，犯而不较'[1]，若谦之者，良近之矣。"

【注释】

〔1〕"以能问于不能"云云，语见《论语·泰伯》。

【今译】

嘉靖二年癸未春，邹谦之来绍兴问学，居住了几日，阳明先生在浮峰为他送别。

这天晚上，与蔡希渊诸位学友移舟到延寿寺住宿，秉烛夜坐。阳明先生感慨惆怅不已，说道："江涛烟柳，老朋友倏忽之间就在百里之外了！"

有一位学友问："先生为什么思念谦之如此之深呢？"

阳明先生说："曾子所说的'以能问于不能，以多问于寡，有若无，实若虚，犯而不较'，像谦之这样，确实是很接近了。"

315. 丁亥年九月，先生起复征思、田。将命行时，德洪与汝中论学[1]。

汝中举先生教言曰："无善无恶是心之体，有善有恶是意之动，知善知恶是良知，为善去恶是格物。"

德洪曰："此意如何？"

汝中曰："此恐未是究竟话头。若说心体是无善无恶，意亦是无善无恶的意、知亦是无善无恶的知、物是无善无恶的物矣[2]。若说意有善恶，毕竟心体还有善恶在。"

德洪曰："心体是天命之性，原是无善无恶的。但人有习心，意念上见有善恶在。格、致、诚、正、修，此正是复那性体功夫。若原无善恶，功夫亦不消说矣。"

是夕侍坐天泉桥，各举请正。

先生曰："我今将行，正要你们来讲破此意。二君之见，正好相资为用，不可各执一边。我这里接人原有此二种。利根之人，直从本源上悟入。人心本体原是明莹无滞的，原是个未发之中。利根之人一悟本体即是功夫，人己内外一齐俱透了。其次不免有习心在，本体受蔽，故且教在意念上实落为善去恶，功夫熟后，渣滓去得尽时，本体亦明尽了。汝中之见，是我这里接利根人的；德洪之见，是我这里为其次立法的。二君相取为用，则中人上下皆可引入于道；若各执一边，眼前便有失人，便于道体各有未尽。"

既而曰："已后与朋友讲学，切不可失了我的宗旨：无善无恶是心之体，有善有恶是意之动，知善知恶的是良知，为善去恶是格物。只依我这话头随人指点，自没病痛。此原是彻上彻下功夫。利根之人，世亦难遇。本体功夫一悟尽透，此颜子、明道所不敢承当，岂可轻易望人？人有习心，不教他在良知上实用为善去恶功夫，只去悬空想个本体，一切事为俱不着实，不过养成一个虚寂。此个病痛不是小小，不可不早说破。"

是日德洪、汝中俱有省。

【注释】

〔1〕《阳明先生年谱》云，嘉靖六年丁亥（1527）五月，朝廷命阳明兼任都察院左都御史，往征广西思恩、田州之叛乱。六月，阳明上疏请辞，不允。九月壬午（初八日），当时阳明即将离越，钱德洪与王畿访张元冲于舟中，因论为学宗旨。

〔2〕物是无善无恶的物矣："物是"，施邦曜本、俞嶙本、张问达本、陈荣捷本作"物亦是"。据上文"意亦是"、"知亦是"之句式，作"物亦是"于义为长。译文按"物亦是"翻译。

【今译】

嘉靖六年丁亥九月，阳明先生得到起用，前往广西征讨思恩、田州的叛乱。受命起行的时候，钱德洪与王汝中论学。

王汝中引述阳明先生的教言说："无善无恶是心之体，有善有恶是意之动，知善知恶是良知，为善去恶是格物。"

钱德洪说："这其中的含意怎么样？"

王汝中说："这恐怕还不是究竟话头。如果说心体是无善无恶的，那么意也是无善无恶的意、知也是无善无恶的知、物也是无善无恶的物了。如果说意有善恶，毕竟心体也还有善恶。"

钱德洪说："心体就是天命之性，原本就是无善无恶的。只是因为人有习心，在意念上还觉得有善恶。格物、致知、诚意、正心、修身，这正是要恢复那个性体的功夫。如果意原本就没有善恶，那么功夫也不消说了。"

这天晚上，在天泉桥，钱德洪与王汝中在阳明先生旁边陪坐，各自提出自己的看法请阳明先生教正。

阳明先生说："我如今即将起行，正要叫你们过来讲明这个思想。你们二位的见解，正好相资为用，不可各自执着一边。我这里接引学人，原本就有这两种说法。利根的人，能直接从本源上悟入。人心的本体原本就是明莹无滞的，原本就是一个未发之中。利根的人一悟本体即是功夫，人己内外一齐都透彻了。其次的人则不免有习心在，本体受到蒙蔽，所以姑且教他在意念上实实落落地为善去恶，到功夫纯熟之后，渣滓去除得净尽的时候，其本体也就能明净透彻了。汝中的见解，是我这里接引利根之人的；德洪的见解，是我这里为其次的人立法的。你们二位能相取为用，则中人以上、中人以下的人都可以引入于道；如果各自执着一边，眼前就有可能错失人才，就对于道体各自都有所未能穷尽。"

过了一会，阳明先生又说："以后与朋友讲学，千万不能失了我的宗旨：无善无恶是心之体，有善有恶是意之动，知善知恶是良知，为善去恶是格物。只要依照我这个话头随人指点，自然没有病痛。这原本就是彻上彻下的功夫。利根的人，世上也难以遇到。本体功夫一悟就能完全透彻，这是颜子、明道都不敢承当的，哪里可以轻易指望别人呢？人都有习心，如果不教他在良知上切实使用为善去恶的功夫，只是去凭空想着一个本体，一切事情都会不着实际，最终不过是养成一个虚无寂灭。这个病痛并非微不足道，不可以不早说破。"

这一日德洪、汝中都有所省悟。

316. 先生初归越时，朋友踪迹尚寥落，既后四方来游者日进。癸未年已后，环先生而居者比屋，如天妃、光相诸刹[1]，每当一室，常合食者数十人，夜无卧处，更相就席，歌声彻昏旦。南镇、禹穴、阳明洞诸山远近寺刹[2]，徙足所到，无非同志游寓所在。先生每临讲座，前后左右环坐而听者，常不下数百人。送往迎来，月无虚日，至有在侍更岁，不能遍记其姓名者。每临别，先生常叹曰："君等虽别，不出在天地间，苟同此志，吾亦可以忘形似矣。"诸生每听讲，出门未尝不跳跃称快。尝闻之同门先辈曰："南都以前，朋友从游者虽众，未有如在越之盛者。"此虽讲学日久，孚信渐博，要亦先生之学日进，感召之机申变无方，亦自有不同也。

（此后黄以方录）[3]

【注释】

〔1〕天妃，指天妃宫。《康熙山阴县志》第十五卷云，天妃庙在光相桥西。光相，指光相寺。萧良幹、张元忭《万历绍兴府志》云，"光相寺，在府西北三里许，后汉太守沈勋公宅。……明嘉靖初，寺尚存。十一年，改为越王祠"。

〔2〕阳明洞，地名，在越城（绍兴）东南二十里之宛委山。嵇曾筠《雍正浙江通志》云，"《万历会稽县志》：南镇庙，在会稽山之阴"；"《嘉泰会稽志》：阳明洞，在宛委山龙瑞宫。旧经：'三十六洞天之十一洞也，一名极玄太元之天。'洞外飞来石下为禹穴，传云禹藏书处"。据此记载，南镇，为南镇庙之所在地，在会稽山之阴；阳明洞，在宛委山龙瑞宫；禹穴，与阳明洞相距不远。

〔3〕所谓"此后黄以方录"之二十七条语录，并非全由黄以方记录。其中，自"黄以方问博学于文"条（第三百一十七条）至"先生曰今之论性者纷纷异同"条（第三百二十六条），共十条，见于署名"门人金溪黄直纂辑、门人泰和曾才汉校辑"之《阳明先生遗言录》上卷，当为黄以方所记录。自"问声色货利恐良知亦不能无"条（第三百二十七条）至"邹谦之尝语德洪曰"条（第三百四十三条），共十七条，除"又曰此道是至简至易的"、"问孔子曰回也非助我者也"两条（第三百四十一、三百四十二条）为黄省曾所记录外，其余十五条应为钱德洪记录。理据为，此十五条语录当中，有十四条见于署名"门人余姚钱德洪纂辑、门人泰和曾才汉校辑"之《阳明先生遗言录》下卷，且有数条钱德洪自称其名。

【今译】

　　阳明先生刚回到绍兴时，来游学的朋友还比较稀少、踪迹还比较寥落；随后，从四方八面来游学的人日益增多。嘉靖二年癸未以后，环绕阳明先生而居住的人一家连着一家，像天妃、光相等寺庙，也逐个被当作住所，常常一起吃饭的有数十人，夜里没有睡觉的地方，就轮流就寝，歌声通宵达旦。至于南镇、禹穴、阳明洞诸山远近的寺庙，凡是足迹能够到达之地，无非同志游学寄宿之所在。阳明先生每次莅临讲座，前后左右环坐而听讲的人，经常不下数百。送往迎来，月无虚日，甚至有在先生身边侍候超过一年，还不能一一记清其姓名的。每当临别，阳明先生常感叹说："你们虽然离别，也不会超出于天地之间，假如都同有这个志向，我也可以忘记其形貌了。"各位学友每次听讲，出门未尝不跳跃称快。我曾经听到同门的先辈说："在南京以前，朋友从游的人虽然众多，然而还是没有像在绍兴这样兴盛。"这虽然是由于讲学时间日渐长久、相信的人渐渐增加，更重要的也是由于阳明先生的学问日益精进，其感召的机巧，应变无方，也自然有所不同。

（此后黄以方录）

黄 以 方 录

317. 黄以方问:"'博学于文'为随事学存此天理[1],然则谓'行有余力,则以学文'[2],其说似不相合。"

先生曰:"《诗》、《书》、六艺皆是天理之发见,文字都包在其中,考之《诗》、《书》、六艺,皆所以学存此天理也,不特发见于事为者方为文耳。'余力学文',亦只'博学于文'中事。"

或问"学而不思"二句[3]。

曰:"此亦有为而言。其实思即学也,学有所疑,便须思之。'思而不学'者,盖有此等人,只悬空去思,要想出一个道理,却不在身心上实用其力以学存此天理,思与学作两事做,故有罔与殆之病。其实思只是思其所学,原非两事也。"

【注释】

〔1〕"博学于文"为随事学存此天理,语本《传习录上》第九条所载阳明之言。又,"博学于文",语出《论语·雍也》:"子曰:'君子博学于文,约之以礼,亦可以弗畔矣夫。'"

〔2〕"行有余力,则以学文",语见《论语·学而》:"子曰:'弟子入则孝,出则弟,谨而信,泛爱众,而亲仁。行有余力,则以学文。'"

〔3〕"学而不思"二句,指《论语·为政》:"子曰:'学而不思则罔,思而不学则殆。'"

【今译】

黄以方问:"先生您说'博学于文'是指随事学习保存这个

天理，然而孔子却说'行有余力，则以学文'，彼此说法似乎不能互相吻合。"

阳明先生说："《诗经》、《书经》、六艺都是天理的显现，文字也都包括在其中，考究《诗经》、《书经》、六艺，都是用来学习保存这个天理，并不只是显现于行事之中的才属于文。'行有余力，则以学文'，也只是'博学于文'之中的事情。"

有人问《论语》"学而不思则罔，思而不学则殆"二句。

阳明先生说："这也是孔子有所为而言。其实思考就是学习，学习中有所疑问，便需要思考。所谓'思而不学'，大概有这样的人，只是凭空去思考，企图要想出一个道理，却不是在身心上切实用力来学习保存这个天理，把思与学分成两件事做了，所以有罔然无得与危殆不安的弊病。其实思只是思考其所学，原本就不是两件事。"

318. 先生曰："先儒解'格物'为'格天下之物'，天下之物如何格得？且谓'一草一木亦皆有理'[1]，今如何去格？纵格得草木来，如何反来诚得自家意？我解'格'作'正'字义、'物'作'事'字义。《大学》之所谓'身'，即耳、目、口、鼻、四肢是也。欲修身，便是要目'非礼勿视'，耳'非礼勿听'，口'非礼勿言'，四肢'非礼勿动'[2]。要修这个身，身上如何用得工夫？心者身之主宰。目虽视而所以视者心也，耳虽听而所以听者心也，口与四肢虽言、动而所以言、动者心也，故欲修身在于体当自家心体，常令廓然大公、无有些子不正处。主宰一正，则发窍于目，自无非礼之视；发窍于耳，自无非礼之听；发窍于口与四肢，自无非礼之言、动。此便是修身在正其心。然至善者，心之本体也。心之本体，那有不善？如今要正心，本体上何处用得工？必就心之发动处才可着力也。心之发动不能无不善，故须就此处着力，便是在诚意。如一念发在好善上，便实实落落去好善；一念发在恶恶上，便实实落落去恶恶。意之所发，既无不诚，则其本体如何有不正的？故欲正其心在诚意。工夫到诚意始有着落处。然诚意之本，又在于致知也。所谓'人虽不知而己所独知'〔3〕者，此正是吾心良知处。然知得善，却不依这个良知便做去；知得不善，却不依这个良知便不去做，则这个良知便遮蔽了，是不能致知也。吾心良知既不能扩充到底，则善虽知好，不能着实好了；恶虽知恶，不能着实恶了，如何得意诚？故致知者，意诚之本也。然亦不是悬空的致知，致知在实事上格。如意在于为善，便就这件事上去为；意在于去恶，便就这件事上去不为。去恶固是格不正以归于正，为善则不善正了，亦是格不正以归于正也。如此，则吾心良知无私欲蔽了，得以致其极，而意之所发，好善去恶，无有不诚矣。诚意工夫，实下手处在格物也。若如此格物，人人便做得。'人皆可以为尧舜'，正在此也。"

【注释】

〔1〕先儒解"格物"为"格天下之物"、"一草一木亦皆有理"，语本《河南程氏遗书》："问：'观物察己，还因见物反求诸身否？'曰：'不必如此说。物我一理，才明彼即晓此，合内外之道也。语其大，至天地之高厚；语其小，至一物之所以然，学者皆当理会。'又问：'致知，先求之四端，如何？'曰：'求之性情，固是切于身，然一草一木皆有理，须是察。'"

〔2〕非礼勿视、听、言、动，意为：不符合礼制的，都不要去看、

去听、去说、去动。语出《论语·颜渊》。

〔3〕"人虽不知而己所独知",语本朱熹《大学章句》与《中庸章句》。

【今译】

阳明先生说:"先儒把'格物'解释为'格天下之物',天下之物怎么格得?而且程子说'一草一木亦皆有理',如今怎么去格?纵然格得草木来,又如何反过来诚得自家的意?我把'格'解释为'正'的含义、把'物'解释为'事'的含义。而《大学》所说的'身',就是耳、目、口、鼻、四肢。想要修身,便是要做到目'非礼勿视',耳'非礼勿听',口'非礼勿言',四肢'非礼勿动'。要修这个身,身上怎么用得了工夫?心才是身的主宰。目虽然能视,而用它来视的是心;耳虽然能听,而用它来听的是心;口与四肢虽然能言、动,而用它来言、动的是心。所以想要修身,关键就在于体认自家的心体,常常使得它廓然大公、没有一丁点不正之处。主宰一正,则显现于目,自然没有非礼之视;显现于耳,自然没有非礼之听;显现于口与四肢,自然没有非礼之言、动。这就是修身在正其心。然而所谓至善,就是心的本体。心的本体,哪里会有不善呢?如今要正心,本体上什么地方用得上工夫?必须在心的发动之处才可着力。心的发动不能没有不善,所以需要在这个地方着力,这便是正心在诚其意。例如一念发在喜欢善上,便实实落落去喜欢善;一念发在讨厌恶上,便实实落落去讨厌恶。意之所发,既然没有不诚,则其本体怎么会有不正的呢?所以欲正其心,在于诚意。工夫到了诚意才有着落处。然而诚意的根本,又在于致知。朱子所说的'人虽不知而己所独知',这正是我们心中的良知所在。然而如果知道善,却不能依照这个良知便去做;知道不善,却不能依照这个良知便不去做,则这个良知便是被遮蔽了,这就是不能致知。我们心中的良知既然不能够扩充到底,则对于善虽然知道喜欢,却不能着实喜欢了;对于恶虽然知道讨厌,却不能着实讨厌了,怎么能够使得意诚?所以致知,就是意诚的根本。然而也不是悬空的致知,致知要在实事上去格。例如意在于为善,便在这件事上去为;意在于去恶，便在这件事上去不为。去恶固然是纠正其不正以回归于正，为善则是把不善改正为善了，也是纠正其不正以回归于正。如此，则我们心中的良知就没有私欲蒙蔽了，能够达到其极至；而意之所发，都能好善去恶，也就没有不诚了。诚意的工夫，其切实下手的地方就在格物。像这样格物，人人都能做得。孟子说'人皆可以为尧舜'，理由正在这里。"

319. 先生曰："众人只说'格物'要依晦翁，何曾把他的说去用！我着实曾用来。初年与钱友〔1〕同论做圣贤要格天下之物，如今安得这等大的力量？因指亭前竹子令去格看。钱子早夜去穷格竹子的道理，竭其心思，至于三日，便致劳神成疾。当初说他这是精力不足，某因自去穷格，早夜不得其理，到七日，亦以劳思致疾。遂相与叹圣贤是做不得的，无他大力量去格物了。及在夷中三年，颇见得此意思，乃知天下之物本无可格者。其格物之功，只在身心上做，决然以圣人为人人可到，便自有担当了。这里意思，却要说与诸公知道。"

【注释】

〔1〕此处钱友、下文钱子，不知为何许人。佐藤一斋曰："'钱友'、'钱子'，并指德洪。"然而，根据《阳明先生遗言录》，阳明格竹乃其十五六岁时事，当成化二十二、二十三年（1486、1487）。根据《阳明先生年谱》，钱德洪从学阳明在正德十六年（1521）九月，其时阳明五十岁。故佐藤一斋所谓"钱友"、"钱子"是指钱德洪，非是。

【今译】

阳明先生说："众人只是说'格物'要依照朱晦翁，何曾有人把他的说法拿去用！我着实曾经用过。早年，我与钱姓朋友一同讨论，做圣贤要穷格天下的事物，如今哪里能有这么大的力量？于是指着亭前的竹子让他去格格看。钱子早晚都去穷格竹子的道理，竭尽其心思，到第三日，便因过于劳神而成病。当初说他这是精力不足，我于是自己去穷格，不分早晚，仍然不能得到其理，到第七日，也因为过于劳心而致疾。因此我们俩相互慨叹说圣贤是做不得的，因为没有朱子那样大的力量去格物了。直到后来在贵州三年，颇能见识到这种思想，才知道天下之物本来就没有什么可格的。我们格物的功夫，只在自己身心上做，决然以为圣人是人人都可以做得到的，这样便自然有担当了。这其中的意思，却要说与诸位知道。"

320. 门人有言邵端峰[1]论童子不能格物，只教以洒扫、应对之说。先生曰："洒扫、应对就是一件'物'。童子良知只到此，便教去洒扫、应对，就是致他这一点良知了。又如童子知畏先生长者，此亦是他良知处。故虽嬉戏中，见了先生长者，便去作揖恭敬，是他能格物以致敬师长之良知了。童子自有童子的格物致知。"又曰："我这里言格物，自童子以至圣人，皆是此等工夫。但圣人格物，便更熟得些子，不消费力。如此格物，虽卖柴人亦是做得，虽公卿大夫以至天子，皆是如此做。"

【注释】

〔1〕邵锐，字思抑，号端峰，浙江仁和人。正德三年戊辰科会元、进士，改翰林院庶吉士。正德十五年（1520），任职江西督学佥事，为王阳明在江西时之属官。

【今译】

门人中有人议论邵端峰所说的儿童不能格物，只应该教他们洒扫、应对的说法。阳明先生说："洒扫、应对就是一件'物'。儿童的良知只能达到这个地步，便教他们去洒扫、应对，就是致他的这一点良知了。又如，儿童知道敬畏老师、长辈，这也是他的良知所在。因此，他们即使在嬉戏当中，见了老师、长辈，便上前去作揖恭敬，就是他们能格物来致尊敬师长的良知了。儿童自有儿童的格物致知。"又说："我这里说格物，自儿童以至于圣人，都是这样的工夫。只是圣人格物，便更为纯熟一些，不用费力。像这样的格物，即使是卖柴人也做得到，即使是公卿大夫以至天子，也都是如此去做。"

321. 或疑知行不合一，以"知之匪艰"二句[1]为问。先生曰："良知自知，原是容易的。只是不能致那良知，便是'知之匪艰，行之惟艰'。"

【注释】

〔1〕"知之匪艰"二句，指"知之匪艰，行之惟艰"，语本《尚书·说命中》"非知之艰，行之惟艰"。匪，通"非"。

【今译】

有人怀疑知行不合一，拿《尚书》中的"知之匪艰，行之惟艰"两句向阳明先生请教。阳明先生说："良知自然能知，原本是很容易的。只是因为有人不能致其良知，结果便是'知之匪艰，行之惟艰'。"

322. 门人问曰："知行如何得合一？且如《中庸》言'博学之'，又说个'笃行之'[1]，分明知行是两件。"

先生曰："博学只是事事学存此天理，笃行只是学之不已之意。"

又问："《易》'学以聚之'，又言'仁以行之'〔2〕，此是如何？"

先生曰："也是如此。事事去学存此天理，则此心更无放失时，故曰'学以聚之'；然常常学存此天理，更无私欲间断，此即是此心不息处，故曰'仁以行之'。"

又问："孔子言'知及之，仁不能守之'〔3〕，知行却是两个了。"

先生曰："说'及之'，已是行了；但不能常常行，已为私欲间断，便是'仁不能守'。"

又问："心即理之说，程子云'在物为理'〔4〕，如何谓心即理？"

先生曰："'在物为理'，'在'字上当添一'心'字，此心在物则为理。如此心在事父则为孝、在事君则为忠之类。"先生因谓之曰："诸君要识得我立言宗旨。我如今说个心即理是如何，只为世人分心与理为二，故便有许多病痛。如五伯攘夷狄、尊周室，都是一个私心，便不当理，人却说他做得当理，只心有未纯，往往悦慕其所为，要来外面做得好看，却与心全不相干。分心与理为二，其流至于伯道之伪而不自知。故我说个心即理，要使知心理是一个，便来心上做工夫，不去袭义于外〔5〕，便是王道之真。此我立言宗旨。"

又问："圣贤言语许多，如何却要打做一个？"

曰："我不是要打做一个，如曰'夫道一而已矣'[6]，又曰'其为物不二，则其生物不测'[7]，天地圣人皆是一个，如何二得？"

【注释】

〔1〕"博学之"、"笃行之"，语出《中庸》"诚之者，择善而固执之者也。博学之，审问之，慎思之，明辨之，笃行之"。

〔2〕"学以聚之"、"仁以行之"，语出《周易·文言》"君子学以聚之，问以辨之，宽以居之，仁以行之"。

〔3〕"知及之，仁不能守之"，意为：你的才智足以得到它，但是你的仁德不足以保持他。语见《论语·卫灵公》。

〔4〕"在物为理"，语出《河南程氏粹言》："或问：'理义何以异？'子曰：'在物为理，处物为义。'"

〔5〕不去袭义于外，原作"不去袭义于义"，据胡宗宪本、郭朝宾本、施邦曜本、陈龙正本等版本改。

〔6〕"夫道一而已矣"，意为：道只是一个。语出《孟子·滕文公上》。

〔7〕"其为物不二，则其生物不测"，语见《中庸》"天地之道，可一言而尽也：其为物不二，则其生物不测"。

【今译】

门人问道："知行怎么样才能合一？而且像《中庸》既说'博学之'，又说个'笃行之'，知行分明是两件事。"

阳明先生说："博学只是要事事学习保存这个天理，笃行只是学习保存这个天理而不间断的意思。"

又问："《周易·文言》说'学以聚之'，又说'仁以行之'，这是为什么？"

阳明先生说："也是如此。事事去学习保存这个天理，则此心再也没有放失的时候，所以说'学以聚之'；然而常常学习保存这个天理，就再也没有私欲间断，这就是此心的不息之处，所以说'仁以行之'。"

又问："孔子说'知及之，仁不能守之'，知行却是两个了。"

阳明先生说:"说'及之',就已经是行了;只是不能常常去行,已经被私欲间断,便是'仁不能守'。"

又问:"先生您主张心即理之说,然而程子却说'在物为理',怎么能说心即理?"

阳明先生说:"'在物为理','在'字上面应当添一个'心'字,也就是说,此心在物则为理。犹如此心在侍奉父母则为孝、在服侍君王则为忠之类。"阳明先生于是对他说:"诸位要识得我的立言宗旨。我如今说个心即理是为什么,只是因为世人把心与理分而为二了,所以便有许多的病痛。如五霸之抵御夷狄、尊崇周王,都是出于一个私心,便不能当理,而人们却说他做得当理,这只是心中还不够纯正,所以往往悦慕他们的所作所为,要使外面做得好看,却与心完全不相干。由于把心与理分而为二,其流弊至于霸道之伪而不能自知。所以我说个心即理,就是要使人知道心与理只是一个,便从心上来做工夫,而不是去袭义于外,便是王道的真谛。这是我的立言宗旨。"

又问:"圣贤的言语有许多,为什么却要把它看成一个?"

阳明先生说:"我不是硬要把它看成一个,正如孟子说'夫道一而已矣',又如《中庸》说'其为物不二,则其生物不测',天地圣人都是一个,怎么能分为二个?"

323. "心不是一块血肉,凡知觉处便是心,如耳目之知视听,手足之知痛痒,此知觉便是心也。"

【今译】

"心并不是一块血肉,凡是能知觉之所在便是心,如耳目能知道视听、手脚能知道痛痒,这个能知觉之所在就是心。"

324. 以方问曰:"先生之说格物,凡《中庸》之'慎独'及集义、博约等说,皆为格物之事?"

先生曰:"非也。格物即慎独、即戒惧。至于集义、博约，工夫只一般，不是以那数件都做格物底事。"

【今译】

黄以方问道："先生您说格物，是不是把《中庸》的'慎独'以及集义、博文、约礼等说法，都当作格物的事情？"

阳明先生说："不是。格物就是慎独、就是戒惧。至于集义、博文、约礼，工夫只是一般般，我并不是把那几件事都当作格物的事。"

325. 以方问"尊德性"一条[1]。

先生曰："'道问学'即所以'尊德性'也。晦翁言'子静以尊德性诲人，某教人岂不是道问学处多了些子'[2]，是分'尊德性'、'道问学'作两件。且如今讲习讨论，下许多工夫，无非只是存此心，不失其德性而已，岂有'尊德性'只空空去尊，更不去问学？问学只是空空去问学，更与德性无关涉？如此，则不知今之所以讲习讨论者，更学何事？"

问"致广大"二句[3]。

曰："'尽精微'即所以'致广大'也，'道中庸'即所以'极高明'也。盖心之本体自是广大底，人不能'尽精微'，则便为私欲所蔽，有不胜其小者矣。故能细微曲折无所不尽，则私意不足以蔽之，自无许多障碍遮隔处，如何广大不致？"

又问："精微还是念虑之精微，是事理之精微？"

曰："念虑之精微，即事理之精微也。"

【注释】

〔1〕"尊德性"一条，指《中庸》"故君子尊德性而道问学，致广大而尽精微，极高明而道中庸，温故而知新，敦厚以崇礼"。

〔2〕此所引述晦翁（朱熹）之言，见《象山语录》："朱元晦曾作书与学者云：'陆子静专以尊德性诲人，故游其门者多践履之士，然于道问学处欠了。某教人岂不是道问学处多了些子？故游某之门者践履多不及之。'观此，则是元晦欲去两短、合两长。然吾以为不可，既不知尊德性，焉有所谓道问学？"

〔3〕"致广大"二句，即《中庸》"致广大而尽精微，极高明而道中庸"二句。

【今译】

黄以方问《中庸》"尊德性而道问学"一条。

阳明先生说："'道问学'就是用来'尊德性'的。朱晦翁说'子静以尊德性诲人，某教人岂不是道问学处多了些子'，这是分'尊德性'、'道问学'为两件事了。而且如今讲习讨论，所下的许多工夫，无非只是要保存此心，使它不丧失其德性而已，哪里有'尊德性'只是空空地去尊，更不去问学的？哪里有问学只是空空地去问学，更与德性没有关涉的？如此，则不知道如今用来讲习讨论的，到底是学习个什么事情？"

又问《中庸》"致广大而尽精微，极高明而道中庸"二句。

阳明先生说："'尽精微'就是用来'致广大'的，'道中庸'就是用来'极高明'的。心的本来状态原本就是广大的，如果人们不能'尽精微'，心就会被私欲所蒙蔽，因而变得不胜其狭小了。所以如果人们能细微曲折无所不尽（亦即能"尽精微"），则私意不足以蒙蔽它，自然就没有许多的障碍遮隔之处，心怎么能不'致广大'？"

又问："精微是念虑的精微，还是事理的精微？"

阳明先生说："念虑的精微，就是事理的精微。"

326. 先生曰："今之论性者纷纷异同，皆是说性，非见性[1]也。见性者无异同之可言矣。"

【注释】

〔1〕见性，原为佛教用语，指彻见自己心中的佛性。阳明此所谓"见性"，乃指彻见自家生命之本性。

【今译】

阳明先生说："如今讨论本性的人纷纷争论异同，其实都只是说性，而不是见性。见性的人根本没有异同之可言。"

327. 问："声色、货利，恐良知亦不能无。"

先生曰："固然。但初学用功，却须扫除荡涤，勿使留积，则适然来遇，始不为累，自然顺而应之。良知只在声色、货利上用工，能致得良知精精明明，毫发无蔽，则声色、货利之交，无非天则流行矣。"

【今译】

问："声色、货利等，恐怕良知之中也不能没有。"

阳明先生说："固然如此。只是初学用功的时候，却必须把它们扫除荡涤，不要使它们有丝毫的存留积滞，则偶然遇到它们，才不会成为牵累，自然能够顺良知来应对。如果良知只在声色、货利上用工夫，能够使得良知精精明明，没有一丝一毫的蒙蔽，则它与声色、货利的交接，也无非是天理流行。"

328. 先生曰："吾与诸公讲致知、格物，日日是此，讲一二十年俱是如此。诸君听吾言，实去用功，见吾讲一番，自觉长进一番；否则，只作一场话说，虽听之亦何用？"

【今译】

　　阳明先生说:"我与诸位讲致知、讲格物,日日都是讲这个,就是再讲一二十年也都是如此。如果诸君听了我的言论,能够切实地去用功,则每听见我讲一番,自然会觉得长进一番;否则,只是当作一场闲说话,即使听了又有什么用呢?"

　　329. 先生曰:"人之本体,常常是'寂然不动'的,常常是'感而遂通'的。'未应不是先,已应不是后。'"[1]

【注释】

　　〔1〕"寂然不动"、"感而遂通",语本《周易·系辞上传》"《易》无思也,无为也,寂然不动,感而遂通天下之故。非天下之至神,其孰能与于此"。　"未应不是先,已应不是后",语见《河南程氏遗书》"冲漠无朕,万象森然已具,未应不是先,已应不是后"。

【今译】

　　阳明先生说:"人的本来状态,常常是'寂然不动'的,也常常是'感而遂通'的。正如程子说'未应不是先,已应不是后'。"

　　330. 一友举"佛家以手指显出,问曰:'众曾见否?'众曰:'见之。'复以手指入袖,问曰:'众还见否?'众曰:'不见。'佛说还未见性。此义未明。"

　　先生曰:"手指有见、有不见,尔之见性常在。人之心神只在有睹有闻上驰骛[1],不在不睹不闻上着实用功。盖不睹不闻是良知本体,戒慎恐惧是致良知的工夫。学者时时刻刻常睹其所不睹、常闻其所不闻,工夫方有个实落处。久久成熟后，则不须着力、不待防检，而真性自不息矣，岂以在外者之闻见为累哉？"

【注释】

〔1〕驰骛，奔走、驰骋。此引申为折腾。

【今译】

有一位学友问："佛教的人将手指显露出来，问道：'大家曾经看见没有？'众僧说：'看见了。'又将手指放入衣袖中，问道：'大家还能看见不？'众僧说：'不能看见。'佛教说这是还未见性。这当中的含义不能明白。"

阳明先生说："虽然手指有时可看见、有时不可看见，然而你的见性是常在的。人的心神往往只是在有睹有闻上胡乱折腾，而不在不睹不闻上着实用功。不睹不闻是良知的本体，戒慎恐惧是致良知的工夫。学者应当时时刻刻常睹其所不睹、常闻其所不闻，这样工夫才有个实落的地方。时间一长、工夫成熟之后，则不须着力、不待防检，而其真性自然就能生生不息，又怎么会把外在的所见所闻当作牵累呢？"

331. 问："先儒谓'鸢飞鱼跃与必有事焉，同一活泼泼地'。"〔1〕

先生曰："亦是。天地间活泼泼地，无非此理，便是吾良知的流行不息；致良知便是'必有事'的工夫。此理非惟不可离，实亦不得而离也。无往而非道，无往而非工夫。"

【注释】

〔1〕所问，语本《河南程氏遗书》"'鸢飞戾天，鱼跃于渊，言其上下察也'，此一段子思吃紧为人处，与'必有事焉而勿正心'之意同活

泼泼地。会得时，活泼泼地；不会得时，只是弄精神"。

【今译】

问："先儒说'鸢飞鱼跃与必有事焉，同一活泼泼地'。"

阳明先生说："说得也不错。天地之间活泼泼地，无非是这个天理，这便是我良知的流行不息；致良知，便是'必有事'的工夫。这个天理不单不可脱离，实际上也无法脱离。因为天地之间，无往而不是道，无往而不是工夫。"

332. 先生曰："诸公在此，务要立个必为圣人之心。时时刻刻，须是'一棒一条痕、一掴一掌血'〔1〕，方能听吾说话句句得力。若茫茫荡荡度日，譬如一块死肉，打也不知得痛痒，恐终不济事，回家只寻得旧时伎俩而已，岂不惜哉？"

【注释】

〔1〕"一棒一条痕、一掴一掌血"，佐藤一斋曰："是宋时俗语，谓切己着功之意。[朝]鲜人李滉曰：'棒，杖打；掴，手打。杖打则随杖有一条痕，手打则随手有一掌血渍，谓其痛着如此。'"

【今译】

阳明先生说："诸位在这里，务必要确立一个必为圣人的心志。时时刻刻，都必须切己用功，犹如'一棒一条痕、一掴一掌血'，才能听得我的说话句句得力。如果只是茫茫荡荡地度日，譬如一块死肉，怎么打它也不知道痛痒，恐怕终究不能济事，回家之后又只是寻回旧时的伎俩而已，这难道不是太可惜了吗？"

333. 问："近来妄念也觉少，亦觉不曾着想定要如何用功，不知此是工夫否？"

先生曰："汝且去着实用工，便多这些着想也不妨，久久自会妥帖；若才下得些功，便说效验，何足为恃！"

【今译】

问："我近来妄念也觉得少了，也发觉自己不曾着想一定要如何用功，不知道这是不是工夫？"

阳明先生说："你姑且去着实用工夫，即便多了这些着想也不妨，时间长了自然会变得妥帖；如果才下得一丁点功夫，便开始数说效验，这又何足为恃！"

334. 一友自叹："私意萌时，分明自心知得，只是不能使他即去。"

先生曰："你萌时，这一知处，便是你的命根；当下即去消磨，便是立命功夫。"

【今译】

有一位学友独自感叹："私意萌发的时候，分明自己的心中也能知道，只是不能把它即刻去除。"

阳明先生说："你的私意萌发时，这一个能知道之所在，便是你的命根；即刻就去把私意消除掉，便是你立命的功夫。"

335. "夫子说'性相近'[1]，即孟子说'性善'[2]，不可专在气质上说。若说气质，如刚与柔对，如何相近得？惟性善则同耳。人生初时，善原是同的，但刚的习于善则为刚善，习于恶则为刚恶；柔的习于善则为柔善，习于恶则为柔恶[3]，便日相远了。"

【注释】

〔1〕夫子说"性相近",语见《论语·阳货》:"子曰:'性相近也,习相远也。'"

〔2〕孟子说"性善",语本《孟子·滕文公上》:"滕文公为世子,将之楚,过宋而见孟子。孟子道性善,言必称尧舜。"

〔3〕刚善、刚恶、柔善、柔恶云云,语出周敦颐《通书·师第七》。

【今译】

"孔夫子说的'性相近',就是孟子说的'性善',不能专门在气质上说。如果只说气质,像刚与柔相对立,怎么能够相近得?只有性善才是相同的。人初生下来的时候,善原本就是相同的,只是刚烈的人受到善行的熏习则表现为刚善,受到恶行的熏习则表现为刚恶;柔顺的人受到善行的熏习则表现为柔善,受到恶行的熏习则表现为柔恶,因此便日益相远了。"

336. 先生尝语学者曰:"心体上着不得一念留滞,就如眼着不得些子尘沙。些子能得几多?满眼便昏天黑地了。"又曰:"这一念不但是私念,便好的念头亦着不得些子,如眼中放些金玉屑,眼亦开不得了[1]。"

【注释】

〔1〕眼中放些金玉屑,眼亦开不得了,典出普济《五灯会元》。

【今译】

阳明先生曾经对从学者说:"心体上容不得一个念头的存留积滞,就如同眼睛里不能揉进一丁点尘沙一样。一丁点能算多少?只是如果揉进去,满眼便昏天黑地了。"又说:"这一个念头不仅指私念,就是好的念头也容不得一丁点,犹如眼中放入一丁点黄金、玉石的屑末,眼睛也不能睁开了。"

337. 问："人心与物同体，如吾身原是血气流通的，所以谓之同体；若于人便异体了，禽兽、草木益远矣，而何谓之同体？"

先生曰："你只在感应之几[1]上看，岂但禽兽、草木，虽天地也与我同体的，鬼神也与我同体的。"

请问。

先生曰："你看这个天地中间，甚么是天地的心？"

对曰："尝闻人是天地的心[2]。"

曰："人又甚么教做心？"

对曰："只是一个灵明。"

"可知充天塞地中间，只有这个灵明。人只为形体自间隔了。我的灵明，便是天地、鬼神的主宰。天没有我的灵明，谁去仰他高？地没有我的灵明，谁去俯他深？鬼神没有我的灵明，谁去辩他吉凶、灾祥？天地、鬼神、万物离却我的灵明，便没有天地、鬼神、万物了；我的灵明离却天地、鬼神、万物，亦没有我的灵明。如此，便是一气流通的，如何与他间隔得？"

又问："天地、鬼神、万物，千古见在，何没了我的灵明，便俱无了？"

曰："今看死的人，他这些精灵游散了，他的天地万物尚在何处？"

【注释】
〔1〕几，隐微、细微、几微。
〔2〕人是天地的心，语本《礼记·礼运》"故人者，天地之心也，五行之端也，食味、别声、被色而生者也"。

【今译】

问："先生您说人心与物同体，例如我的身体原本就是血气流通的，所以说它是同体；然而，我与他人就是异体了，与禽兽、草木就更远了，这怎么能说是同体呢？"

阳明先生说："你只要在感应的隐微方面看，何止禽兽、草木，即使天地也是与我同体的，鬼神也是与我同体的。"

请问为什么。

阳明先生说："你看这个天地中间，什么是天地的心？"

回答说："我曾经听说人是天地的心。"

阳明先生说："人又把什么当作心？"

回答说："只是一个灵明。"

阳明先生说："由此可知充塞天地中间的，只有这个灵明。人只是被形体自己间隔开了。我的灵明，便是天地、鬼神的主宰。天没有我的灵明，谁去仰视它的高广？地没有我的灵明，谁去俯视它的渊深？鬼神没有我的灵明，谁去辨别它的吉凶、灾祥？天地、鬼神、万物离开了我的灵明，便没有天地、鬼神、万物了；我的灵明离开了天地、鬼神、万物，也没有我的灵明了。如此看来，这便是一气流通的，怎么能与他间隔得开？"

又问："天地、鬼神、万物，千古长存，为什么没有了我的灵明，便都没有了？"

阳明先生说："如今你看那些死去的人，他的这些精灵游散了，他的天地万物还在什么地方呢？"

338. 先生起行征思、田，德洪与汝中追送严滩[1]。汝中举佛家实相、幻相[2]之说。

先生曰："有心俱是实，无心俱是幻；无心俱是实，有心俱是幻。"

汝中曰："有心俱是实，无心俱是幻，是本体上说功夫；无心俱是实，有心俱是幻，是功夫上说本体。"

先生然其言。洪于是时尚未了达，数年用功，始信

本体功夫合一。但先生是时因问偶谈，若吾儒指点人
处，不必借此立言耳。

【注释】

〔1〕严滩，又名严陵濑，在浙江桐庐县南。相传后汉严光（子陵）
隐于富春山，后人将其钓、耕之处，名为严陵濑、严滩。

〔2〕实相，佛教概念，指事物之真实不虚的、常住不变的本性。语
出《妙法莲华经》"佛所成就第一稀有难解之法，唯佛与佛乃能究尽诸
法实相"。幻相，佛教概念，指虚幻不真的、没有实体的相状。语出
《大般涅槃经》"一切诸法，皆如幻相"。

【今译】

阳明先生起行，前往广西征讨思恩、田州的叛乱，德洪与汝
中追送到严滩。汝中提出佛家实相、幻相的学说。

阳明先生说："有心俱是实，无心俱是幻；无心俱是实，有心
俱是幻。"

汝中说："有心俱是实，无心俱是幻，是从本体上说功夫；无
心俱是实，有心俱是幻，是从功夫上说本体。"

阳明先生认同汝中的说法。德洪在当时还不能明白理解，后
来经过数年用功，才相信本体功夫的合一。只是先生当时乃根据
汝中的提问而偶然谈及，至于我们儒家指点他人，则不必借助这
些说法来立言。

339. 尝见先生送二三耆宿出门，退坐于中轩，若
有忧色。德洪趋进请问。

先生曰："顷与诸老论及此学，真员凿方枘〔1〕。此
道坦如大路〔2〕，世儒往往自加荒塞，终身陷荆棘之场而
不悔，吾不知其何说也。"

德洪退谓朋友曰："先生诲人，不择衰朽，仁人悯

物之心也。"

【注释】

　　〔1〕员凿方枘："枘"，原误作"柄"，据胡宗宪本、四库全书本、三轮执斋本、佐藤一斋本等版本改。"员凿方枘"，与"圜凿方枘"同，典出宋玉《九辩》"圜凿而方枘兮，吾固知其龃龉而难入"。

　　〔2〕此道坦如大路："大路"，原作"道路"，据胡宗宪本、郭朝宾本改。

【今译】

　　曾见阳明先生送二三位年老宿儒出门之后，回来坐在中轩，似乎面带愁容。德洪走上前去请问什么原因。

　　阳明先生说："刚才与诸老论及这个良知的学问，真是如同圆凿方枘一般，彼此格格不入、互不相容。此道平坦如同大路，世间儒者往往自己将其荒芜、阻塞，终身陷于满是荆棘的地方而不知悔悟，我真不知该怎么跟他们说啊。"

　　德洪退出来对朋友说："先生教诲他人，不拒老朽，这就是仁人悯物的心怀。"

　　340. 先生曰："人生大病，只是一傲字。为子而傲必不孝，为臣而傲必不忠，为父而傲必不慈，为友而傲必不信。故象与丹朱俱不肖，亦只一傲字，便结果了此生[1]。诸君常要体此。人心本是天然之理，精精明明，无纤介染着，只是一无我而已，胸中切不可有，有即傲也。古先圣人许多好处，也只是无我而已，无我自能谦。谦者众善之基，傲者众恶之魁。"

【注释】

　　〔1〕象，舜之弟；丹朱，尧之子。象傲，语本《尚书·尧典》。丹

朱傲，语本《尚书·益稷》。

【今译】

阳明先生曰："人生的最大毛病，只是一个傲字。作为儿子而傲慢，必定不能孝顺；作为臣属而傲慢，必定不能忠心；作为父亲而傲慢，必定不能慈爱；作为朋友而傲慢，必定不能守信。所以象与丹朱都品行不好，也只是因为一个傲字，便结果了其一生。诸君常常要体察这一点。人心原本就是天然之理，精精明明，没有丝毫染着，只是一个无我而已。胸中切不可有我，有我就是傲慢。古代圣人的许多好处，也只是无我而已，能无我自然能谦逊。谦逊是各种善行的根基，傲慢是各种恶行之魁首。"

341. 又曰："此道至简至易的，亦至精至微的。孔子曰：'其如示诸掌乎！'[1]且人于掌，何日不见，及至问他掌中多少文理[2]，却便不知。即如我'良知'二字，一讲便明，谁不知得？若欲的见良知，却谁能见得？"

问曰："此知恐是无方体的，最难捉摸。"

先生曰："良知即是《易》'其为道也屡迁，变动不居，周流六虚，上下无常，刚柔相易，不可为典要，惟变所适'[3]。此知如何捉摸得？见得透时，便是圣人。"

【注释】

〔1〕"其如示诸掌乎"，语本《论语·八佾》"或问禘之说。子曰：'不知也。知其说者之于天下也，其如示诸斯乎！'指其掌"。《中庸》"郊社之礼，所以事上帝也；宗庙之礼，所以祀乎其先也。明乎郊社之礼、禘尝之义，治国其如示诸掌乎"。

〔2〕及至问他掌中多少文理："多少"，原作"多了"，据胡宗宪本、郭朝宾本、四库全书本、三轮执斋本等版本改。

〔3〕"其为道也屡迁，变动不居，周流六虚，上下无常，刚柔相易，不可为典要，惟变所适"，语见《周易·系辞下传》。六虚，指六爻之位。

【今译】

阳明先生又说："这个道理是至简至易的，也是至精至微的。孔子说：'其如示诸掌乎！'况且人对于自己的手掌，哪天不看见，等到有人问他手掌中有多少纹理，却便不知了。就如我的'良知'二字，一讲就能明白，谁不知道呢？然而如果想要确实见识到良知，却又有谁能见到呢？"

问："这个良知恐怕是没有方位、没有形体的，最难捉摸了。"

阳明先生说："良知就是《周易·系辞》所说的'其为道也屡迁，变动不居，周流六虚，上下无常，刚柔相易，不可为典要，惟变所适'。这个良知怎么能够捉摸得？见识得透彻的时候，便是圣人了。"

342. 问："孔子曰'回也非助我者也'〔1〕，是圣人果以相助望门弟子否？"

先生曰："亦是实话。此道本无穷尽，问难愈多，则精微愈显。圣人之言本自周遍，但有问难的人胸中窒碍，圣人被他一难，发挥得愈加精神。若颜子闻一知十〔2〕，胸中了然，如何得问难？故圣人亦寂然不动，无所发挥，故曰非助。"

【注释】

〔1〕"回也非助我者也"，语见《论语·先进》："子曰：'回也非助我者也，于吾言无所不说。'"意为：孔子说："颜回不是对我有帮助的人，因为他对我的言论没有不喜欢的。"

〔2〕颜子闻一知十，语本《论语·公冶长》："子谓子贡曰：'女与回也，孰愈？'对曰：'赐也何敢望回。回也闻一以知十，赐也闻一以知二。'子曰：'弗如也！吾与女弗如也。'"

【今译】

问："孔子说'回也非助我者也'，圣人果真以相助来寄望于门弟子吗？"

阳明先生说："这也是实话。此道原本就没有穷尽，问难得越多，则其精微就越能得以彰显。圣人的言论原本就已经是周全的，只是有问难的人自己胸中有窒碍，圣人被他一难，就发挥得更加有精神。像颜子是闻一而知十的人，什么都已经了然于胸，哪里还会有问难？所以圣人也就寂然不动、无所发挥，所以说'非助'。"

343. 邹谦之尝语德洪曰："舒国裳曾持一张纸，请先生写'拱把之桐梓'一章〔1〕。先生悬笔为书，到'至于身而不知所以养之者'，顾而笑曰：'国裳读书中过状元来〔2〕，岂诚不知身之所以当养？还须诵此以求警？'一时在侍诸友皆惕然。"

【注释】

〔1〕"拱把之桐梓"章，即《孟子·告子上》："孟子曰：'拱把之桐、梓，人苟欲生之，皆知所以养之者。至于身而不知所以养之者，岂爱身不若桐梓哉？弗思甚也！'"

〔2〕国裳读书中过状元来，舒芬（字国裳）为正德十二年丁丑科状元。

【今译】

邹谦之曾经对德洪说："舒国裳曾经拿一张纸，请阳明先生题写《孟子》'拱把之桐梓'一章。阳明先生提笔书写，写到'至于身而不知所以养之者'一句时，回过头来笑着说：'国裳读书，是中过状元来的，难道他真的不知道自身应当培养？还要诵读这一章来得到警示？'当时在座侍候阳明先生的各位学友都惕然警醒。"

嘉靖戊子冬，德洪与王汝中奔师丧至广信，讣告同门，约三年收录遗言。继后同门各以所记见遗。洪择其切于问正者，合所私录，得若干条。居吴时，将与《文录》并刻矣，适以忧去未遂。当是时也，四方讲学日众，师门宗旨既明，若无事于赘刻者，故不复营念。去年，同门曾子才汉[1]得洪手抄，复傍为采辑，名曰《遗言》，以刻行于荆。洪读之，觉当时采录未精，乃为删其重复、削去芜蔓，存其三之一，名曰《传习续录》，复刻于宁国之水西精舍。今年夏，洪来游蕲，沈君思畏[2]曰："师门之教久行于四方，而独未及于蕲。蕲之士得读遗言，若亲炙夫子之教；指见良知，若重睹日月之光。惟恐传习之不博，而未以重复之为繁也。请裒其所逸者[3]增刻之，若何？"洪曰："然。师门致知格物之旨，开示来学，学者躬修默悟，不敢以知解承，而惟以实体得，故吾师终日言是而不惮其烦，学者终日听是而不厌其数[4]。盖指示专一，则体悟日精，几迎于言前，神发于言外，感遇之诚也。今吾师之没未及三纪[5]，而格言微旨渐觉沦晦，岂非吾党身践之不力、多言有以病之耶？学者之趋不一，师门之教不宣也。"乃复取逸稿，采其语之不背者，得一卷。其余影响不真，与《文录》既载者，皆削之。并易中卷为问答语，以付黄梅尹张君增刻之。庶几读者不以知解承，而惟以实体得，则无疑于是录矣。嘉靖丙辰夏四月，门人钱德洪拜书于蕲之崇正书院。

【注释】

〔1〕曾才汉，字明卿，号双溪。江西泰和人。嘉靖七年（1528）举人。嘉靖二十三年（1544），编刻《诸儒理学语要》于洣江书院。嘉靖三十四年（1555），又将黄直、钱德洪所纂阳明语录略加校订，题名为《阳明先生遗言录》，刊行于荆。

〔2〕沈宠，字思畏，号古林，安徽宣城人。先后从学于贡安国、欧阳德、王畿、钱德洪。

〔3〕逸，散佚。此所谓"所逸者"、下文所谓"逸稿"，是指没有收入《传习录》或《阳明先生文录》的语录。

〔4〕数（shuò），多次、频频。

〔5〕纪，古代纪年的单位，十二年为一纪。

【今译】

嘉靖七年戊子冬，德洪与王汝中奔阳明老师之丧到达广信，讣告同门，相约用三年时间收录阳明先生遗言。随后，同门各自把所记录的先生遗言寄来。德洪选择其中切合于问正的，加上自己私下记录的，得若干条。德洪在苏州的时候，曾经打算将其与《阳明先生文录》一起刊刻，正好因为丁忧守丧离开而未能遂愿。当时，四方讲学的人日益增加，师门的宗旨既然已经昌明，似乎无须作这多余的刊刻之事，所以就不再将其挂怀。去年，同门曾才汉得到德洪的手抄本，又从其他人那里加以搜集、编辑，题名为《阳明先生遗言录》，并刊刻于荆州。德洪读后，觉得当时采集、编录不够精当，于是删除其重复、削去其芜杂，只保存其中的三分之一，题名为《传习续录》，重新刊刻于宁国府的水西精舍。今年夏天，德洪来游学于蕲春，沈思畏君说："师门的学说流行于四方已经很久，而唯独没有播及蕲春。蕲春的读书人得读遗言，犹如亲炙夫子的教诲；指见良知，犹如重睹日月的光明。惟恐传习之不能广博，而没有把重复视为繁芜。请您衷集其中没有收录的内容来加以增刻，怎么样？"德洪说："好的。师门致知格物的宗旨，用来开示来学，学者都躬自修习默默体悟，不敢以闻见知解来相承，而只是由切实体认来求得，所以我们老师生前整日讲论这些话题而不惮其烦，学者整日聆听这些教诲而不厌其多。指示专一，则体悟日益精进，几微出现于言语之前，神妙显现于言语之外，这都是感遇之诚的结果。如今我们老师逝世还不到三纪，然而他的格言微旨已经渐渐地沉沦隐晦，这难道不是我们的亲身践行不够尽力、只知道夸夸其谈给它造成的损害吗？学者的趋向若不能一致，师门的学说就不能发扬。"于是又将没有收录的语录拿来，选择其中不违背先生宗旨的言论，得一卷。其余缺乏根据、不够真确，以及《阳明先生文录》已经刊载的，都删去；并把中卷改为问答语，将其交付黄梅县知县张君增刻。但愿读者不以闻见知解来相承，而只由切实体认来求得，那么他们对于这部语录就不会有什么怀疑了。嘉靖三十五年丙辰夏四月，门人钱德洪拜书于蕲春崇正书院。